W0341239

LES DAUPHINES DE FRANCE AU TEMPS DES BOURBONS

DU MÊME AUTEUR

La Palatine, Paris, France-Empire, 2012.
Madame Louis XIV, Paris, Perrin, 2002.
Mesdames de France. Les filles de Louis XV, Paris, Perrin, 2001 ; nouv. éd. 2010.
La Galerie des Glaces, de Louis XIV à nos jours, Paris, Perrin, 1999.
La Saint Guillotine, Paris, France-Empire, 1988.

Bruno Cortequisse

LES DAUPHINES DE FRANCE AU TEMPS DES BOURBONS
1660-1851

PERRIN

92, avenue de France
75013 Paris
Tél. : 01 44 16 08 00

ISBN : 978-2-262-09676-2
Dépôt légal : février 2023

Mise en pages : Peter Vogelpoel

À Albert et Marie-Louise,
à Émile et Jeanne
ainsi qu'à la petite Denise.

Prologue

Poussière sur poussière

Il est, sous le chœur gothique de la basilique Saint-Denis, une crypte romane. On s'y engage par un étroit escalier de pierre. En descendant de quelques marches, le visiteur remonte de plusieurs siècles le cours de l'histoire humaine, à mesure que la clarté du jour décroît autour de lui. Là-haut, sous les hautes croisées d'ogive, tout était vivante et vivifiante lumière, jaillissement de colonnes, exhaussement de voûtes, vastitude aérienne de l'ancienne Lucerna[1]. En bas, les lourdes piles supportant le chœur gothique élevé en 1140 sous le règne de Louis VII, les colonnettes à chapiteaux historiés, l'exiguïté des espaces sont les vestiges de l'église primitive qu'érigea Dagobert et que Charlemagne agrandit à l'emplacement d'un monument bien plus ancien encore, une chapelle gallo-romaine édifiée au IVe siècle sur les lieux mêmes où l'on suppose que fut inhumé saint Denis venu de la butte Montmartre y déposer sa tête tranchée, vagabonde et sacrée.

Ici, les éléments architectoniques les plus remarquables sont romans. Cette crypte, quelle est-elle ? Cette crypte est un tombeau.

Ce tombeau ? Il est notre panthéon des rois de l'Escurial, notre crypte impériale des Capucins de Vienne. Depuis les premiers Capétiens (sans omettre, avant eux, de rares Mérovingiens imités par divers souverains carolingiens, guère plus nombreux du reste), tous les rois et toutes les reines de France – ou, pour mieux dire, « presque » tous les rois et toutes les reines de France[2] – sont là, réunis, ensemble reposant.

Tous ? À l'évidence, le compte n'y est pas. Si les dépouilles de ce peuple de puissants de la terre rendus à la poussière dont ils étaient sortis sont groupées, en effet, par dizaines, par vingtaines, par cinquantaines, incalculables presque, ajoutées les unes aux autres en une longue procession de siècles disparus, seules six dalles funéraires apparaissent aujourd'hui, exposant leur géométrique alignement à la curiosité des visiteurs. Au niveau supérieur du sanctuaire, de quelle manière ne se pressent-elles pas, cependant, ces images de rois défunts, en leur temps si éclatants de grandeur ! Ils sont, dans le chœur, dans le transept, dans les chapelles latérales, plus de soixante-dix gisants qui se serrent, tant ils occupent d'espace. Mais ces tombeaux sont vides, réduits à l'état de cénotaphes et de pièces archéologiques composant le plus grand musée de la sculpture funéraire française de l'époque de Saint Louis jusqu'aux derniers Valois.

Redescendons au bas de l'escalier. Sous le chœur de la basilique, six sépultures – encore que l'une des fosses soit vide –, six dalles de marbre noir s'ordonnent, deux par deux, comme tirées au cordeau, sous une arche romane occupant la partie centrale de la crypte qui fut, jadis, la chapelle édifiée par l'abbé Hilduin et qui prit, au XVIIe siècle, le nom de caveau royal des Bourbons.

La première de ces dalles marque l'emplacement où repose le corps de Louis XVIII, le dernier arrivant en ces lieux. Au second rang sont inhumées les dépouilles – dépouilles supposées, cendres incertaines, restes possibles – de Louis XVI et de Marie-Antoinette. Au fond, Louis VII et Louise de Lorraine ont été ensevelis, ossements certains ceux-là, seuls résidus royaux échappés aux profanations de 1793[3]. Voisine du marbre de Louis XVIII, est une dalle sans nom. Sous cette dalle, rien : ici est le caveau destiné à recevoir le corps de Charles X, mais celui-ci, depuis 1836, passe sa mort en exil, en un couvent retiré de la montagne slovène.

Donc, le compte n'y est pas. Pourtant, quelque part, en quelque endroit isolé de cette crypte où seuls six tombeaux, dont un fictif, se découvrent sous leur voûte en berceau, ce n'est pas moins de quarante-deux rois de France, trente-deux reines, soixante-trois princes et princesses, dix grands serviteurs du royaume, auxquels s'ajoutent quelques dizaines d'abbés et de religieux de Saint-Denis, c'est toute une foule anonyme qui repose, invisible, disparue, soit la plus forte concentration, en un même périmètre, de restes humains ayant eu, de leur vivant, quelque importance dans la marche du monde.

À quelques pas de là, empruntons le déambulatoire jusqu'à l'entrée d'un couloir exigu. Devant nous, c'est comme l'entrée d'une cave qui se présente. De part et d'autre de ce boyau où deux visiteurs ont peine à se croiser, trois plaques de marbre noir, sommées d'une couronne, sont scellées dans le mur. On lit « Première dynastie », et sous cette appellation générique, une courte liste de noms est gravée. Dagobert, le premier hôte royal inhumé à Saint-Denis, figure en tête. « Deuxième dynastie » : tel un monument aux morts érigé sur la Grand-Place d'une commune de province, d'autres noms se succèdent, échelonnés, cette fois, sous celui du patriarche Charles Martel. Seconde et troisième plaques : autres couronnes et « Troisième dynastie ». Encore des noms, les plus nombreux, depuis Hugues Capet, premier de race, jusqu'à Louis XVI et Marie-Antoinette avec qui la nécrologie se termine et le registre se referme…

Le visiteur contemporain a passé : il a jeté un regard rapide sur cet indénombrable étagement de noms mêmement agencés en colonnes juxtaposées, sans rien qui désigne à l'attention celui-ci plutôt que celui-là, et il s'engage dans la petite entrée à laquelle nous venons d'aboutir menant par un couloir franchi en quatre pas à une sorte de réduit caverneux où il suffit d'écarter les bras pour en toucher les bords du bout des doigts. Ces bords sont eux-mêmes tapissés de larges plaques de marbre sombre où une nouvelle énumération de patronymes, de titres, de dignités, de surnoms et de chiffres attend que l'œil s'arrête : « Ici reposent les dépouilles mortelles des rois, des reines et celles de… », etc., etc.

Au visiteur, au touriste de Saint-Denis, de parcourir la suite : « Ici reposent les dépouilles mortelles des dauphins, des dauphines, des princes et princesses, enfants et petits-enfants de France »… Mais qui se donne réellement la peine de prendre connaissance de cette surabondance de noms qui, dans leur immense majorité, ne nomment plus personne ?

Cet alvéole de pierre, ce débarras des siècles n'occupant guère plus de deux mètres carrés fut, naguère, le lieu ou reposa le vicomte de Turenne, maréchal de France, l'un des rares grands serviteurs du royaume dont le corps sans vie goûta à la félicité suprême de partager l'éternité des rois. Éternité tout humaine qui, dans son cas, n'excéda guère plus d'une centaine d'années. Encore la dépouille d'Henri de La Tour d'Auvergne ne fut-elle pas précipitée, elle, dans la chaux vive, à la manière des autres résidants de Saint-Denis culbutés en un grand lit de matière dévorante. Bienheureux restes que ceux de Turenne auxquels fut trouvé opportunément un nouvel asile, aux Invalides cette fois, sur ordre de Napoléon ! Quant à Louis XIV, son seigneur et son maître, et à tous les siens qui l'avaient précédé ou qui l'avaient suivi en ces mêmes catacombes, c'est toute une autre histoire qu'il n'est sans doute pas inutile de rappeler ici.

Octobre 1793 : vient le temps des profanations révolutionnaires. Sont alors exhumées de leurs tombeaux – vastes monuments bouffis de gloire posthume ou simples bières de bois et de plomb alignées sur des tréteaux de fer – quarante générations de monarques couchés à Saint-Denis depuis l'année 638 jusqu'au terme du XVIIIe siècle. Amples fournées de corps démembrés, désarticulés, basculés en deux grandes fosses communes creusées au chevet de la basilique. Ossements, pour la plupart, devenus cendre et poudre, fragments de rois sans nom récupérés vingt ans plus tard à la demande de Louis XVIII et rassemblés sans distinction ni de rang ni d'époque, au hasard, comme cela se put, en une dizaine de caisses logées en quelque renfoncement de l'ancienne demeure de Turenne et emmurés, à nouveau, à l'intérieur de quatre grands coffres, deux ici, deux autres là, derrière leurs plaques de marbre noir. Funèbre table des matières. Index sépulcral. Le visiteur, qui s'est peut-être étonné de l'exiguïté des lieux, s'en retourne bientôt, sans avoir éprouvé le besoin de s'attarder davantage en ce trou, le bruit des pas s'estompe puis s'éteint en haut de l'escalier, rendant à leur sommeil ces sédiments de royautés. Là n'est plus de différence entre le corps mortel et le corps immortel du souverain, mais rien que cendres sur cendres et poussière sur poussière.

Il est vraisemblable qu'à l'intérieur de cette dizaine de coffrets royaux et princiers sur lesquels nul regard ne s'est posé depuis 1817 se trouvent les restes en partie retrouvés de quelque cent soixante-dix personnes. Cependant, parmi ce long générique de figures historiques exfiltrées le plus souvent de la narration nationale après avoir occupé l'esprit et nourri l'ambition de milliers de leurs contemporains, vient à se présenter une catégorie de personnages, plus ignorés encore, et plus empoussiérés que tous les autres, auxquels nous allons tenter de redonner une proposition d'existence, un recommencement de ce « je-ne-sais-quoi qu'on appelle grandeur[4] », une apparence de densité, l'idée d'une épaisseur.

Les noms de ces protagonistes égarés dans la distribution générale en êtres qui n'auraient pas su se pénétrer suffisamment de leurs rôles ? Leurs titres, leurs rangs, leurs dignités, nous les trouvons, également gravés en lettres d'or en cet annuaire de marbre devant lequel nous venons de passer et dont il semble que tant d'abonnés soient désormais absents.

Ces êtres manquants, inaboutis, dont la poudre se mêle aux débris de ces dizaines de rois et de reines contenues en l'étroitesse de l'ossuaire royal ? Les cendres de ceux-là, les cendres de celles-ci que la hauteur de leur naissance, l'union dynastique qu'ils contractèrent un jour appelèrent à un trône qu'ils n'occupèrent jamais. Non point rois : mais dauphins. Non point reines : mais dauphines. Postulants éternels en une vaine attente. Doublures définitives. Histoires qui auraient pu se conter mais dont le chroniqueur, s'écartant brusquement de son sujet, aurait précipité la fin et bâclé le dénouement.

Si l'on fait le compte de ces fortunes ou de ces infortunes princières qui, pour un bon nombre d'entre elles, ne connurent jamais l'épreuve du pouvoir à défaut duquel on ne saurait juger équitablement ni leur âme, ni leurs sentiments, ni leurs intentions, on trouvera, au royaume de France, en l'espace de cinq siècles de monarchie capétienne, trente-deux dauphins contre quatorze dauphines. Soit quarante-six personnages qu'on ne saurait mettre en comparaison, en des temps et en des circonstances historiques radicalement étrangers les uns des autres, mais que l'on pourra cependant relier d'un invisible fil par la constatation d'un phénomène trop remarquable pour n'en pas souligner la singularité : la spectaculaire déperdition collective dont ils furent les victimes depuis le XIVe siècle.

À cet égard, l'époque où régnèrent les Bourbons paraît la plus éloquente par le grand rassemblement, jusque-là inédit en une durée relativement courte, de ces « majestés » mortes et disparues avant même que d'avoir existé.

Ils sont autant de passants arrêtés dans l'antichambre de la petite histoire isolée au sein de la grande qui se déroula sans qu'ils aient pu y imprimer leur marque. Marie-Anne de Bavière, épouse du Grand Dauphin, fils de Louis XIV – première des dauphines de France au temps des Bourbons –, « régna », s'il est permis de le dire ainsi, dès la mort de la reine Marie-Thérèse et c'est bien elle qui fut, durant près d'une dizaine d'années, le premier personnage féminin du Versailles louis-quatorzien à l'apogée de sa magnificence. La duchesse de Savoie, qui lui succède, clôt en l'humanisant un Versailles épuisé de grandeur et opère la transition avec le siècle des Lumières. Quant au règne de Louis XV, il ne fut pas seulement celui de la Pompadour ou de la Du Barry qui, certes, dominent, à leur manière, toute leur époque, mais il fut aussi, en contrepoint, ou par antithèse, celui de la dauphine Marie-Thérèse Raphaëlle d'Espagne, puis de la dauphine Marie-Josèphe de Saxe, toutes deux et successivement secondes dames de la cour après la reine, en qui s'incarnèrent également, d'une manière bien différente il est vrai, la substance, l'âme et l'esprit de leur temps. Achevons par la duchesse d'Angoulême, dernière dauphine de France, dont la vie balança continûment de grandeurs en misères, de misères en grandeurs, tout au long d'une période qui fut parmi les plus convulsionnées de l'histoire de France[5].

Parce que ces cinq personnages féminins (cinq princesses, cinq « reines mortes » apparues en un siècle et demi) ne purent aller au bout de leur emploi, en quoi l'on peut considérer que leurs destinées ont historiquement et politiquement failli, c'est à ces personnages évincés de la distribution que s'imposent le confinement dans les coulisses, l'exiguïté des cintres, le reculement dans le fond du décor et la déconvenue d'avoir à jouer éternellement, comme au théâtre, les utilités quand le premier rôle vous échappe et qu'une autre, par défaut, en hérite. Lorsqu'on est assujetti à donner pour toujours la réplique, on en finit par devenir la doublure de soi-même, un être à l'abandon destiné à courir le cachet dans la mémoire des hommes, tels ces acteurs ou ces actrices, un moment adulés du public, dont le nom, à la fin, s'est terni, n'apparaissant plus, dès lors, qu'en petites lettres au bas de l'affiche, trop heureux si l'on veut bien encore les créditer au générique.

Ces figures de cire de l'histoire immobile, remettons-les, s'il est possible, dans la lumière où elles vécurent et l'éclat de leur race. Rallumons, un moment, les feux de la rampe au pied de ces évanescences de dames du temps jadis dont les noms et les existences auraient pu alimenter bien des récits qui ne s'écrivirent point, ou guère, ou en partie seulement, et tâchons de redonner un timbre, une inflexion, un écho particuliers à ces voix qui se sont tues trop tôt et c'est alors une autre musique qui pourrait faire tinter différemment les choses anciennes, ajoutant la modulation d'une flûte ou la vibration d'une corde dont il serait possible de concevoir, en y prêtant l'oreille, qu'elle manquait à l'harmonie générale…

1

Dauphin-dauphine : les origines

Commençons par un comte. Un comte qui fut dauphin. Il vivait, ce comte, en ce XIVe siècle que la première partie de la guerre de Cent Ans accabla de toutes les misères et les désolations de la terre. Depuis une douzaine d'années, Valois et Plantagenêts s'affrontent en de rudes combats : après la défaite navale de l'Écluse, le Prince Noir, fils du roi d'Angleterre, a foudroyé, à Crécy, la fine fleur de la chevalerie française. Et tandis que Calais capitule, la peste noire venue d'Asie centrale – la peste bubonique, la peste pulmonaire, la peste septicémique, la peste cataclysmique – accoste secrètement sur un quai de Marseille : dans cinq ans, l'un des plus terribles fléaux qui, dans tous les âges, aient fondu sur l'humanité, aura mis en terre près de la moitié de la population européenne. Dans cinq ans, ce sont des dizaines de millions de cadavres qui empliront jusqu'au dégorgement des centaines de milliers de fosses communes labourant la terre empuantie de Brest à Moscou, de Stockholm à Madrid. En tout lieu, le peuple processionne pour l'expiation de ses péchés, partout des foules de misérables supplient un dieu vengeur, un dieu sombre et redoutable, de les préserver des attaques du démon, tandis que les danses macabres, en fresques infernales, s'accrochent aux murs des églises, scandant l'égalité de tous devant la mort prochaine… Les calamités attirant, à l'accoutumée, d'autres douleurs et peines, les rudes chevauchées conduites par Édouard III, roi d'Angleterre, répandent sur tant d'horreurs d'autres terreurs encore.

Cependant, il est, en Dauphiné, un certain comte ayant pour nom Humbert II. Voilà qu'il nous arrive un personnage dont l'existence, jusqu'alors si pleine et si heureuse en apparence, semble s'être tout entière liquéfiée et dissoute dans le drame qui l'assaille, et ce drame, en ce qui le concerne, est de ne plus avoir le sou. C'est au point qu'à cette heure il ne paraît plus au pouvoir de personne de tirer le triste chevalier de tous les embarras financiers dans lesquels il n'a pas manqué de se jeter avec une persistance, un savoir-faire et une ténacité qui pourraient bien, d'un certain côté, tenir d'une forme de prodige.

Établir le catalogue de ses créanciers serait une entreprise fort hasardeuse, qu'ils fussent souverain pontife, banquiers florentins, gens de quelque crédit et de quelque fortune que ce soit, sans omettre d'ajouter à la liste, déjà fort longue, divers boutiquiers florissants de Vienne ou rentiers grenoblois, enfin toute sorte de personnes de moins en moins disposées à manifester un reste d'indulgence à leur éternel débiteur. Certes, Humbert II de La Tour du Pin – tel est son nom – n'avait-il pas omis, d'abord, de chercher querelle aux juifs, puis aux Lombards, puis aux Toscans, toutes espèces de gens auxquels on se donnait ordinairement la liberté de faire rendre gorge. Cependant, les bénéfices qu'il avait pu tirer de ces divers expédients n'avaient épongé qu'une médiocre partie des dettes que le noble Dauphinois avait accumulées en dix-sept années d'exercice fastueux du pouvoir. À l'évidence, il convenait de trouver autre chose.

À la tête de son petit État, Humbert II n'avait cessé de se donner des allures de grand prince qu'il n'était pas. Sa jeunesse avait été dorée. Plaisante et impertinente jeunesse passée à la cour de Naples où régnait avec un éclat sans pareil son grand-oncle Robert d'Anjou, comte de Provence. De ces temps si heureux, Humbert avait conservé des goûts, des habitudes et des manières de luxe dont il n'avait jamais su, ni pu, ni d'ailleurs cherché à déshabituer son âme légère, insouciante et frivole. En son château de Beauvoir-en-Royans dressé au pied des falaises du Vercors, le comte en majesté, enivré de splendeurs, avait mené belle, tonnante et joyeuse vie, entretenu une cour fastueuse, déployé en ses fêtes une rare magnificence, s'attirant, par contrecoup, le ressentiment et bientôt la colère de ses sujets qui eussent souhaité un peu moins de somptuosité au château et davantage de lard dans leur écuelle. Mais Humbert II, qui était l'homme du monde aimant le moins à se gêner, n'avait guère eu souci de toutes ces importunités, si bien qu'il n'avait pas failli à se précipiter dans tous les chemins conduisant au déclin, à la désolation et, au bout du compte, à la ruine[1].

À présent, voilà qui est fait. Et bien fait. Le monde rêvé d'Humbert II de La Tour du Pin s'anéantit et le peuple, qui n'en peut plus des privations, se soulève contre son maître. De la paille sortent les fourches, des tiroirs jaillit le tranchant des couteaux, dans les granges on se saisit des haches. Grande « émotion » en Dauphiné. Afin de solder ses troupes, Humbert a mis en gage une partie de ses terres et emprunté au souverain pontife quelque 30000 florins. Ces 30000 florins, il sera bien incapable de les restituer jamais. En Avignon, ville vassale du Saint-Siège où le pouvoir de la papauté s'exerce depuis l'an 1309, Benoît XII frappe *ex abrupto* d'excommunication le mauvais payeur, puisque aussi bien les excommunications pour dettes, à l'époque, sont monnaie courante.

Cette fois, Humbert II accuse le coup, et ce coup-là est rude : car si le comte est, par nature, dissipateur en diable, son âme a grande et sincère dévotion. Sous le poids de l'anathème, l'abîme qui se creuse à ses pieds ne lui apparaît qu'avec trop d'épouvante : toute sentence d'excommunication ne fait-elle pas d'un seigneur, et même d'un roi, même d'un empereur, un paria, un gueux, un misérable abandonné de tous, affranchissant, par voie de conséquence, et par une imparable volonté du ciel, tout vassal de toute espèce d'obéissance? Il n'y a plus alors ni foi, ni hommage, ni lien de subordination économique qui tienne. Dans la situation financière où Humbert se trouve, le moyen de survivre à cette malédiction! De surcroît, le comte est devenu entre-temps un homme très malheureux : son fils unique, André ou Alix de Viennois, âgé de trois ans, tombé accidentellement d'une fenêtre de son château, s'est noyé dans les douves[2]; quant à son épouse, Marie des Baux, elle sera bientôt emportée par la peste noire à l'âge de vingt-six ans.

C'est toute sa pitoyable vie qu'Humbert sent s'échapper par tout l'affaiblissement de son âme et de son corps rompu, en même temps que ses coffres se vident. Au surplus, ses derniers biens, n'en a-t-il pas fait le sacrifice afin d'aller mener croisade jusqu'à Smyrne en qualité de capitaine général du Siège apostolique ? Médiocre aventure militaire dont il revient sans gloire et, cette fois, irrémédiablement et tout à fait ruiné.

Dès lors, son Dauphiné, son beau domaine, il faudra donc le vendre ! Mais les candidats ne sont pas si nombreux. Sans doute ne manque-t-il pas de sonder les dispositions du pape : non point Sa Sainteté qui l'a, tantôt, si impitoyablement excommunié, car Benoît XII est descendu, entre-temps, dans la tombe, mais son successeur, Clément VI, qui a donné son consentement à la levée de la sentence en échange, toutefois, de son fief de Visan, une terre dont la position stratégique permet aux États pontificaux de contrôler les communications entre Valréas et le Comtat Venaissin, et qui pourrait bien, cet autre pape avignonnais, ne pas se montrer tout à fait insensible à la surabondance des infortunes d'Humbert.

Le Dauphiné ? Clément VI aurait grand désir, en effet, d'étendre, par son acquisition, ses domaines en direction de l'est : mais le prix est si exorbitant qu'en argentier prudent et en politique avisé le pontife se retire bientôt des négociations. Une autre solution se présente à l'esprit entreprenant du comte : la cession de ses terres à son oncle Robert, dont les états provençaux jouxtent précisément les siens. Hélas Robert d'Anjou, après trente-deux années de règne, remet à son tour son âme à Dieu : derechef, l'affaire capote. L'empereur ? Mais Louis III de Bavière, sollicité à différentes reprises, ne donne pas suite. Reste le roi de France qui n'a jamais fait mystère de ses visées sur le Dauphiné, terre du Saint Empire romain germanique depuis le XIe siècle, axe commercial majeur entre le nord de l'Europe et la Méditerranée, si verdoyant en sa vallée du Rhône et déroulant si agréablement ses ondulations jusqu'aux sommets des Alpes.

Nous sommes alors en l'année 1343. En 1343, le roi de France a pour nom Philippe VI de Valois. Or, le pape Clément VI – Clément le Magnifique, le plus fastueux de tous les papes d'Avignon, le premier grand mécène de la pré-Renaissance – a été, autrefois, l'homme de confiance du monarque qui le nomma, en 1330, à l'âge de trente-neuf ans, son chancelier de France, ce que l'un et l'autre ne sauraient oublier. Sa Sainteté ne manquera donc pas de s'entremettre à l'avantage de Philippe VI dans l'affaire dauphinoise. Cependant, les négociations demeurent fort malaisées : Humbert II, qui n'a jamais éprouvé de forte sympathie pour le royaume de France, ne se sent aucunement disposé à favoriser les intérêts de son voisin, tout fleurdelisé qu'il soit, et s'il convient qu'au bout du compte ses biens finissent par passer dans les mains du Valois, il faudra que l'acquéreur consente à y mettre le prix. Enfin, un premier accord est conclu engageant le vendeur à céder, quelque jour, le Dauphiné à la France contre une somme qu'il reste à préciser. Les tractations dureront de la sorte six pleines années encore.

Cependant, le traité de Romans est signé au château du même nom. Nous sommes le 30 mars 1349. Le 16 juillet suivant, l'acte aboutit à la cession du Dauphiné à la France pour 120 000 florins augmentée d'une rente viagère annuelle de 10 000 livres « payable à Pâques ou à la Trinité » (tels sont les termes du contrat[3]). Le traité prévoit en outre qu'Humbert II, dans l'hypothèse où ne lui viendrait aucun héritier mâle en cas de remariage, cédera son titre de « dauphin de Viennois » au petit-fils aîné de Philippe VI. Celui-ci est alors un enfant de douze ans. Il est prénommé Charles (c'est le futur Charles V) et sera donc le premier prince français à porter le titre de dauphin, dignité qui se transmettra, officiellement, jusqu'en 1830.

Ce titre de dauphin, quand et comment est-il apparu ? Sans qu'on puisse avancer sur ce point de certitude absolue, il est probablement entré dans les titulatures dauphinoises deux cents ans plus tôt, en ces régions comprises entre Vienne et Grenoble, qui ne portaient pas encore, à l'époque, le nom de Dauphiné, mais celui de comté de Viennois et d'Albon.

Albon : petite commune de la Drôme actuelle. Viennois : de la ville de Vienne. Vienne qui fut au XIIe siècle capitale du comté. En ces temps fort anciens, un certain Guigues IV (ou Guigne IV), comte d'Albon jusque dans les années 1160, avait accolé à la liste de ses dignités, déjà fort nombreuses, celle de « dauphin de Viennois ». On n'en connaît pas précisément les raisons. Il semble qu'à l'origine, « dauphin » (du grec δελφὶς, du latin *delphinus*), ne constituait pas un titre honorifique. Sans doute s'agissait-il, simplement, d'un surnom. Ce surnom aurait insensiblement dérivé en prénom. Prénom que portèrent un certain évêque de Bordeaux, puis un certain évêque de Lyon, canonisés l'un et l'autre dans les premiers siècles du christianisme.

Ce surnom, puis ce prénom tourné plus tard en nom patronymique, enfin ce titre de noblesse, viennent à se transmettre de père en fils, par droit coutumier, de comtes d'Albon en comtes d'Albon, désormais connus sous l'appellation de dauphins, leurs épouses devenant, par voie de conséquence, des dauphines (*delfina* ou *dalfina* dans les textes anciens). Si d'autres hypothèses circulent sur la genèse de ce titre conservant une partie de son mystère, celle-ci paraît la plus crédible.

C'est donc à Albon, petite localité située à une trentaine de kilomètres de Vienne, que domine, planté en sa motte herbeuse, un rude donjon en partie restauré aujourd'hui, qu'il convient de chercher l'origine d'un titre monarchique national perdurant, au moins de manière virtuelle, jusqu'à nos jours[4], même s'il a cessé légalement d'exister à l'occasion des Trois Glorieuses.

Dauphin : Dauphiné. Au fil du temps, l'appellation « comté de Viennois et d'Albon » s'efface au profit de « Dauphiné ». Lequel Dauphiné passe, un temps, à la Maison de Bourgogne, puis aux seigneurs de La Tour du Pin, avant de tomber dans l'escarcelle des rois de France qui représentent ce qu'il est convenu d'appeler la « quatrième race » des dauphins. Le premier d'entre eux étant, comme nous venons de le voir, le futur Charles V, que la tradition a retenu comme « Sage » parmi les sages[5].

Les trois ordres à la fois le jour de Noël

Le 16 juillet 1349, Philippe VI, le premier des Valois, est âgé de quarante-six ans. Il est roi depuis plus de vingt ans. Dans un an, il sera mort.

En ce jour, Humbert II, « *Humbertus delphinus Viennensis, Vienne et Albonis comes*, etc. », se défait de ses biens composés d'une série de territoires étendus de Genève à Forcalquier. La « cérémonie du transport » (c'est-à-dire la cession du Dauphiné à la France) se déroule en grande pompe au couvent des Frères prêcheurs de

Lyon. En présence du roi Philippe, son grand-père, et sous le regard de son père le futur Jean II le Bon, le jeune prince Charles, âgé de quinze ans, reçoit du comte Humbert l'épée du dauphin au manche incrusté du bois de la Vraie Croix, ainsi que la bannière de saint Georges rougie du sang du dragon, le sceptre et l'anneau delphinaux. Charles fait serment sur la Bible présentée par l'évêque de Grenoble de conserver et de respecter les franchises du Dauphiné exemptant la population d'un certain nombre de taxes et d'impôts. Les rites sont accomplis : Humbert a cédé publiquement sa suzeraineté sur l'ensemble de ses domaines, aliénant dans les formes requises la totalité de ses droits viagers en faveur d'un adolescent qui devient, en ce jour, le nouveau « dauphin de Viennois ».

Ce titre, bien oublié de nos jours dans sa complète formulation, les descendants aînés des rois de France le porteront invariablement jusqu'au fils de Louis XIV qui sera, lui, le premier des princes à porter le titre de « dauphin de France ». Plus exactement le second, si l'on veut bien se souvenir de la brève apparition que fit dans l'histoire François II[6], premier époux de la « reine-dauphine » Marie Stuart[7], et donc, par légitime mariage, roi consort d'Écosse. À cette occasion, le simple titre de « dauphin de Viennois » revenant de droit au fils d'Henri II, accolé à celui, autrement prestigieux, de roi consort d'Écosse, parut insuffisamment avantageux à l'orgueil national, aussi le « dauphin de Viennois » reçut-il, avant ses noces, le titre de « dauphin de France », une appellation dont les termes sonnaient plus favorablement aux oreilles de ses contemporains. Cette mise à niveau protocolaire ne lui fut guère profitable : François II mourut à l'âge de seize ans, après moins d'un an et demi de règne.

Désormais que tout est fini, à présent que tout est lâché, il n'est plus rien qui retienne Humbert II en son Dauphiné natal : au terme du « transport », le comte, dont seul le vain titre lui demeure, revêt l'habit de saint Dominique et se retire du monde dans l'ordre des Prêcheurs des Jacobins de Lyon, fortement encouragé en ses pieuses dispositions, tant par le pape que par le roi de France qui pouvaient manifester, l'un et l'autre, le désir légitime de s'affranchir de la présence d'un personnage un peu trop incommode à leur goût. Avec une célérité assez remarquable,

Clément VI fait administrer à l'ancien excommunié Humbert II tous les ordres à la fois le jour de Noël 1351, soit le sous-diaconat à la messe de Minuit, le diaconat à celle du point du jour et la prêtrise à la troisième.

Retourné à la solitude de son cloître, Humbert se prépare à une vie d'humbles renoncements aux vanités de ce monde, mais bientôt, l'envie irrépressible le saisit de se parer de quelque haute dignité religieuse. Le voilà promu à l'épiscopat, faisant retentir à son passage le titre de patriarche latin d'Alexandrie et, l'année suivante, celui d'administrateur perpétuel du diocèse de Reims. C'est franchir une marche pour une autre prochaine : l'échange de son diocèse rémois contre celui de Paris ? Dès lors, jusqu'où ne montera-t-il pas ? En Avignon peut-être ? Cependant, il semble que les élévations et les fumées du temporel finissent par le lasser : le 22 février 1355, il démissionne de sa charge rémoise, renonce à l'évêché de Paris et se retire à Clermont, en Auvergne, dans le couvent de son ordre. C'est là qu'il meurt le 22 mai suivant à l'âge de quarante-trois ans. Ainsi sonne la fin du dernier dauphin de Viennois « indépendant ».

Selon les termes du traité de Romans, tout fils aîné de roi de France dispose désormais du Dauphiné dans son apanage. Le futur Charles V – observons cependant qu'au moment de la cession, celui-ci n'est point fils de roi, mais petit-fils de roi : les règles, à l'époque, ne sont pas encore bien fixées –, le futur Charles V, donc, devient véritablement seigneur de sa province, tout adolescent qu'il soit. Il porte le titre de *Karolus, primogenitus regius Francorum, delphinus Viennensis*, outre les autres titres qui lui échoient de ses fiefs non souverains, telles la Normandie ou la Touraine.

Les règles s'affinant après Charles V, il faudra nécessairement, pour recevoir le titre de dauphin, que le prince soit non seulement l'héritier du trône, mais qu'il descende aussi du dernier roi régnant. C'est la raison pour laquelle François Ier par exemple, qui ne fut que le cousin et le gendre de son prédécesseur Louis XII, mort sans descendance masculine, ne porta jamais le titre de dauphin. Pareillement pour le premier des Bourbons, Henri IV, cousin au vingt-deuxième degré du dernier des Valois Henri III.

Théoriquement, selon les clauses originelles de l'acte de cession du Dauphiné à la France, le dauphin est « exclusivement » le fils aîné du souverain. Mais la coutume, dès le trépas des premiers dauphins éteints sans laisser de descendance, s'adaptera aux circonstances : le second fils du roi régnant – s'il s'en trouve – prendra dès lors automatiquement le titre de dauphin, à la place de son frère disparu. Il devient, en ce cas, un dauphin de substitution, un dauphin par défaut. La conjecture se présentera notamment à la mort du fils aîné de François Ier, le delphinat passant alors au frère puîné, le futur Henri II.

Par ailleurs, juridiquement, lorsque le dauphin devient roi, il demeure le dauphin légitime jusqu'au jour où lui vient un fils. Dès la naissance de l'héritier du trône, le jeune prince est dauphin de plein droit et ne reçoit aucun autre titre, à la différence de son ou de ses frères qui, eux, peuvent être titrés duc de Bourgogne, d'Anjou, de Berry et autres noms de provinces françaises... Ces titres sont – le plus souvent d'abord, et toujours plus tard – de simples dignités que n'accompagne aucune souveraineté sur la province, dont les titulaires ne font que porter le nom et les emblèmes. Quant au Dauphiné, si les premiers dauphins sont véritablement seigneurs de leur domaine (ce sera tout particulièrement le cas du futur Louis XI qui fera du Dauphiné son école du pouvoir monarchique), ils perdront bientôt toute autorité sur leur apanage et n'en garderont que les armoiries. Dès la fin du XVe siècle, le Dauphiné passe ainsi directement sous la tutelle du roi, les dauphins ne recevant même plus les hommages de leur noblesse. Et c'est tout naturellement qu'au XVIIe siècle le jeune Louis XIV, encore sans enfant, pourra s'intituler, en signant ses actes, « Louis, roi de France et de Navarre, par la grâce de Dieu, dauphin de Viennois, comte de Valentinois et de Diois ».

« Ma belle lumière et le soleil de mon royaume »

Au département des sculptures médiévales de l'aile Richelieu du musée du Louvre, deux statues du XIVe siècle, hautes de près de deux mètres chacune, celle d'un roi et celle d'une reine, attirent l'attention des visiteurs.

Dans la seconde moitié de ce siècle, les artistes gagnés aux idées nouvelles de l'art « contemporain » de ce temps-là ont à cœur de réaliser des portraits cernant au plus près la vérité non seulement physique mais aussi psychologique de leurs modèles. L'esthétique à tendance réaliste déclinée par ces créateurs d'autrefois permet de penser que nous nous trouvons en présence d'une double image, sans doute fort ressemblante du « sage » roi Charles V et de son épouse Jeanne de Bourbon, premier dauphin et première dauphine du royaume de France.

Ce groupe de pierre, qui a longtemps passé pour représenter Saint Louis et Marguerite de Provence, a vraisemblablement été réalisé pour servir d'ornement au portail oriental de la vieille forteresse parisienne de Philippe Auguste. Le couple, en sa contenance paisible, paraît nous recevoir dans son intimité. Charles, vêtu d'une longue cotte et d'un ample surcot, porte dans la main gauche une maquette de la Sainte Chapelle – non pas la Sainte Chapelle de l'île de la Cité, mais celle du château de Vincennes. Quant à Jeanne, elle tient une bible. Il est probable qu'à l'origine – la Sainte Chapelle et la bible sont des ajouts du XIXe siècle – le roi portait une main de justice et que la reine tenait un sceptre, voire un bouquet de fleurs (les destructions révolutionnaires ne permettent d'avancer que des suppositions).

C'est bien l'image d'un roi « sage », en effet, qu'il nous est offert de découvrir ici, telle que l'histoire en a imprimé le souvenir. La mansuétude du sourire, la quiétude du visage de Charles donnent à la majesté royale une familiarité emplie de bienveillance et d'égalité d'âme. Le visage de Jeanne de Bourbon – une face ronde qu'encadrent de lourdes tresses couvrant les oreilles ainsi que le voulait la mode – s'agrémente du même sourire accueillant et tranquille. Variation esthétique sur un même thème, message politique subliminal : image du « bon roi » et de la « bonne reine ». La sagesse prêtée à Charles V semble ainsi se diffuser du monarque à la souveraine, et de la reine au souverain, en un dialogue impavide et silencieux qui se poursuivrait, comme ininterrompu, du XIVe siècle à nos jours.

Ils étaient l'un et l'autre âgés de douze ans au moment où l'évêque de Lyon, Henri de Villard, célébra leur mariage, le 8 avril 1350, à Tain-l'Hermitage, en l'église Notre-Dame du prieuré de l'ordre de Cluny. Pour cette union, Charles ne fut d'ailleurs pas le premier choix des parents de Jeanne, qui l'avaient d'abord promise au comte de Savoie et même... au dauphin de Viennois Humbert II que nous retrouvons, incidemment, ici[8] !

Charles et Jeanne sont nés pareillement au château de Vincennes à quelques jours d'intervalle (lui le 21 janvier 1338, elle le 3 février) et ont été baptisés le même jour à l'église de Montreuil.

Jeanne est fille de Pierre Ier de Bourbon, un chevalier mort à la bataille de Poitiers, et petite-fille de Louis Ier de Bourbon, dit le Grand ou le Boiteux – c'est l'un des petits-fils de Saint Louis. Sa mère a pour nom Isabelle de Valois, fille de Charles de France, comte de Valois. Par ledit comte[9], Isabelle est la demi-sœur de Philippe VI : sa fille Jeanne est donc la cousine de son futur époux, aussi a-t-il été nécessaire d'obtenir une dispense préalable auprès du Saint-Siège. Ces liens de consanguinité des plus étroits seront-ils à l'origine de l'avenir funeste de la progéniture de Charles V et de Jeanne de Bourbon ? Des huit enfants qui leur naîtront, deux seulement atteindront l'âge adulte : le futur Charles VI auquel l'histoire a donné le nom de « Charles le Fou » et Louis Ier, duc d'Orléans, dont l'équilibre mental semble affecté, lui aussi, de quelques bizarreries... Lequel, à l'âge de trente-cinq ans, mourra assassiné, comme on sait, par les bons soins de son cousin Jean sans Peur.

Quand on l'examine, l'existence de Charles le Sage s'apparente elle-même à une interminable chronique médicale, pleine de souffrances, de mal-être, de lents rétablissements et de rechutes brutales. Il est encore en « fleur de jeunesse » – à peine a-t-il vingt ans – qu'il tombe dans les mains des médecins. Son teint se fait cireux, son corps, subitement, semble fondre, des fièvres récurrentes affaiblissent la débilité de son organisme : il souffre en particulier d'une malformation de la main droite (on songe à un œdème chronique), qui lui interdira de prétendre à devenir, en sa maturité, un roi chevalier, car c'est à peine s'il est capable de soulever une épée : « Toute sa vie demeura très pâle et très maigre, et sa complexion exposée aux fièvres et froidures d'estomac ; et cela lui survint de la maladie de la main droite si enflée que pesante chose lui eût été non possible à manier et il lui convint le demeurant de sa vie d'user de l'art des médecins[10]. »

Cependant, cet être anémié, ce roi infirme, ce monarque constamment contrarié dans sa chair, est doué d'une intelligence si large, son esprit est capable d'une si rare et si vive pénétration, son jugement est si sain, son discernement se déploie d'une telle assurance, que dans la longue lignée des rois de France qui se sont succédé durant un millénaire, il demeure l'un de ceux dont la mémoire a le mieux résisté à l'érosion du temps. Sa biographe et panégyrique, Christine de Pisan – cette Christine de Pisan en qui l'on a coutume de voir la première femme de lettres française (quoiqu'elle fût vénitienne d'origine) ayant vécu de sa plume –, fait grand cas de sa « physionomie et façon [...] calmes et rassises à toute heure, en tous états et en tous mouvements [...]. Il eut belle allure, voix homme de beau ton et, avec cela, ce beau langage bien ordonné, sans aucune superficialité de parole ».

S'il est avant tout homme d'étude et de cabinet, Charles est aussi, en dépit des embarras de sa constitution, un véritable homme d'action : les entreprises qu'il ne peut, en personne, mener à bien, il en confie la réalisation aux esprits éclairés et aux grands capitaines dont il a l'intuition et le génie de s'entourer : féru « d'*Yconomiques* et d'*Ethyques* », il est sage administrateur, législateur avisé, prudent avec raison, autoritaire avec sens et mesure. « Chaud, furieux, en nul cas ne s'était trouvé, mais modéré en tous ses faits, contenance et maintiens, tel qu'il appartient à un grand prince rempli de sagesse [...]. Il fut enluminé de claire connaissance, ce qui lui permit de discerner le clair du trouble, le bel du laid, le bien du mal[11]. »

Dès 1356 (il n'a que dix-huit ans), c'est à ce prince qu'échoit la charge, ou bien plutôt le fardeau – écrasant en ce XIVe siècle de tous les fléaux : guerre, révoltes, épidémies... – de gérer les affaires du royaume en tant que lieutenant général, puis régent du royaume par la raison que son père Jean II – celui que le XIXe siècle appellera Jean le Bon – est retenu captif à la tour de Londres depuis le désastre de Poitiers.

Quand il devient roi en l'année 1364, Charles V est âgé de vingt-six ans. Il est « sage et visseux » (ce qui signifie rusé, habile, retors, mais aussi pondéré, raisonnable, attentif au sort de ses sujets). Présenté comme modèle de vertu et de bonne conduite, il possède « la parfaite sagesse, c'est assavoir sapience, science, entendement, prudence et art ».

Vingt ans après son couronnement, les Anglais, qui s'étaient octroyé une immense principauté d'Aquitaine augmentée de nombreux territoires empiétant sur une bonne partie occidentale du Massif central, ne détiendront plus que les ports et les villes de Calais, Cherbourg, Brest, Bordeaux, Bayonne… « Le roi, par son sens, sa magnanimité, sa force, sa clémence et sa libéralité, désencombra son pays de ses ennemis tant qu'ils n'y firent plus leurs chevauchées. Et lui, sans se mouvoir de ses palais et sièges royaux, reconquit, refit et augmenta son royaume qui, auparavant, avait été désolé, perdu et dépris par ses devanciers portant les armes et très chevalereux[12]. » Froissart rend pareillement hommage dans ses *Chroniques* à ce roi juste, adroit, ordonné dans ses mœurs, qui « fut durement sage et subtil et il le montra tant qu'il vécut. Car tout coi, en étant dans sa chambre et ses réduits, il reconquérait ce que ses prédécesseurs avaient perdu sur les champs de bataille l'épée à la main. Ce dont il faut grandement le louer ».

S'il est permis de penser que les récits du temps ont quelque peu enjolivé l'histoire d'amour vécue durablement par le couple royal, il ne paraît cependant pas douteux que l'ancien premier dauphin et l'ex-première dauphine du royaume de France coulèrent une existence heureuse et paisible aux côtés l'un de l'autre. « Elle est ma belle lumière et le soleil de mon royaume », aimait à déclarer Charles V de sa « parfaite épouse » à laquelle il voue un culte chevaleresque.

Le roi « gardait son mariage », ce qui veut dire qu'il n'avait pas de maîtresse. Quand elle brosse le portrait de la « belle lumière » de Charles V, Christine de Pisan dessine, en contrepoint, l'image exemplaire de la « bonne reine », elle en définit les contours, elle en crayonne les traits, elle en fixe le cadre, non seulement pour l'édification de ses contemporains, mais aussi à l'usage de la postérité : « Que cette reine était couronnée avec majesté, et parée de joyaux de grand prix ! […] C'était un spectacle magnifique que de la voir dans ces somptueuses fêtes, accompagnée de deux ou de trois autres reines, ses devancières ou parentes, qui étaient encore de ce monde […]. Le noble maintien de cette dame digne, si majestueuse dans ses paroles, ses gestes et ses regards, sa parfaite aisance avec toute personne, l'éclat de sa beauté à nulle autre pareille parmi les princesses, étaient pour les yeux une source d'immense plaisir et d'émerveillement[13]. »

Mais arrive l'année 1378. À l'âge de trente-neuf ans, Jeanne meurt en mettant au monde son neuvième enfant. « La reine étant enceinte, les médecins lui avaient interdit le bain comme contraire et périlleux. Malgré leur opposition, elle voulut se baigner et de là conçut le mal de la mort[14]. »

Charles, qui ne lui survivra que deux années, semble n'avoir jamais trouvé de consolation à la soudaine éclipse du « soleil de son royaume » : « Le roi fut très dolent du trépas de la reine. Malgré sa grande vertu de constance, cette séparation lui causa si grande douleur et dura si longtemps que jamais on ne lui vit pareil deuil : car moult s'aimaient de grand amour[15]. »

Pour mener son épouse au tombeau, Charles fera célébrer des obsèques grandioses. Obsèques dont le cérémonial se perpétuera, dans les grandes lignes, au long des siècles suivants et dont nous aurons, par la suite, à narrer, et à narrer encore, les rites immémoriaux. Gardé pendant une semaine à l'hôtel Saint-Pol, le corps est exposé à visage découvert sur un lit d'apparat couvert de draps d'or. Un sceptre a été placé dans la main gauche de la défunte, un petit bâton d'or orné d'une rose est mis dans la main droite. La bière, transportée le 14 février dans le chœur de Notre-Dame de Paris éclairé par quatre cents torches, rejoint, de nuit, selon le rituel du passage symbolique de l'ombre à la lumière qui sera conservé jusqu'à Louis XVIII, la nécropole royale de Saint-Denis.

Jeanne est inhumée dans une chapelle latérale dédiée à saint Martin, placée sous le vocable de saint Jean-Baptiste : cette chapelle, Charles V l'avait fondée afin, le jour venu, d'y reposer lui-même. Le visiteur de Saint-Denis observe aujourd'hui les gisants du roi et de la reine étendus côte à côte sur un plateau de marbre noir : il découvre ainsi les premiers portraits officiels de l'histoire de la sculpture funéraire française.

Le gisant de Charles V, réalisé de son vivant alors qu'il était âgé de vingt-sept ans – il s'agit par conséquent de la première représentation d'un roi dont l'on soit absolument certain –, est d'un grand, beau et noble réalisme, particulièrement sensible dans la précision des rides légères dessinées sur le front et dans le rendu des veines courant sous l'épiderme transparent des mains, l'une posée délicatement sur la poitrine, l'autre tenant le sceptre. L'œuvre est demeurée quasiment intacte et n'a jamais quitté la basilique, à l'exception d'un temps de mise à l'abri à l'époque révolutionnaire. En revanche, le gisant de Jeanne a été détruit : le marbre exposé de nos jours à Saint-Denis, d'une taille inférieure à celui de son époux, est en fait son « gisant d'entrailles », qui fut jadis placé au couvent des Célestins de Paris. Vieil usage que celui de la division des dépouilles royales et des cadavres princiers : cette coutume de la tripartition des corps (« *Dilaceratio corporis* ») perdurera jusqu'à la fin de l'Ancien Régime, de façon à offrir aux défunts qui jouirent, de leur vivant, de quelque renommée, le privilège de reposer en plusieurs sépultures, honorant de leurs restes mortels, à la manière des reliques de saints personnages, divers lieux à la fois. Ainsi Jeanne aura-t-elle trois tombeaux différents : à Saint-Denis pour le corps, un autre pour les entrailles chez les Célestins, un troisième enfin pour le cœur chez les Frères mineurs de Paris[16]. Le gisant d'entrailles, déplacé de la capitale à Saint-Denis, se singularise par les deux petits chiens, servant de repose-pieds, qui semblent veiller sur le sommeil de la défunte, mais surtout par le sac que tient la reine morte : ce morceau de sculpture rappelle le sac de cuir, bien réel celui-là, qui contenait les entrailles de la défunte et qui fut déposé, lors de ses funérailles, sous le gisant destiné à cet effet.

« *Fi de la vie !* »

Si l'on fait le compte des dauphins qui, en cinq siècles, ajoutèrent leurs noms à la nomenclature des Capétiens, soit dans le vaste espace de temps qui sépare le premier dauphin de Viennois du dernier dauphin de France – Charles V en 1349, le duc d'Angoulême en 1830 –, on atteindra le nombre de trente-deux.

À proportion de cet inventaire, on connaîtra que pendant ce demi-millénaire ils ne furent qu'une douzaine, ces dauphins, une douzaine sur un total de trente-deux (soit une déperdition de près des deux tiers), qui accédèrent, avec les fortunes les plus diverses, à la fonction royale, échappant à tous les impondérables, à tous les coups du sort qui empêchèrent les autres dauphins de Viennois ou de France de devenir quelque chose ou quelqu'un. À cette douzaine de « dauphins jamais rois », il serait possible d'ajouter le nom du petit Louis XVII mort au Temple, et même d'atteindre la quatorzaine, si ce n'est à admettre la royauté, toute virtuelle qu'elle fût, du duc d'Angoulême qui « régna », pour un certain nombre de légitimistes, sous le nom – des plus oubliés – de Louis XIX de 1836 à 1844.

Qui sont-ils, ces dauphins qui se hissèrent un jour à la grandeur royale ? La chronologie fait d'abord remonter jusqu'à nous les noms des trois Charles qui régnèrent successivement en France au XIVe et au XVe siècle (Charles V, Charles VI et Charles VII : père, fils et petit-fils). Suivent Louis XI et son fils Charles VIII. Viennent après Henri II, François II, Louis XIII, Louis XIV, Louis XV et enfin Louis XVI.

S'agissant des nombreux dauphins qui ne régnèrent jamais, la majorité d'entre eux disparurent en bas âge : tel ne vécut que quelques jours, tel à peine quelques heures. Cependant, trois dauphins approchèrent la vingtième année de leur courte existence : les deux fils de Charles VI et d'Isabeau de Bavière, Louis de France, duc de Guyenne, qui s'éteint à l'âge de dix-huit ans, et Jean, duc de Touraine, qui perd la vie à dix-neuf ans ; il en va de même de François de France, autrement nommé François III de Bretagne, fils de François Ier, décédé à l'âge de dix-huit ans.

C'est à partir du XVIIe siècle que ces dauphins délaissés par l'histoire connurent la plus longue existence : Louis de France, fils de Louis XIV, plus connu sous le nom de Grand Dauphin, disparaît à l'âge de quarante-neuf ans. Son fils, le duc de Bourgogne, vit un peu moins d'une trentaine d'années. Louis-Ferdinand de France, fils unique de Louis XV et père des trois derniers Bourbons, est emporté par la tuberculose à l'âge de trente-cinq ans. On réservera un sort particulier au dernier des dauphins de France, le duc d'Angoulême, qui approche les soixante-dix ans lorsqu'il meurt en 1844 : cette longévité donne au fils de Charles X l'avantage sur l'ensemble des trente-deux dauphins venus au royaume depuis le XIVe siècle mais, officiellement, la dignité n'avait plus d'existence légale depuis 1830.

En moyenne, les trente-deux princes français qui ont hérité – dès leur naissance ou plus tardivement, selon les circonstances – du titre de dauphin, l'ont conservé moins d'une dizaine d'années, avec toutefois deux fortes exceptions : Louis XI, dont le tumultueux delphinat qui le mit en révolte contre son père s'étire sur près de quarante ans, et surtout le Grand Dauphin qui, lui, demeure jusqu'à son dernier jour à l'état d'éternel successeur attendant que vienne son tour de monter sur le trône, c'est-à-dire, en ce qui le concerne, près d'un demi-siècle, ce qui fait, si l'on ose dire, de « Monseigneur », le champion toutes catégories de la spécialité.

Si l'histoire de France recense, en sa généalogie, les noms d'une trentaine de dauphins, la forte mortalité infantile qui décima ces princes a fatalement réduit, en proportion, le nombre des dauphines. Elles sont quatorze en l'espace de cinq siècles, dont six, un jour, devinrent reines : Jeanne de Bourbon, comme nous venons de le voir, ouvre la liste de ces souveraines. Marie d'Anjou, épouse de Charles VII, succède au catalogue. Suivent Charlotte de Savoie, seconde épouse de Louis XI, Catherine de Médicis, femme d'Henri II, Marie Stuart l'éphémère épouse de François II, enfin Marie-Antoinette dont le règne tragique clôt la distribution.

Celles des dauphines qui ne purent, un jour, ceindre la couronne de France le furent soit en raison de leur disparition prématurée, soit par cause du trépas, lui aussi précoce, de leur époux : Marguerite de Bourgogne, fille de Jean sans Peur, se singularise par ses fiançailles malheureuses avec un premier dauphin, puis son veuvage avec un second qui avait pris la place[17] ; Jacqueline de Bavière ou Jacqueline de Hainaut est encore en âge d'adolescence quand son mari sort de l'histoire de France, à peine y était-il entré[18] ; la première épouse du futur Louis XI, Marguerite d'Écosse, ne passe pas les vingt ans d'existence après avoir jeté, selon la tradition, ce cri de délivrance : « Fi de la vie ! Qu'on ne m'en parle plus... » ; Marie-Anne de Bavière, mariée au Grand Dauphin, meurt à son tour prématurément, de même que Marie-Adélaïde de Savoie, mère de Louis XV, qui s'éclipse en sa pleine jeunesse. Un destin identique, apparemment entaché de quelque prédestination funeste, semble se reporter sur Marie-Thérèse Raphaëlle d'Espagne, première épouse de Louis-Ferdinand de France, fils de Louis XV : elle s'éteint au bout d'un an et demi de mariage. La seconde épouse du même prince, Marie-Josèphe de Saxe, si elle vit plus longtemps (trente-six ans, ce qui n'est guère), a gagné dans l'histoire le surnom de « triste Pépa » et c'est en somme, sur son compte, déjà dire bien des choses. Quant à la dernière dauphine de France, Marie-Thérèse, fille de Louis XVI et de Marie-Antoinette, c'est l'« orpheline du Temple » et, cette fois, c'est tout dire…

S'agissant des rares dauphines qui ont connu la chance – ou la mésaventure, c'est selon – de graver dans l'histoire, et sur les plaques de marbre de Saint-Denis, le nom d'une reine, on pourra laisser courir son imagination dans le champ de quelque « *fatum* » à l'évocation du sort de Marie-Antoinette et de Marie Stuart, toutes deux dauphines, toutes deux reines, toutes deux décapitées. S'agissant de Marie d'Anjou, épouse de Charles VII, on se souviendra qu'elle connut le fort désagrément de vivre, ou plutôt de tenter d'exister dans l'ombre d'Agnès Sorel, première maîtresse officielle d'un roi de France. Charlotte de Savoie, seconde épouse de Louis XI, vit la plupart du temps mélancoliquement retirée en son château d'Amboise, entourée de ses filles, dérobant à la curiosité du monde sa disgracieuse personne et la fermentation de ses aigreurs conjugales, ce qui lui vaudra d'être qualifiée par ses contemporains, en un apitoiement réel ou feint, de « pauvre reine sans éclat ».

Reste Catherine de Médicis dont le règne, comme celui de Marie-Antoinette, a réellement et puissamment marqué l'histoire. Cependant, Catherine de Médicis, ce fut aussi la mort hideuse de son époux Henri II, le « règne » de vingt ans de la favorite fort humainement haïe Diane de Poitiers, la disparition de ses deux jeunes fils-rois, François II à l'âge de seize ans, Charles IX à l'âge de vingt-quatre ans. Et, bien sûr, les guerres de Religion, la Saint-Barthélemy, toute cette « légende noire » attachée à son nom…

Finalement, ne serait-ce pas à l'évocation de la première de toutes les dauphines du royaume de France, Jeanne de Bourbon, que l'on trouvera le moins à spéculer sur quelque fatale destinée dont une improbable et invisible main aurait par avance rédigé la chronique ? Il est vrai que celle-ci garde l'avantage, sur les autres dauphines apparues par la suite, que le souvenir de son existence se voile et se retire jusqu'à, presque, se dissoudre dans les tréfonds de l'histoire et que son éloignement même, faute de sources contradictoires suffisantes, participe à donner une consistance toute particulière aux récits de prose ou de vers de ses thuriféraires qui nous en ont sculpté l'image et en ont défini la représentation poétisée.

À commencer par les propres paroles de Charles V qui font rayonner, du fond des âges, le « soleil du royaume » de France. Soleil couché à l'horizon au bout de vingt-huit ans : encore un chiffre qui porte à relativiser, par le peu de saisons d'existence qu'il recense, le meilleur ou le moins mauvais sort des dauphines qu'il est possiblement offert de se représenter…

2

Marie-Anne Christine Victoire de Bavière (1660-1690)

La Grande Dauphine
La première vraie-fausse « reine » de Versailles

À présent, quittons le Moyen Âge, abandonnons Charles V à la grande « doloison » de sa « Jehanne » endormie dans la fleur de son âge et transportons-nous à ce moment de l'histoire de France que les âges futurs appelleront le Grand Siècle.

Philippe VI fut le premier des Valois : Henri III en a clos la généalogie. Le coup de couteau d'un moine ligueur, s'il a ôté la vie d'un homme, a également causé la ruine d'une dynastie qui régna sur la France depuis le 1er avril 1328 jusqu'au 2 août 1589. L'éclat d'une autre lame jaillissante a tranché l'existence d'Henri IV, premier de la nouvelle race souveraine. À son tour, Louis XIII a passé de vie à trépas. Voici Louis XIV.

En ce mois de mars 1680 – car nous sommes désormais en 1680 –, une dauphine de France (première dauphine de France après l'Écossaise Marie Stuart quelque cent vingt années plus tôt) s'apprête à quitter la Bavière où elle a vu le jour afin de faire offrande de ses vertus de procréation à son nouvel époux le Grand Dauphin, fils de Louis XIV. Ce Grand Dauphin qu'aucun de ses contemporains ne connut jamais sous cette appellation, mais sous le titre, inédit à l'époque, de Monseigneur.

Marie-Anne de Bavière. Tel est le nom de celle qui va bientôt mourir à son existence passée afin de naître au monde en sa nouvelle essence de princesse française du plus haut rang qui se puisse ambitionner en cette cour rêvée, fantasmée, imitée par toutes les cours d'Europe.

Il va se hisser dans les premiers degrés du royaume un modèle inédit de personnage dont nul n'a conservé le souvenir de ce qu'il fut par le passé et dont chacun ignore ce qu'il pourra bien être aujourd'hui. Grande perturbation dans la fixité des habitudes acquises, vaste remuement dans l'agrégat des hiérarchies constituées, car ici tout est hiérarchie, tout est distinctions, préséances, honneurs, charges, privilèges et faveurs.

Partout, on sent comme un flottement. Une atmosphère hésitante se répand. Les esprits s'enfièvrent d'une attente inquiète.

Le maître des cérémonies, du talent, de la vivacité et de l'agilité d'esprit duquel dépendent le succès ou l'insuccès de la réception de la princesse étrangère, est hanté de cent façons par des complications d'étiquette auxquelles il lui faudra, à la volée, trouver des solutions qui auront à fâcher le moins de monde possible. Conséquemment, le voilà qui s'enferre en une foule d'embarras d'autant plus difficultueux que nul n'est en mesure de dire à quelle sorte de règles anciennes il convient de se reporter afin de satisfaire aux immuables rites du grand cérémonial de cour. Mais de quel déploiement de décorum peut-il s'agir en une telle occasion ? Est-il un être au monde qui ait gardé la connaissance de la manière dont on avait accueilli, jadis, la dernière dauphine apparue en France, la très gracieuse et très infortunée Marie Stuart, le précédent le plus proche et cependant, déjà, si éloigné ?

Pour la première fois depuis la fin de la Renaissance, un fils de roi se trouve en âge de prendre femme du vivant de son père. Monseigneur est âgé de dix-huit ans. Sa future épouse compte une année de plus que lui. L'union princière ressuscite au milieu du parterre louis-quatorzien un titre et une dignité qui demeurent, pour les contemporains autant que pour le roi lui-même, entourés d'inconnu et nimbés de mystère.

Depuis que les bruits de mariage de Monseigneur ont commencé de se répandre, il ne s'agit que de se faire valoir et de se bien placer. C'est la règle : à défaut de charges – et elles ne sont pas si nombreuses, les charges de conséquence –, on n'est pas si grand-chose à la cour, hors l'honneur d'en faire partie, ce qui est déjà considérable, mais n'est point suffisant à qui veut « exister » vraiment en ce « pays-ci[1] ». Les charges subalternes, elles, fort nombreuses, sont affaire de roture et abandonnées aux intrigues domestiques, à qui se couvrira le corps de la plus belle livrée. Mais les plus hautes fonctions, soit au service du prince, soit auprès des membres de sa famille constituant le premier cercle de la royauté, voilà qui donne tout son relief à l'existence de cour, si bien que rien ne saurait se comparer à l'honneur de s'attacher, puisque l'occasion s'en présente aujourd'hui, à la traîne d'une princesse de quelque tournure et de physionomie qu'elle soit.

Et justement, à propos de mine et de physionomie, il se murmure qu'il se pourrait que la nature se soit aussi médiocrement souciée de satisfaire le fils qu'elle s'appliqua, jadis, à contenter le père.

On n'en serait plus à parler de simples « désagréments » physiques entachant la physionomie de la future dauphine mais, au dire de certaines personnes supposément bien informées, ce ne serait même pas d'une sorte de disgrâce plus ou moins commune, plus ou moins banale en somme, plus ou moins acceptable, si l'on veut, qu'il serait question, mais d'une créature radicalement, catégoriquement, absolument, et de toutes les manières « affreusement laide[2] ».

Les termes, répétés à l'envi, ont d'abord surpris. Surpris et désolé. Dans un second temps, ils n'ont pas manqué de divertir le monde, tant la chose, en sa rude énonciation, a paru singulière. Le roi en a eu vent, bien sûr. Monseigneur le dauphin pareillement. C'est une mésaventure, sans doute, fort regrettable, et des plus contrariantes, que cette laideur rien de moins que « rebutante » dont il semble que la princesse de Bavière impose le spectacle affligeant. Quoi qu'il en soit, ni l'un ni l'autre n'en paraît exagérément affecté : ils semblent même tous deux s'en soucier, le père et le fils, autant que de cela… S'agit-il de conclure un mariage d'amour ! L'union de deux êtres prétendant ne pouvoir exister l'un sans l'autre est-elle faite pour cette catégorie de personnes ayant sur les bras les affaires du monde ? C'est déjà beaucoup si l'on ne se déplaît pas. Vient-on à se déplaire franchement ? C'est sans doute malheureux, mais le moyen d'aller contre ? Il n'est à propos que de perpétuer la race élue sur laquelle Dieu a posé le doigt.

Et voici qu'en ce 28 janvier 1680 est célébré le mariage par procuration de Marie-Anne Christine Victoire Josèphe Bénédicte Rosalie Pétronille de Bavière, fille aînée de feu Ferdinand-Marie, électeur de Bavière, et de feue Adélaïde de Savoie, fille de Christine de France, sœur cadette de Louis XIII, dite « Madama Reale » ou « Madame Royale ». Comme Monseigneur, la nouvelle dauphine a donc pour arrière-grand-père Henri IV, le premier roi Bourbon.

On ne veut pas de « notre grande gueule » ?

C'est une belle et bonne terre que la Bavière. Si belle, si bonne, si grasse, si riche qu'il ne coûte pas à la grandeur que Louis XIV sait mettre en toutes les actions de son existence de donner à son fils unique – c'est-à-dire au meilleur parti d'Europe – une princesse bavaroise issue d'une Maison germanique où ne coule nul sang royal, ni d'élever au rang de dauphine de France la fille d'un simple électeur d'outre-Rhin comme il s'en trouve tant d'autres au sein de la mosaïque d'États constituant le Saint Empire romain germanique.

En ce début des années 1680, c'est en direction des Allemagnes que les ambitions de conquête et les appétits de domination de Sa quatorzième Majesté se font les plus entreprenants. Nous sommes à l'époque où le roi, sans rien qui égale sa puissance sur le continent après les traités de Nimègue, adopte sa politique dite « de Réunions », au moyen de laquelle il étend, en pleine paix, son autorité et accroît son royaume au détriment de l'Empire et du cercle de Bourgogne. De manière à favoriser sa politique hégémonique sur le continent qui ne manque pas de lui aliéner une grande partie de ses voisins, l'intérêt de ce « monarque qui fait trembler toute l'Europe[3] » commande de s'attirer les bonnes dispositions de quelques-uns des États de l'Empire, et celles, en particulier, de la Bavière, dont le territoire s'interposant entre l'Autriche et le Rhin lui offre un précieux point d'appui contre la puissance des Habsbourg. Depuis une dizaine d'années, soit depuis la signature du traité d'alliance défensive de 1670 unissant les deux nations, la Bavière – cette Bavière si prospère avec son million d'habitants, cette Bavière catholique dressée en un océan de protestantisme – n'a pas manqué à sa fidélité au royaume de France. La Bavière protégée par la barrière de ses montagnes, c'est aussi une armée puissante, bien équipée et bien organisée, toutes choses qui font de Munich l'arbitre nécessaire à l'ensemble des conflits intéressant l'Allemagne.

Encore était-il souhaitable, après l'union contractée, en 1652, entre l'électeur Ferdinand-Marie et Henriette-Adélaïde de Savoie, de consolider l'alliance franco-bavaroise par un autre mariage dynastique, que l'on célébrerait pour le plus grand bien des deux États et pour celui de la chrétienté, un mariage auquel Mazarin, en son temps, avait déjà songé : celui de Monseigneur le dauphin – il avait sept ans à l'époque – avec Marie-Anne Christine de Bavière, qui, elle, en avait huit. Les deux partis s'engagent à unir ces deux êtres dans un délai qui ne devrait pas excéder une dizaine d'années.

Mais peut-on véritablement se fier à la loyauté du premier électeur du Saint Empire qu'est Ferdinand-Marie ? Sans doute, car celui-ci a pour épouse, comme nous venons de le dire, Henriette-Adélaïde de Savoie, nièce de Louis XIII, dont le fort tempérament a su acquérir sur toute la personne de l'électeur une emprise et une domination s'accordant à merveille aux intérêts de la France. Le moyen de se trouver, au sein de l'électorat, de soutien plus fidèle et plus avantageux que celui-là ?

Hélas, entre-temps, cette fille de « Madama Reale » s'est fort maladroitement avisée de mourir, bientôt suivie dans la tombe par son époux. Après cette double disparition, le projet de mariage de Monseigneur avec la jeune Marie-Anne serait-il compromis ? Pas précisément, mais l'affaire se complique car le nouvel électeur de Bavière, Maximilien II Emmanuel, n'a pas été taillé, à l'évidence, dans le même bois que feu son père. À l'époque, il a tout juste dix-sept ans : il est le frère cadet de la princesse destinée, depuis l'enfance, au royaume de France. En raison du jeune âge de l'électeur, son oncle, le duc Maximilien, portant (outre le même prénom que son neveu) le titre de régent ou d'administrateur, fait fonction de tuteur. Or, voilà un personnage qui se trouve dans des dispositions d'esprit nettement moins favorables à la France que ne l'avait été son défunt frère, bien qu'il ait lui-même épousé, naguère, par ordre de Louis XIV, une princesse française, Henriette-Fébronie de La Tour, une nièce de Turenne.

Dès lors, les relations franco-bavaroises, jusque-là si cordiales, se ternissent : outre que le régent de Bavière n'est certes pas un homme facile, le caractère du jeune prince-électeur est qualifié d'irréfléchi, d'impétueux et de fantasque, ce qui peut bien être permis à un jeune homme de dix-sept ans porté à s'occuper de parties de chasse, de fêtes et de maîtresses, plutôt qu'à se frotter, avant l'heure, à la rugosité des affaires touchant au gouvernement de ses États. Aussi le mariage de sa sœur pourra-t-il bien attendre. Et Louis XIV devra-t-il prendre patience.

Patience ? Louis n'en a déjà manifesté que trop, à son goût, de la patience, aussi dépêche-t-il à Munich l'un de ses plus habiles négociateurs, Charles Colbert de Croissy. Cependant, en dépit de sa vaste expérience, il faudra tout de même à celui-ci deux longs mois de laborieuses tractations avant de s'acquitter de sa tâche.

Le ministre n'a certes pas manqué de faire puissamment observer à ses interlocuteurs combien le roi son maître faisait honneur à la Bavière en lui réservant la main de Monseigneur, alors que tant d'illustres partis européens aspirent à l'obtenir : il a pu nommer, en particulier, la princesse d'Osnabrück issue de la maison de Brunswick, ainsi que la fille de l'empereur Léopold Ier. On connaît par ailleurs le désir ardent de Monsieur, frère du roi, de donner pour épouse au dauphin sa fille aînée, Marie-Louise d'Orléans, née de son premier mariage avec Henriette d'Angleterre. Quant à la princesse palatine, seconde épouse du même Monsieur, elle est d'avis que sa filleule, Sophie-Charlotte de Hanovre[4], fille de sa chère tante Sophie, ferait la meilleure des dauphines que l'on puisse espérer, ainsi qu'en témoignent ces quelques lignes rédigées peu avant la conclusion du mariage bavarois : « M. de Louvois me déclara que, si la première affaire avec la Bavière allait aussi mal qu'on le disait, il en parlerait au roi et qu'il me permettait de lui en parler moi-même dès que j'en trouverais l'occasion. Je croyais donc l'affaire en très bonne voie, et, me trouvant à côté du roi dans sa calèche, j'amenai tout doucement la conversation sur le mariage de son fils. Il me dit qu'on était tenace en Bavière, et que le duc Max ne voulait pas de notre grande gueule ; à quoi je lui répondis : "[...] On fait parfois, en fait de mariages, des propositions qui ne réussissent pas comme celle de Bavière." À quoi le roi répliqua très vivement : "Si ce mariage ne paraît pas encore fait, je ne le tiens cependant pas pour rompu ; mon fils a maintenant une si grande envie de se marier qu'il ne veut pas attendre plus longtemps, et si je consens à céder sur certains points, je suis sûr qu'ils me jetteront la princesse à la tête." »

Consentir à « céder sur certains points », cela revient à dire, en grande partie, payer davantage. Aussi, tenant à « acheter ce mariage » au plus vite, Louis augmente-t-il la dot de cinquante mille écus. En conséquence, le jeune électeur, après avoir donné au roi la vague promesse qu'il ne prendrait jamais pour épouse une archiduchesse autrichienne, sinon à puissamment mécontenter Sa Majesté, déclare-t-il à son conseil, avec l'assentiment de son oncle régent, qu'il « souhaitait le mariage de sa sœur et qu'il serait bien aise qu'on le termine promptement sans chercher de nouvelles difficultés ».

Colbert de Croissy peut dès lors s'en retourner en France. Reste toutefois une certaine difficulté : un rien, une gêne, un embarras, une incommodité tenant précisément à la conformation physique de la future dauphine. Le ministre, qui a disposé, durant son ambassade, de tout le temps nécessaire à l'examen de la princesse, s'attelle maintenant à une autre tâche qui peut n'être pas moins délicate que l'ambassade dont il vient de s'acquitter avec succès : à savoir dépeindre au roi la physionomie de sa bru en employant les couleurs, sinon les plus satisfaisantes, à défaut les moins défavorables.

Voilà une entreprise on ne peut plus malaisée, mais Colbert de Croissy, tout au long d'une dépêche suant l'effort, manifeste un si grand désir de bien faire que sa prose, bouffie de formules convenues et ampoulée de tous les lieux communs en usage en ces sortes de choses, en deviendrait presque, à la fin, émouvante, si sa description de la princesse bavaroise ne s'apparentait pas, dans son abondance de détails cliniques, à quelque rapport d'autopsie pratiqué sur une personne vivante.

Son portrait, caractéristique de l'art des portraits de cour en vogue à l'époque, mérite qu'on s'y attarde : « Bien loin d'y trouver quelque chose de choquant, il m'a paru, quoiqu'elle n'ait aucune trace de beauté, quelque chose qu'on peut bien dire agréable. La taille m'en parut d'une moyenne grandeur, parfaitement bien proportionnée, la gorge assez belle, les épaules bien tournées, le tour du visage plutôt rond que long. La bouche ne peut être dite ni petite, ni fort grande, les dents fort blanches et assez bien rangées, les lèvres rebordées assez régulièrement. Elles ne sont pas véritablement fort rouges, mais on ne peut pas dire aussi qu'elles soient pâles. Le nez est un peu gros par le bout, mais on ne peut dire qu'il soit choquant et qu'il fasse une grande difformité. Les joues sont assez pleines, les yeux ni petits ni grands, ni bien vifs ni trop languissants, la prunelle de la couleur des cheveux qui sont châtains. [...] Son teint m'a paru aussi un peu brun et de la manière que l'on voit la plupart des filles qui ne savent pas ce que c'est de polir un peu la nature. »

Ce portrait littéraire empanaché de toutes les figures de rhétorique au goût du jour corrigera-t-il, du moins, l'impression assez désagréable provoquée récemment à la cour par la réception du portrait peint de la dauphine ? C'est à voir...

Ce portrait a été commandé à François de Troy. Hélas, en dépit de son savoir-faire, l'artiste n'a pu, à l'évidence, réussir l'impossible avec la princesse bavaroise. Au reste, on apprendra bientôt que la dauphine ne déteste rien tant que se laisser peindre, comme si, en elle, on ne sait quoi se refusait, par instinct, à se prêter à un exercice artistique dont le modèle connaîtrait par avance le résultat forcément décevant. Si rompu qu'il soit aux pratiques du métier, il semble en effet que de Troy se soit heurté à une difficulté majeure et peut-être bien insurmontable : réaliser un portrait de commande qui soit à la fois véridique et flatteur[5].

Dès son arrivée en France, l'œuvre a fait naître de nombreuses inquiétudes parmi les courtisans : « Le portrait de Madame la Dauphine est arrivé, il est très médiocrement beau ; on loue son esprit, ses dents, sa taille : c'est où de Troy n'a pu trouver à s'exercer[6]. » Sans doute l'artiste a-t-il représenté « le visage un peu plus long, le menton un peu moins pointu et le nez tant soit peu moins gros par le bout[7] » qu'ils ne le sont en réalité, mais ces petits accommodements avec la vérité anatomique ne rassurent pas grand monde, quand bien même un certain abbé de Lannion, rentré récemment de Munich, a-t-il cru devoir affirmer que la dauphine est « bien mieux que le portrait que de Troy a envoyé ».

Conformément à un très vieil usage, des ecclésiastiques français arrivés en Bavière ont posé à la jeune femme et à son entourage de dames les questions les plus directes et les plus insistantes sur la régularité de son cycle menstruel et sur la qualité de ses pertes intimes : les réponses de l'intéressée ont donné, semble-t-il, entière satisfaction à ces manières d'enquêteurs religieux dont il serait d'ailleurs intéressant de connaître où et de quelle manière ils se sont acquis une expérience clinique en ces sortes de choses. Cette déclinaison de préliminaires amoureux accomplis par délégation cléricale ajoutée à la longueur tracassière des négociations franco-bavaroises ont fini par piquer la curiosité du jeune prince et par lui communiquer un furieux appétit de mariage, alors que Monseigneur, jusqu'alors, affectait en public, au mieux de l'indifférence, au pire de l'amertume à l'idée de se fixer.

Mais la tardive montée de sève paraît s'être produite. Pour ce que nous savons, le dauphin ne s'est guère fait remarquer jusqu'alors, à la différence de son père au même âge, par la précocité de son tempérament amoureux. Faut-il, pour autant, ajouter foi aux rumeurs de ses contemporains crayonnant de Monseigneur l'image d'un jeune être ingénu qui, non seulement, ne s'est jamais égaré dans le lit d'aucune femme, mais serait demeuré dans l'ignorance absolue de ce que tout homme sait, d'instinct, ce qu'on est accoutumé à y faire ?

Au final, Monseigneur, à dix-huit ans, est tenu par une grande partie de la cour pour une curiosité des plus intéressantes, une sorte de Rosier de Mme Husson avant l'heure. Mais à présent que s'ouvre devant lui tout un monde de sensations supposément inconnues du dauphin, devinées cependant en l'éveil d'une chair qui s'échauffe, est-il à propos de trouver à ce point surprenante la soudaine appétence d'un être qui sent son manque ? Néanmoins, la Palatine s'interroge sur la singularité de ce phénomène : « Le roi lui-même est étonné de ce changement, et il dit que s'il hâte tant ce mariage c'est parce qu'il voit l'impatience de son fils. Ce qui étonne encore plus tout le monde, c'est que, bien qu'on lui dise tout crûment que sa fiancée est laide, il ne s'en inquiète pas du tout et répond que si elle a de l'esprit et des vertus, c'est tout ce qu'il désire chez une femme[8]. »

« Parlez-moi français, je n'entends plus l'allemand »

À l'occasion du mariage par procuration, le duc de Créqui, premier gentilhomme de la chambre du roi, a apporté les « habits magnifiques[9] » que l'électeur a demandés à Louis XIV afin d'en revêtir sa sœur, ainsi d'ailleurs que sa propre personne, à quoi Sa Majesté a ajouté 800 000 francs de pierreries. Encore ces cadeaux dépêchés en Bavière ne représentent-ils qu'une partie des « magnificences que la maréchale de Rochefort porte à cette princesse[10] », à la rencontre de laquelle se rend l'ancienne dame du palais de la reine qui vient d'être nommée première dame d'atour de la dauphine.

Le 5 février, un cortège de cinq cents personnes, conduit par vingt chevau-légers français tout de rouge vêtus et soixante gardes bavarois en habit bleu et culotte blanche, s'apprête à quitter Munich. Les roues ferrées des voitures bondissent sur le dos arrondi des pavés, secouant les vitres des carrosses et faisant gémir les essieux, tandis que les cochers, en de vigoureux tours de bras, font claquer leurs longs fouets dans l'air. À dix-neuf ans, Marie-Anne Victoire de Wittelsbach éprouve-t-elle un sentiment de tristesse au moment de partir ? Il ne semble pas. Du moins n'en laisse-t-elle rien paraître. C'est une cour des plus étranges qu'elle abandonne : « On s'y levait [à Munich] tous les jours à 6 heures du matin, on y entendait la messe à 9, on dînait à 10, on assistait aux vêpres tous les jours, et il n'y avait plus personne à 6 heures du soir, heure à laquelle on soupait, pour se coucher à 7 [...]. Il n'est point de cloître où l'on vive plus régulièrement et avec plus de sévérité[11]. »

Le cortège de la dauphine passe devant l'église des Théatins (*Theatinerkirche*) où les corps de ses parents reposent et prend le chemin de la dernière ville située aux frontières de la Bavière : Ulm. Incognito, « quoique connu de tout le monde », l'électeur suit en voiture de poste. À la cour de Bavière, il règne une véritable vie de famille, libre, simple et familière, tout à fait inconnue à la cour de France : chacun sait que Maximilien a toujours éprouvé pour sa sœur une grande affection, aussi se résout-il non sans peine à prendre définitivement congé d'« une personne qui

[lui] est assurément la plus chère du monde[12] ». À ses côtés se trouve sa maîtresse du moment, Mlle de Preysing. Déjà, nous arrivons à Ulm où la dauphine est remise entre les mains du duc de Créqui chargé par Louis XIV d'accompagner la jeune femme au long de son voyage.

Après une quinzaine de jours de traversée de différents États composant une partie des Allemagnes, le cortège atteint Strasbourg le 21 février. Alors ville libre de l'Empire, Strasbourg n'est point encore la France. C'est pour bientôt : dans un an, la cité sera annexée au royaume dans le cadre de la politique de Réunions menée par Louis XIV. Venus en délégation aux environs de Kehl, les magistrats de la ville accueillent la dauphine en s'exprimant en sa langue maternelle, à quoi Marie-Anne oppose cette formule préparée à l'avance : « Messieurs, parlez-moi français, je n'entends plus l'allemand[13]. » (Observons qu'un siècle plus tard, une autre dauphine – Marie-Antoinette –, accueillie en ces mêmes lieux, s'exprimera dans les mêmes termes.) Emmené par la compagnie colonelle de 200 chevaux suivis de l'*Ammeister* régent de la République de Strasbourg[14], le cortège de bienvenue entoure le convoi de la dauphine.

C'est le moment de l'entrée solennelle en la cité alsacienne. Ce rituel décline, à l'échelle des membres de la famille royale, le cérémonial des entrées des rois de France dans les villes de leur royaume de la manière qu'il s'est pratiqué depuis des siècles : rues jonchées de feuillages et de fleurs, façades tendues de tapisseries précieuses, grands ébranlements de cloches de toutes les églises de la ville, franchissements d'arcs de triomphe, prières et cantiques entonnés au passage du carrosse, successions de jets d'eau et de fontaines où coule du vin en abondance… Soit tous les éléments d'une liturgie mi-religieuse, mi-laïque, présentant aux populations rassemblées l'image d'une personne choisie par la Providence faisant honneur et gloire aux lieux où elle paraît.

Dès le lendemain, 22 février, la princesse est menée à Fegersheim, localité touchant aux limites du territoire de la République de Strasbourg. Les principales charges de sa Maison l'y attendent. Le duc de Richelieu, son chevalier d'honneur, et la duchesse de Richelieu, sa dame d'honneur, se présentent à la porte du carrosse : ils embrassent la dauphine (on disait alors « baiser ») et remettent à leur nouvelle maîtresse la lettre du roi les chargeant, l'un et l'autre, de sa réception officielle.

Dès lors, tout se passe selon les lois de l'étiquette française, et nous verrons que dans les générations futures les mêmes mots, les mêmes gestes, les mêmes discours, les mêmes déplacements de corps se répéteront quasiment à l'identique. En sa qualité de chevalier d'honneur, le duc de Richelieu donne la main à la dauphine afin de la mener à un appartement « superbement meublé ». Un appartement préparé, en réalité, dans une simple grange dont un flot de tentures et un parquet provisoire dissimulent la rusticité du décor, tandis que les poutres du toit sont dérobées à la vue par de lourds enroulements de damas.

C'est en ces lieux que la duchesse de Richelieu présente à la dauphine sa première dame d'atour, cette maréchale de Rochefort qu'il lui appartient également de baiser. Une autre dame s'approche, une certaine personne qui n'est pas sans causer quelque bruit à la cour, puisqu'il s'agit de la marquise de Maintenon, dont le roi a voulu qu'elle fût nommée seconde dame d'atour de sa belle-fille. Évidemment, nous y reviendrons. Après celle-ci, Mme de Montchevreuil, gouvernante des filles d'honneur, s'avance, suivie de toute la société féminine qu'elle a reçu mission de gouverner, et l'on voit chacune des dames se ployer, à tour de rôle, afin de baiser le bas de la robe de la dauphine. Un homme d'une taille imposante apparaît et s'incline lentement avec solennité : il s'agit de Bossuet, futur évêque de Meaux, qui sera son premier aumônier. On observe que la dauphine manifeste au prélat une sensible attention, et l'on a placé à cette occasion dans la bouche de la princesse ces mots appris par cœur : « Je prends part à tout ce que vous avez enseigné au dauphin. Ne me refusez pas, je vous prie, de me donner à mon tour vos instructions et soyez assuré que je m'efforcerai d'en profiter. »

Sans doute, à la fin, la tête de la dauphine lui tourne-t-elle un peu, car ce sont plus de quatre cents personnes, parties de Paris le 25 janvier, qui sont venues l'attendre à Fegersheim. Elle prend ainsi connaissance, dès la frontière passée, de toute la pesanteur du protocole à la française, dont les milles subtilités de rangs, de places, de qualités, de dignités et de distinctions ne peuvent se comparer à rien de ce qui s'est inventé jusqu'alors en Europe, et assurément pas en Bavière. Tandis que l'on sert à dîner à ces centaines de corps aristocratiquement compressés dans la grange transformée en palais d'une journée, des vivres sont distribués gratuitement à une foule estimée à quelque dix mille personnes venues des environs et patientant depuis des heures dans le froid piquant de l'hiver, curieuses d'observer les traits de cette princesse allemande destinée à devenir, un jour, leur souveraine.

Précisément, ces traits, quels sont-ils? Et ses manières? Et sa taille (la « taille » désignait alors l'ensemble de la personne)? Et sa chevelure? Et son nez? Et ses yeux? Et ses mains? Et sa gorge? Enfin, tout...? Le père de La Broue choisit avec prudence de s'attarder sur les qualités morales et intellectuelles de la dauphine : « On était surpris de trouver avec un savoir peu commun dans les personnes de son sexe, une politesse encore moins commune, et l'on ne savait lequel on devait le plus admirer, ou l'exacte connaissance qu'Elle avait de presque toutes les langues vivantes de l'Europe[15], et de la langue même de l'Église qu'on lui avait apprise dans son enfance, ou la modestie avec laquelle Elle cachait tous ces avantages[16]. » Mme de Sévigné, qui n'a pas fait route jusqu'à Fegersheim, se tient informée de tout ce qui se passe et de tout ce qui se dit (c'est ce qu'elle appelle « faire son paquet »), ainsi qu'en témoignent ces quelques lignes écrites, le 28 février, d'une plume galopante[17] : « Le roi a reçu plusieurs lettres de ces dames, qui assurent que Madame la Dauphine est bien plus aimable qu'on ne l'avait dit [...]. Elle a écrit à M. le Dauphin avec des nuances de style selon qu'elle a été près d'être sa femme qui ont marqué bien de l'esprit. C'est à Monseigneur à mettre la dernière couleur et à lui faire oublier le pays qu'elle quitte avec tant de joie. Mme de Maintenon a mandé au Roi que sa personne est aimable, sa taille parfaite, et que parmi cette envie de dire toujours tout ce qui peut plaire, il y a bien de l'esprit et de la dignité. »

Il est temps pour Marie-Anne de prendre définitivement congé de sa suite bavaroise, conformément à l'usage imposant à toute princesse étrangère de ne garder auprès d'elle aucune personne de son pays natal : c'est une façon de mourir à son passé, de trépasser à soi-même telle qu'on fut jusqu'alors et qu'il n'est pas pensable de rester. Ce dépouillement de tout son être devient symbole de renaissance, nativité à la française, engendrement à sa condition nouvelle. La cérémonie des adieux terminée, le lent, lourd et pesant cortège s'ébranle à nouveau ; après avoir fait étape à Benfeld, il arrive le 24 février en vue de Sélestat où une troupe de comédiens français venus de Brisach donne à la dauphine l'*Iphigénie* de Racine. Le 25 à Saint-Dié, *Phèdre* est représenté. Le 27, on est à Raon, le 28 à Lunéville, le 29 à Nancy, où l'on s'accorde un peu de repos dans les murs du palais ducal. Partout, les autorités ont une harangue à la bouche qu'il convient d'écouter, sinon d'entendre, avec patience et bienveillance. En tout lieu, apparaissent des arcs de triomphe de bois ou de carton-pâte où sont peints ou sculptés des dauphins s'ébattant parmi un répertoire de symboles et d'allégories emprunté à l'antique. Cependant, dans la chapelle du château de Bignicourt-sur-Saulx, la princesse entend la messe célébrée par Bossuet. C'est la cérémonie des Cendres : « Femme, qu'il t'en souvienne ; tu fus tirée de la poussière ; il t'y faudra retourner un jour »...

Si la Maison de la dauphine (on entend par Maison l'ensemble des personnes attachées au service d'un maître ou d'une maîtresse, roi, reine, dauphin, dauphine, fils ou fille de France... et cette Maison va de la simple domesticité aux fonctions les plus éminentes), si celle-ci n'est pas encore entièrement constituée, une grande partie des bénéficiaires des charges les plus prestigieuses entoure la princesse depuis son arrivée en France. Cette Maison, indépendante de la Maison du roi et de celle de Marie-Thérèse, ne comptera pas moins de trois cent trente personnes lorsque la totalité des offices aura été pourvue.

Être de la Maison de la dauphine, c'est voir les « cieux ouverts[18] » sur les coiffes de celles-ci et sur les perruques de ceux-là, qui vont pouvoir s'enorgueillir et s'éblouir eux-mêmes des privilèges et du surcroît d'honneurs accompagnés de tous les avantages, bénéfices, gratifications et autres profits personnels dont cette élévation élargit le champ des possibles. C'est, en greffant son avenir aux rameaux de quelque nouvelle princesse prenant racine à la cour, se trouver en situation de jouir des hautes prérogatives attachées à la rareté des charges curiales, car dans ces compétitions d'intérêts se rencontrent beaucoup d'appelés mais se trouvent peu d'élus. De surcroît, pour « exister » à la cour, il est essentiel d'y être « établi » : ainsi le détenteur d'une charge reçoit-il un logement au sein même d'une résidence royale ou, à défaut, si la place vient à manquer – et la place, en effet, manque le plus souvent, tant au Louvre qu'à Saint-Germain –, à proximité immédiate du lieu où bat le cœur de l'État.

Côté masculin, la charge de chevalier d'honneur est la plus prestigieuse de la Maison de la dauphine. Obligation lui est faite de suivre la princesse en tout lieu et à toute heure du jour. À lui de tout prévoir, de tout anticiper, sans jamais épargner ni son temps ni sa peine. Parmi la multitude de ses attributions et de ses privilèges, il porte la traîne de la dauphine – c'est l'un des signes majeurs de l'importance de sa charge – ou lui donne la main quand elle se déplace (« donner la main » signifie céder la droite et la priorité lors du passage des portes). Lorsqu'elle franchit le marchepied de son attelage, il soutient le bas de sa robe. En toutes choses, c'est par le chevalier d'honneur qu'il faut nécessairement passer. Il fera barrage de son corps entre le public et sa maîtresse, et s'il lui prend la fantaisie d'éloigner celui-là ou cet autre pour quelque motif que ce soit, nul ne pourra s'y opposer. Lui seul a le privilège de transmettre les messages de la dauphine. Au vrai, sa charge est écrasante, le service du chevalier d'honneur étant censé ne jamais s'interrompre.

Le roi a honoré de cette fonction le petit-neveu du cardinal de Richelieu, Armand-Jean de Vignerot du Plessis, duc de Richelieu et de Fronsac, pair de France, prince de Mortagne, marquis de Pontcourlay et seigneur de quelques autres lieux encore. Ancien frondeur, ancien général de galères, le père du futur maréchal a la réputation, on ne peut plus méritée, de mener une vie munificente, impétueuse et glorieuse. Ses dettes ? Elles sont à l'égal du dérèglement de ses mœurs. Le nombre de ses maîtresses ? On prétend qu'il est incalculable. L'homme est un libertin de classe qui terminera ses jours dans la dévotion la plus rigoureuse après avoir mangé la plus grande partie de la fortune familiale. Du reste, dès 1685, il devra renoncer à sa charge afin de se sauver de la déconfiture financière où il n'a pas manqué de consumer sa trop fastueuse personne : « [Monsieur de Richelieu] fit de si grosses pertes au jeu qu'il en vendit sa charge de chevalier d'honneur de Mme la Dauphine [...]. Dangeau ne manqua pas une si bonne affaire : il en donna cinq cent mille livres [Dangeau parle, lui, de trois cent cinquante mille livres] et se revêtit d'une charge qui faisait de lui une espèce de seigneur[19]. »

Mais n'anticipons pas et voyons Mme de Richelieu. Si son magnifique et impayable époux reçoit la charge de chevalier d'honneur à l'arrivée de la princesse, c'est à elle que revient le titre de dame d'honneur de la dauphine. Son rôle est le pendant féminin de celui de son mari.

La dame d'honneur commande la chambre de la princesse, veille à l'équilibre du budget et se charge de régler les dépenses. Elle aussi accompagne la princesse en tout lieu. Lors de la toilette, elle présente la serviette[20] ou tient la chemise de sa maîtresse. Elle prend naturellement place à bord de son carrosse. Les avantages, les contraintes, les obligations, les privilèges et les devoirs d'une dame d'honneur, Mme de Richelieu en a une parfaite connaissance, car elle a exercé le même office auprès de la reine en 1671, à la disparition de la duchesse de Montausier : à sa nomination dans la Maison de la dauphine datée du 23 septembre 1679, elle a laissé sa charge dans la Maison de la reine à la duchesse de Créquy.

Veuve en premières noces du sieur d'Albret, Anne Poussard de Fors du Vigean – tel est son nom de jeune fille – a épousé en secondes noces, à la surprise de tous, le duc de Richelieu : « Madame de Richelieu, sans biens, sans beauté, sans jeunesse, et même sans beaucoup d'esprit, avait épousé, par son savoir-faire, au grand étonnement de toute la cour et de la Reine-mère, qui s'y opposa, l'héritier du cardinal de Richelieu, un homme revêtu des plus grandes dignités de l'État, parfaitement bien fait, et qui, par son âge, aurait pu être son fils[21]. » C'est pousser un peu loin, entre les deux époux, la différence d'âge : certes Mme de Richelieu compte quelques années de plus que le duc son conjoint, mais il n'y a guère, du mari à la femme, qu'une décennie d'écart. Dans sa jeunesse, Mme de Richelieu passait pour une « beauté des plus médiocres » : on laisse deviner l'apparence qui est désormais la sienne à soixante ans sonnés, d'autant que cette dame « commence à sentir les effets de sa dissipation » et que « les ressorts s'affaiblissent visiblement », au point qu'étant encore récemment dame d'honneur de la reine elle présentait tout le monde sans plus bien faire la différence entre untel et untel, « ce petit tracas de dame d'honneur dont elle s'acquittait si bien étant tout dérangé »[22]...

On supposera donc qu'elle se trouve plutôt bien assortie à l'allure générale des filles d'honneur de la Maison de la dauphine, qui sont toutes présentées, certes, comme des personnes « de grande naissance », mais « sans nulle beauté extraordinaire »[23]. La rumeur s'est d'ailleurs répandue qu'on a précisément fait le choix de ces dames en raison de la médiocrité de leur figure. À cela, on peut avancer deux motifs : d'abord, ne pas faire ombrage à la dauphine qui ne passe pas elle-même – c'est le moins qu'on puisse en dire – pour une beauté des plus remarquables, ensuite se garder de faire entrer en tentation le jeune dauphin qui pourrait peut-être, une fois l'esprit et le corps déniaisés, trouver commode d'avoir pour ainsi dire à portée de main, au sein de la Maison de son épouse, quelques jeunes personnes un peu trop fraîches et séduisantes. Pour chaperonner ces créatures et les tenir en bride, Mme de Montchevreuil, une dame « jaune, maigre, qui riait niais, et montrait de longues et vilaines dents, dévote à outrance, d'un maintien composé[24] » a été mise aux trousses de tout cet escadron[25].

Auprès de la Montchevreuil, apparaît la première dame d'atour : il s'agit de la deuxième charge la plus éminente de la chambre de la dauphine. Sa fonction consiste à diriger les femmes de chambre chargées de l'habillement et de la coiffure de la princesse; la première dame d'atour préside sa toilette et traite avec les fournisseurs. Pour cette charge, le roi a fait appel à la petite-fille du chancelier Séguier, Madeleine de Montmorency-Laval, maréchale de Rochefort. Si l'on procède à la nomination d'une « première » dame d'atour, le titre signifie que celle-ci est nécessairement flanquée d'une « seconde ».

C'est là, précisément, qu'une difficulté apparaît : la charge de seconde dame d'atour est inconnue à la cour de France : tout simplement, cela n'existe pas. Il n'importe : Louis XIV a fait en sorte que cette fonction, mal définie, et qui d'ailleurs n'aura nul besoin de l'être davantage dès lors qu'on apprendra le nom de sa bénéficiaire, soit créée *ex nihilo*.

« Pour concilier ce qu'il devait à son amour avec ce qu'il devait à la décence publique[26] », le roi a conféré à Mme la marquise de Maintenon la troisième charge la plus importante de la chambre de sa belle-fille, après s'être assuré, pour la forme, et pour la bienséance, de l'assentiment, obligeamment donné comme bien l'on pense, de la maréchale de Rochefort.

Le brevet, signé par Louis et Colbert le 8 janvier 1680 à Saint-Germain-en-Laye, a été rédigé en ces termes : « Sa Majesté a cru ne pouvoir jeter les yeux sur une personne plus digne de remplir la charge de seconde dame d'atour, que la dame Françoise d'Aubigné, marquise de Maintenon, dont la bonne conduite et les autres qualités lui sont connues. C'est pourquoi Sa Majesté l'a aujourd'hui retenue et retient en l'état la charge de seconde dame d'atour de Madame la Dauphine, pour, par ladite dame marquise de Maintenon, après qu'elle aura prêté le serment en tel cas requis entre les mains de Madame la Dauphine, la servir en ladite charge, et faire toutes les fonctions de dame d'atour en l'absence de dame Maréchale de Rochefort, en jouir et user aux honneurs, autorités, prérogatives, prééminences, privilèges, franchises, libertés, et exemptions, et apparences : et aux gages, pensions et autres droits…, etc., etc.[27]. »

Mme de Sévigné avait bien senti venir quelque chose d'approchant quand elle écrivait récemment : « Il y en a qui disent que Mme de Maintenon sera placée d'une manière à surprendre[28]. » Mais, à dire le vrai, est-ce à ce point surprenant? Son élévation publique n'était-elle pas devenue nécessaire? Pouvait-elle demeurer plus longtemps en l'état subalterne de gouvernante des enfants de Mme de Montespan, une Montespan, au demeurant, vieillissante (quarante ans…), vieillissante et surannée, une forme humaine quasi désincarnée en comparaison de ce qu'elle avait été, et par le fait tombée non seulement en désuétude, mais consumée en défaveur, reléguée dans la glaçante indifférence du maître de céans, conservée à la cour par les seules ténacités de l'habitude et les nécessités de la raison d'État?

Désormais que le crédit de celle-ci grandit en proportion de l'affaissement du prestige de celle-là, la survenue prochaine de la dauphine permet, par le grand jeu de dominos de places qui est en train de s'opérer, de sortir la marquise de fraîche date de sa non-existence officielle, sans avoir à la hisser toutefois, au sein de la Maison de la princesse, à une fonction dominant toutes les autres, qui eût trop clairement manifesté un état de choses que nul n'ignore, mais qu'il n'est pas besoin d'exposer davantage. Ainsi lui sera-t-il permis désormais de participer, autrement qu'en personne surabondante, à toutes les manifestations de la cour comme à tous les déplacements du roi. Seconde dame d'atour : avec une prudence native et une finesse toute politique, la marquise n'a ambitionné qu'une charge, somme toute, secondaire, la laissant dans une position de retrait relatif, outre qu'elle épargnera à la Maintenon toutes les rivalités de préséances qui alarment continûment les premiers rangs. Cependant, il ne fait de doute dans l'esprit de personne que la véritable direction de la Maison de la dauphine, c'est à elle qu'elle appartient désormais. D'ailleurs, n'a-t-elle pas veillé à la constitution des listes ? N'a-t-elle pas choisi, en accord avec le roi, les principaux élus ? À tout le moins, elle aura suggéré un certain nombre de grands noms pour les charges les plus importantes. À ses protégés, à ses amis, à sa clientèle, à ceux et celles dont l'appui lui paraît utile et peut-être bien un jour lui sera nécessaire, sont revenus les titres les plus enviables. Aussi, que lui fait-il d'abandonner à d'autres, tels des hochets de prix, le rutilement des honneurs et ce faste inutile, puisque c'est à elle que sont réservés le pouvoir occulte, l'autorité rampante, le magistère opaque ?...

« C'est mon fils que je vous donne »

Nous avons laissé la dauphine au château de Bignicourt en compagnie de Bossuet dévotement occupé, en cette entrée en Carême, à imprégner de cet avertissement solennel la conscience de la jeune épousée : « Femme, qu'il t'en souvienne ; tu fus tirée de la poussière [...]. » C'est précisément non loin de Bignicourt que le roi et son fils, partis de Saint-Germain-en-Laye le 22 février 1680, ont choisi d'aller au-devant de la princesse. La rencontre a été fixée au 7 mars : ce sera à Vitry-le-François. En tête, roule un carrosse où seul le dauphin a pris place. L'équipage est suivi d'un second où sont le roi et Monsieur son frère. Les voitures stationnent « au milieu du chemin de Bignicourt à Vitry », à l'endroit exact où devra s'arrêter le carrosse de la dauphine de Bavière. Justement, le voici qui approche.

Le lieu est désolé, retiré, solitaire. Nul spectateur. Point de foule encouragée à pousser des clameurs de bienvenue. C'est un simple chemin de campagne situé à l'écart de toute habitation. Là, seul le souffle du vent sur la plaine, seul le tremblement léger de la végétation qui renaît. Aucun apprêt de cérémonie. Pour décor, un désert. Telle est la tradition : le roi accueille en personne car le roi est tout, et le roi emplit tout. Aux côtés de Sa Majesté se tiennent son fils Louis de France et son frère Philippe d'Orléans. En retrait, le chevalier d'honneur et la dame d'honneur de la dauphine restent figés dans leur importance raide. Les roues de la voiture de Marie-Anne s'immobilisent dans ce mauvais chemin traversant la vaste platitude des champs et la même scène, jouée depuis des siècles, va se répéter, identique à ce qu'elle fut toujours et telle qu'elle s'interprétera longtemps encore, générations après générations.

La chorégraphie de la rencontre peut dès lors commencer avec la précision d'un ballet de cour, mais un ballet que l'on donnerait dans une salle vide, sans seconds rôles ayant préparé leurs figures ni spectateurs étagés sur des gradins. On est surpris par la rusticité de ces rencontres hâtives, emplies de réminiscences des vieux âges, si peu en rapport avec l'image des fastes louis-quatorziens. Une portière s'ouvre. Vivement, Marie-Anne franchit le marchepied et va se prosterner aux pieds du roi qui, aussitôt, la relève, l'embrasse sur les deux joues et lui adresse son compliment de bienvenue.

Ce compliment, le voici : « Ma fille, j'avais plus d'impatience de vous voir que je ne puis l'exprimer. » Le mot n'a pas vocation à être noté dans les annales, mais il est prononcé avec une bienveillance patriarcale assortie d'une telle expression de hauteur que cela en impose et tient lieu de tout le reste. En la « baisant » sans cérémonie, sans témoin, sans majesté, Louis vient d'accomplir un acte d'une portée quasi liturgique : il n'a certes pas répandu sur elle son souffle, car le roi n'est pas Dieu, mais par le simple contact de ses lèvres sur ses joues, il a élevé, en être dépositaire de la divine autorité, la jeune femme dans une sphère toute spéciale, hors d'atteinte de la commune humanité.

Cérémonie sacrée dont le mystère n'a nul besoin de représentation : Monseigneur, raidi par un embarras de jeune homme, perclus d'irrésolution adolescente, ses talons rouges enfoncés dans la terre molle, se tient quelques pas en retrait. Louis s'écarte et présente le dauphin à la dauphine en ces termes fort simples, formulés, cette fois encore, sans chercher à démêler ce qu'en fera, un jour, la postérité : « Voici de quoi il est question, Madame : c'est mon fils que je vous donne[29]. »

On ne saurait en dire davantage à l'aide de si peu de mots. À ce signal, Monseigneur, sortant de sa torpeur, remue toute sa personne pour le salut d'usage : dans l'émotion de sa jeune âme, il oublie de « baiser » sa future épouse. À un discret rappel du roi qui semble agir ici plus en maître des cérémonies qu'en père ou en souverain, le dauphin pose à son tour ses lèvres sur les joues de la jeune femme. Puis vient Monsieur, qui agit de même. Quelques courts propos indifférents sont alors échangés dont nul n'a connu la teneur, et voilà qui est fait. On ne s'attardera pas davantage au milieu de ce mauvais chemin, et Louis, franchissant le marchepied afin de prendre place dans le fond du carrosse, invite le dauphin et la dauphine à s'asseoir à ses côtés, Monsieur et la duchesse de Richelieu se plaçant vis-à-vis des époux.

Quittant Vitry, le cortège prend la direction de Châlons où la reine attend avec une impatience fébrile. Avant de découvrir sa belle-fille, Marie-Thérèse, « fâchée que le roi l'eût vue avant elle[30] », s'informe auprès du marquis de Livry de la première impression causée par la nouvelle venue. Le témoin est forcé d'en convenir : « Le premier coup d'œil n'est pas beau. » Le lendemain 8 mars, Marie-Thérèse, accompagnée de sa belle-sœur la princesse palatine et de sa cousine la Grande Mademoiselle, sort de Châlons et s'arrête, deux lieues plus loin, au milieu d'un autre chemin de campagne : c'est en cet autre bout du monde que Louis, menant la dauphine par la main, présente la jeune fille à la reine. Les mêmes figures de ballet s'exécutent selon les rites : la princesse s'agenouille aux pieds de Marie-Thérèse qui la relève, l'embrasse et lui fait son compliment de bienvenue. De même, « Madame et toutes les princesses qui étaient avec la reine la saluèrent et la baisèrent[31] ». On ne lanterne pas davantage au milieu de cette campagne vide et venteuse qui ne ressemble à rien, et l'on pousse jusqu'à Châlons. Mademoiselle de Montpensier fait part de ses premières impressions : « Elle était habillée de brocart blanc, des rubans blancs à sa coiffure, qui était défrisée; ses cheveux noirs;

le froid l'avait rougie. Elle avait une fort belle taille ; mais elle n'était pas en beauté, et Livry avait raison de dire que le premier coup d'œil n'était pas beau. Elle salua ensuite Madame et moi ; elle me fit mille amitiés. Dans le carrosse, elle me parla de celle que madame sa mère avait pour moi, et qu'elle lui disait toujours : "Si vous êtes mariée en France, faites votre première amie de Mademoiselle ; c'est la mienne." Elle ne fut point embarrassée ; elle causa beaucoup. »

Mme de Sévigné est aussi à Châlons. Récemment, elle a fait « son paquet » de tous les ouï-dire et a brossé le portrait suivant d'une « dauphine dont on dit mille biens[32] » : « Madame la Dauphine est l'objet de l'admiration : le Roi avait une impatience extrême de savoir comment elle était faite. Il envoya Sanguin, comme un homme vrai et qui ne sait point flatter : "Sire, dit-il, sauvez le premier coup d'œil, et vous en serez bien content." Cela est dit à merveille ; car il y a quelque chose à son nez et à son front, qui est trop long, à proportion du reste ; elle fait un mauvais effet tout d'abord. Mais on dit qu'elle a une si bonne grâce, de si beaux bras, de si belles mains, une si belle taille, une si belle gorge, de si belles dents, de si beaux cheveux, et tant d'esprit et de bonté, caressante sans être fade, familière avec dignité, enfin tant de manières propres à charmer, qu'il faut lui pardonner ce premier coup d'œil[33]... »

Au tour de l'épistolière, à présent, de contempler la dauphine au naturel et de juger sur pièce : « Sa laideur n'est point du tout choquante, ni désagréable ; son visage lui sied mal, mais son esprit lui sied parfaitement bien. Elle ne fait pas une action, ne dit pas une parole, qu'on ne voie qu'elle en a beaucoup ; elle a les yeux vifs et pénétrants. Elle entend et comprend facilement toutes choses. Elle est naturelle et ni plus embarrassée ni étonnée que si elle était née au milieu du Louvre [...]. Elle a l'air fort noble, et beaucoup de dignité et de bonté[34]. » L'essentiel, en ces sortes de choses, n'est pas tant ce que l'on dit que la manière de l'exprimer. Mme de Caylus, une nièce éloignée de Mme de Maintenon, ne s'embarrasse pas, elle, de préciosités de style et déclare tout crûment que la princesse est absolument « repoussante ». Dès les premiers regards attachés à sa personne, les jugements tombent et s'impriment dans les esprits de ses contemporains de la manière la plus définitive. Car enfin, est-il imaginable, est-il permis, dans le siècle de grandeur où l'on se trouve, qu'une dauphine, une dauphine de France désole à ce point les regards par une physionomie si ingrate et si irrecevable ? Quoi qu'il en soit, il va falloir tenir son rang. Comment s'y prendra-t-elle ? C'est précisément tout le préoccupant mais aussi tout le plaisant de la chose.

En ce début de soirée du 7 mars 1680, Marie-Anne formule le désir de se confesser sur-le-champ. En ce cas, qu'on nous amène un prêtre ! Par bonheur, il n'en manque jamais à la cour. Cependant, une difficulté imprévue se présente : parmi la foule d'abbés jusqu'aux plus grands seigneurs mitrés qui pourraient convenir, il n'en est pas un seul qui entende l'allemand. Or, bien qu'elle sache parfaitement, comme toute princesse européenne du temps, s'exprimer en français, la dauphine prétend faire le compte de ses péchés dans sa langue maternelle, son opinion étant qu'elle ne saurait « se confesser qu'en allemand », de crainte que ne soient mal interprétés ses propos par l'emploi, qui serait approximatif, d'un mot pour un autre. Mais le moyen de trouver dans l'immédiat un confesseur qui soit capable de pénétrer toutes les finesses de la langue germanique ? Par miracle, un certain chanoine de Liège, de passage à Châlons, vieille créature décrépite aux cheveux longs filasses ressemblant aussi peu qu'il est possible à un homme d'Église (mais en son pays, les religieux ne sont pas tenus de porter la soutane comme en France), arrive à point nommé. On se satisfera de cet original, quand bien même – il en fait spontanément l'aveu comme d'une chose toute naturelle – n'a-t-il jamais, de sa vie, confessé personne, sinon une fois, peut-être, quelque pauvre diable de soldat expirant sur un champ de bataille.

Cependant, l'affaire est faite. Après quoi, le mariage politique bavarois devient définitivement mariage religieux par le renouvellement de la bénédiction – « sans aucune cérémonie » cette fois encore – de cette union princière, venant en quelque sorte franciser la liturgie munichoise célébrée par procuration au mois de janvier précédent. Dès la fin de la cérémonie, Louis XIV se retire en ses appartements, à charge pour la dauphine de recevoir Monsieur, Madame, les princes et les princesses du sang, les cardinaux, les princesses étrangères ainsi que les duchesses qui ont fait route jusqu'à Châlons. Et c'est ainsi que nous arrivons à l'heure du coucher.

À dix-huit ans, Monseigneur ne passe donc pas pour s'être acquis une vaste connaissance des choses de l'amour, et l'on ne saurait passer sous silence un certain nombre d'anecdotes, plus ou moins crédibles, bourdonnant autour de sa personne. On prétend que Monseigneur a donné récemment un témoignage des plus remarquables de son ingénuité en demandant, alors que Marie-Anne en était encore à traverser la France, « quand Mme la Dauphine serait grosse ». L'interrogation, tant de fois répétée que nul ne sait plus en démêler le vrai du faux, n'a pas manqué de divertir le monde, telle Mme de Sévigné qui s'amuse à écrire : « Il est, je crois, persuadé qu'elle pourra l'être en arrivant à Sélestat ! »

C'est donc ce jeune homme qui, tout à l'heure, sera poussé, en un grand élan dynastique, dans le lit conjugal. Soudain averti de l'ignorance supposée de son fils qu'il n'imaginait pas à ce point abyssale, le roi s'est assombri. Faut-il ajouter foi à la représentation d'un père qui se serait déterminé, à la volée, à instruire le jeune marié de ce qu'il aurait à faire, non seulement pour sa propre satisfaction et celle, accessoirement, de son épouse, mais pour un autre bien incomparablement supérieur à tout autre, qui est celui de l'État ? A-t-il réellement pris Monseigneur à part afin de lui glisser dans le creux de l'oreille les quelques recommandations nécessaires avant la nuit de noces, au point d'avoir avoué au terme de l'entretien : « Monsieur [de Montausier], je viens de parler à mon fils, et vous voyez que j'en sue. J'ai tourné tant que j'ai pu et à la fin je lui ai dit pendant une grosse demi-heure ce qu'on aurait honte de dire dans les mauvais lieux, sans avoir pu venir à bout de lui rien faire entendre[35] ! » ?

La même prudence s'impose, s'agissant de l'initiative prêtée au duc d'Uzès, qui se serait entretenu quelque temps plus tôt « en tête à tête[36] » avec le dauphin de manière à l'informer d'un certain nombre de détails pratiques, ou de la mission qu'aurait reçue Michel Thomassin, dit Joyeux (son premier valet de chambre), d'avertir le jeune prince des mêmes procédés amoureux exprimés en termes techniques, sans que ni l'un ni l'autre ait rencontré, dit-on, plus de réussite. Et que penser des allégations de Saint-Simon – un Saint-Simon qui tente, à l'accoutumée, de se faire passer pour le témoin oculaire d'une époque qu'il n'a pas connue (et pour cause : il avait cinq ans lors du mariage du Grand Dauphin) –, lequel Saint-Simon ne résiste pas au plaisir de mettre en scène la maréchale de Rochefort, première dame d'atour de la dauphine, une dame « qui à trente-cinq ans était encore fraîche et piquante », payant à la fin de sa personne afin de déniaiser le prince en lui donnant, *in extremis*, « une leçon entre deux portes qui réussit parfaitement et dont personne ne lui sut mauvais gré »… ?

Quoi qu'il en soit de l'état d'ignorance du dauphin, le moment est venu de passer à la cérémonie du coucher, telle que les plus anciennes pratiques en ont gravé les rites. À ce propos, la dauphine sait-elle de quoi il est question ? Nul ne paraît s'en être préoccupé.

De la même manière que le mariage de Monseigneur et de la dauphine de Bavière fut arrangement et affaires politiques à décliner et à montrer au monde, leur nuit de noces – à tout le moins ses prémices, mais aussi sa conclusion que l'on espère heureuse –, avec tout son bréviaire laïc et toute sa mécanique sacramentelle, ne manquera pas de l'être à sa façon.

Elle le sera nécessairement, cette nuit commençante, aux yeux des grands personnages de la cour, dont le rôle, en cette occurrence, sera de constater par eux-mêmes l'authenticité de l'événement. Politique et spectacle se mêlent à nouveau dans la même production d'images louis-quatorziennes. D'abord, il convient de se ranger en un long, lent et glorieux cortège pour mener le dauphin et la dauphine à leur chambre. Les jeunes gens vont en tête, suivis du roi et de la reine, ainsi que de toute une théorie de personnages avançant en un savant dégradé de rangs, de hiérarchie et de conditions, à charge pour chacun et pour chacune de témoigner, un jour, si la nécessité venait à se présenter, d'avoir vu de ses propres yeux les nouveaux mariés étendus côte à côte dans le même lit et ainsi se porter garants de la bonne exécution de l'ultime clause du contrat liant la France et la Bavière : la consommation du mariage.

Dans le périmètre étroit de la chambre, la place vient bientôt à manquer, et l'on se serre tant qu'on peut pour être des premiers. On voit, ou pour mieux dire on aperçoit, entre deux têtes un peu trop remuantes, entre deux paires d'épaules un peu trop encombrantes, le roi tendre la chemise de nuit à son fils, tandis que la reine fait de même à sa bru. La charge revient aux prêtres de bénir la couche, lieu de conception d'un futur héritier de la couronne de Saint Louis. Le dauphin et la dauphine peuvent dès lors se glisser à l'intérieur des draps et s'exposer, telles deux statues de cire, à l'observation de tous les témoins d'usage qui, en effet, voient, contemplent, considèrent et constatent, la cérémonie publique du coucher valant signature au bas d'un acte notarié.

Puis l'on tire les rideaux et l'on sort de la chambre afin d'abandonner les jeunes époux à leur intimité. Cependant, le lendemain matin, il conviendra de procéder à une nouvelle formalité que les enjeux politiques aussi bien que les usages imposent : l'inspection minutieuse des draps nuptiaux dont l'état, au lever, ne devra laisser aucun doute sur la manière heureuse dont s'est déroulée la nuit de noces. On apprendra ainsi qu'elle s'est passée le mieux du monde, en dépit de l'inexpérience présumée du dauphin et de celle, bien réelle assurément, de la dauphine. Cette nouvelle, il convient à présent de la claironner : des dépêches sont envoyées à la minute aux chancelleries des cours européennes, tandis que l'on fait savoir, par la même occasion, à l'électeur Maximilien, les événements ayant pris la tournure favorable dont nul ne peut douter, que le paiement du tiers de la dot de la mariée est maintenant exigible dans les formes et les délais convenus.

Est-il évêque pour être nommé Monseigneur ?

Les cérémonies du mariage s'achèvent, vers les 11 heures du matin, par une messe basse dite à la cathédrale de Châlons. Durant l'après-midi, lors de la remise à la dauphine des bijoux de sa corbeille de noces, un premier incident se produit. Une anicroche au protocole d'apparence tout à fait secondaire mais de grande conséquence, comme tant de choses qui n'ont guère d'importance : « Il y avait des pierreries et toutes sortes de jolies choses, et en grande quantité de tout ce que l'on peut imaginer, Mme de Montespan étant la femme du monde qui se connaît le mieux à toutes choses et qui y avait pris grand plaisir[37]. » C'est l'ex-favorite en effet, si en défaveur qu'elle fût tombée, qui a veillé en personne à la constitution de cette corbeille de noces, croyant pouvoir affirmer avec l'assurance d'une grande dame connaissant à la perfection toutes les délicatesses des belles manières de cour : « Madame la Dauphine vous donnera de tout cela; ce lui sera un grand plaisir de donner ces bijoux[38]. »

C'est en effet une tradition bien agréable et attendue avec la plus grande impatience que la mariée, dès la réception de sa corbeille, en distribue le contenu aux membres de la famille royale ainsi qu'aux dames de sa Maison. Nous touchons ici au système des « revenant-bon », c'est-à-dire des avantages en nature, ce mode de distribution indirect capital pour maintenir son train de vie à la cour, car en dépit des apparences nombre de charges et d'emplois ne rapportent guère, en dehors du prestige qu'ils confèrent à ceux qui les détiennent. Les « revenant-bon » : une manière, en somme, d'arrondir ses fins de mois, regardée comme un dû par leurs bénéficiaires.

Soit : encore eût-il fallu avertir la jeune Bavaroise de cette tradition toute française. Or, il est manifeste que nul n'y a songé. Aussi, après avoir abondamment remercié avec toutes sortes de grâces possibles, Marie-Anne conserve-t-elle précieusement l'ensemble de la corbeille pour elle seule, croyant bien faire, répétant mécaniquement cette formule à ses suivantes tandis qu'elle leur passe, un à un, ses cadeaux : « Serrez cela. »

« Serrez », c'est-à-dire : « Rangez cela dans un coffre, mettez ces richesses en lieu sûr. » Vaste déconvenue autour de la princesse, sentiment d'avoir été spolié dans ses droits, dépossédé de ses prérogatives : « [Elle] n'en offrit à personne, pas même à la reine qui en aurait été fort aise, et qui disait, quand on lui montra ce présent : "Le mien n'était pas si beau quoique je fusse plus grande dame; mais on ne se souciait pas tant de moi que l'on fait d'elle[39]." C'est une manie de la reine d'imaginer sans cesse que l'humanité entière n'est occupée que du souci de se liguer pour la désobliger par toutes sortes de grands et de petits affronts. Elle avait toujours dans la tête qu'on la méprisait, et cela faisait qu'elle était jalouse de tout le monde et de toute chose[40]. » Voilà toutefois une impropriété de tournure delphinale qui ne peut que mortifier cette société d'éternelles quémandeuses rassemblées autour de sa personne et qui, blessées, offensées, dépitées, s'en retournent chez elles les mains vides, remâchant en esprit une première impression assez peu favorable de la nouvelle venue.

Le 11 mars, la cour quitte Châlons pour Saint-Germain-en-Laye. Si l'on ne prend pas la direction de Versailles, ce Versailles qui semble avoir empli tout le siècle, c'est que précisément à l'époque Versailles n'est pas encore Versailles. Ou pas tout à fait. Sans doute la cour y passe-t-elle depuis longtemps des séjours d'agréables loisirs car les fêtes y sont encore nombreuses (moins qu'autrefois il est vrai, car les années passent et les temps ne sont plus ce qu'ils étaient), des séjours de durées très variables en raison des éternels chantiers d'agrandissement du domaine où, dès qu'on y paraît, chacun s'expose au danger d'être blanchi de plâtre, sali de colle ou taché de peinture par une armée de maçons et d'ouvriers occupés à leurs affaires, mais, en cette année 1680 où nous sommes, Louis XIV n'a pas encore – officiellement du moins – pris la résolution d'en faire sa résidence permanente et le cœur du pouvoir. À l'arrivée de la dauphine en France, la cour, ainsi qu'elle l'est depuis des siècles, demeure nomade, comme s'il était de sa nature de ne pouvoir se poser, et c'est incessamment que l'on se transporte de Saint-Germain au Louvre, de Fontainebleau à Compiègne, de la forteresse de Vincennes à la forêt d'architecture de Chambord, et en quelque autre lieu à la convenance du roi.

Du plaisir, il y en a encore passablement à la cour de France en ce commencement des années 1680. Certes, il se rencontrera, comme toujours, comme partout, un certain nombre de personnes regrettant amèrement l'agréable vieux temps qui ne reviendra plus. Ainsi Mme de Sévigné déplore-t-elle que la joie ne soit « plus de mode à la cour, où chacun a ses tribulations et où l'on ne rit plus depuis plusieurs années[41] ». De même, Primi Visconti s'étonne-t-il en ces termes : « Il semble que ce ne soit plus la même nation. Alors c'étaient partout bals, festins, banquets, concerts [...]. À présent, chacun vit retiré [...], peu de gens s'amusent, et encore il y faut de la circonspection, particulièrement à la cour[42]. » Il est vrai que Louis XIV, qui aura bientôt quarante-deux ans – à quarante-deux ans, il y a déjà longtemps, en ce siècle, qu'on est entré dans le second âge de l'existence –, semble depuis quelque temps travaillé du désir de donner à l'écoulement de ses jours un rythme différent. C'est comme s'il cherchait à cadencer sa vie d'un tempo plus lent, à la manière de ces personnes, arrivées au bout d'un certain cycle dont elles ont épuisé les ressources et consumé les avantages, qui hésitent à engager leurs pas en un autre chemin dont les ondulations plus molles conviendraient davantage à leur marche nouvelle. Pour le monarque et l'homme privé dialoguant avec les indéterminations de la postérité, il est temps, sinon de faire une fin, du moins de suivre une autre pente.

Cependant, la mutation se fera à son rythme, si bien qu'au début de cette décennie la cour a conservé une grande partie de sa brillance d'antan. L'engourdissement de langueur, la gravité de ton, la rigidité des manières, la raideur des contenances, cela viendra plus tard. Des amours du roi avec la Montespan, il n'est désormais plus question. La marquise aura « régné » une douzaine d'années. C'est beaucoup. C'est considérable. C'est bien assez maintenant ! Le scandale de l'affaire des poisons qui, en ce moment même, convulsionne le royaume et auquel la marquise ne semble pas tout à fait étrangère, aura déterminé Louis à arracher de son corps et ôter de ses nerfs les derniers filaments qui le liaient encore à la maîtresse aux sept bâtards royaux. Dépourvue de toute fonction officielle, Athénaïs peut-elle prétendre à être davantage qu'un vestige de la cour d'autrefois, quelque objet précieux exposé en un cabinet de curiosité, le reliquat d'un temps révolu ? Un meuble de famille ? Une antiquité de prix ?

Désormais, Sa Majesté est entrée dans ce qu'il est convenu d'appeler le commerce de l'amitié. Et l'« amie » devenue essentielle, l'amie inestimable, l'amie indispensable est Mme de Maintenon. En 1680, jamais sa faveur n'a paru si grande : « Mme de Montespan est enragée. Elle pleura beaucoup hier. Vous pouvez juger du martyre que souffre son orgueil qui est encore plus outragé par la haute faveur de Mme de Maintenon[43]. » « Amitié » ? Quand la dauphine de Bavière fait son apparition à la cour de France, il est certain qu'on n'aurait pas trouvé grand monde pour risquer un louis sur la fiction d'une amitié partagée qui ne serait que morale et intellectuelle. Sont-ils amants ? Si c'est le cas, depuis quand ? Étonnamment, la marquise, parvenue à l'âge de quarante-cinq ans – c'est beaucoup, quarante-cinq ans, à l'époque, pour une femme, et pour bien d'autres que la Maintenon, ce serait beaucoup trop –, a conservé une taille, une silhouette, une tournure, des façons, des manières, ce quelque chose d'incorporel, d'immatériel, qui échappe au temps.

Reste la reine, Marie-Thérèse d'Espagne, que Sa Majesté son époux s'est toujours fait une obligation sacrée, même aux périodes les plus tumultueuses de son existence amoureuse, de retrouver chaque nuit, invariablement, mécaniquement, au creux du même lit. De cette exigence dynastique assignée à son corps durant toutes ces années, six enfants sont venus au monde en deux décennies de vie commune. Un seul a survécu, l'aîné, Louis de France, que l'histoire a retenu sous le nom de Grand Dauphin, et qui porte à la cour le titre singulier de Monseigneur.

Monseigneur ? Et pourquoi donc, Monseigneur ? Est-il évêque pour qu'on le nomme ainsi ? On ne sait comment ni pourquoi ce « Monseigneur » est apparu, puis s'est imposé à chacun, car il s'agit précisément d'un titre qui jamais, avant lui, dans tous les siècles, ne fut donné à aucun prince français. Selon Saint-Simon, le roi se serait mis un jour, « par badinage », à l'appeler de cette manière, malgré lui il en aurait pris l'habitude, et « peu à peu la cour l'imita, et bientôt après non seulement on ne lui dit plus que Monseigneur parlant à lui, mais même parlant de lui, et le nom de Dauphin disparut pour faire place à celui de Monseigneur tout court ».

Sans doute est-ce ici le moment de rappeler au lecteur l'un des plus terribles « portraits raccourcis » qui, pour le malheur posthume de Louis de France, fût jamais sorti du génie corrosif du duc de Saint-Simon. Encore est-il bon de rappeler que le mémorialiste ne fut le contemporain de Monseigneur qu'au temps de sa jeunesse : le duc, nous l'avons dit, est âgé de cinq ans au mariage du dauphin. Quand il s'attelle à la rédaction de ses Mémoires – ceux que nous connaissons dans leur version définitive, rédigés pour l'essentiel entre 1740 et 1750 –, le Grand Dauphin est mort depuis une trentaine d'années. C'est donc avec toute la prudence qui s'impose qu'on relira ces lignes massacrantes. Ce portrait, le voici en partie reproduit :

« De caractère, il n'en avait aucun. Du sens assez, sans aucune sorte d'esprit [...] de la hauteur, de la dignité par nature, par prestance, par imitation du roi ; de l'opiniâtreté sans mesure, et un tissu de petitesses arrangées qui formaient tout le tissu de sa vie ; doux par paresse et par une sorte de stupidité ; dur au fond, avec un extérieur de bonté qui ne portait que sur des subalternes et sur des valets, et qui ne s'exprimait que par des questions basses. Il était avec eux d'une familiarité prodigieuse, d'ailleurs insensible à la misère et à la douleur des autres, en cela peut-être plutôt en proie à l'incurie et à l'imitation qu'à un mauvais naturel [...]. Son peu de lumières, s'il en eut jamais, s'éteignit [...] sous la rigueur d'une éducation dure et austère, qui donna le premier poids à sa timidité naturelle, et le dernier degré d'aversion pour toute espèce, non pas de travail et d'étude, mais d'amusement d'esprit, en sorte que, de son aveu, depuis qu'il avait été affranchi des maîtres, il n'avait de sa vie lu que l'article de Paris de *La Gazette de France*, pour y voir les morts et les mariages [...]. Il résulte que Monseigneur était sans vice ni vertu, sans lumières ni connaissances quelconques, radicalement incapable d'en acquérir, très paresseux, sans imagination ni production, sans goût, sans choix, sans discernement, né pour l'ennui qu'il communiquait aux autres, et pour être une boule roulante au hasard par l'impulsion d'autrui, opiniâtre et petit en tout à l'excès, absorbé dans sa graisse et dans ses ténèbres. »

Requiescat in pace...

Bien des progrès à faire

Quoi qu'il en fût de Monseigneur dans le mystère d'une personnalité que le temps oblitéra, personnage parvenu jusqu'à nous avec ses angles morts et ses trous noirs, celui-ci semble, depuis son mariage, former avec la dauphine de Bavière un jeune couple où le mari et la femme seraient « très contents l'un de l'autre ». Les époux logent principalement à Saint-Germain-en-Laye, qui est encore, en ce début de décennie, la résidence préférée de Louis XIV.

En retrait du Château-Neuf commandé à Philibert de l'Orme trois ans avant le décès d'Henri II et considérablement agrandi par Henri IV, se trouve le Château-Vieux dont Louis XIV a fait remodeler les appartements par son architecte Le Vau et son peintre Le Brun, ajoutant cinq pavillons d'angle à l'ensemble – c'est le château que nous connaissons aujourd'hui, celui dont les salles abritent le Musée d'archéologie nationale. Les appartements du dauphin et de la dauphine sont jointifs à ceux du roi. Desservis par le même escalier, leurs logements au second étage se composent d'une salle des gardes, d'une antichambre, d'une chambre de parade dont la décoration a été refaite au goût du jour... Au total, ils disposent d'une dizaine de pièces, ce qui fait de leur appartement l'un des plus vastes du Château-Vieux. La marquise de Montespan jouit encore d'un bel espace à l'entresol, sous l'appartement de la reine ; quant à celui de Mme de Maintenon, il est directement relié à l'appartement du roi par un petit escalier à vis.

Le « meuble » du dauphin (c'est-à-dire l'ensemble de l'ameublement et des objets d'art) est réputé pour son extrême richesse : Le Brun a fourni les cartons des tapisseries et des tapis. Les murs sont tendus, selon la saison, de velours ou de brocart, généralement de couleurs vives, rehaussées d'or ou d'argent. Le mobilier a été fourni par les plus fameux artistes et artisans parisiens, en particulier Pierre Gole, ébéniste du roi, grand maître en marqueterie de bois et de métal. Les objets précieux abondent dans l'appartement delphinal : outre un grand nombre de bijoux du plus haut prix, leur vaisselle d'argent est fameuse, participant, par sa rareté et la finesse de son ornementation, à afficher le statut particulier du dauphin et de Marie-Anne de Bavière.

Plus resserrés en leurs appartements sont Monsieur et Madame la princesse palatine. Celle-ci est l'autre princesse allemande à la cour. Et aussi la première venue. Voilà une dizaine d'années qu'elle y meut sa grasse et opulente personne. Allemandes toutes deux, et issues pareillement de la maison de Wittelsbach, Marie-Anne et « Liselotte » (tel est le surnom que la Palatine a reçu en sa lointaine jeunesse) auraient pu ne point se trouver de grandes affinités, tant leurs caractères paraissent opposés, et tant pèsent dans leurs généalogies respectives d'indémêlables contentieux, de la nature de ceux dont la source est si lointaine qu'on n'en sait plus précisément les causes et qui se transportent, tels des bahuts de famille, de génération en génération[44]. Or, contre toute attente, Liselotte et Marie-Anne se sont plu dès l'instant qu'elles se sont rencontrées. L'expansivité jacassière et la rudesse à tendance soldatesque de la première forment, ici, un vigoureux contraste avec le caractère naturellement modeste, peu expansif et réservé de la seconde. La belle-sœur et la belle-fille du roi n'ont pas fait que s'apprivoiser : elles se lient d'une durable affection. C'est un signe certain de leur inclination mutuelle que dans l'incommensurable correspondance de la princesse palatine, si prompte à saisir les ridicules et les défauts de ses contemporains, l'épouse de Monsieur prendra soin d'épargner la dauphine et c'est déjà, n'en disant rien de mal, en dire beaucoup sur la nature des sentiments qui les unissent. Entre soi, elles aiment parler allemand, se divertissent amèrement à la comparaison de leur laideur respective « dans une cour où la beauté était nécessaire[45] » et très humainement s'émeuvent à l'évocation de leur pays natal.

Maintenant, de quelle manière la dauphine de Bavière s'ajuste-t-elle à la vie de la cour de France ? À toutes sortes de menus détails, on sent que l'acclimatation n'est pas aisée. Le ton ? Elle ne l'a point encore saisi. Les manières ? Ce n'est pas cela. La tournure d'esprit dont il convient de donner la représentation ? Cela viendra peut-être, mais il est patent que sur ce chemin-là il lui reste encore bien des progrès à faire.

Et puis, elle commet un si grand nombre d'incongruités de phraséologie curiale qui ne sont pas pensables ! Mais qui n'en ferait pas à sa place, arrivé comme elle d'un pays étranger et tombé, tout vif, en cette inextricable liturgie pharaonique où le roi a su « donner quand il nous plaît, un prix infini à ce qui de soi-même n'est rien[46] » ? Du reste, bien éloignée de mêler sa musique personnelle à l'interprétation générale de ce royal choral. Ainsi, cette dissonance, cette disharmonie si sensibles aux oreilles des gens de ce « pays-ci » : à son arrivée à Saint-Germain, l'ingénuité de Marie-Anne, qui est grande, et sa méconnaissance, qui paraît abyssale, de la manière qu'il importe d'en imposer au monde, la bercent encore de l'illusion de pouvoir y jouer autre chose que les utilités à vocation reproductive. Grave erreur, extravagance de croire qu'elle puisse prétendre à être davantage qu'un ventre fait aux ordres de l'antique dynastie capétienne, un ventre qui serait comme démarié d'un cerveau ambitionnant, lui, un déploiement de pensée et une autonomie de ton se gouvernant en liberté !

Si l'on s'en rapporte aux premiers témoignages recueillis dès son arrivée en France, Marie-Anne apporterait de Bavière une hardiesse de style, une fermeté de ton, une hauteur d'esprit dont on ne sait, d'abord, que penser, tant cette indocilité ou cette impréparation aux manières de son nouveau pays paraissent éloignés des « bons usages » : « Elle a des sentiments à elle toute seule, tout formés, dès Munich ; elle ne prend pas ceux qu'on lui présente[47] », s'étonne, ou s'interroge, ou admire peut-être Mme de Sévigné, qui n'est pas plus accoutumée que tout autre à cette déclinaison de sentiments qui ne sont pas façonnés, tournés et mis en ordre comme ceux de tout le monde. À un œil d'aujourd'hui ce sont des riens qui paraîtront dépourvus d'importance, mais pour une personne du XVIIe siècle ces riens-là composent des touts qui froissent et qui chiffonnent les principes de bonne conduite de cour, au point de porter à s'interroger sur le véritable caractère de la nouvelle venue.

Lui demande-t-on s'il lui serait agréable de jouer ce soir, elle répond en toute franchise : « Non, je n'aime point le jeu », sans se douter qu'en opposant à cette invitation un refus ne portant, dans son esprit, à aucune conséquence elle contrevient d'une manière on ne peut plus fâcheuse à l'un des rituels de sociabilité essentiels de cette communauté humaine. L'invite-t-on à honorer de sa présence une prochaine partie de chasse organisée en son honneur à Rambouillet, à Versailles, à Saint-Germain, à Compiègne, à Fontainebleau ou en forêt de Sénart, elle réplique, du même franc-parler, qu'elle ne comprend pas ce plaisir-là, méconnaissant de la même manière l'affront dont elle se rend coupable, sinon aux yeux du roi qui « ne [veut] pas qu'on y aille [à la chasse] sans l'aimer ; il trouve cela ridicule, et ne sait aucun mauvais gré à ceux qui n'y [vont] jamais[48] », du moins pour la majeure partie de ces grands aristocrates qui, sans jamais se lasser de s'adonner continuellement aux mêmes divertissements, en font l'une des plus éminentes démonstrations de la suprématie de leur race.

Le jeu ? La chasse ? Marie-Anne se pique, à son arrivée en France, d'occupations qu'elle juge autrement sérieuses : ainsi, son application à relever et à présider le « cercle », ce cercle qui est normalement l'apanage de la reine, mais que la transparence, la morosité de caractère ou l'indifférence de Marie-Thérèse ont fait tomber en désuétude. Tenir le « cercle » – cette institution portée si haut, en son temps, par la reine mère Anne d'Autriche –, c'est présider à un temps de conversation choisie avec les dames de la cour disposées circulairement autour de la reine (en ce cas, autour de la princesse), assises, selon leurs rangs, sur des tabourets, les autres se tenant debout, en retrait, immobiles, côte à côte.

Dans les premiers temps, la dauphine semble manifester, dans cet exercice imposé, un certain savoir-faire et, en effet, elle réussit à exhumer du passé cette tradition du « bon goût » français qui étend à nouveau ses racines, sachant toutefois qu'il sera nécessaire, en sa présence, de fermer « sa porte aux moqueries et aux médisances[49] », toutes manières qui ne s'accordent pas à son humeur, n'étant « point curieuse[50] » de ces sortes de choses. Il se confirme par ailleurs ce qu'on avait laissé entendre avant son arrivée en France : qu'elle aime réciter des vers, lire ou se faire la lecture des ouvrages nouveaux, et que rien ne lui est agréable comme de s'entourer, dans son appartement, de musiciens interprétant les œuvres à la mode : « Elle apprend à chanter, à danser, elle lit, elle travaille. C'est une personne enfin [...]. Il est vrai que j'ai eu la curiosité de la voir [...]. Elle était à sa toilette, elle parlait italien avec M. de Nevers. On nous présenta. Elle nous fit un air fort honnête et l'on voit bien que si on trouvait une occasion de dire un mot à propos, elle entrerait fort aisément en conversation. Elle aime l'italien, les vers, les livres nouveaux, la musique, la danse [...]. Si j'étais jeune, j'aimerais à plaire à cette princesse[51]. »

Cependant, le bruit se répand que Marie-Anne de Bavière serait exagérément attentive à marquer la distance qui la sépare, elle dauphine de France, du reste des humains. Elle serait intraitable sur les honneurs qui lui sont dus. On la dit orgueilleuse, imbue de sa grandeur, emplie de suffisance... C'est, selon toute apparence, se méprendre grandement sur son compte, car la nature de la jeune femme semble toute de douceur et de délicatesse. Et s'il n'est pas contestable qu'elle manifeste une retenue en public dépassant la mesure ordinaire, sa façon d'effleurer la cour sans paraître vraiment la toucher peut être tenue, selon les uns pour une extrême froideur de caractère, selon les autres pour l'expression d'une personnalité encore mal assurée sur ses bases.

C'est que la timidité, en cette princesse, domine tout. Elle la porte à un degré de crainte et la jette dans des effarouchements qui se rencontrent rarement en ces hauteurs. Incapable de mettre spontanément ses pas dans ceux de ses nouveaux compatriotes, elle se cherche autant que le public la recherche lui-même dans la distribution. On sent une personne irrésolue, indécise, ne vivant pas précisément au même rythme ni dans le même espace que ses contemporains de cour, en dépit de son souci, bien réel, de se hisser à la hauteur de sa tâche. Cependant, l'accoutumance, de part et d'autre, est d'autant plus délicate à se cristalliser que l'on ignore les voies à emprunter pour s'insinuer dans la sphère de cette jeune inconnue à l'âme fuyante : tel jour elle se donne à voir comme la personne la plus facile et la plus aimable, tel autre jour son être exhale une humeur triste et maussade qui répand autour d'elle une sorte de noirceur.

« *J'aime à être paisiblement dans ma chambre* »

En ce printemps qui est délicieux, « on fait tous les jours des fêtes pour Madame la Dauphine[52] ». Ne faut-il pas à tout moment divertir l'esprit des gentilshommes que mélancolise la réplication, à l'identique, des longues journées de cour, « les tenir joyeux et occupés en quelque exercice[53] » ? Ainsi, Marie-Anne trouve-t-elle à satisfaire son goût pour le théâtre, pour la musique, l'opéra et la danse qui font précisément écho aux grandes passions du roi, en quoi le beau-père et la bru paraissent sensibles aux mêmes délicatesses et ornements de l'esprit, d'autant que ces inclinations sont aussi partagées par Monseigneur, artiste de la royauté aussi bien que son père. Les gazettes officielles n'en finissent pas de faire le décompte des apparitions du jeune couple princier à tous les spectacles nouveaux, insistant en particulier sur leur assiduité aux tragédies lyriques de M. de Lully. Lorsque à Saint-Germain-en-Laye est représenté son dernier opéra, *Proserpine*, le couple delphinal apparaît dans tout le rayonnement de sa future destinée. Cette passion commune pour toutes les formes d'arts, et principalement pour l'opéra, cimentera leur union – ou, à l'avenir, en colmatera les brèches – durant les dix années que Monseigneur et Marie-Anne vivront ensemble.

C'est à cette époque que Mme de Sévigné décerne à la dauphine cette manière de brevet de bonne conduite : « L'on n'est occupé que de la bonne grâce et de l'air naturel avec lequel elle se démêle de tous ses devoirs. Il n'y a nulle princesse née dans le Louvre qui pût s'en mieux acquitter. C'est beaucoup que d'avoir de l'esprit au-dessus des autres dans cette place où, pour l'ordinaire, on se contente de ce que la politique vous donne [...]. Elle est fort obligeante, mais avec dignité et sans fadeur... Ce qu'elle aime parfaitement, c'est de plaire au Roi. Cette envie est digne de son bon esprit, et elle réussit tellement bien dans cette entreprise que le Roi lui donne une grande partie de son temps aux dépens de ses anciennes amies, qui souffrent cette privation avec impatience[54]. »

Le portrait est flatteur. Trop sans doute, à la manière de ces portraits de cour retouchés par les coups de pinceau habiles et caressants des peintres officiels. D'autant que l'on ne manque pas de s'interroger sur un phénomène des plus déconcertants touchant à la vie publique de la princesse : ses absences trop souvent répétées à de certaines cérémonies auxquelles son rang, sa naissance, les règles et la théâtralisation de l'étiquette s'imposant à chacun, du courtisan le moins en vue jusqu'aux seigneurs les plus considérables, exigent expressément qu'elle participe. À quoi la dauphine peut-elle s'occuper, seule, à l'écart du monde, abîmée comme en « une petite trappe[55] »? À quelles raisons imputer ces grands vides trouant son existence officielle qui rompent déjà, sans que l'on puisse en déterminer la cause, la régularité de ses apparitions? Il serait question de fatigue, d'un « besoin qu'elle a d'être paresseuse[56] » comme si les jours étaient trop longs pour elle, on parle d'alanguissement, de mélancolie, de lassitude morale et physique...

Se peut-il que l'on soit déjà à ce point désenchanté d'une condition et désillusionné d'un sort cependant si enviables? On dispute des embarras et des manières qu'elle ferait, des désagréments qu'elle éprouverait, des importunités contre lesquelles la jeune femme ne semble pas en état de lutter, avouant avec une sincérité qui désarme : « J'aime à être paisiblement dans ma chambre, j'aime à travailler. »

D'où l'on vient à s'offusquer qu'« elle ne se contraint point », alors que précisément l'existence du courtisan impose, à toute heure et en toutes occasions, de se contraindre en tout et de ne faire aucun cas de sa personne qui, individuellement, n'est rien. Ces phases de repliement sur soi alternant, sans marquer de transition, avec des retours d'énergie, ne sont pas sans éveiller dans l'esprit du roi certaines appréhensions naissantes, voire sans occasionner certains mouvements d'humeur, par la raison qu'il n'est pas en mesure d'entrevoir que sont déjà en train de se mettre en place les éléments, encore épars, de ce qui constituera les particularités du caractère de sa belle-fille.

Cependant, au long de ces premiers mois à la cour, la dauphine de Bavière continue à tenir régulièrement son « cercle » : « Elle parle fort souvent de sa mère avec beaucoup de tendresse, et dit qu'elle lui doit tout son bonheur, par le soin qu'elle a eu de la bien élever[57]. » Sous la conduite des maîtres les plus réputés de son temps, elle cultive, en les francisant, ses dons naturels pour les arts d'agrément, tandis que le roi a plaisir à la voir exécuter, avec un talent et une grâce qui ne sont pas contestables, un menuet ou une contredanse, lui qui a toujours vécu en musique et qui, durant vingt ans, s'est plu si souvent à danser en public.

Mais ce temps-là est passé, comme passe toute chose. Depuis *Les Amants magnifiques* de Molière et Lully, « comédie mêlée de musique et d'entrées de ballets » créée lors du carnaval de 1670, Louis, à l'âge de trente-deux ans, n'a plus dansé devant sa cour. Le duc de Villeroy, qui est considéré comme l'un des meilleurs danseurs de la cour d'à présent, est en quelque sorte mandaté par le souverain afin de servir de cavalier à la dauphine. Le futur maréchal s'acquitte si bien de sa mission que Louis XIV s'irrite de ses succès publics : « Cet homme dansait si bien, on le trouvait si bien fait, on en parlait si souvent, il était habillé de couleurs si convenables qu'un jour le père dit en le rencontrant : "Je pense que vous voulez donner de la jalousie à mon fils ; je ne vous le conseille pas." C'en est assez, on ne danse plus[58]. » Si l'on en croit la princesse palatine, Mme de Maintenon aurait même été dépêchée auprès de la dauphine afin de lui délivrer l'un de ces petits sermons dans lesquels elle excelle. Un prêche ? Et à propos de quoi, un prêche ? Ne danse-t-elle pas autant par commandement qu'elle le fait pour son propre plaisir ? : « Le roi a conçu de la jalousie de la dauphine, il la considère moins comme l'épouse de son fils que comme la sienne[59]. » C'est dire si Marie-Anne, en cette cour étrangère où tant de détails et d'indices échappent encore à sa compréhension, se perd en conjectures. On sent qu'elle nourrit une inquiétude vague, on perçoit que sa perpétuelle tension d'esprit ébranle ses nerfs à vif : « Eh, bon Dieu ! que savons-nous si le cœur de cette princesse dont nous disons tant de bien, est parfaitement content ? Elle a paru si triste trois ou quatre jours ; que sait-on ? Elle voudrait être grosse, elle ne l'est point encore [...] elle est complaisante, elle ne cherche qu'à plaire ; que sait-on si cela ne lui coûte rien ? Que sait-on si elle aime également les dames qui ont l'honneur d'être auprès d'elle ? Que sait-on enfin si une vie si retirée ne l'ennuie point[60] ? »

Il semble que Marie-Anne n'entre pas dans le cadre du siècle. Elle ne serait pas « dans le ton ». Son image ne s'accorderait pas à la substance du temps présent. Il y aurait en elle comme une absence au monde, une insuffisance d'âme et une défaillance de grandeur qui la mettraient en décalage avec le peuple de cour. Là où il faudrait, comme au spectacle, hausser la voix, forcer le geste, les limites de ses dispositions naturelles n'apparaissent déjà qu'avec trop d'évidence. Le roi n'en continue pas moins de manifester publiquement sa confiance à sa bru. D'ailleurs, ne suffirait-elle pas qu'elle se déclare enceinte pour que ces appréhensions, de toutes parts grandissantes, se dissipent ? À ce propos, Louis, qui se tient informé de tout, n'est pas sans savoir que Monseigneur s'applique à remplir au lit de son épouse son devoir dynastique avec toute la régularité souhaitable. Patience, donc, les choses arriveront à leur heure, et cette heure-là ne saurait tarder...

Précisément, la voici qui sonne, la voici qui carillonne, cette heure que l'on espérait tant ! Hélas, Pierre Dionis, ancien médecin de la reine devenu le premier chirurgien de la dauphine, ne pourra, en dépit de sa science, bien réelle pour l'époque, empêcher une fausse couche – la première d'une longue série d'« accidents » comme on disait alors. Celle-ci intervient en septembre 1680, sept mois après les noces.

Déconvenue passagère, prédit la Faculté. C'est parler d'or : Marie-Anne entame une seconde grossesse dès la fin de cette même année. L'heureuse nouvelle vient ajouter à la gaieté de la cour où il n'est question, depuis des semaines, que du grand ballet qui sera donné le 21 janvier prochain à Saint-Germain-en-Laye. Si, en 1653, le *Ballet de la Nuit* fut la transposition artistique du triomphe de la lumière royale sur les ténèbres de la Fronde, les fêtes de Saint-Germain de 1680 célébreront la gloire du vainqueur de la guerre de Hollande : voici que s'organise un ballet à message politique qui aura à réécrire l'histoire et à faire résonner dans le temps et l'espace le nom du plus grand roi de l'univers, de la même façon que les peintures de la Grande Galerie de Versailles, auxquelles, en ce moment même, travaille Le Brun, transfigureront une assez peu héroïque expédition batave en l'un des plus hauts faits d'armes qui se soient vus dans tous les temps.

Quoi qu'il en soit, ne serait-il pas prudent, dans l'état qu'on dit avantageux où se trouve la dauphine, d'écarter la princesse de la distribution de ce ballet de cour où un rôle important lui a été confié ?

Précaution inconcevable. Outre que la princesse aime bien trop à danser devant le monde – le corps, œuvre de Dieu, doit se déployer dans toutes les grâces possibles, car dans l'esprit du temps c'est une autre manière de rendre gloire au Créateur –, Louis entend que sa belle-fille paraisse en tous ses avantages (et ses avantages, dès qu'il s'agit de danse, sont unanimement reconnus à la cour, à défaut du reste). De surcroît, n'est-ce pas en son honneur que le ballet en cinq actes *Le Triomphe de l'Amour et de Bacchus* a été composé[61] ? Enfin, ces réjouissances ne sont-elles pas annoncées comme devant être mises au nombre des fêtes les plus éclatantes du règne ? Se peut-il, dès lors, que la dauphine, en quelque état qu'elle se trouve, en soit exclue, alors que Sa Majesté aura plaisir à voir évoluer sur scène une partie de sa descendance ? Le Grand Dauphin y dansera, comme de juste, ainsi que le jeune comte de Vermandois (quatorze ans), la princesse de Conti (quinze ans), ainsi que la petite Mlle de Nantes (huit ans), entourés de tout « ce qu'il y a de jeunes personnes distinguées à la Cour dans les deux sexes[62] ». En une suite de tableaux chorégraphiques, on verra donc la dauphine se présenter sur scène costumée en Flore ou en nymphe de Diane. Lors de la première représentation, la princesse de Conti, souffrante, sera remplacée au pied levé, à la demande du roi, par sa belle-fille enceinte qui apprendra « sur l'heure une grande entrée toute remplie de figures, et dans laquelle il y a plus de douze reprises[63] ».

« Saignare-purgare »

Après les lumières et les ébattements de la fête royale, le temps de la grossesse se passe mal. Pierre Dionis, qui publiera bientôt un *Traité des accouchements* qui fera longtemps référence, ne peut faire usage, comme tout autre de ses collègues les plus vénérables dans l'art de la médecine, que de la vastitude des moyens empires de son temps afin de lutter contre toutes les sortes de faiblesses, fièvres et malaises à répétition dont se plaint la dauphine depuis son arrivée en France.

Éternellement malade, invariablement souffrante, sempiternellement embarrassée de maux les plus divers : telle est la dauphine de Bavière, dont l'existence ne sera qu'un long, pénible et fastidieux bulletin de santé empli de tout un catalogue de vapeurs, de douleurs, de pesanteurs de tête, de malaises persistants et toutes autres sortes d'incommodités, indispositions, dérangements, infirmités, maladies connues et inconnues susceptibles d'affecter, d'affaiblir et de corrompre un organisme humain.

S'il est une personne à la cour qui soit tombée, tout entière, dans les mains des médecins et soit devenue la cible privilégiée de leurs ordonnances, c'est bien la Grande Dauphine. Guy Fagon, son premier médecin, qui est aussi celui de la reine, est un maître des plus réputés, et tout ce qu'il est possible de savoir de la médecine au XVIIe siècle, cet homme monté sur des « jambes grêles comme celles d'un oiseau[64] » et dont « les dents de la mâchoire supérieure sont pourries et noires[65] » en a une connaissance parfaite. Jean Boudin, premier médecin du Grand Dauphin et médecin ordinaire du roi, en sait certainement tout autant. Fagon, Boudin, mais aussi Georges Maréchal, futur premier chirurgien du roi, sont l'élite de leur profession, maîtres en leur art autant qu'il est possible en cette époque de grandes méconnaissances scientifiques.

Certes, il ne faisait pas bon être malade en ces temps-là, et le génie était grand de s'en abstenir. « Saignare-purgare » ouvrent le vocabulaire, ou le galimatias lardé de latin et de grec, de la médecine du siècle. « Saigner rend les yeux clairs, tempère la cervelle, aiguise les esprits, échauffe la moelle, arrête l'estomac et le ventre lâché, purge les intestins, sert aux sens débauchés, fait ouïr, fait dormir, rend la voix bien sonnante, dissipe les ennuis et les forces augmentent[66]. » Quoi qu'il en soit, une femme enceinte, comme l'est en ce moment la dauphine de Bavière, n'est pas une personne à saigner de la même façon qu'une patiente ordinaire : jamais de coups de lancette au début de la grossesse, mais nécessairement au troisième, au sixième et au neuvième mois, afin de compenser l'arrêt des règles. Jamais au pied, car alors les risques d'avortement augmentent considérablement, mais de préférence à l'avant-bras. À condition d'observer ces précautions élémentaires, Dionis est en droit d'affirmer de la manière la plus définitive et la plus péremptoire : « Si l'on voulait marquer toutes les occasions dans lesquelles il faut saigner, il faudrait faire un catalogue de presque toutes les maladies. On n'en connaît guère qui ne demandent cette opération. Toutes les maladies ayant leur cause dans le sang, on ne peut les réduire qu'en allant à la source et en vidant de ce sang la maladie qu'on veut guérir. »

On saigne donc Mme la Dauphine avec les précautions nécessitées par l'état où elle se trouve, et bien sûr on use abondamment des purgatifs, ou des laxatifs – on disait alors « prendre médecine » –, afin d'éliminer du corps les humeurs viciées, nettoyer sa constitution de la pituite en agissant « sur les matières de l'estomac et des intestins de manière à les rendre plus fluides et plus propres à obéir au mouvement vermiculaire de leurs tuniques musculeuses ». Hélas, c'est bien en vain que les médecins s'affairent au chevet de la dauphine : à six mois de grossesse, une seconde fausse couche se produit. Cette fois encore, ce n'est que partie remise : avec une régularité on ne peut plus prometteuse, Marie-Anne se trouve une nouvelle fois enceinte dès la fin de l'année 1681. À supposer que la grossesse arrive à son terme, la naissance interviendra courant août 1682. Sera-ce à Saint-Germain, où Louis XIV vint au monde ? Sera-ce à Fontainebleau, où naquit le dauphin ? Ce ne sera ni à Saint-Germain ni à Fontainebleau : ce sera à Versailles !

Car en ce mois de mai de l'année 1682, la cour et le gouvernement s'établissent officiellement au château. Depuis 1677, le bruit ne cessait de courir que Louis nourrissait le désir de faire de l'ancien « château de cartes » de son père sa résidence principale et le centre cosmique de la monarchie absolue. Ici, la pensée du roi franchit les siècles. Ce sera la pierre angulaire de son règne, ce sera son Parthénon, son Colisée sur lesquels le temps n'a point de prise. Ce sera son double de marbre. Son moi incorruptible, vivant d'une éternité de pierre, laissé à la postérité.

Certes, en cet immense chantier où, de jour comme de nuit, on ne cesse de travailler, bien des éléments restent à l'état d'ébauche et pour longtemps encore Versailles sera « rempli de maçons[67] ».

Nous sommes le 6 mai 1682 lorsque le roi monte en carrosse « pour venir s'établir à Versailles, où il souhaitait d'être depuis longtemps [...] dans le dessein d'y demeurer jusqu'après les couches de Madame la Dauphine[68] ». Quinze jours ont passé chez Monsieur à Saint-Cloud « avec dessein d'y rester jusqu'à ce que tous les appartements de Versailles fussent en état d'être habités[69] ».

Ces lieux, la cour les connaît bien depuis le temps où Louis, en sa jeunesse cavalière et aventureuse, a multiplié en ce coin de campagne retirée les séjours de plaisir, mais quant à s'y établir à demeure, c'est une tout autre affaire. Marie-Thérèse prend possession de ses appartements, d'un luxe grandiose et sévère, symétriques à ceux du roi, au premier étage de l'angle sud du corps central. Il ne sera pas maladroit à elle d'en profiter, car dans un an elle sera morte.

Morte : ainsi, le « grand Versailles », le Versailles de Mansart des années 1680-1690, ce Versailles en grande partie disparu aujourd'hui, sera bien plutôt celui de la dauphine de Bavière à qui reviendra prochainement le devoir politique d'interpréter le rôle de souveraine de substitution, face à la cariatide vivante d'un Louis XIV portant la terre sur les épaules. Pour cela, il faudra qu'elle s'installe, avant qu'il soit longtemps, dans les meubles de la défunte, à charge pour la dauphine d'emplir de sa présence improbable, mal définie, tout un espace royal destiné à une autre, dont l'existence au monde le fut aussi peu que la sienne.

Cependant, à son arrivée à Versailles, la princesse ne séjournera que deux jours en ses nouveaux appartements situés au premier étage de l'aile du Midi ouvrant par douze travées sur le parterre de l'Amour, qu'on appellera bientôt « la terrasse de Monseigneur le dauphin » : le va-et-vient continu et tapageur des menuisiers, des ébénistes, des peintres, doreurs, décorateurs, ouvriers de toutes sortes déterminera les médecins à éloigner la jeune femme jusqu'à la fin de sa grossesse, « parce que le bruit l'empêchait de dormir[70] ». On choisit de l'installer à la Surintendance, dans l'appartement de Mme Colbert.

Auprès de Pierre Dionis, Louis XIV a fait venir l'accoucheur Jules Clément dont la réputation n'est plus à faire. Mme de Maintenon, préoccupée tout autant que le roi par l'état de la dauphine après ses récentes fausses couches, peut écrire néanmoins à quelque temps de là : « Pas la moindre incommodité. » Et, en effet, c'est au terme d'une grossesse sans incident notable que le 4 août 1682 surviennent les premières contractions.

On sait que l'accouchement d'une reine ou, dans le cas présent, l'accouchement d'une dauphine, se fait traditionnellement en public. Depuis les temps les plus reculés, le rituel s'est non seulement imposé mais aussi codifié, et plus particulièrement lorsqu'il s'agit de l'« ouverture du ventre », expression imagée désignant la naissance du premier enfant d'une souveraine (ou d'une dauphine). Public restreint, sans doute – les princes du sang se doivent d'être présents afin que nul homme au monde ne puisse dire, par la suite, qu'il y ait eu « supposition », c'est-à-dire substitution du nouveau-né par un autre –, mais il s'agit tout de même d'un accouchement dont toute intimité est par essence exclue. Cette fois encore, dans cette société où tout est affaire de spectacle, la venue au monde d'un prince et, accessoirement, d'une princesse, est une cérémonie qui s'exécute, une représentation que l'on donne, une pièce que l'on joue, et cette cérémonie, cette pièce, cette représentation requièrent la présence de spectateurs – en l'occurrence les témoins d'usage –, car ce dont il s'agit n'est rien de moins que l'authenticité de la transmission dynastique. On aura toutefois pris soin de tirer pudiquement un voile ou un paravent de manière à ne pas exposer aux regards du public certaines images qu'il convient, malgré tout, de cacher, et ce sera au bout de deux interminables journées de travail – nous sommes alors le 6 août, il est 10 heures du soir – que Marie-Anne mettra enfin au monde son enfant premier-né.

Et qu'est-il, cet enfant? Cet enfant est un garçon! Le royal grand-père sort le premier de l'antichambre de la Surintendance et proclame d'un air de victoire à la vaste assistance qui n'a pu trouver place au plus près de l'événement : « Mme la Dauphine est accouchée d'un prince! »

Alors « on devint presque fou : chacun se donnait la liberté d'embrasser le roi. La foule le porta depuis la Surintendance jusqu'à son appartement. Il se laissait embrasser à qui voulait[71] ». Mme de Sévigné manifeste dans ces lignes célèbres l'enthousiasme qui la fait frissonner tout entière : « Quel bruit, quels feux de joie, quelle effusion de vin, quelle danse de deux cents Suisses, quels cris de Vive le roi, quelles cloches sonnées à Paris, quels canons tirés, quel concours de compliments et de harangues[72] ! »

Si l'enfant témoigne d'une robuste santé, s'il est « fort gras et grand », la jeune mère passe en cet été 1682 par un épisode de noire mélancolie, auquel on donnerait sans doute aujourd'hui le nom de post-partum. Au début de l'automne, à peine la cour s'est-elle fixée à Versailles qu'elle quitte les lieux avec armes et bagages pour le traditionnel séjour à Chambord où elle demeurera, à son habitude, durant plusieurs semaines. Cependant la dauphine qui n'est « pas encore en état de marcher, au grand regret de toute sa Maison[73] » ne sera pas du voyage. Mme Louise de Prie a été nommée à l'âge de cinquante-huit ans gouvernante des Enfants de France. C'est l'une des charges les plus importantes à la cour : la titulaire fait partie des grands officiers de la Couronne. Nommée par le roi, elle lui prête directement serment et elle est en principe inamovible. À sa naissance, le prince a été ondoyé par le cardinal de Bouillon, grand aumônier de France, et titré duc de Bourgogne, en raison de la récente réunion du comté de Bourgogne au duché du même nom.

Demeurés à Versailles, la dauphine et son fils quittent la Surintendance pour l'aile du Midi du château, désormais habitable : Marie-Anne peut alors véritablement prendre possession de ses appartements donnant vue sur les dentelles de buis du jardin que Le Nôtre a conçu. En dépit du raffinement du décor où elle vit désormais en repos et où son corps se rétablit lentement, la princesse paraît trouver le temps bien long et sa solitude forcée pénible à supporter, ainsi qu'en témoignent certaines lettres adressées à Mme de Maintenon. Marie-Anne « supplie » la marquise d'être assez aimable de parler quelquefois d'elle au roi ainsi qu'à Sa Majesté la reine. C'est bien dans le style ampoulé de l'époque que la dauphine prie sa correspondante de se persuader qu'on ne saurait éprouver plus d'amitié qu'elle n'en ressent pour son adorable personne. À considérer, d'une certaine manière, leurs relations épistolaires, la princesse descendrait à l'état singulier de faire sa cour à une dame qui a précisément pour fonction de la servir. La vie publique, qui lui est pourtant si généralement importune, lui manquerait-elle au point qu'elle n'espère plus qu'à s'y retremper au plus vite ? Si elle se fait une obligation de persuader ses contemporains de cour de son impatience à retrouver un univers qui si souvent l'afflige, on y verra davantage, sans doute, son attention et sa persévérance à tenir son rang et sa place, quelque violence qu'elle doive imposer à sa nature. Moralement tiraillée entre un désir de moins en moins maîtrisable de retirement d'un monde sur lequel elle ne paraît que glisser et l'entendement de ses devoirs publics, la jeune mère balance incessamment de ses rêveries mélancoliques et solitaires en son lit de repos à de soudains rebonds de vitalité venant comme agacer ses nerfs. Inévitablement, en cette oscillation continue, les premiers signes d'épuisement apparaissent.

La santé de Marie-Anne ! Déjà, en Bavière, les défaillances de son organisme et cet indicible mal-être qui, à de certains moments, l'envahissait tout entière, n'avaient pas manqué de préoccuper ses compatriotes : or, depuis son arrivée en France, elle a été victime, ou elle s'est déclarée la proie de tant de maladies et d'un si grand nombre d'incommodités que même les personnages les mieux disposés en sa faveur ne semblent guère en mesure d'accorder un crédit véritable aux maux dont elle prétend souffrir.

Car enfin, de quelles sortes de maux s'agit-il au bout du compte ? Le savoir médical de l'époque ne permet guère d'en deviner la cause ni même d'en esquisser la nature. Vapeurs ? Sang vicié ? Hypocondrie ? Idées noires de femme qui se croit malade ?... À l'impossibilité de poser un nom – par conséquent d'en reconnaître la réalité – sur ce mal ou ces espèces de troubles qui obligent la dauphine à garder de plus en plus souvent le lit, la contraignent à quitter précocement les cérémonies de cour, voire à n'y point paraître du tout, répondent le déplaisir ennuyé et bientôt l'agacement du public qui, à considérer la princesse dont l'attitude paraît si peu conforme aux devoirs d'une dauphine, qu'elle soit de Viennois ou de France, ne voit bientôt plus dans toutes ses façons d'être qu'afféteries, comédies et grimaces.

C'est une terrible infortune à la cour que manquer de l'endurance physique et de la fermeté d'âme nécessaires à tout courtisan ayant à faire retentir, à toute heure et en toutes circonstances, son rang, sa qualité, ses titres ajustés à l'ancienneté de son lignage. Car il ne suffit pas d'être grand, encore faut-il être endurant à tout.

Endurant, ce n'est point même assez : il importe que l'on soit infrangible, opiniâtre en toutes choses, ne compter « pour rien son chien de corps[74] » afin de supporter cette vie de cour emplie de coutumes si peu humaines. Santé, robustesse, fermeté que rien ne peut corrompre : ce sont précisément les aptitudes qui manquent à Marie-Anne. Et de nouveau chacun de s'interroger sur le cas de cette princesse à l'ombre de laquelle on avait tant rêvé de croître...

La dégradation de l'image publique de la dauphine paraît si avancée que la naissance du petit duc de Bourgogne ne vient rehausser que très modestement un capital de sympathie déjà fortement entamé à la cour. Contrainte de rester enfermée à Versailles tandis que l'on s'ébat en liberté dans la forêt de Chambord, la dauphine n'est cependant pas aveuglée par la précarité de sa situation au point de ne pas sentir le danger auquel la fragilité de sa nature l'expose : on perçoit en filigrane son degré d'inquiétude dans les lettres, de plus en plus implorantes, qu'elle adresse à Mme de Maintenon. Que la marquise lui fasse la grâce de « parler au roi quelquefois d['elle] », qu'elle daigne faire en sorte que « la reine ne [l]'oublie point tout à fait »...

Sur la sollicitude, sur l'amitié et la compréhension de qui peut-elle compter ? Sans doute Monseigneur lui manifeste-t-il encore une espèce d'attachement, mais le jeune homme est, lui, tout entier du côté de la vie, et son allant, son énergie, sa robustesse physique ont, chez elle, un je-ne-sais-quoi qui la commotionne. Du moins Marie-Anne peut-elle se sentir en confiance auprès de sa dame d'honneur, Mme de Richelieu, qu'elle appelle sa « seule consolation » et dont l'« agréable compagnie » lui est si rassurante.

Sa « seule consolation » ? Pas précisément. Une autre personne lui tient bien davantage à cœur. Fille d'un simple médecin, amie d'enfance de la dauphine, une dame d'origine italienne – de son nom Mlle Bezzola ou, comme on disait à la cour, Bessola – est la seule de ses femmes venues de Munich qui ait reçu l'autorisation de demeurer en France. Cette Italo-Bavaroise serait-elle l'une de ces aventurières, débordantes d'activités souterraines, occupées à se pousser dans le monde par toutes sortes d'expédients comme la cour en montre tant d'exemples ? Bien des observateurs en sont persuadés. Cependant rien ne semble leur donner raison : c'est précisément ce qui paraît impossible à comprendre au sein de ce « pays-ci » où tout n'est que recherche d'intérêts égoïstes. Le côté le plus extraordinaire en cette amitié sans intrigue de grandeur ni de fortune tient à ce qu'elle a tourné en une affection mutuellement idolâtre, outrepassant ce qui passe pour être humainement raisonnable.

Entre ces deux êtres, ce sont d'éternels tête-à-tête, des discussions sans fin inintelligibles à toute personne étrangère à ce couple, d'autant que le plus souvent elles se parlent en allemand – une habitude, en somme, bien naturelle entre personnes faisant usage de leur langue maternelle –, mais une pratique jugée fort peu convenable par la raison qu'elle les isole davantage et les fait évoluer en un univers parallèle auquel nul n'a accès. Il n'est pas jusqu'au dauphin qui ne se sente, malgré lui, déplacé, gênant, hors de propos, en présence de ce duo féminin dont les pensées lui sont, comme à tout autre, impénétrables.

À ce compte-là, ne conviendrait-il pas de renvoyer la Bessola en terre bavaroise ? Mais en arguant de quel motif, attendu que par quelque côté qu'on examine la chose, aucune critique ne porte ? Le moyen de ne pas reconnaître sa « bonne et sage conduite » ? Bussy-Rabutin en fait la confidence à Mme de Scudéry : « C'est une bonne fille qui ne se mêle de rien[75]. » Sa faveur auprès de la dauphine ? « Un commerce particulier, domestique et innocent entre la maîtresse et sa confidente[76]. » Il n'est pas jusqu'à Saint-Simon qui ne voie en la Bessola une « fille d'esprit et de mérite ». Cependant, Mme de Caylus émet un avis un peu différent : « Le Roi, par une condescendance dont il se repentit, avait laissé auprès de Madame la Dauphine une femme de chambre allemande élevée avec elle, et à peu près du même âge : cette fille, appelée Bessola, [...] fut cause que Madame la Dauphine, par la liberté qu'elle eut de l'entretenir et de parler allemand avec elle, se dégoûta de toute autre conversation et ne s'accoutuma jamais à ce pays-ci. » Mais puisqu'il n'est véritablement rien dont on puisse lui faire reproche, que cette fille demeure donc à la cour, au moins pour quelque temps encore ! Évidemment, on ne manquera pas de la placer sous la surveillance de quelques-uns des centaines d'espions qui fourmillent au château et l'on verra, le moment venu, ce qu'il conviendra de faire de cette créature qui semble ne prétendre à rien et ne désirer rien, en quoi l'on ne saurait dire à quelle classe d'êtres vivants elle peut appartenir.

Rétablie de son accouchement, Marie-Anne rejoint la cour à Fontainebleau à la mi-octobre 1682. Le marquis de Sourches, témoin de l'arrivée de la dauphine, observe qu'« elle est très bien remise des incommodités de sa couche, qui l'avait rendue beaucoup plus agréable ». Jusqu'à la Toussaint, les fêtes et les divertissements se succèdent journellement au château ainsi que dans les jardins bellifontains. La dauphine paraît s'y montrer à son avantage. On ignore au prix de quels efforts physiques et de quelles contraintes morales elle y réussit, du moins, cette fois, les apparences sont sauves.

C'est à la comédie que la tension nerveuse de la jeune femme trouve le mieux à se détendre. Marie-Anne assiste plusieurs fois par semaine aux représentations théâtrales, aux concerts, aux soirées d'opéra ; c'est à elle que reviennent l'honneur autant que le plaisir d'ouvrir les bals. Comme la dauphine manifeste, de surcroît, un regain d'énergie et de vitalité, Sa Majesté trouve quelques motifs d'apaisement dans la conduite plus libre, plus détendue et plus conciliante de sa belle-fille. C'est heureux car, récemment, il lui a fait le reproche de « manquer de complaisance ». Entendons qu'il s'est plaint de ne pas lui trouver suffisamment d'assiduité tant aux amusements de la cour qu'à ses servitudes obligées, une personne comme elle n'ayant pas à établir de distinction entre les premiers et les secondes, qui vont nécessairement de pair. Désormais que la voilà mère, donc véritablement dauphine, donc authentiquement reine de France putative, Louis XIV a plaisir à observer, sinon la métamorphose, du moins un certain nombre de changements positifs qui semblent s'opérer dans l'âme et dans le corps de Marie-Anne. Jouera-t-elle un jour si bien son rôle que l'on finira par y croire ? Habilement guidée, adroitement conseillée, délicatement instruite des affaires de la cour et du monde, voilà, à tout prendre, une personne de bonne volonté qui pourrait, au bout du compte, donner à voir bien davantage que ce qu'on avait cru.

Une reine par défaut pour un pôle féminin à Versailles

Marie-Anne est enceinte de trois mois, lorsque la reine Marie-Thérèse est saisie par la mort et sort brusquement de l'histoire de France, où elle fut si peu présente. Nous sommes le 30 juillet 1683. La souveraine était âgée de quarante-cinq ans.

Le roi paraît « plus attendri qu'affligé[77] ». A-t-il réellement déclaré, en guise d'oraison funèbre : « Voilà le premier chagrin qu'elle me cause » ? Du moins aura-t-il pu le penser. Mme de Maintenon, s'il faut en croire Mme de Caylus, paraît, elle aussi, sincèrement affectée par l'événement. Du reste, dans trois mois, le roi l'aura épousée secrètement. Si le dauphin éprouve un sensible chagrin de la disparition de sa mère, Marie-Anne manifeste, en revanche, un regret qui paraît de pure forme. L'inquiétude qu'elle éprouve en ces journées de deuil s'attache davantage, semble-t-il, à l'état d'affliction, si passager qu'il soit, de Sa Majesté, et à celui, moins éphémère et plus certain, de son époux. Inquiétude considérablement augmentée par l'appréhension qui naît de sa nouvelle position à la cour.

Car c'est à elle, en effet, qu'échoit désormais, imprévisiblement, le fort désagrément d'avoir à occuper le premier rang féminin à Versailles. Sans doute a-t-elle la prémonition du redoublement d'efforts que nécessitera sa soudaine ascension au sommet de la hiérarchie curiale où la défunte, malgré toutes les incomplétudes de sa nature, avait su donner, en tout temps, l'exemple d'une personne « qui ne se repose jamais ».

Cependant, le roi s'empresse de quitter Versailles et s'installe chez son frère à Saint-Cloud, en vertu de l'antique usage interdisant à un souverain de demeurer en un lieu où gît un cadavre. Marie-Anne, qui l'ignore, ou qui l'oublie, songe à manifester sa compassion à Louis en souhaitant partager le deuil royal au château de Saint-Cloud. Cette fois encore, c'est moins une maladresse qu'une faute de style. « Le roi, réplique sèchement Louis XIV, n'a pas besoin de démonstrations d'amitié, et l'État a besoin d'un prince. » En raison de sa grossesse, qui est difficile, Marie-Anne devra garder la chambre : elle attendra l'autorisation de rejoindre son beau-père à Fontainebleau quand elle sera relevée de ses couches.

Mais, déjà, le moment de la délivrance approche : le 19 décembre, à 4 heures du matin, la Grande Dauphine accouche d'un second fils, titré duc d'Anjou (un futur roi d'Espagne vient de naître). Pour la venue au monde de ce deuxième mâle de la nouvelle génération, les réjouissances publiques seront fort modestes en comparaison du grand délire de fêtes qu'avait répandu, par tout le royaume, la naissance du fils premier-né de Marie-Anne : la grand-mère de l'enfant ne vient-elle pas de disparaître ? De surcroît, le ciel s'assombrit dangereusement sur toute l'étendue de l'Europe.

Une naissance pour une veillée d'armes.

Voilà maintenant plusieurs mois que les appartements de la reine à Versailles sont demeurés inoccupés : depuis que la cour s'est fixée au château, Marie-Thérèse aura résidé en ces lieux moins d'une année. Désormais que la dauphine est devenue, par défaut, la première au palais, Louis XIV sent la nécessité de combler la béance féminine laissée dans son grand œuvre versaillais par la disparition de la souveraine en installant sa bru dans l'espace royal inemployé au premier étage du corps central : à charge pour celle-ci de donner la réplique au roi et de jouir de tous les privilèges revenant à une reine en titre. Ainsi la dauphine abandonne-t-elle son appartement de l'aile du Midi afin de meubler de sa confuse présence l'enfilade de salles symétriques à l'appartement de Sa Majesté.

Quant au dauphin, il quitte lui aussi l'aile du Midi et emménage au rez-de-chaussée du corps central, dans l'espace occupé jusqu'alors par Monsieur et Madame qui se transportent dans l'ancien appartement delphinal. Une césure semble alors intervenir entre les deux époux jusque dans la géographie des lieux qui leur sont désormais dévolus. À celle qui a reçu mission de faire office de reine de substitution sont réservés les appartements les plus nobles, au-dessous desquels se déploie la nouvelle sphère du Grand Dauphin.

C'est donc là, tout entière offerte aux yeux du monde et à toute heure accablée de visites, que la Grande Dauphine vit désormais, appliquée à se mouvoir et à se faire valoir en ce décor et en ces lieux conçus et bâtis pour une autre. Ici, tout est vaste, tout est noble, tout est glacé, tout est monumental. C'est le « grand goût » du siècle, la grande manière du temps. Le roi, comprimant le temps à sa convenance, fait jouer à Marie-Anne, avant l'heure, un rôle qu'il lui appartiendra de tenir un jour – un jour que l'on espère le plus lointain possible – dans toute son étendue.

Une telle élévation accompagnée d'un traitement égal à celui d'une souveraine implique nécessairement pour Marie-Anne un redoublement de solennités, mais aussi de devoirs et de servitudes, et c'est en toute occasion, en effet, qu'elle remplit les fonctions et jouit des prérogatives en principe dévolues exclusivement à une reine en titre. En dépit de la fragilité de sa constitution, la dauphine puise, autant qu'il est en son pouvoir, dans le reliquat d'énergie dont elle dispose afin de répondre aux espérances du roi qui sont, pour elle, autant de mises en demeure.

En tout cela, c'est faire grandement violence à la précarité de sa nature. On lui fera crédit qu'elle apporte à l'arrangement de son personnage son désir de bien faire, mobilisant, pour y parvenir, la totalité de ses maigres ressources. Et l'on a plaisir à constater, en effet, que l'envie lui semble désormais passée de demeurer, à l'écart de la vie de tout le monde, dans le moelleux de son lit de repos dès que lui vient une lassitude dans le corps, après avoir donné consigne à ses dames de condamner sa porte. Et c'est avec la même satisfaction que l'on observe – et les mêmes espérances pour l'avenir – que la dauphine ne consacre plus à présent une grande partie de son temps à la Bessola, comme si, à l'exclusion de cette dame, elle n'avait souci de personne au château.

Au surplus, il semble qu'après ses dernières couches Marie-Anne jouisse d'une meilleure santé. Louis ayant invité sa belle-fille à relever officiellement le cercle de la reine, elle s'y consacre avec une énergie peu commune, où se marient la reconnaissance et le respect qu'elle doit à son royal beau-père. Si, au cercle, une partie de son auditoire juge le ton, les manières et la tournure d'esprit de la dauphine un peu trop empruntés, le roi, en revanche, ne manque jamais une occasion de se féliciter publiquement de la justesse et de la correction de sa bru dans le rôle de représentation qui lui est dévolu, au point que Saint-Simon reconnaît volontiers à Marie-Anne « l'esprit, la grâce, la dignité, la conversation très propres à la Cour, telle que la voulait Louis XIV ». Pendant plusieurs années, le cercle se maintiendra avec la plus grande régularité. Cependant, peu à peu, il sera abandonné, la cause en revenant principalement à la dégradation de la santé de la dauphine dont l'état, de plus en plus précaire, l'obligera à la fin de paraître de moins en moins souvent en public.

Dans les chroniques du temps, la personnalité du Grand Dauphin semble quelque peu s'estomper dans l'ombre de son épouse, maîtresse en creux de ce moment ou de cette saison du grand Versailles ludovicien. Placé dans la nécessité de remplacer la reine défunte en conférant à sa cour une maîtresse par subrogation, le roi se fût-il déterminé à cet échange, nécessairement périlleux, s'il avait estimé que sa bru n'eût pas joui, en dépit des insuffisances qu'il lui connaît, de la disposition d'esprit et des facultés nécessaires à la fonction qu'il lui impose de remplir par anticipation ? Du reste, laquelle de Marie-Anne ou de Mme de Maintenon, celle-ci poussée en pleine lumière, celle-là confinée dans les éloignements d'un savant clair-obscur, est-elle, en ces années 1680, la « véritable fausse reine » de Versailles ?

Reconnaissons que la situation de Marie-Anne n'a rien de simple : la Montespan, tombée en défaveur, loge encore au château et conserve son titre de maîtresse officielle. Aux stations rituelles de Louis XIV chez l'ancienne favorite, Marie-Anne participe très régulièrement, comme attachée au corps du roi ainsi que l'est son ombre. Louis dîne ensuite chez sa bru « à son ordinaire », c'est-à-dire dans une relative intimité, en compagnie du dauphin, de Monsieur et de Madame. Part-il pour la chasse ? Marie-Anne prend le plus souvent place à bord de sa petite calèche de couleur rouge, autre manifestation publique de sa qualité toute particulière ; quand un prince étranger ou lorsqu'un ambassadeur est reçu à la cour, il est fréquent d'envoyer à Paris les « carrosses du roi et de Mme la Dauphine » afin de mener le visiteur à Versailles. Lorsque le souverain d'Angleterre Jacques II et sa seconde épouse, Marie de Modène, seront chassés des îles Britanniques par la « Glorieuse Révolution » et trouveront refuge au château de Saint-Germain, « Madame la Dauphine aura un fauteuil devant cette reine, quoiqu'elle ne soit pas reine, parce qu'elle en tient la place[78] ». Ces marques de la plus haute faveur dont la Grande Dauphine est entourée sont parfaitement comprises de tous les gens de qualité, et sans doute Louis XIV aurait-il pu dire à son propos ce qu'il faisait jadis observer en parlant de la reine son épouse : « N'oubliez pas qu'elle est votre maîtresse ! »

Qu'il manque à Marie-Anne le côté brillant et l'air qui en impose dont Louis eût rêvé, cela ne paraît guère douteux. Mais à considérer les choses dans toute leur étendue, ne joue-t-elle pas sa partition avec toute l'application souhaitable, sans commettre trop de mesures discordantes, à quoi viennent se mêler ses qualités passives accordées au « cas » de Mme de Maintenon qui n'a guère à redouter une ombre trop épaisse qu'aurait étendue sur le demi-jour de sa personne une dauphine d'une tout autre densité que celle-ci. La marquise a d'ailleurs abandonné sa fonction de seconde dame d'atour : la charge est passée à une Allemande, la comtesse Sophia Maria Wilhelmina von Löwenstein, qui épousera bientôt le marquis de Dangeau. Il semble que Louis finisse par apprécier en Marie-Anne non seulement la docilité d'une nature se complaisant dans l'oubli de soi-même, mais aussi l'atonie d'un caractère constitué d'une certaine espèce dont il a précisément besoin à ses côtés à ce moment de son règne. Au reste, il est aisé de concevoir que, dans l'hypothèse où sa belle-fille n'aurait pas exactement répondu à la modicité de ses attentes, le roi se serait bien gardé de l'élever d'une manière si éclatante. Ce couple de circonstance tiendra aussi longtemps qu'il sera profitable à Louis d'en exposer l'image…

Là où il est le plus agréable à Marie-Anne de mettre sa personne à l'épreuve du monde, c'est quand il y a fête et divertissements au château. Et ils sont quasi permanents, ces égaiements versaillais qui donnent « aux personnes de la cour une honnête familiarité avec le souverain, les touchent et les charment plus qu'on ne peut dire[79] ». Quand il s'agit de présider, en hôtesse des lieux, les comédies que l'on donne généralement trois fois par semaine, rien ne paraît à charge à la dauphine. Par comédies, il faut entendre non seulement les comédies dans l'acception d'aujourd'hui, mais aussi tous les genres et tous les styles de représentations : tragédies, tragédies lyriques, parodies, opéras, opéras-comiques, ballets… Marie-Anne prendra même, un temps, la quasi-direction des plaisirs de Versailles. C'est elle qui organise les ballets, c'est elle qui choisit les danseurs, c'est elle qui pousse et protège les auteurs, c'est elle qui écarte les « gens d'une naissance médiocre » et veille à la qualité des seigneurs chargés de mener au branle les princesses du sang.

Aux comédies s'ajoutent, bien sûr, les fameuses soirées d'appartement organisées trois fois par semaine, entre 18 ou 19 heures et 22 heures, généralement le lundi, le mercredi et le jeudi d'octobre à Pâques. La dauphine, en sa qualité de personnage féminin le plus important au château, devient en quelque sorte la maîtresse et le point de mire de ces moments de divertissement comptant parmi les plus essentiels de l'existence de cour.

À la lueur des milliers de bougies, s'offre au regard de Marie-Anne le spectacle perdu de quelque deux cents pièces d'argent massif aussi extraordinaires par leur poids que par leurs dimensions et la qualité de leur travail de ciselure : voici des tables pesant plus de 300 kilos, une balustrade de plus d'une tonne isolant le lit royal qui se trouvait alors dans le salon de Mercure. À ces trésors constituant l'ensemble décoratif le plus illustre de l'époque s'ajoutent d'énormes cuvettes à rafraîchir les bouteilles, des aiguières (des buires) mesurant la taille d'un homme, une foule de bassins, de vases à orangers avec leurs brancards également en argent, une multitude de chenets, lustres, guéridons, cassolettes, brûle-parfum et girandoles, des miroirs de plus de 400 kilos et jusqu'à des « bancelles », ancêtres des canapés, dont les dossiers sont couverts de broderies si précieuses qu'on les protège par des housses de taffetas crème… Tout cela disparaîtra la même année que mourra la dauphine, soit après moins d'une décennie de luxuriance : vingt tonnes d'argent massif du Pérou seront alors avalées par les fours de la Monnaie. Le terme d'une vie humaine – celle de la dauphine de Bavière – répondra à la fin d'un certain Versailles. Et aussi d'un certain « grand art » qui pouvait paraître – déjà – passé de mode, celui de « tout le mauvais goût d'un ameublement qui n'avait pour lui que la richesse[80] ».

Ombres et lumières sur le royaume

1685, l'année de la révocation de l'édit de Nantes. C'est, avec la guerre de Hollande et bientôt avec le sac du Palatinat, une tache indélébile maculant de sang et de boue le règne de Louis XIV, avec ses grandeurs, ses défauts et ses vices.

1685 est aussi l'année la plus emplie de joies et de fêtes qui aient jamais irradié le domaine de Versailles. De Molière on représente *L'Avare, Le Mariage forcé, L'Amour médecin, Les Fâcheux, Les Fourberies de Scapin, Le Médecin malgré lui, Le Cocu imaginaire, Le Médecin volant, La Comtesse d'Escarbagnas*; de Racine, *Bajazet, Mithridate, Alexandre le Grand*; de Corneille, *Othon, Héraclius, Polyeucte, Œdipe, Horace, Sertorius*. Pour les soupers du roi ou lors des soirées d'appartement, « qui sont magnifiques », on donne *Roland* et *Amadis* de Lully[81]. Musique chez la dauphine. Promenades en musique sur le grand canal. En juin, dans la cour de la Grande Écurie, Carrousel des galants Maures. Monseigneur a commandé à Quinault et Lully un ballet intitulé *Le Temple de la Paix* qui sera représenté à Fontainebleau. Le livret du *Roland furieux* est lu, en particulier, au dauphin et à la dauphine. L'émulation des plaisirs se transporte ensuite chez Louvois à Meudon, puis à Sceaux chez M. de Seignelay. Les soirées à Marly, le voyage à Chambord en septembre, à Fontainebleau en octobre, achèvent en cette année 1685 de parfaire la cour de France, et Versailles en particulier, dans leur rôle de machine à fabriquer du rêve, de la légende et de la gloire, une trilogie – rêve, mythologie et gloire – participant tout entière, dans l'esprit de Louis XIV, de l'art de gouverner le royaume et de conduire les hommes.

Aux démonstrations de faste et de somptuosité de cette année de fêtes, Marie-Anne ne fait guère que des apparitions par éclipses. Ses trois fausses couches récentes suivies de sa nouvelle grossesse l'obligent à garder de plus en plus souvent la chambre. Afin de prévenir tout nouvel accident – elle a récemment chuté dans l'escalier de marbre : il se pourrait que cette mésaventure ait provoqué l'une de ses nombreuses fausses couches –, la Faculté lui impose, pour se rendre à la messe ou à la comédie, de se faire porter en chaise. Quand sa faiblesse devient trop grande, elle demande qu'on éclaire le salon voisin de sa chambre (le salon de la Paix) et fait appeler des musiciens : « Le mardi 3 avril 1685, Mme la Dauphine prit médecine [c'est-à-dire une purgation] et ne se montra point de tout le jour ; elle fit venir le soir la musique dans le salon qui touche à son appartement, et l'entendit de son lit. La Grande Galerie était éclairée et pleine de courtisans, il y avait force tables de jeux[82]. »

Toute la science des médecins acharnés à guérir leurs contemporains sans y parvenir n'apportant à la multitude des indispositions de Marie-Anne que des soulagements médiocres et passagers, elle fait comme tout un chacun en avait l'habitude à l'époque : elle a recours aux « empiriques », aux « guérisseurs », autrement dit à la vaste « corporation » des charlatans en tout genre œuvrant en marge de la légalité, non diplômés, bien entendu, de la Faculté de Paris qui avait en principe le monopole de l'exercice de la médecine dans la capitale.

De ces empiriques dont on a vanté à Marie-Anne l'excellence des mérites, elle se persuade que leur art, d'eux seuls intelligible, offrira quelque soulagement à ses maux auxquels nul n'entend rien. La familiarité avec les charlatans deviendra chez elle une habitude de vie de laquelle elle ne pourra bientôt plus se désaccoutumer.

Grossesses, fausses couches, vapeurs à n'en plus finir, immenses sensations de vide, affaiblissements sans apparence de cause, pâleurs mortelles, essoufflements de vieillesse précoce ou, à l'inverse, pâmoisons de jeune fille qu'elle n'est plus… La cour, tout occupée de bals, de jeux, de fêtes et de spectacles, se montre de plus en plus indisposée par le continuel état de componction de la princesse. Car encore une fois, indépendamment des incommodités passagères de sa grossesse en cours, de quelle espèce de mal la dauphine a-t-elle lieu qu'on la plaigne ? Récemment, elle a renoncé à suivre la procession du Saint-Sacrement, au motif qu'elle n'en pouvait plus de fatigue. Sourches, ordinairement si bienveillant, juge avec sévérité ce manquement de Marie-Anne à ses devoirs de princesse chrétienne. Il voit dans cette nouvelle dérobade un défaut de caractère et une faiblesse coupables : « Mme la Dauphine, ne croyant pas pouvoir supporter la chaleur du jour, attendit le Saint-Sacrement dans la chapelle du château. »

En cette fin d'année 1686 qui voit se constituer, contre la France, la vaste machine de guerre de la Ligue d'Augsbourg à laquelle s'est rallié son frère Maximilien de Bavière, Marie-Anne conduit, cette fois, sa grossesse à son terme.

Le 31 août, un peu avant midi, lui vient un troisième fils, titré duc de Berry. L'accouchement a été si pénible qu'on a réellement cru que la mère n'en réchapperait pas. Le célèbre accoucheur

Clément semble avoir agi avec toute la compétence et la science nécessaires afin que la naissance qui, dès le début, s'annonçait difficile, se passe le moins malaisément possible. Cependant, la dauphine reste persuadée d'avoir été « blessée » – c'était le terme en usage à l'époque – par la maladresse du médecin. Elle en gardera toujours la certitude puisque, jusque dans les derniers moments de son existence, elle imputera l'origine du mal qui l'emportera à cette « blessure » très vraisemblablement imaginaire. Quoi qu'il en soit, la naissance du duc de Berry occasionne encore moins de bruit dans le royaume que la venue au monde du petit duc d'Anjou deux ans et demi plus tôt. Il n'empêche : si fragile, si dolente, si délicate que soit ou que se prétende la dauphine, la voilà mère de trois héritiers présomptifs de la couronne de France : une si belle floraison de princes dit assez que de ce point de vue, quoi qu'on puisse en penser, nul ne pourra jamais reprocher à la jeune femme de n'avoir pas rempli son contrat de princesse féconde au-delà de toutes les espérances.

« Des soulagements passagers et obscurs »

Jusqu'à présent, les deux époux ont présenté à la cour l'image d'un couple delphinal cultivant de part et d'autre, pour autant qu'on en sache, l'heureuse manière de vivre dans l'« affection maritale » chère à Montaigne. Lors d'une récente indisposition de Monseigneur – on avait craint la petite vérole –, Marie-Anne, bravant les dangers de la contagion, s'était attirée l'estime et la reconnaissance du roi en prenant sa part des soins donnés au Grand Dauphin ; durant sa convalescence, elle était longtemps demeurée à son chevet, témoignant une égalité d'humeur et une abnégation qu'on pouvait bien prendre pour une espèce de tendresse et qui, sans doute, y ressemblait assez.

Au total, peu d'informations nous sont parvenues touchant à la vie privée du couple princier : « Il [Monseigneur] vivait fort régulièrement avec Madame la Dauphine, et en témoignant beaucoup d'égard et de considération pour elle[83]. » Placés où le destin les avait mis, il suffisait qu'ils demeurassent ensemble sans se rendre mutuellement l'existence difficile, pour que l'on pût soutenir, en effet, qu'ils vivaient « fort régulièrement » l'un avec l'autre. Par ailleurs, depuis les noces, les nombreuses grossesses de la princesse laissent supposer que les relations intimes du couple satisfaisaient le tempérament amoureux de Monseigneur : d'ailleurs, jusqu'à cette date, on ne lui connaît aucune maîtresse. Du moins, s'il eut des aventures – on disait alors des « galanteries » –, fit-il en sorte que rien n'en transpirât.

Le Grand Dauphin ? Un être « plein de bonté », pour autant « ni docile ni facile à mener »[84]. Un prince d'une « humeur naturellement posée et éloignée de tout emportement », doué d'un « grand fond de bonté, de douceur, de débonnaireté, d'une humeur libérale et bienfaisante », avec « beaucoup de bon sens accompagné de bonté », s'attachant « aux gens qui le servent bien » et ne voulant « point de mal à ceux qui font le contraire »[85]. Monseigneur, sans avoir ni la prestance ni le rayonnement de son père à son âge, ne présente dans son aspect physique, à la différence de son épouse, rien qui afflige le regard. Spanheim voit dans Louis de France un homme « d'une taille au-dessous de la médiocre [c'est-à-dire de la moyenne], ramassée, d'un visage plein, beau, et qui a également de la douceur et de la majesté ».

Avec cela, l'époux peut être, en effet, de fort bonne compagnie. Le seul point dont on soit absolument certain, au sein du couple delphinal, tient à leur communauté d'intérêt pour toutes les formes d'arts et en particulier à leur passion de la musique. Leur admiration des tragédies lyriques de Lully égale celle que ressentit naguère le roi pour l'œuvre du compositeur. Mais les temps ont changé : lors de l'ultime opéra du compositeur, joué à Versailles en janvier 1685, son *Roland furieux*, Louis n'a manifesté que peu de satisfaction à la tombée du rideau de scène : il a d'ailleurs souhaité qu'on n'en multipliât pas les représentations au prétexte que « ces sortes de spectacles l'ennuyaient » quand il les voyait donnés trop souvent. Le monarque vieillissant s'intéresse davantage désormais à la musique sacrée, ainsi qu'en témoigne la protection toute spéciale qu'il accorde à Michel-Richard Delalande, futur surintendant de la musique de la Chambre.

Cependant, comme s'ils tenaient à manifester une relative indépendance de goût, le dauphin et la dauphine conservent, eux, toute leur fidélité à Lully et soutiendront le musicien jusqu'à sa mort, laquelle, d'ailleurs, est prochaine. Pour autant, leur sensibilité commune les porte à s'intéresser à d'autres genres de musique qu'on pourrait qualifier de plus « modernes ». Artistiquement, ce sont des jeunes gens de leur temps : ils apprécient tout particulièrement la musique italienne, et plus largement les pièces musicales dans le goût italien. Le dauphin et la dauphine fréquentent assidûment les premières des spectacles : c'est fort régulièrement qu'ils se déplacent à Paris tant pour assister à de nouvelles créations musicales que pour se rendre au théâtre – car maintenant c'est à Paris que l'on crée, c'est à Paris que l'on innove. S'ils apprécient les auteurs français contemporains, ils sont aussi amateurs de comédie italienne, dont le théâtre de l'hôtel de Bourgogne s'est fait une spécialité. Là encore, ils montrent leur inclination pour le goût nouveau, ce goût qui sera, bientôt, celui de la Régence.

Il semble que ce soit après la naissance du duc de Berry que le Grand Dauphin ait commencé sa carrière de mari infidèle. S'il n'est pas impossible qu'il ait déjà connu diverses « galanteries », celles-ci sont demeurées étonnamment secrètes. Plus tard, quand les liaisons du prince ne feront de mystère pour personne, il n'est pas indifférent de remarquer que Monseigneur entoura ses aventures de la plus grande discrétion permise à un homme de son rang. On peut avancer trois raisons à cette singularité de comportement : d'abord, le nombre de ses amours demeure relativement modeste en comparaison du patrimoine extraconjugal de Louis XIV. Ensuite, Monseigneur ne paraît pas tenir pour capital à sa réputation de futur monarque de faire étalage de sa virilité princière. Enfin, l'époux semble attentif à épargner, autant que possible, la dignité et l'amour-propre de sa conjointe, à laquelle il demeure, en dépit de tout, sensiblement attaché, sinon à sa personne, du moins à ce que cette personne représente.

Mais enfin, les années s'écoulent, elles passent vite, elles filent, ces années, et ce prince encore jeune, d'un tempérament autrement sanguin que l'on pensait naguère, ne peut s'empêcher d'éprouver un commencement de lassitude au côté d'une compagne, elle, toute de faiblesse et d'alanguissement, et de toutes les manières incapable de vivre au même rythme que lui.

Observons d'abord une incommodité dont on ne saurait faire reproche à Marie-Anne : depuis son mariage, elle est constamment enceinte. Souvenons-nous, en outre, que ses grossesses s'interrompent par un grand nombre de fausses couches survenant après des semaines, voire des mois d'indispositions et que ces accidents à répétition ne font qu'altérer un état de santé naturellement précaire. Monseigneur passe donc le plus clair de son existence privée aux côtés d'une éternelle malade, de qui la couche lui est, sinon défendue, du moins difficilement accueillante. Ainsi, tandis que Marie-Anne s'atrophie en ses appartements, le dauphin suit-il une trajectoire exactement opposée à la sienne. Si l'on admet que Monseigneur, comme tout le laisse supposer, ne manifeste pas d'antipathie particulière contre la Bessola, il n'est pas impossible qu'il trouve assez commode d'abandonner à cette étrangère le soin d'écouter avec douceur et patience les plaintes sans nombre et de supporter avec une sollicitude aimante les indispositions de son épouse.

Et voilà que le Grand Dauphin s'émancipe. Monseigneur, qui ne sera jamais homme à apporter beaucoup de complications dans ses amours, ne s'encombre pas du souci d'aller chercher bien loin la première maîtresse qu'on lui connaît : c'est dans la Maison même de son épouse qu'il laisse tomber son choix. Certes, nous l'avons dit, les demoiselles d'honneur de Marie-Anne ne se faisaient pas remarquer par leur excessive beauté, ni de corps ni de visage. À ce propos il est singulier de constater que Monseigneur manifestera toujours une préférence marquée pour les dames d'un physique au mieux tout juste passable, au pire tout à fait déplaisant. Peut-être trouve-t-il ainsi, inconsciemment, le moyen de ne s'attacher véritablement à aucune, sinon à risquer de mettre ses amours, officieuses et furtives, en comparaison avec celles, durables et officielles, de son père ?

Pour Saint-Simon, la chose est simple : « Il [Monseigneur] eut plutôt des soulagements passagers et obscurs que des galanteries dont il était peu capable. » Toujours est-il que si de rares identités émergent de façon à peu près certaine, d'autres liaisons demeurent à l'état de suppositions.

Sa relation amoureuse avec Marie-Armande de Rambures, fille d'honneur de son épouse et future marquise de Polignac, « qui sans avoir grande beauté, avait un tour d'esprit adroit, insinuant, porté à l'intrigue, et ainsi capable d'entretenir l'inclination d'un amant de cet âge et de cette importance[86] », cette liaison ne paraît guère douteuse. Mais Rambures-Polignac a l'esprit un peu trop porté à la désinvolture et, quant à son lit, il est un peu plus accueillant qu'il ne paraît souhaitable aux habitudes d'une dame fréquentant de fort près l'héritier de la couronne : car pour être la maîtresse du dauphin, elle l'est aussi du marquis de Créquy. Ensemble, les deux amants se divertissent, certains soirs de grand abandon, à gratifier le dauphin du surnom de « gros gifflard », ce qui n'est ni adroit ni prudent de leur part, quand bien même Monseigneur, en avançant en âge, manifeste une tendance certaine à prendre de l'embonpoint. Évidemment, le « gros gifflard » ne tarde pas à connaître la manière assez peu gratifiante dont on aime à le traiter en privé : Créquy est exilé, tandis que la Polignac est invitée à se faire oublier lointainement en ses terres. La place, devenue vacante, est bientôt occupée par Mlle de La Force, future marquise du Roure. C'est une autre fille d'honneur de la dauphine, soit dit en passant. Marie-Anne, avertie des écarts de conduite de son époux, ne manifeste pas le mauvais goût de s'en scandaliser. Dans les premiers temps, elle aurait même laissé entendre qu'elle saurait s'accommoder de la situation sans y trouver à redire : « Mme la Dauphine, qui avait appris plusieurs galanteries de Monseigneur, qui auraient dû lui faire de la peine, prit son parti en princesse de bon esprit, et, au lieu de s'amuser à faire la grondeuse, dit franchement à Monseigneur qu'elle était avertie de tout ce qui se passait et que, pourvu qu'il lui conservât son cœur, il lui ferait plaisir de ne pas se contraindre et de se divertir, comme il le jugerait à propos ; ce qui, ayant été extrêmement agréable à Monseigneur, lia entre lui et Mme la Dauphine une plus étroite amitié que jamais[87]. »

Ne point « s'amuser à faire la grondeuse » ? Voire. En dépit des aimables vertus qu'on lui prête, la princesse ne sent bientôt plus en son pouvoir de manifester la saine indifférence et la compréhension heureuse dont on avait aimé penser que son âme était pleine, et la voici qui se plaint au roi des mauvaises façons et du tort qu'on lui fait. Celui-ci, qui aimerait assez trouver chez son fils une rectitude morale dont il s'était fort avantageusement dispensé lui-même à son âge, et au prétexte que parmi les dames d'honneur de la dauphine circulait un livre d'un contenu jugé fort leste qui, sous le nom de *L'École des filles*, leur donnait des leçons pratiques de libertinage, supprime d'un trait de plume la « chambre des filles » de Marie-Anne afin que Monseigneur ne soit plus tenté, à l'avenir, de s'y ébattre en liberté. D'autres maîtresses suivront cependant, rencontrées ailleurs : ainsi la comédienne Raisin, vingt-cinquième sociétaire de la Comédie-Française, ou Mlle de Gramont, future épouse d'un vieux milord anglais. D'autres aventures surviendront sans doute dans la vie du Grand Dauphin, dont on ignore le nombre…

De ces différentes liaisons, Monseigneur n'aurait eu, selon l'opinion la plus généralement admise, qu'un seul enfant naturel, une fille née de la Raisin qui prendra un jour le nom de Mlle de Fleury. S'agissant des autres enfants naturels dont parlent divers auteurs, il est question en particulier d'un fils, ou d'une fille – on ne sait pas bien – que lui aurait donné Mlle de La Force. En tout état de cause, la descendance illégitime de Louis de France ne saurait être comparée à celle de son père, ni par sa multitude ni par l'intérêt qu'il lui manifesta. Ce qu'on peut tenir pour assuré, c'est qu'en dépit de ses maîtresses – certaines, probables, ou seulement possibles – de toute manière relativement peu nombreuses, Monseigneur, il est bon, à nouveau, de l'observer, s'appliqua toujours, en effet, à « bien vivre » avec la dauphine, dans les limites de ce qu'il était alors raisonnable, et civil, de se manifester entre époux de bonne compagnie…

La prise de distance du dauphin d'avec la dauphine, si discrète qu'elle s'efforce de paraître, n'est pas pour ajouter aux marques de respect qu'est censé imposer à chacun le statut princier de Marie-Anne dont les manières inconnaissables, la morbidité de son âme souffrante découragent ceux-là mêmes qui lui ont témoigné jusqu'alors le plus de déférence.

Mais le moyen de passer aux yeux du monde pour ce que l'on n'est pas, alors que l'image de sa propre personne est fatalement brouillée par le reflet obscur de Mme de Maintenon, qui, en se dérobant interminablement, occupe tant de place et lui laisse tout le vide ! Impossibles accordailles. Impraticable tête-à-tête.

La vie de cour ? Se peut-il que, jadis, elle ait formé le vœu d'en être, de ce monde ? Sans doute, comme tant d'autres princesses européennes, elle l'avait fait, ce rêve étrange : eh bien, à présent, elle en est, elle voit – ou croit voir – de ses yeux dessillés de quelle manière est constituée, au quotidien, la grande machinerie de la cour de France. « Peut-être que les bonnes qualités de cette princesse contribuèrent à son isolement. Ennemie de la médisance et de la moquerie, elle ne pouvait supporter, ni comprendre la raillerie et la malignité du style de la cour, d'autant moins qu'elle n'en entendait pas les finesses[88]. »

Quand on l'approche, dès que l'on croise son regard fatigué et précocement vieilli, la lassitude et l'accablement qui semblent se dégager de tout son être affligent et embarrassent. C'est comme si sa personne gâtait l'air qu'on respire à la cour. Alors on se récrie qu'on eût souhaité de sa part « plus de familiarité et moins de distinction dans son abord et dans ses entretiens[89] ». On observe que « les personnes de la cour de l'un et l'autre sexe, ne laissaient pas de blâmer son indifférence ou son peu d'application pour contribuer à les divertir[90] ». Le marquis de Sourches semble se tenir personnellement offensé par le peu de soin qu'apporte la dauphine à dissimuler la grande fatigue de l'âme que lui procure la fréquentation de nobles seigneurs tels que lui : « Elle était extrêmement délicate, ne pouvant souffrir ni chaud ni froid, ni poussière ni pluie, ce qui la rendait incapable d'être de la plupart des parties que le roi faisait et qu'il aurait faites encore avec plus de joie avec elle, si elle eut voulu, pour s'accommoder à son humeur, ne pas se faire des monstres de ces petites incommodités. »

Dans cette montée de sentiments critiques à l'égard d'une créature si mal accordée à la couleur locale du lieu et du temps présents, la Palatine demeure l'un des rares personnages de la cour à manifester une attention fidèle et compatissante au mal-vivre de la princesse « qui est bien la meilleure princesse du monde ; pleine de franchise, caractère excellent[91] » : elle s'indigne qu'on veuille « la faire passer pour folle » dès qu'elle vient à se plaindre d'une nouvelle douleur qu'elle ressent ou d'une autre faiblesse qui la prend. Se désintéresse-t-on de l'étrangeté de son cas, Marie-Anne proteste avec une tristesse fatiguée : « Il faudra que je meure pour que l'on me croie malade ! » Du moins, s'il lui était permis, comme autrefois, de faire confidence à son frère de ses malheurs, réels ou imaginaires ! Mais Maximilien vient précisément de prendre pour épouse la fille de l'empereur Léopold Ier, la jeune archiduchesse autrichienne Marie-Antoinette, et cette union n'a fait que consacrer la rupture définitive de l'électorat bavarois avec le royaume de France. Reste l'amitié toujours patiente et toujours consolante de la Bessola, devenue l'« unique dépositaire de ses pensées, de ses réflexions et de sa conduite[92] ». Songe-t-on à donner un parti avantageux à cette dame qui occupe une place si considérable dans l'âme de la dauphine ? Les seigneurs pressentis, ne voyant « aucune fortune attachée à une si chétive alliance », se dérobent les uns après les autres. Car c'est un fait établi à présent d'une manière certaine que la Bessola ne cherche à s'attirer nul profit matériel d'une situation pourtant si intéressante, dont toute personne un peu habile, à sa place, n'aurait pas manqué de faire prospérer les avantages. C'est au point qu'à la mort de la dauphine cette figure qui paraît aussi étrangère à son monde et à son époque que semble l'être sa maîtresse se retirera modestement, sans faire plus de bruit que cela, dans un couvent, et alors nul n'entendra plus jamais parler de cette étrange créature passée comme une ombre, à peine entrevue, dans le fond des coulisses de Versailles.

Et voici Marie-Anne de nouveau enceinte ! En 1687, deux fausses couches ruinent un peu plus ce qui demeure de sa santé. C'est justement cette année-là que Pierre Mignard réalise un portrait célèbre de la famille du Grand Dauphin : de l'index de la main droite, Marie-Anne désigne au spectateur le jeune duc de Bourgogne, promesse d'avenir. Avenir dont on sait, rétrospectivement, qu'elle sera effacée dans un peu moins de trois ans. On n'a distribué qu'un petit rôle à la princesse. Peu de répliques. Un dialogue resserré au possible. Des apparitions de plus en plus comptées. Et finalement l'oubli. Le jeu continuera en son absence, sans que l'intrigue générale en soit le moins du monde affectée[93].

« Et toute la cour l'abandonna avec lui »

Désormais que la dynastie, riche de trois jeunes princes, paraît ne plus rien avoir à redouter des temps futurs, Monseigneur obtient enfin à l'âge de vingt-sept ans son premier commandement militaire. Pour cette campagne, il sera accornpagné d'une suite – nombreuse, pléthorique, encombrante – de deux cents mousquetaires, de soixante gardes du corps et de près de cinq cents exempts...

Comme il n'est point alors de souveraineté qui ne se mesure à l'aune de la gloire militaire, le roi a déclaré au départ de son fils, afin que nul ne puisse douter que la continuité soit assurée en France : « En vous envoyant commander mon armée, je vous donne des occasions de faire connaître votre mérite ; allez le montrer à toute l'Europe, afin que, quand je viendrai à mourir, on ne s'aperçoive pas que le roi soit mort[94]. » Le maréchal de Duras a été désigné pour « commander sous Monseigneur ». Comme il est d'usage, si le prince reçoit le commandement nominal de la campagne, ce sont des combattants aguerris (Duras accompagné de Catinat, Montclar, Vauban, Chanlay et Saint-Pouange) qui conduiront les affaires militaires. Sur les champs de bataille, le dauphin, généralissime de l'armée du Rhin, a pour vocation de représenter la personne royale, en se gardant d'intervenir personnellement dans les opérations : cependant, toute grandeur acquise dans la mitraille transitera par la personne de Monseigneur de manière à remonter jusqu'au souverain en qui, seul, s'épanouit toute renommée.

Et ce sera la prise de Philippsbourg. Philippsbourg : le plus haut fait d'armes – et même, on peut le dire, le seul – de la courte carrière militaire du dauphin.

Le siège puis la reddition de la ville s'accompagneront d'un tel excès de propagande qu'il est malaisé, sous la grêle de propos apologétiques exaltant cette victoire, première étincelle de l'embrasement européen de la guerre de Neuf Ans, de démêler ce que fut la véritable conduite du dauphin durant la bataille. Tout laisse à penser cependant qu'il s'y fit remarquer à son avantage. Vient-on à le comparer, en une cascade d'hyperboles et de superlatifs, aux « plus habiles généraux » de son temps, il répond avec bonhomie : « Nous sommes fort bien, Vauban et moi, parce que je fais tout ce qu'il veut. » On prétend que M. le maréchal, justement, s'est trouvé un jour dans la nécessité de « prendre Monseigneur par le corps » afin de le protéger de la pluie des boulets qui, en tombant insolemment autour du prince, couvraient son habit de terre après avoir labouré le sol à ses pieds. Il est si à propos de vanter sa bonne contenance et sa mâle insouciance que le roi a jugé prudent de dépêcher un courrier à son fils « par lequel il lui mandait qu'il le priait, et qu'en même temps il lui défendait d'aller davantage à la tranchée, car il y avait tout à craindre du courage de ce jeune prince qui, sans ostentation, aurait été nuit et jour aux endroits les plus dangereux ».

À vingt-sept ans, le Grand Dauphin vient de capitaliser, devant les murs de Philippsbourg, pour sa vie entière. Le 12 novembre, Mannheim se rend après quatre jours de tranchée ouverte et, le 18, l'armée française s'empare de Frankenthal. Le dauphin peut alors retourner à Versailles. Le 28 novembre, Louis XIV s'est rendu chez son frère à Saint-Cloud afin de se porter aux devants de son fils. Si, entre-temps, le conflit a pris une extension si considérable que nul ne saurait prévoir désormais jusqu'où ira cette nouvelle aventure, le roi a fait préparer un accueil solennel digne des grandes actions de son fils vainqueur et, par conséquent, de la gloire de son trône, et de la sienne en particulier.

Cependant, Louis est à peine installé à Saint-Cloud qu'un courrier lui annonce l'arrivée imminente de Monseigneur. On se hâte de remonter en carrosse et l'on va ainsi, fort pressé, « presque jusqu'au bout du bois de Boulogne, vers la porte Maillot, qui regarde le chemin de Paris à Saint-Germain-en-Laye[95] ». C'est là précisément qu'apparaissent le dauphin et sa suite. Monseigneur est à cheval : des courtisans couvrent ses bottes de baisers avec une vénération comparable à celle ordinairement réservée à de saintes reliques. Le carrosse du roi s'immobilise : Monseigneur s'avance à la portière et, voyant Sa Majesté faire effort pour sortir, marque son respect en faisant barrage de la cuisse. Un instant après, le roi peut descendre et embrasser son fils. Vient le tour de la dauphine de baiser son mari, avant que Monsieur, Madame et les autres passagers du carrosse fassent de même. L'équipage reprend le chemin de Versailles sans tarder davantage. Monseigneur passe une heure dans le cabinet du roi afin de rendre compte de ses affaires, puis va chez la dauphine. Il ne s'attarde guère, car il convient maintenant de faire ses compliments à Mme de Maintenon… Le 5 janvier suivant, à Trianon, un grand ballet dansé par les dames de la cour, *Le Palais de Flore*, sur une musique de Lalande, sera représenté en l'honneur du retour victorieux de Monseigneur : « Du dauphin, triomphant célébrons le retour / Voici le jour, ô divine princesse / Que demandait votre juste tendresse / Que de plaisir sent votre cœur / De revoir ce vainqueur ! »… Un *Te Deum* sera donné à Fontainebleau, un autre à Notre-Dame de Paris.

Peu après Philippsbourg, il semble que Marie-Anne s'effondre tout d'une pièce, au terme d'une lente décomposition de l'âme. C'est une déliquescence qui devient générale, une corde trop tendue qui se rompt. Cependant, elle n'a que vingt-huit ans. De surcroît, il lui vient au corps un genre de difformité dont on ne sait que penser : « Il y avait longtemps que Mme la Dauphine se trouvait incommodée d'une enflure qui croissait à vue d'œil, de manière qu'elle était aussi grosse par le bas de la taille qu'une femme grosse de huit mois. […] Les médecins n'y trouvaient aucun remède : ce qui l'obligea à se mettre entre les mains d'une sage-femme dont les remèdes lui donnèrent en peu de temps beaucoup de soulagement[96]. »

Mais ce n'est qu'un répit passager. L'enflure au bas-ventre reparaît, augmentée de volume, et la dauphine est à nouveau contrainte de garder la chambre.

Le délabrement de sa santé, Marie-Anne continue de l'imputer à la maladresse de son accoucheur, Clément. L'habitude que l'on a prise depuis longtemps de ne voir, en toute sa personne, qu'hallucinations de femme se voulant malade contre l'avis de tous, dispense les courtisans du souci de lui manifester plus d'attention qu'à l'ordinaire. Sur ce point, Mme de La Fayette donne le ton général : « Peu de gens se souciaient de cette princesse, parce qu'elle ne contribuait ni à la fortune des personnes, ni aux plaisirs de la cour. »

« Toujours mourante » et supportant une existence qui « ne fut qu'une maladie continuelle »[97], il n'est déjà guère plus question de la princesse de Bavière que si elle n'était jamais apparue sur la terre. « Elle passait sa vie renfermée dans de petits cabinets derrière ses appartements, sans vue et sans air ; ce qui, joint à son humeur naturellement mélancolique, lui donna des vapeurs. » Simples vapeurs « prises pour des maladies effectives » par celle-là même qui, à force de se croire ou de s'en déclarer la victime, pourrait bien l'être un jour, véritablement, malade à en périr, ne fût-ce que pour donner la preuve de la constance et de la réalité de ses maux. « Cette pauvre princesse ne voit que le pire pour elle et ne prend aucune part aux fêtes. Elle a une fort mauvaise santé et une humeur triste qui, joint [*sic*] au peu de considération qu'elle a, lui ôte [*sic*] le plaisir qu'une autre que la princesse de Bavière sentirait de toucher presque à la première place du monde[98]. »

Hors l'amitié toujours adoratrice de la Bessola, sur qui, sur quoi peut-elle compter? Sans doute la bienveillance de la Palatine, mauvaise tête et bon cœur, lui reste-t-elle acquise, tant la communauté de destins de ces deux Allemandes se tenant, à tort ou à raison, pour les grands personnages de la cour les moins considérés, ressoude leurs âmes saignantes. Pour la duchesse d'Orléans, la dauphine est une personne « malheureuse bien qu'elle fasse tout son possible pour plaire au roi [...] journellement très maltraitée à l'instigation de la vieille [la Maintenon] et il lui faut passer la vie entre l'ennui et la grossesse... Son mari, Monsieur le Dauphin, ne s'inquiète de rien au monde, il cherche son divertissement et son plaisir où il peut et il est affreusement débauché ». Comme souvent, le jugement de la Palatine éreinte et mord tant qu'il peut... « Nous sommes toutes les deux malheureuses, confie Marie-Anne à la duchesse d'Orléans; mais la différence entre nous, c'est que vous vous êtes défendue autant que vous avez pu [elle fait allusion au grand mécontentement qu'avait éprouvé, jadis, la Palatine d'épouser Monsieur et de s'établir en France], tandis que moi j'ai voulu à toute force venir ici. J'ai donc mérité mon malheur plus que vous. »

Au surplus, comment se montrer en public, affligée de cette enflure monstrueuse au bas-ventre attirant tout son corps en avant? Cependant, ne s'agirait-il pas d'une grossesse survenant après tant d'autres? Une nouvelle sage-femme arrive à son chevet qui l'examine longuement avec un étonnement inquiet. Non, Madame la Dauphine ne porte pas d'enfant. En ce cas, de quoi peut-il s'agir? D'un abcès? Oui, un abcès sans doute. Alors, on saigne. Les coups de lancette abondent mais la grosseur persiste. Désespérant de trouver un quelconque soulagement auprès de ses médecins attitrés, Marie-Anne a de nouveau recours aux empiriques. Un certain abbé de Belzé – un ancien éleveur de linottes – se présente, puis un nommé frère Ange, un capucin aventureux : « La pauvre dauphine est de nouveau bien mal. Elle est entre les mains d'un capucin qu'on nomme frère Ange. On la tue à force de déboires [...]. On fait tout ce qu'on peut pour me réduire au même état, mais moi je suis une noix plus dure à casser que Mme la Dauphine[99]. » Un moment, les remèdes du premier, les potions du second font illusion. Puis les malaises reviennent, l'enflure croît encore de volume, et le frère et l'abbé s'en vont porter ailleurs le mérite de leur science.

Marie-Anne, désormais, crache le sang. Ses pertes de connaissance se font de plus en plus fréquentes. En grand nombre, les médecins reviennent auprès de la dauphine. On est saigné derechef, on est purgé en abondance, on ingurgite toute une foule de potions et, à la fin, on n'en peut plus ! Place, de nouveau, aux empiriques, et au plus célèbre d'entre eux, un certain Baretti, autoproclamé marquis de Caretti, un Italien, croit-on, présentement à Tournai, que l'on va chercher, sinon enlever, afin de le transporter urgemment à Versailles. Le voici qui approche, habillé à la dernière mode des gens de conséquence, coiffé d'une large perruque imprégnée de poudres odorantes. Hélas, les parfums de toute nature (et Dieu sait s'ils sont forts et s'ils sont entêtants, à l'époque, les parfums dont chacun use en abondance !) ont toujours incommodé la dauphine. Aussi, à l'apparition de Caretti dans sa chambre, est-elle prise de telles suffocations qu'il faut éloigner en toute hâte le visiteur à qui l'on ôte l'encombrement de sa vaste rhingrave et l'amplitude de son manteau tout lardé de rubans, d'aiguillettes et de glands, de façon à le plonger, tout nu, en un bain rédempteur. Frotté et étrillé de la belle manière, le marquis reparaît et fait administrer à la dauphine une médication dont il a le secret et dont l'effet, à ses dires, tient du prodige, mais qui donnera bientôt à la malade de si terribles convulsions qu'on croit qu'elle passera à la minute. Cette fois, les médecins de la Faculté de Paris se voient rétablis dans leurs prérogatives et, désormais, ne céderont plus la place. Après avoir examiné une dernière fois la princesse, ils confirment la présence d'un abcès interne : autant dire que le temps est venu pour elle de ne songer qu'à Dieu, rien qu'à Dieu, tout à Dieu, et de se préparer, avec la résignation et la fermeté qui conviennent, à une bonne, belle et édifiante mort chrétienne.

On saigne tout de même, par habitude, par routine, par réflexe, on fait boire à la dauphine des eaux de Sainte-Reine dont les vertus sont réputées, cette fois encore, miraculeuses. Le 16 avril 1690, l'abcès se vide « de plus d'une pinte[100] » et une fièvre ardente se déclare. Nous sommes le 19. Dans un long soupir, elle vient de murmurer avec un soulagement plaintif : « Aujourd'hui, je vous prouverai que je n'étais pas folle en me plaignant de mes souffrances. »

« Vous n'avez plus de maîtresse ! »

À présent, il ne s'agit plus que d'être délivrée du souci de l'existence. Cependant, il faudra que le passage vers l'autre monde se fasse dans les formes requises. Vient en effet le moment de la « bonne mort », vient l'heure du « bien mourir ».

Avant de paraître devant Dieu, rien, en ce siècle, n'est si dommageable à la conservation de l'âme que d'entrer dans la mort subitement, par accident, de manière inattendue, pour ainsi dire par surprise, ou pour dire autrement « au pied levé[101] », sans être passé par les trois stations salvatrices que sont les sacrements de pénitence, de l'eucharistie et de l'extrême-onction.

Mais cela n'est pas tout : on peut mieux faire encore. Afin de s'éteindre le plus convenablement qui soit, il est bon que l'agonie soit lente, il est avantageux qu'elle soit lucide, conformément à la liturgie des heures et aux *artes moriendi* venus du Moyen Âge. La « bonne mort », cet « avant-goût de la félicité[102] », c'est, dans l'idéal, partir en possession de toutes ses facultés après s'être arraché à tout ce qui entrave, abstrait de tout ce qui retarde, déchargé de tout ce qui enferme, de manière à s'abandonner, sans regret, ni peine au dialogue final avec l'Éternel. L'angoisse du trépas commune à tout être vivant doit être surmontée ou, du moins, ne pas se laisser deviner, au risque de compromettre son existence future par un décès qui pourrait sembler insuffisant, défectueux. C'est tout un savoir-faire, en somme, que ce « bien mourir-là ». Marie-Anne, qui a manqué, moins peut-être sa vie terrestre que cette forme d'existence contrainte où les intérêts de son siècle l'avaient improprement jetée comme à la place d'une autre, va s'appliquer, du moins, à ne pas manquer ses derniers moments et à ne point importuner le Ciel par une mort contrariante.

Il est 2 heures du matin quand le roi, Monseigneur, suivis de toute la Maison royale, paraissent au tintement d'une clochette qu'un petit clerc en soutanelle rouge et surplis de dentelle blanche agite. Bossuet célèbre la messe et donne le viatique à la dauphine « qu'elle reçut avec beaucoup de dévotion, toute sa raison lui étant revenue[103] ».

Après l'extrême-onction, Marie-Anne paraît plus tranquille, et la nuit s'écoule, relativement calme. Bien mourir, c'est aussi prendre congé paisiblement de ses proches. Au lever du jour, Marie-Anne demande « mille pardons au roi de son peu de complaisance[104] ». Ensuite, elle prend congé du Grand Dauphin qui l'embrasse par deux fois après quelques mots échangés à voix basse. Bientôt se présente Mme de Maintenon qui était à Saint-Cyr. On ne sait rien des paroles que trouvèrent à se dire ces deux femmes qui ne se sont jamais ni vraiment aimées ni réellement insupportées. On ne peut malgré tout s'empêcher de songer à une manière de transmission de témoin : celle qui faisait office de souveraine semble adouber, au moment de s'éclipser – elle, la si peu reine –, la non-reine qui va continuer sa route sur d'autres chemins malaisés.

Après la marquise, les adieux se poursuivent avec la venue des trois enfants de la dauphine : d'abord le duc de Bourgogne, huit ans, le duc d'Anjou, sept ans, enfin le duc de Berry, trois ans, qu'elle embrasse en murmurant, dit-on : « C'est de bon cœur, quoique tu me coûtes bien cher. » Une autre relation de ces derniers moments place théâtralement dans la bouche de Marie-Anne le célèbre vers d'Andromaque : « Ô mon fils, que tes jours coûtent cher à ta mère ! » Peu après, elle entre en agonie. Comme la naissance, comme le mariage, comme les naissances princières, la mort, à la cour de France, a toujours quelque chose à voir avec le spectacle. Les derniers moments d'un grand personnage ont aussi leurs indications scéniques, ils réunissent l'ensemble des acteurs, ils mettent en place les figurants, ils développent une action dramatique et assemblent les divers éléments du décor. On meurt en public comme on vit – ou, pour Marie-Anne, comme on a tenté de vivre – en public. « Elle conserva sa connaissance jusqu'à la fin. Elle ne l'a pas perdue un seul moment depuis hier qu'elle reçut l'Extrême-Onction[105]. » À 7 heures et demie du soir, la dauphine Marie-Anne Victoire de Bavière, dauphine de France, s'éteint paisiblement dans sa trentième année : « Hélas, hier soir j'ai vu mourir la chère et pauvre Mme la Dauphine [...]. Elle [...] ordonna de dire bien haut qu'au cas où elle aurait causé du chagrin à qui que ce fût, elle en demandait pardon. C'était bien inutile, car de sa vie la pauvre princesse n'a affligé personne. Puis M. de Meaux ajouta qu'elle pardonnait aussi de tout cœur à ceux qui l'avaient offensée. Ça, c'était plus difficile, car on ne saurait s'imaginer quels procédés on a eus avec la pauvre princesse durant sa vie[106]. »

À peine la dauphine a-t-elle exhalé le dernier soupir que le roi aurait pris Monseigneur à l'écart : « Vous voyez ce que deviennent les grandeurs de ce monde, nous viendrons comme cela, vous et moi. » Voir mourir les autres, c'est apprendre à mourir soi-même. C'est aussi un exemple édifiant à l'usage des chrétiens de quelque conséquence ayant puissamment existé dans un monde provisoire. Selon l'usage, Louis XIV, le dauphin, ses trois fils, Monsieur, Madame et leurs proches quittent Versailles sans attendre, et vont s'établir à Marly. « Je vous dirai que je vis agoniser la pauvre Mme la Dauphine ; que le roi pleura fort en ce moment, mais que, si je voulais être longtemps regretté par quelqu'un, je ne voudrais pas que ce quelqu'un-là eût toutes les affaires de l'Europe sur les bras. Rien ne fait tant oublier les morts que les vivants[107]. »

« Le roi a réglé qu'on rende les mêmes honneurs à Madame la Dauphine qu'à la feue reine[108]. » Jusque dans la mort, il appartient à Marie-Anne d'interpréter le rôle de souveraine par défaut. Le lendemain, 21 avril, le corps de la défunte, étendu dans son cercueil, quitte la chambre mortuaire pour être déposé dans le Grand Cabinet de son appartement.

La bière, surmontée de la couronne, est placée sur un catafalque à trois degrés garni de chandeliers d'argent aux armes de la dauphine et surmonté d'un dais de velours noir soutenu de quatre piliers. Toute la pièce est tendue du même velours, ainsi que l'appartement de la dauphine et l'escalier d'accès.

On a vu que depuis les temps les plus reculés, les corps des rois, des reines, des personnes de sang royal, de même qu'il a pu arriver à divers grands serviteurs de la Couronne, jouissaient du privilège posthume d'être coupés en différents morceaux afin de reposer en plusieurs sépultures où leurs restes pouvaient être honorés. Le XVIIe siècle a conservé l'usage de la tripartition des corps pour deux tombeaux séparés : l'un pour le corps et les entrailles, l'autre pour le cœur.

Vidé, lavé avec de l'esprit-de-vin, desséché, rempli d'un baume fait de cannelle, de girofle, de myrrhe, de styrax et de benjoin[109], le cœur de la dauphine de Bavière, enfermé dans un sac de toile, est déposé dans une boîte de plomb. Cette boîte affectant la forme d'un cœur est placée dans une seconde, en vermeil doré celle-là et ornée d'une couronne. Cette manière de reliquaire est installée au pied de l'estrade, posée sur une table couverte d'un coussin de velours. Les entrailles (viscères de l'abdomen, du thorax et du crâne) ont été placées dans un baril de plomb, lui-même mis dans un coffre de bois.

Le 25 avril, lors de la cérémonie de l'eau bénite, l'aîné du couple delphinal, le jeune duc de Bourgogne, ouvre le cortège, suivi de ses deux frères, de Monsieur et de Madame, puis des princes et des princesses s'approchant par ordre de préséance.

Bossuet se tient près de la table où est posé le cœur et tend le goupillon. La dauphine, par testament, a légué un gros diamant au dauphin, un autre à Madame la princesse palatine « qu'elle la prie de porter pour l'amour d'elle[110] », « une bague de cinquante louis à la maréchale de Rochefort[111] » et divers bijoux à sa famille bavaroise. Le reste de sa fortune ira à ses fils. À sa favorite, elle laisse son prie-Dieu, son bureau et quelques bijoux. La Bessola n'ayant jamais convoité grand-chose reçoit ainsi fort peu. Louis se montrera plus généreux : outre diverses pierreries, il fera remettre à la dame une pension de 4 000 livres. La princesse morte, la Bessola se retire du cercle des vivants. Dès lors on perd sa trace…

Dans la soirée du 26 avril, Bossuet emporte la boîte de vermeil contenant le cœur de la dauphine afin de le déposer, à Paris, en l'église du Val-de-Grâce.

Le 1er mai suivant, c'est également de nuit qu'est transporté à Saint-Denis le corps de la défunte. Soixante pauvres, un flambeau à la main, ouvrent un lent et long cortège censé représenter l'ensemble du royaume. Ils sont suivis, ces soixante pauvres, des serviteurs de la dauphine, des officiers de sa Maison et de ses écuyers. Deux brigades de mousquetaires et une autre de chevau-légers apparaissent. À bord de cinq carrosses drapés de noir ont pris place la dame d'honneur accompagnée de diverses princesses. Le haut clergé suit, mené par Bossuet. Les Cent-Suisses avancent sur deux colonnes avec timbaliers et trompettes de la Chambre. Ils précèdent le char funèbre : c'est un monument que ce char couvert de velours noir orné d'une grande croix de toile d'argent et des écussons aux armes de la défunte. Montés à cheval, quatre aumôniers tiennent le poêle au moyen de cordons d'argent.

Selon la symbolique du passage de la nuit de la mort à la lumière de la résurrection, on arrive à Saint-Denis à 7 heures du matin, au lever du soleil. Dans l'attente des prochaines funérailles, le double cercueil de plomb et de chêne est placé, sur une haute estrade, dans le chœur de la basilique entièrement tendu de noir : Bossuet y célèbre la messe. Le corps sera veillé jour et nuit par des religieux et des religieuses qui se relaieront pendant plusieurs semaines, soit jusqu'au 5 juin suivant, jour du service solennel.

L'organisation des obsèques royales et princières revient, par tradition, aux Menus-Plaisirs du roi, dont l'intitulé exact retentissait de la manière suivante : « Administration de l'Argenterie, des Menus-Plaisirs et Affaires de la Chambre du Roi. » Ses affectations ordinaires couvraient des champs aussi variés que les toilettes du roi et du dauphin, l'entretien des voitures de la cour, les fêtes religieuses, les voyages et les spectacles ordinaires de la cour, les présents faits par les princes et les princesses, les mariages et les réjouissances publiques, tout autant que les cérémonies funèbres et « la construction des catafalques qu'elles entraînaient[112] ». Sous l'autorité du premier gentilhomme de la Chambre, le contrôleur des Menus-Plaisirs a « l'intendance sur tout ce qui regarde les spectacles, comédie, bals, mascarades, etc., à la cour[113] ». Il a aussi « le pouvoir de donner des permissions à tous les comédiens forains et à ceux qui montrent des marionnettes[114] ». En matière de musique, les Menus-Plaisirs gèrent les quatre formations distinctes que sont la Chapelle, la Grande Écurie, la Chambre et les Vingt-Quatre Violons du Roy.

Sans doute paraîtra-t-il singulier que la charge et le déroulement d'une cérémonie funèbre soient l'apanage d'un service de la Maison du roi portant le nom agréable, engageant et chantant, de Menus-Plaisirs. À l'époque, rien de choquant à la cohabitation – ou à l'entrechoquement – de ses diverses attributions. Les

Menus-Plaisirs étant affectés à toutes les formes de spectacles, aucun antagonisme n'apparaissait alors dans l'usage qu'on en faisait soit au profit des vivants, soit au service des morts : les obsèques, royales ou princières, n'étaient-elles pas, en définitive, une autre forme de dramaturgie destinée à faire résonner l'architecture d'une basilique gothique habillée d'ornementations baroques éphémères transformant, comme si des décors fussent tombés des cintres, le vieux sanctuaire en un vaste théâtre, ou en une brillante salle d'opéra ? Ne s'agit-il pas de manifester une dernière fois la grandeur de la monarchie française, quitte à blesser certaines délicatesses de sentiments qui pourront s'affliger de « la manière introduite dans les derniers temps par Bérain, dessinateur du Cabinet du roi, qui depuis plusieurs années s'était mis dans le goût de faire des mausolées et des décorations qui paraissent plus convenables à un théâtre d'opéra qu'à une cérémonie aussi sérieuse que celle-là[115] » ? Ce qui est le cas ici. Le gigantesque mausolée surplombé d'un dais joignant la voûte de la basilique est un amoncellement de sculptures, de piliers, de cierges funéraires, de tentures, d'entablements, de colonnes, d'armes de France et de Bavière, de couronnes, de grotesques, de volutes, de portiques et de cariatides. Autour du mausolée d'où s'élève en spirales bleuâtres la fumée de l'encens, des tribunes ont été disposées entre les piliers médiévaux. Elles ressemblent à des loges, ces tribunes : on s'y entasse, comme au théâtre en effet, muni des lettres d'invitation que l'on a reçues du contrôleur des Menus-Plaisirs.

En ce 5 juin, les soixante pauvres vêtus de gris, venus de Versailles à Saint-Denis le mois précédent, ouvrent à nouveau le cortège. Qu'on ait été puissant ou misérable, leur présence dans les premiers rangs signifie l'égalité de chacun devant la mort. Parmi la foule des spectateurs curieux de deuil royal, il serait possible de distinguer un certain jeune homme d'une quinzaine d'années accompagnant son père, le duc Claude de Rouvroy de Saint-Simon, et ce jeune homme encore inconnu de tous est le vidame de Chartres : il s'agit, bien sûr, du futur mémorialiste du règne de Louis XIV et de la Régence. Dans l'histoire de la littérature française, cette présence revêt une certaine importance, car c'est précisément du jour des obsèques de la dauphine de Bavière que date le premier texte connu de l'œuvre immense de Saint-Simon :

à l'issue de ces funérailles, il rédigera une quinzaine de pages où, déjà, le futur duc et pair dévoile son intérêt précoce pour les détails protocolaires et manifeste son obsession naissante pour les questions d'étiquette et de hiérarchie. Il va décrire le service solennel, il va tout voir, tout observer, tout repérer, il va noter les infractions aux règles les plus infimes qui prennent déjà, aux yeux de cet adolescent, les proportions d'une affaire d'État. Saint-Simon fait là ses premières armes, comme si le corps sans vie de Marie-Anne de Bavière lui mettait, en quelque sorte, la plume à la main.

Il observe notamment que la princesse palatine, belle-sœur du roi – la disparition prématurée de la dauphine remet provisoirement la duchesse d'Orléans au rang de première dame du royaume –, traîne une queue de sept aunes de long, portée par le comte de Châtillon, le marquis d'Estampes et le marquis de Plumaux. Madame, très grosse, très lourde, très embarrassée dans ses mouvements, est menée par le petit duc de Bourgogne, très menu, lui, traînant « un grand manteau dont la queue avait cinq aunes [soit à peu près six mètres] ; Monsieur le suivit, et celle du sien en avait quatre et demi, et M. le duc de Chartres suivait et avait une queue de quatre aunes ». C'est encore le jeune vidame de Chartres qui nous l'apprend, l'esprit tout occupé par la décroissance de la longueur desdites queues marquant les différences de rangs. De la même manière qu'un souverain ne demeure pas sous le même toit qu'une personne morte, un monarque ne peut assister à des funérailles : Louis XIV est donc absent de la cérémonie ainsi que Monseigneur, dont la présence est pareillement interdite par l'usage.

L'évêque de Meaux, vêtu pontificalement, célèbre la messe. La musique du Roi interprète le *Dies Irae* de Delalande, 31e Grand Motet du Surintendant de la musique de la Chambre. Au terme de l'office, douze gardes descendent la bière de la dauphine dans le caveau des Bourbons. Dans l'anéantissement de leurs existences humaines, ceux-ci ont renoncé à la magnificence posthume des tombeaux des derniers Valois qui avaient pris une taille colossale : pour les Bourbons, nulle représentation sculptée, plus d'architectures grandioses, mais de simples cercueils de plomb, entourés de bois posés et alignés sur des tréteaux de fer.

Du haut des marches de la crypte, Bossuet a jeté par trois fois une pelletée de terre sur le cercueil de la dauphine. Lorsque la bière est déposée dans l'ancienne chapelle d'Hilduin, le roi d'Armes accompagné de huit hérauts fait retentir à trois reprises les mots suivants : « Très haute, très puissante, et excellente princesse, Marie-Anne Victoire Christine Josèphe Bénédicte Rosalie Pétronille de Bavière, épouse de très haut, très puissant et excellent prince Louis, dauphin de France, fils de très haut, très puissant et très excellent prince Louis 14e du nom, roi de France et de Navarre, est morte. » Le roi d'Armes appelle alors : « Monsieur le maréchal de Bellefonds, qui faites la charge de chevalier d'honneur de Madame la Dauphine, venez faire votre charge et jetez sa couronne dauphine », lequel maréchal s'approche « à petits pas très lents son chapeau sous son bras et tête nue, et, étant arrivé au bord du caveau, l'y jeta avec le carreau et le crêpe, puis s'en retourna »[116], ayant déclaré d'une voix ferme : « Madame la Dauphine est morte, officiers pourvoyez-vous, vous n'avez plus de maîtresse. » C'est à présent au tour du marquis de Montchevreuil, premier écuyer de la défunte, de s'approcher : « Faites votre charge et jetez son manteau à la royale. » Puis viennent les trois maîtres d'hôtel de la dauphine : « Venez faire votre charge et rompez et jetez vos bâtons » – ces bâtons qui sont des cannes de bois à pommeau orné d'or et de vermeil, signes de leur charge.

La cérémonie des bâtons brisés en deux et jetés dans le caveau constitue le dernier acte symbolique de la dissolution de la Maison de la défunte. Tout s'est dès lors passé selon les règles. C'est à peine si l'assistance s'est aperçue d'un petit incident ayant mis, tout à l'heure, quelques moines et divers aumôniers en vilaine humeur à propos d'un cierge, les uns prétendant se l'approprier aux dépens des autres en raison des écus d'or qu'il contient. Cependant, le jeune vidame de Chartres, lui, a tout vu : « Dans ce débat la mitre de l'évêque de Glandèves tourna dessus sa tête, et fût tombée si ce prélat n'y eût porté les mains. »

Le 12 juin suivant, la Palatine décrit à sa tante la duchesse de Hanovre ces quelques détails révélateurs de l'esprit du temps : « Mercredi, après cette affreuse cérémonie, nous sommes allés à Marly où nous sommes restés jusqu'à samedi. Le chagrin aurait bien dû m'y passer, car voilà la vie ordinaire qu'on y menait : toutes les chambres pleines de joueurs ; l'après-midi, chasse ; le soir, musique ; mais, à vous dire vrai, cela n'a fait que me rendre beaucoup plus triste, car, d'une part, je n'ai trouvé à Marly personne qui s'occupât de moi, et, d'autre part, voyant comme on oublie vite les morts ici, je me suis mise à déplorer de nouveau la perte de Mme la Dauphine, et je l'ai regrettée de tout mon cœur. »

En effet, le roi a fait connaître sa volonté qu'en ces temps de guerre le deuil officiel de sa belle-fille ne vienne pas assombrir l'atmosphère de sa cour, déjà par trop pesante. Les traditionnelles révérences au roi et au dauphin, en manteaux et mantes, les compliments de condoléances des diplomates et des principaux corps constitués devront être succincts afin d'embarrasser le moins possible les occupations des vivants, en particulier les chasses aux loups de Monseigneur qui a grand besoin de se divertir, lequel, après avoir donné les marques d'un réel attendrissement, semble déjà songer à autre chose.

Le 15 juin, l'archevêque de Paris célèbre un service solennel en la cathédrale Notre-Dame. Au fond de la nef, le mausolée est certes, encore une fois, d'une taille imposante ; cependant, par souci d'économie, les Menus-Plaisirs ont remployé celui qui servit à la basilique de Saint-Denis, n'apportant à cet édifice que des changements mineurs. Nous retrouvons les soixante pauvres vêtus de gris tenant leur flambeau à la main. Pour leur peine, ils ont reçu un écu et une paire de souliers. Arrivent le duc de Bourgogne, Monsieur et Madame. Dans son oraison funèbre, Esprit Fléchier, académicien et évêque de Nîmes, a choisi de s'adresser directement au petit duc de Bourgogne qu'il appelle « Monseigneur », quoique l'enfant n'ait pas encore droit à ce titre.

L'exercice dont le prélat doit s'acquitter maintenant n'est pas des plus aisés. Si les talents d'orateur de Fléchier[117], ancien lecteur du Grand Dauphin et aumônier de la dauphine, sont alors reconnus à l'égal d'un Bourdaloue, d'un Bossuet ou d'un Massillon, toute la gageure qui se présente à l'éminence est de se tirer à son avantage d'un panégyrique qui devra nécessairement mettre en valeur les mérites d'une personne qui, sans doute, n'en manquait pas, mais d'un genre et d'un style qui n'étaient pas précisément ceux que l'on apprécie le plus ordinairement à la cour.

Cependant, si la matière est faible, le verbe est riche et pallie les qualités qui manquent. Le biais qu'a choisi Fléchier consiste à ramasser en quelques formules choisies toute l'existence de la dauphine afin d'en faire un sujet d'édification à l'adresse de ses auditeurs : la sagesse, la douceur, l'humilité de la défunte, son éloignement des vanités humaines, son caractère effacé, terne et cendreux, sa résignation dans la maladie, sa sérénité devant la mort, sont autant de qualités à tourner en beau style que de reproches à laisser, par effet de contraste, à la méditation des courtisans dont l'orateur s'emploie à dénoncer, en une ample et large rhétorique, l'existence dissolue, vaine et inconsistante : « On la vit renoncer insensiblement aux plaisirs, et se faire une solitude, où elle put se dérober à sa propre grandeur, et jouir d'une paix profonde au milieu d'une Cour tumultueuse. Je sais [...] que les Princesses comme elle, ne sont pas faites ordinairement pour la solitude [...] qu'elles se doivent au public [...] pour remplir les jours vides des courtisans, et leur ôter l'ennui d'une triste et pénible oisiveté [...]. Mais qu'il est difficile, qu'au milieu de tant de passions, si l'innocence ne se perd, du moins elle ne s'affaiblisse ! [...] Madame La dauphine voulut éviter ces dangers. Jeux, conversations, spectacles, rien ne la tira de sa solitude. »

C'est assez clair, et il n'est pas un destinataire de cette éloquence funèbre qui n'entende la leçon qu'on lui fait. Du reste, il ne s'agit que d'un moment désagréable à passer... Cependant, Fléchier, du haut de sa chaire, n'a point encore fini de dérouler son prêche : « L'histoire de notre princesse n'est pas liée à celle du siècle ; elle n'a nulle part à la guerre, ni à la paix des nations. Ses actions n'ont pas de plus grand éclat que celui que la vertu donne : la Providence de Dieu ne s'est pas tant servie d'elle pour faire de grandes œuvres, que pour donner de grands exemples. Quelque honorée qu'elle ait été, elle a eu moins de réputation que de mérite. » Quant à ses qualités de cœur : « À qui ne fit-elle pas tout le bien qui dépendait d'elle ? » Sa bonté ? « Prête en tout temps à faire les bonheurs des uns, à soulager les peines des autres. » Ses maux éternels ? Elle fut « d'autant plus à plaindre que, n'étant pas assez connus, ils n'étaient peut-être pas assez plaints ».

L'ancien aumônier de la dauphine a bien parlé : le temps d'une oraison funèbre, on est d'humeur à tout entendre et à tout endurer... Puis, chacun retourne au monde réel, à charge de reprendre son rôle sans y rien modifier, ainsi qu'on revêtirait son habit ordinaire après avoir supporté l'incommodité de quelque lourd vêtement de cérémonie. Cependant, les obsèques sont à peine achevées que le premier président de la Chambre des comptes observe, non sans aigreur, qu'il a été placé une chaise plus bas que le premier président du Parlement, alors qu'à Saint-Denis les deux hommes étaient installés vis-à-vis. L'affaire vient aux oreilles du roi qui demande au contrôleur des Menus-Plaisirs de s'expliquer, lequel, en un long et fastidieux mémoire, présente à Sa Majesté toutes les justifications possibles. Allons, voilà qui va comme cela et parlons d'autre chose ! Le roi ne prendra pas le deuil « parce que c'était sa belle-fille, et qu'un père ne porte point le deuil de ses enfants[118] ». Monseigneur le portera, lui, une année entière. Les princes du sang draperont de noir leurs carrosses, mais point les ducs ni les princes étrangers. À la cour, le deuil ne durera que six mois.

À la mort de personnages de très haut rang, il était d'usage de prononcer plusieurs oraisons funèbres en différentes églises et en divers lieux du royaume. Bien d'autres orateurs que Fléchier feront ainsi l'éloge de la dauphine de Bavière comme une personne digne de mémoire. Cependant, une oraison funèbre – qui, d'ailleurs, n'en est pas une, mais qu'on pourrait, d'une certaine manière, considérer comme telle – mérite qu'on lui accorde une certaine attention.

Son auteur ? Saint-Simon. Sans doute objectera-t-on que le mémorialiste ne s'est guère attiré dans l'histoire la réputation d'encenser volontiers son prochain et que sa plume écrivant « à la diable pour l'immortalité[119] » se prête malaisément à ce genre d'exercice de style où il importe de dire, sous une apparence de conviction, tout le bien que l'on pense – ou que l'on ne pense pas – de ses contemporains.

Quoi qu'il en soit, la sorte d'épitaphe que Saint-Simon trace en conclusion de son résumé de la vie de la dauphine étonnera par son tact, sa mesure et ce qui pourrait bien passer pour un témoignage d'estime à l'endroit d'une personne que, du reste, le duc, en sa vie, n'a ni connue ni approchée, ce qui pourrait bien en atténuer la justesse et porter à s'interroger sur la pénétration de son propos. On ne manquera pas d'observer également que par comparaison à tout le mal que le mémorialiste a pensé et écrit de l'époux de la défunte, c'est peut-être encore une manière d'en déprécier l'image que de faire, *a contrario*, l'éloge de sa compagne en le repoussant, lui, Monseigneur, dans tout le négatif et le noir de sa prose. Toujours est-il qu'en dépit des inévitables griffures au souvenir du roi et de Mme de Maintenon, il se dégage de son portrait posthume de Marie-Anne de Bavière une attention, une bienveillance et une « débonnaireté » qui admettent qu'on le cite :

> Madame la Dauphine fut peu regrettée. Elle avait beaucoup d'esprit, mais les mœurs allemandes s'y laissèrent trop sentir dans une cour qui n'était occupée qu'à adorer toutes les volontés et toutes les inclinations du roi, ou ce qu'on pouvait imaginer lui plaire [...]. Le roi fit des merveilles dans les commencements, et Mme de Maintenon chercha aussi à lui plaire, et à l'apprivoiser; mais si elle y répondit d'abord avec grâce, elle ne tarda pas, après la mort de la reine, à laisser sentir que le joug de Mme de Maintenon lui pesait et que sa cause lui était odieuse; ses grossesses, ses couches, qui furent toutes fort difficiles, la retirèrent de la compagnie du roi et des amusements de la cour, en lui rendant les voyages impossibles; et le roi qui aimait que tout contribuât à rendre sa cour brillante et agréable, et qui ne pouvait souffrir aucun contretemps, et qui mesurait à sa santé celle de tout le monde, supporta d'abord cet éloignement avec peine, après avec chagrin, et, à la fin, Madame la Dauphine, mal servie par Mme de Maintenon, lui devint par degrés indifférente, à charge et quelque chose de plus [...]. Elle n'avait jamais été belle ni rien d'approchant. [...] Bezzola, que Madame la Dauphine avait amenée avec elle, devint bientôt toute sa consolation. [...] Elle n'était pourtant que femme de chambre, et quoique fille d'esprit, de mérite, et qui eût bien voulu amener sa maîtresse à une conduite plus complaisante, sa faveur si marquée aliéna fort les esprits, et donna un champ libre à Mme de Maintenon et à Mme la princesse de Conti, tellement que Madame la Dauphine était souvent accusée de faire la malade, pour préférer le tête-à-tête avec Bezzola à tous les devoirs et aux plaisirs mêmes de son état. Cette injustice alla si avant, qu'il fallut son extrémité et sa mort ensuite pour persuader sa maladie [...]. Et il est vrai qu'une princesse qui par ce prodigieux mariage avait fait une si haute fortune fut heureuse de ne pas vivre longtemps.

Ainsi disparaissait cette âme trop tendre, cette dauphine de France si peu en harmonie avec son monde, si malaisément assortie au Grand Siècle, qu'il est naturel, en somme, que les morceaux choisis de l'histoire se soient empressés d'oublier cet être non conforme aux attentes de ses contemporains et, à la fin, l'aient rayé de leurs tablettes tel un personnage surnuméraire qui, par le peu d'agrément à être des premiers, aurait dérangé, perturbé et terni d'une certaine manière l'ordre d'un certain monde.

3

Marie-Adélaïde de Savoie (1685-1712)

Le vieux cœur et le jeune cœur à Versailles[1]

Il y a six ans que la Grande Dauphine est morte. Le temps a passé sur Versailles avec son usure. En cette année 1696, Louis XIV approche la soixantième année de son existence et il est roi depuis cinquante-trois ans. À une époque où l'espérance de vie n'excède pas vingt-cinq ans[2], l'immense majorité de la population française n'aura vécu que sous son règne, et c'est tout un monde ancien qui se ride et blanchit avec lui, car au XVIIe siècle le temps passe avec diligence et l'existence se hâte d'arriver à son terme.

Cependant, à bientôt soixante ans, Louis en impose comme au temps d'autrefois. Davantage encore, si la chose est possible. L'homme et le roi ont parfait leur grand œuvre : ils se sont statufiés de leur vivant, ils ont sculpté le piédestal du haut duquel ils verront défiler les siècles à venir.

Certes, Louis n'est plus, à cette heure, ni Mars ni Jupiter. À l'âge où il est parvenu, ni les héros de l'Antiquité, ni les divinités de la mythologie qu'il avait convoqués à son service ne sont plus de saison. À lui seul, il structure et habite tout l'espace. Plus sûrement qu'un dieu descendu de l'Olympe, il s'est monumentalisé tout au long de son règne en se défaisant de ses attributs apolliniens comme de vêtements dont il aurait fini par se lasser, et ce monument abrite un autre monument : Versailles.

Versailles, le domaine de Versailles, Trianon, Marly, vastes mémoriaux à sa gloire édifiés de son vivant, c'est lui dans son plus grand accomplissement, tel que le « plus grand roi du monde et [le] plus éclairé[3] » entend que les arrêts de la postérité en garderont la mémoire quand lui-même n'y sera plus. Mais en sera-t-il jamais absent ? Se pourra-t-il qu'à l'avenir ce double de pierre, cette architecture spectacle soient jamais habitables par un autre que lui ? N'a-t-il pas déjà condamné ses successeurs à n'être que des hôtes de passage de son poème de pierre ? Cependant, il n'y a guère qu'une douzaine d'années que la cour s'est arrimée en ces lieux, et il semble que le Versailles d'à présent ne soit déjà plus le grand Versailles des années 1680-1690, comme s'il était devenu, peu à peu, importun à lui-même, ce vaste palais empli de figurants dont le répertoire serait passé de mode, au point que « l'on s'ennuie si fort dans ce pays-ci que c'est être exilé que d'y vivre[4] ».

L'espace de moins d'une décennie, à quel point la cour de France n'est-elle pas venue, insensiblement, à se raidir ! D'année en année, le roi a cédé à un engourdissement de dévotion, et c'est toute la vieille cour, avec lui, qui est occupée du souci de se mettre en règle avec le ciel avant qu'il soit trop tard. C'est un signe parmi tant d'autres de ce majestueux étiolement que le roi ne paraît plus guère, à présent, aux spectacles que l'on donne au château, sa préférence allant désormais aux tragédies pieuses, quand bien même les comédies de Molière, qui sont de tous les temps, font-elles toujours recette, car si la vieille cour se contriste, la nouvelle, inversement, se déploie, s'augmente et prend ses aises.

C'en est un autre, de ces signes, que Louis se fait de plus en plus rare aux soirées d'appartement, laissant au Grand Dauphin le soin d'y animer le jeu et de distraire sa cour. Il y a dix ans que Lully est mort. Lully, c'est le passé, Lully c'est du patrimoine en sédimentation. Désormais, le roi se plaît davantage aux grands motets et aux *Leçons de Ténèbres* de M. Delalande. Elles sont fort belles, assurément, les compositions religieuses de M. Delalande, mais pour la nouvelle génération que de patience il faut avoir pour se composer, jusqu'à la note finale, un maintien de circonstance, que d'accablement à surmonter, que de fourmillements exaspérant les voûtes plantaires condamnées à la paralysie en leurs fins souliers de soie brochée faits à la dernière mode !

Précisément, à la tête de cette nouvelle génération qui croît, qui s'avance, qui pousse et qui s'agite, s'ébrouant en rêves d'émancipations indociles, on voit impertinemment s'ébattre une certaine petite ruche bourdonnante qui donne le ton nouveau et imprime, autour de soi, une cadence nouvelle. Ce sont les filles de Sa Majesté, bâtardes légitimées de France, les « princesses » ainsi qu'on les appelle, soit les duchesses de Bourbon et d'Orléans, la princesse de Conti, auxquelles se mêle leur très baroque belle-sœur, la duchesse du Maine, et la suite nombreuse de ces ingouvernables personnes insupportées par les usages gothiques du vieux Versailles. À la cour, nulle reine, nulle dauphine qui ait le pas sur elles. Alors, il arrive que l'on se traite volontiers, certaines soirées de grand débordement, en très grandes dames qu'elles sont, de « sac à vin » ou de « sac à ordures »[5], ce qui ne semble guère tirer à conséquence, car telle est la manière de parler d'à présent. Il faut fléchir au temps.

Le Grand Dauphin n'avait pas trente ans au jour de son veuvage. Il en a aujourd'hui trente-cinq. Six années ont suffi pour transformer le jeune homme d'autrefois en un prince rebondi, joues violâtres et cou épais, dont le bel appétit n'est pas sans donner de l'inquiétude aux médecins qui ont trouvé en Louis de France la créature idéale à saigner et à purger autant qu'il est supportable à une carcasse humaine. Sa Majesté n'a pas jugé utile de l'embarrasser d'une seconde épouse : Monseigneur ayant donné trois fils à la Couronne, la chose est suffisante et c'est fort bien ainsi. L'intéressé s'est d'ailleurs résolu d'autant plus aisément à demeurer officiellement veuf… qu'officieusement il ne l'est plus. Il ne l'est plus selon les uns, ou ne le sera bientôt plus de l'avis de quelques autres. On ne sait pas bien encore…

A-t-il cherché inconsciemment à régler le cours de sa vie privée sur celle qu'avait menée son père ? Toujours est-il qu'il s'est remarié secrètement, ou qu'il se remariera prochainement (la date de la seconde union de Monseigneur reste aujourd'hui fort incertaine) avec une dame d'extraction fort quelconque, elle aussi, au regard de son rang, une fille d'un simple baron de province, grand bailli de Bresse et gouverneur de Bourg. Celle-ci a pour nom Marie-Émilie Thérèse de Joly de Choin. Elle a fait son apparition à la cour au début des années 1680, c'est-à-dire à peu près au moment où arrivait en France la défunte dauphine. Au moins, son physique est-il plus agréable que ne le fut celui de Marie-Anne de Bavière? C'est si peu le cas que rien, à la cour, n'est plaisant comme de se répandre en sarcasmes sur la laideur – une laideur que l'on prétend inégalable, cette fois encore – de cette étrange et effarante personne « puante à l'extrême ». Cependant, il paraît que « si jamais Monseigneur a aimé quelqu'un, c'est cette fille[6] ». C'est tout naturellement que le parallèle s'est imposé à l'esprit : Mlle Choin – ou « la Choin » comme on disait – devient, est devenue ou deviendra bientôt la « Maintenon du dauphin ». De même que Louis n'a pas voulu créer de nouvelle reine en épousant morganatiquement la veuve Scarron, Monseigneur n'a pas permis que fût créée de nouvelle dauphine. D'ailleurs, il est entendu qu'officiellement ni l'un ni l'autre n'ont pris une seconde épouse. C'est une fiction, un roman, un arrangement sur lesquels chacun est tenu de s'accorder.

Tant par la facilité de son abord que par son air de bonté naturelle et son aisance à « gagner les cœurs », Monseigneur s'est attiré une grande popularité auprès des petites gens, singulièrement dans la capitale où il lui est toujours agréable de se rendre afin de réaliser en personne ses achats d'œuvres d'art ou assister aux spectacles nouveaux : « Paris aimait Monseigneur, peut-être parce qu'il y allait souvent à l'Opéra[7]. » À trente-cinq ans toutefois, ce fils éperdu de dévotion devant la personne de son père, dauphin en titre depuis sa naissance, finit, à force de patienter dans l'ombre, par impatienter bien des gens, en sa qualité de prince excédentaire. C'est le sort commun des prétendants au trône qui sont déjà avancés en âge et qui, à trois reprises dans son cas, ont assuré la relève, que l'on soit tenté de faire l'impasse sur leur personne et donc sur la potentialité de leur règne qui, s'il devait advenir, serait, au mieux, une période de transition. Qu'il vienne à disparaître, cet être aisément remplaçable, et l'histoire n'en suivra pas moins son cours, puisque les héritiers de la nouvelle génération sont déjà en place. S'il lui arrive, comme tant d'autres de ses semblables, de sentir l'air lui manquer à Versailles, du moins peut-il se donner l'apaisement d'une retraite en son château de Choisy où la Seine « coule comme un canal à dix pas seulement de la maison[8] ». Il vient de recevoir cette propriété par héritage à la mort de la Grande Mademoiselle. C'est un bien qu'il cédera prochainement pour le château de Meudon, un domaine « à la grande[9] », qui sera la nouvelle et dévorante passion de ses quinze prochaines années.

Si Monseigneur a la disposition de Choisy, Louis a aussi sa retraite. Même à lui, qui l'a bâti, si l'on ose dire, de ses propres mains, Versailles, avec le temps, semble devenu trop grand, trop lourd, trop imposant pour l'homme et pour le roi qu'il est maintenant... C'est comme si l'image hypertrophiée de ce sexagénaire fatigué de sa propre grandeur ne parvenait plus à investir tout entier ce Versailles engendré de ses jeunes années. Aussi passe-t-il désormais une grande partie de son temps à Marly, à six kilomètres au nord du château : Marly, la dernière grande œuvre architecturale du monarque[10], Marly où « à la fin, le Roi, lassé du beau et de la foule, se persuada qu'il voulait quelquefois du petit et de la solitude[11] ».

C'est en ces années que la Palatine trace ce portrait de Louis XIV : « Le roi se laisse aller, il s'affaisse. Il paraît gros et vieux. C'est comme si Sa Majesté était devenue plus petite. Le visage est changé ; à peine est-il reconnaissable ; de jour en jour il se ride davantage[12]. » De surcroît, le roi n'a presque plus de dents et ses lèvres se rencognent sous l'ourlet des gencives. Dans les jardins, que ce soit ceux à la française de Versailles ou ceux à l'italienne de Marly, on le voit aller de plus en plus souvent en calèche, ou se faire promener dans une singulière petite machine roulante à trois roues couverte de velours rouge galonné d'or que pousse un Garde suisse mais que Sa Majesté dirige elle-même au moyen d'un petit gouvernail.

C'est toute sa cour, celle des origines, qui se rapetisse, qui décline et s'affaisse en même temps que sa personne. Les plis et les sillons creusant la face du roi et s'y entrelaçant soulèvent et font craquer le vernis d'un monde qu'il a construit : « Toujours les mêmes plaisirs, toujours aux mêmes heures, et toujours avec les mêmes gens ! » se plaint Mme de La Fayette. On ne saurait nier, en effet, que les temps soient devenus bien languissants et bien grisâtres : les dépenses considérables occasionnées par la guerre de la Ligue d'Augsbourg ont contraint le roi à réduire sensiblement le train de vie de sa cour. Quant à l'épouvantable famine des années 1693-1694, elle a fait périr plus d'un million de personnes, sur une population que l'on peut estimer à 22 millions de Français.

Le Ciel aurait-il abandonné le roi ? Dieu ne serait-il plus heureux comme il l'était jadis en France ? Dans un Versailles désillusionné de lui-même et comme momifié en des bandelettes dorées qu'accablent toutes sortes d'événements funestes, l'atmosphère de dévotion de plus en plus épaisse et de contrition de plus en plus maussade semble couvrir les êtres et les choses d'un voile d'amertume et de mélancolie. « Excepté à l'heure des repas, le roi ne reçoit âme qui vive [...]. Il n'y a plus de cour nulle part. C'est quelque chose de tout à fait étrange, et jamais de ma vie je n'ai rien vu de pareil. Tout le monde se plaint d'ennui[13] ! »

Mme de Maintenon a désormais soixante et un ans. Si un homme, à soixante ans, fait volontiers figure de vieillard, de Saturne, de roi Priam, de « bon père Anchise sur les épaules de son fils[14] », qu'en est-il d'une femme sexagénaire, sinon de quelque chose d'assez semblable à une antiquité vivante, dont certaines fleurs en bouton de jeunesse, éclosant autour d'elle, se demandent par quel miracle, ou quel aveuglement, il est encore possible de se montrer au monde ?

La princesse de Conti, qui passe pour la plus belle des filles de Louis XIV et qui demeure sa préférée (« c'est sa vraie fille », celle qu'il « n'appelle plus autrement »[15]) étouffe en ces odeurs de choses fanées : « Le roi se promène souvent, enrage-t-elle, et je me trouve entre Mme de Maintenon et Mme la princesse d'Harcourt ; jugez combien je me divertis ! »

Les barrières craquent, les digues se fissurent, les lignes se déplacent et les cadres se brisent. « Les femmes de ce temps-ci me sont insupportables ; leur habillement insensé et immodeste, leur tabac, leur vin, leur gourmandise, leur grossièreté, leur paresse, tout cela est si opposé à mon goût et, ce me semble, à la raison, que je ne puis le souffrir », s'exaspère la Maintenon. Au moins, cette Marie-Adélaïde de Savoie – dix ans – dont on attend la venue toute prochaine de Turin, cette page non écrite, cette cire molle à façonner, cette pâte à pétrir, cette enfant destinée à devenir, un jour, par son mariage avec le jeune duc de Bourgogne, l'aîné des petits-fils de Louis XIV (treize ans), dauphine, puis reine de France, sera-t-elle constituée, cette Marie-Adélaïde de Savoie, d'une matière plus rare, sera-t-elle d'une consistance plus stable et rendra-t-elle à ces lieux leur majesté et leur harmonie d'autrefois ?...

Les portiers des Alpes

Le souvenir des interminables tractations qui avaient précédé le mariage de la princesse de Bavière, seize ans auparavant, avec le Grand Dauphin, est demeuré si présent à la cour de Versailles que Louis s'est fait une obligation de hâter les négociations avec le duché de Savoie. Lequel duché, assis entre la France et l'Italie, s'y entend depuis des siècles à tirer le meilleur parti de toutes les occasions afin de conforter, peu ou prou, ses intérêts vitaux. Aussi Sa Majesté a-t-elle jugé de la dernière nécessité de faire venir en France, au plus tôt, la princesse à marier.

Sans doute Victor-Amédée II de Savoie compte-t-il désormais parmi les alliés du royaume. Mais enfin, c'est un allié de fraîche date, et aussi des moins sûrs. Expert en l'art de feindre, habile à flairer le vent qui tourne, le duc ne saurait ignorer qu'à cette heure rien ne lui est profitable comme de déclarer hautement foi et fidélité au roi de France, quitte à se laisser traiter en vassal de second ordre, et même de troisième ordre. La ruse, l'intrigue, la dissimulation, la versatilité, l'artifice, ou, à considérer Victor-Amédée par son meilleur côté, un sens aigu des réalités politiques, une forte pénétration des enjeux stratégiques européens, ce que nous appellerions aujourd'hui le « pragmatisme » turinois, tout cela tient de l'atavisme familial chez les ducs de Savoie, qui ont su, au fil des siècles, monnayer avec une habileté consommée leur alliance, soit au bénéfice de la France, soit à l'avantage de l'Empire, tantôt penchant pour l'une, tantôt accordant sa préférence à l'autre selon les circonstances.

C'est le sort des puissances moyennes d'être contraintes de louvoyer parmi leurs encombrants voisins. Cependant, si modeste que soit la Savoie en comparaison des redoutables États jointifs de ses frontières, elle n'en demeure pas moins, en termes de prestige, l'une des maisons les plus anciennes et les plus distinguées d'Europe. Son existence, qui couvrira une période de près d'un millénaire, ne peut se comparer, en longévité, qu'à la dynastie des Hohenzollern, alors que la Maison des Bourbons, si farouche et si omnipotente aujourd'hui, ne règne au pays de France que depuis une centaine d'années.

Dès la fin du XVe siècle, la Savoie s'est apparentée aux plus importantes Maisons du continent avec lesquelles elle a su nouer les liens les plus étroits et les plus profitables à sa cause. Au moyen d'une politique d'alliances matrimoniales conduite durant des siècles avec la plus grande habileté, le duché, en dépit de la modicité de sa puissance réelle, a quelque raison de se considérer, hiérarchiquement, comme l'égal des principales dynasties étrangères. Et il est vrai que du sang savoyard coule dans les veines de toutes les grandes Maisons européennes. Un premier mariage avec les Habsbourg date de 1315 et de 1355 avec les Bourbons. La Maison compte, parmi ses ancêtres, une impératrice du Saint Empire romain germanique, une impératrice de Byzance, une reine du Portugal, une reine de Sicile, ainsi qu'en des temps très anciens une reine de France, Adélaïde de Savoie, épouse de Louis VI le Gros.

Puissance secondaire, certes, le duché qui s'étend à l'époque sur la Savoie et le Piémont, enfourchant les Alpes du Nord avec Turin pour capitale depuis un siècle[16], tire son importance géopolitique de sa position stratégique au cœur de l'Europe continentale, entre la France et le Milanais, alors possession espagnole. Avoir pour alliés les États savoyards, c'est détenir le contrôle des cols alpins du Mont-Cenis jusqu'à la plaine du Pô. La géographie ayant fait des ducs de Savoie les « portiers des Alpes », ceux-ci ont appris à contrebalancer, fort adroitement de l'avis des uns, fort traîtreusement de l'opinion des autres, l'insuffisance de leurs ressources et la faiblesse de leur population par un usage de la diplomatie qui a fait d'eux l'arbitre des équilibres entre Habsbourg et Bourbons. Il suffit à la Savoie, pièce maîtresse défendant l'Italie, de se mettre du bon côté : c'est alors tout avantage pour elle, l'enjeu étant, bien sûr, de ne pas se tromper de camp…

Durant les dernières décennies, le duché était demeuré fidèle allié de la France. La mère de Victor-Amédée, une maîtresse femme qu'on appelle – ainsi qu'il s'en était agi naguère de la grand-mère de feu la Grande Dauphine[17] – « Madame Royale », régente des États savoyards durant la minorité de son fils, n'a eu de cesse d'entretenir les meilleures relations avec Louis XIV. Un Louis XIV qui est son cousin, « Madame Royale » étant la petite-fille de César de Vendôme, fils légitimé du Vert Galant et de Gabrielle d'Estrées.

Cependant, si cette nouvelle Madame Royale s'est toujours regardée comme une princesse française, Victor-Amédée, son fils unique, ne manifeste pas, au moment où il se saisit du pouvoir et démet sa mère de la régence, la même fidélité teintée de nostalgie à ses lointaines attaches bourboniennes. Sous la pression du grand marieur européen qu'est Louis XIV, il a fallu néanmoins qu'il épouse une princesse française, Anne-Marie d'Orléans, fille de Monsieur son frère et d'Henriette d'Angleterre. C'était la première fois depuis près de deux siècles qu'un duc de Savoie n'épousait pas la fille d'un empereur ni d'un roi.

Après la révocation de l'édit de Nantes, Versailles a contraint la Savoie devenue un protectorat à son usage à persécuter et à chasser de ses États les milliers de calvinistes et de vaudois venus de France chercher un asile en Piémont, et c'est bien à contrecœur que Victor-Amédée a obtempéré aux ordres de Versailles. Désormais, il ne songe plus qu'à s'affranchir d'une servitude qui l'écrase et à se libérer d'une autorité qui l'humilie afin, proteste-t-il, d'être laissé en repos « avec nos moutons, nos femmes, nos mères, nos maîtresses et nos domestiques. Le charbonnier doit être patron dans sa cassine », tant il est vrai, enrage-t-il encore, qu'« il ne s'est quasi passé une semaine que l'on n'ait exigé de moi par rapport à ma conduite ou à ma famille dix choses où, lorsque je n'en ai accordé que neuf, on m'a menacé ».

Aussi, en 1690, lors du conflit de la Ligue d'Augsbourg, le duc a-t-il mêlé ses forces à celles de l'Europe coalisée contre Louis XIV. Mauvais calcul, cette fois. Victor-Amédée est battu une première fois à Staffarde, ce qui lui vaut de perdre toute la partie occidentale de son duché, puis définitivement, en 1693, il est défait à La Marsaille.

Il ne s'agit plus à présent que de se ranger du côté du plus fort. Victor-Amédée rend les armes et, lâchant ses alliés de la veille qui, à leur tour, l'accusent de traîtrise, il signe avec Versailles une paix séparée : c'est le traité de Turin du 29 août 1696, qui sera suivi un an plus tard du traité de Ryswick mettant fin à la guerre de Neuf Ans.

Bon prince victorieux, Louis XIV retire ses armées de tous les territoires savoyards qu'il vient de conquérir : il restitue à Victor-Amédée les places de Pignerol, Suse, Montmélian, Nice et

Villefranche. Il n'ignore pas combien est fragile cet allié cherchant toujours à « avoir des souliers de rechange », mais les intérêts de la France commandent de le traiter avec quelques prévenances. Louis en use si bien avec cet imprévisible personnage qu'il va lui faire le plus grand des honneurs dont l'imagination ducale ait jamais rêvé : l'amarrage de Turin à Versailles par le plus prestigieux des mariages, celui de l'aîné des petits-fils de Sa Majesté Très-Chrétienne, le duc Bourgogne, et de la fille aînée de Victor-Amédée. Cependant, le maître de Versailles sachant trop la nature insaisissable de qui il a affaire tient à s'entourer de toutes les garanties possibles. Certes, Marie-Adélaïde est encore d'un âge beaucoup trop tendre pour épouser un prince lui-même adolescent ; cependant, nécessité politique oblige, il est convenu de faire venir en France cette enfant de dix ans afin de modeler cette fraîche argile en la plus française des princesses que l'on puisse espérer.

Née à Turin le 6 décembre 1685, Marie-Adélaïde est l'enfant première-née du couple ducal. Elle a une sœur cadette, Louise-Gabrielle, huit ans, qui sera un jour reine d'Espagne par son mariage avec le duc d'Anjou, second petit-fils de Louis XIV – le futur Philippe V.

La princesse partage son enfance entre la solennelle gravité du palais ducal, le Palazzo Reale – le Palais Royal – de son père, la vaste majesté du palais de la Vénerie – la Veneria Reale – qui est un peu le Versailles des ducs de Savoie, et la douceur champêtre de la « Vigna di Madama » (la « vigne de Madame »), une résidence « comme cachée dans un nid de verdure » où sa mère, inconsolée de ne plus vivre à la cour de France de son enfance, retrouvait en ces lieux un peu de l'atmosphère des jardins de jadis.

Entre les murs de ce qui n'était en somme – assez relativement tout de même – qu'une « petite maison de campagne » entourée de cascades, de grottes, de fontaines sculptées, de petits temples et de bosquets secrets, Anne-Marie d'Orléans, fille de Monsieur, « demeurée française de cœur comme si elle n'eût jamais passé les Alpes[18] », aime à se retirer le plus souvent possible, menant l'existence la plus simple et la plus paisible, loin des accablements de la cour. Elle supervise, en personne, l'éducation de ses filles – une éducation évidemment très versaillaise. D'ailleurs, à Turin,

Madame Royale d'abord, la fille de Monsieur ensuite, ont imprimé à la cour de Savoie un ton résolument français : « La ville de Turin est un lieu fort agréable et les manières libres et sociables que nous y trouvons nous en font respirer l'air avec d'autant plus de plaisir que nous ne faisons que d'échapper des sauvages coutumes du reste de l'Italie, où nous avons vu plus de statues que d'hommes. On vit à Turin à peu près comme en France : la langue française n'y est pas moins connue que l'italienne, le monde y est bien fait, et la cour du duc est une des plus lestes d'Europe[19]. »

« Personne pour lui donner le pot de chambre »

Le 13 juillet 1696, le comte de Tessé fait son entrée solennelle à Turin. Cet homme « naturellement magnifique[20] », est chargé de négocier le contrat de mariage, après avoir reçu de Louis XIV l'avertissement de « se méfier des mauvaises dispositions[21] » du duc de Savoie, quoique celui-ci ait récemment affirmé n'aspirer qu'à une chose, et cette chose la voici : « Notre conversation, rapporte Tessé, roula sur la joie qu'il avait de pouvoir croire et espérer que c'était tout de bon que Votre Majesté l'honorait du retour effectif de ses bonnes grâces et de sa puissante protection, me répétant mille fois qu'il vous donnerait tant de marques de son attachement que non seulement le passé s'effacerait, mais que les soupçons que Votre Majesté peut avoir qu'il est subtil et incertain se dissiperaient par le dévouement réel qu'il aurait pour vous plaire. »

C'est à voir. Et c'est, en effet, ce qu'on verra bientôt. En attendant, Tessé se hâte de faire parvenir à Versailles un portrait en pied de la princesse. Par chance, l'image n'a pas causé l'impression malheureuse – on peut même dire désastreuse – qu'avait provoquée, naguère, la réception du portrait de la Grande Dauphine. En même temps que le portrait de la petite Savoyarde, Tessé a envoyé en France un corps (un corsage rigide porté sous la chemise) choisi parmi les toilettes de la fillette, afin de juger de ses proportions, ainsi qu'un ruban du diamètre exact de sa taille.

Au départ de la princesse, il est admis, comme une chose allant de soi puisqu'il en est toujours allé de même, que nulle personne de son pays ne sera autorisée à l'accompagner durant le voyage au-delà de la frontière savoyarde. Victor-Amédée s'est attristé de la rigueur de cette coutume avec des mots qui étonnent un peu : « Je ne verrai plus ma fille, et elle n'aura, en arrivant, personne avec elle assez familière pour lui donner le pot de chambre et pour la nettoyer ! » Versailles, en effet, n'a que faire en ses murs de Savoyardes aux coutumes exotiques qui viendraient compromettre, par leur simple présence, le processus de francisation de la princesse dont les plans sont déjà établis ; quant à s'embarrasser d'une nouvelle Bessola qui installerait possiblement ses quartiers dans les cabinets de la nouvelle petite duchesse, à Dieu ne plaise qu'on l'endure ! D'ailleurs, sa Maison est constituée depuis le 2 septembre dernier. Il n'y a plus de place à convoiter ni rien à espérer.

Afin de prendre possession de Marie-Adélaïde et l'amener en son nouveau pays, Louis a désigné Henri de Lorraine, comte de Brionne, grand écuyer de France, ainsi que le marquis de Dangeau, qui a bien vieilli, comme tout le monde. Ce marquis, nous l'avons quitté chevalier d'honneur de la dauphine de Bavière : il conserve sa charge auprès de la petite princesse savoyarde qui ravira, à la cour de France, le premier rôle féminin à la princesse palatine (sa grand-mère par alliance), laquelle rétrogradera, conséquemment, à la seconde place : « Enfin, en voilà une qui va avoir le pas sur moi ! Qu'importe, du reste, que cela arrive un an plus tôt ou un an plus tard ? [...] Je n'ai eu aucun avantage à être la première ; aussi je cède cette place sans regret[22]. »

Dangeau – cinquante-neuf ans – est accompagné de la duchesse du Lude – cinquante-deux ans – élevée au rang de dame d'honneur de la princesse. La comtesse de Mailly, une vague parente de la marquise de Maintenon, est nommée dame d'atour (notons qu'il n'y a plus, cette fois, de seconde dame d'atour, comme dans la Maison de la dauphine de Bavière). Pour les dames du palais, on a pris « ce qu'il y avait de meilleur, ou du moins regardé comme tel par Mme de Maintenon[23] ».

Le 7 octobre, Marie-Adélaïde, après avoir fait « sans verser une seule larme[24] » ses adieux à son père et à sa sœur Louison, escalade le marchepied de sa voiture de voyage et prend place auprès de sa mère et de Madame Royale. L'escorte piémontaise fait étape à Suze, à Lanslebourg puis à Modane, où la duchesse de Savoie prend définitivement congé de sa fille. Le cortège poursuit jusqu'à

Montmélian, avant de gagner Chambéry et, de là, se rend au petit village de Pont-de-Beauvoisin, où un pont en dos d'âne franchit le cours du Guiers, « rivière peu considérable qui sépare la France d'avec la Savoie[25] ».

Louis XIV a jugé bon que dès son arrivée à Pont-de-Beauvoisin Marie-Adélaïde soit traitée, avant son mariage, en duchesse de Bourgogne : ce titre, autrement prestigieux que celui de princesse de Savoie, lui donnera le pas, du haut de ses dix ans, sur toutes les princesses du royaume. Cependant, il est convenu, en attendant les noces, de ne point l'appeler « Madame la duchesse de Bourgogne », mais tout simplement « la Princesse ».

Celle-ci arrive le 16 octobre à la frontière. Pour la remise de Marie-Adélaïde entre les mains des envoyés de Sa Majesté, voici le cérémonial dont les détails ont été arrêtés : le carrosse du roi tiré à huit chevaux et tendu de velours violet s'engage à reculons sur le pont du Guiers, de façon que la caisse de la voiture s'arrête très précisément à la limite des deux États, soit « à la raie du milieu du pont[26] ». Les roues arrière sont en Savoie, les roues avant demeurent en France. À l'entrée du pont, côté savoyard, Marie-Adélaïde s'est glissée dans une chaise à porteurs. Le précieux dépôt est amené jusqu'à la portière du carrosse où le grand écuyer, M. de Brionne, offre la main droite et Dangeau la main gauche à l'enfant pour l'aider à prendre place auprès de la duchesse du Lude et de sa gouvernante Mme des Noyers. Le comte de Brionne délivre alors à Charles Philibert d'Estée, marquis de Dronero, comte d'Ormea, grand maréchal du palais et premier chambellan du duc de Savoie, un reçu en bonne et due forme officialisant la remise en ses mains de la Très Haute et Très Illustre Princesse Adélaïde de Savoie.

Louis XIV a résolu de se rendre à Montargis au-devant de la duchesse. Il sera accompagné du beau-père de l'enfant (le Grand Dauphin) et du grand-père (Monsieur). Le jeune duc de Bourgogne et sa suite patienteront à Nemours. Déjà, le carrosse de Marie-Adélaïde fait son apparition aux portes de la ville. Le roi, qui attendait à un balcon, s'avance à la portière de la voiture et, après avoir dit au large et arthrosique Dangeau : « Pour aujourd'hui, vous voulez bien que je fasse votre charge[27] », il baise la princesse, la contemple un instant, paraît satisfait, et donne « la main pour la descendre[28] » en disant simplement : « Madame, je vous attendais avec beaucoup d'impatience. » Cependant, Monsieur, « la tendresse de grand-père l'ayant emporté sur la réflexion des rangs[29] », s'oublie un instant : il s'avance pour serrer dans ses bras sa petite-fille savoyarde qu'il n'a jamais vue. Mais Louis s'interpose : ce n'est pas à lui, Monsieur son frère, mais à son fils le dauphin, d'officier en second. Monsieur, se reprenant, s'esquive, laissant à Monseigneur la liberté de baiser à son tour par deux fois. C'est alors seulement que le grand-père peut serrer contre sa poitrine cette enfant inconnue née de sa fille Anne-Marie d'Orléans.

Louis ne tarde pas à communiquer ses premières impressions favorables à Mme de Maintenon demeurée à Versailles : « Elle a la meilleure grâce et la plus belle taille que j'ai jamais vues, habillée à peindre et coiffée de même ; des yeux vifs et très beaux, des paupières noires et admirables ; le teint fort uni, blanc et rouge comme on peut le désirer ; les plus beaux cheveux noirs que l'on puisse voir et en grande quantité [...]. Elle a quelque chose d'une Italienne dans le visage, mais elle plaît. Je l'ai vu dans les yeux de tout le monde [...]. Je la trouve à souhait, et serais fâché qu'elle fût plus belle[30] », écrit le roi en termes chaleureux.

En comparaison des premières observations que l'on avait risquées à l'arrivée, seize ans plus tôt, de la dauphine de Bavière, le ton est radicalement différent. Il est vrai, indépendamment de la mine peu engageante de la défunte princesse, que l'on accueillait alors une jeune femme toute faite, pour ainsi dire déjà finie, une créature à prendre telle qu'elle se présentait et sur laquelle il n'était guère possible d'intervenir, au mieux, qu'à la marge. Tandis qu'avec une enfant de cet âge, c'est comme une épure, un prélude, une ébauche de princesse qui arrive à la cour.

Voilà le roi séduit. Plus que séduit : conquis. À le lire, il semblerait que c'est lui qui épouse. Élan du cœur d'un monarque vieillissant, secousse de l'âme d'un patriarche qui voit lui arriver, après toutes les complications des dix années de présence à la cour de la Grande Dauphine, ce croquis de possible souveraine qui pourrait, cette fois, être selon ses vœux.

Monsieur, ma tante ou bonne-maman

Ce duc de Bourgogne qui, pour la première fois, à Nemours, est mis en présence de la princesse, courant « environ cinquante pieds au-devant[31] » de la portière de son carrosse, quel est-il au moment où nous le retrouvons, ce prince que nous avons quitté au décès de sa mère ?

Au physique, il ne présente rien de bien engageant : « Il était plutôt petit que grand, le visage long et brun, le haut parfait, avec les plus beaux yeux du monde [...]. Le bas du visage assez pointu, et le nez long, élevé, mais point beau, n'allait pas si bien ; des cheveux châtains, si crépus et en telle quantité, qu'ils bouffaient à l'excès ; les lèvres et la bouche agréables quand il ne parlait point ; mais, quoique ses dents ne fussent pas vilaines, le râtelier supérieur s'avançait trop, et emboîtait presque celui de dessous, ce qui, en parlant et en riant, faisait un effet désagréable. Il avait les plus belles jambes et les plus beaux pieds qu'après le Roi j'aie jamais vues à personne, mais trop longues, aussi bien que ses cuisses, pour la proportion de son corps[32]. » Le jeune garçon n'ignore rien de ses désagréments physiques, ses traits rappellent ceux de sa mère, et il en souffre. « Il avait une vilaine bouche, un teint maladif, il était fort petit [...] et contrefait [...]. Le bon sire avait une taille affreuse et le visage n'était pas des plus beaux[33]. » Insensiblement, la colonne vertébrale se dévie : il commence à boiter et pourrait bien, avec les années, devenir bossu. Afin d'y remédier, on oblige l'enfant, puis l'adolescent, à porter un corset et un collier de fer qui le tyrannisent.

Les deux fiancés, la petite fille aux membres grêles et le jeune adolescent monté sur ses hautes jambes, prennent place dans le carrosse du roi, en compagnie de Monseigneur, de Monsieur et de la duchesse du Lude. L'équipage arrive bientôt à Fontainebleau. Les courtisans, massés dans la cour du Cheval-Blanc ou étagés sur les marches du double escalier au sommet duquel ont pris place les ducs d'Anjou et de Berry, voient paraître le carrosse du roi. Saint-Simon, rangé parmi les ducs et pairs, a trouvé une bien jolie formule : il parle de la duchesse de Bourgogne « si menue qu'elle semblait sortie de sa poche [celle du roi] ». À l'arrivée de la duchesse, Saint-Simon a vingt et un ans : il conte la scène près d'un demi-siècle plus tard. En cinquante ans, on poétise les vieux souvenirs…

À l'intérieur du château, c'est à qui verra le mieux, et des premiers, cette princesse enfant apportant dans les plissés de sa robe une fraîcheur vivante. C'est une folie de curiosité, une confusion de manières, une débandade d'oubli des vieux usages, où les rangs, la hiérarchie, les conditions s'égarent et s'abandonnent dans « un bruit épouvantable[34] ». La foule a envahi jusqu'aux toits de la résidence royale, au risque de se rompre le cou. La Palatine, s'aidant de la puissante envergure de ses hanches, résiste tant qu'elle peut aux brusques mouvements ascendants ou descendants de cette houle humaine, tandis que Mme de Maintenon est menacée de disparition par l'irrésistible avancée de cette muraille de corps qui l'étouffe et l'écrase. « J'ai attendu son arrivée [celle de Marie-Adélaïde] à Fontainebleau dans son appartement jusqu'à son arrivée, et alors je l'ai reçue en riant, car ce jour-là j'ai cru mourir de rire. Il y avait une telle foule, une telle presse, que la pauvre Mme de Nemours et la maréchale de la Motte, poussées et bousculées, arrivèrent sur nous à reculons, la longueur de toute une chambre, et tombèrent enfin sur Mme de Maintenon. Si je n'eusse retenu celle-ci par le bras, elles seraient tombées les unes sur les autres comme un château de cartes[35]. »

Enfin, le calme se rétablit. La discipline revient. Les rangs se recomposent. Voici, pour la petite princesse, l'épreuve inaugurale de sa nouvelle fonction. Contrainte de rester debout, immobile, pendant des heures – ou ce qui lui paraît durer des heures –, elle est présentée avec la solennité des vieux âges au peuple des courtisans. Le roi l'assiste en personne durant le défilé des princes et des princesses du sang. Pour le reste, il laisse officier Monseigneur et se retire en ses appartements. Le beau-père souffle alors à l'oreille de sa petite belle-fille « baisez » lorsque s'avancent les personnages les plus considérables et, quand il ne convient pas de baiser, il lui enseigne à la volée de quelle manière s'y prendre avec celles qui, par leur naissance, n'ont la permission que de soulever le bas de sa robe afin d'y poser les lèvres. Tel est le règlement que le roi a prescrit, se référant en tout point à ce qui s'était fait jadis, lors de la réception de la dauphine de Bavière.

Si nous n'avons pas vu passer Mme de Montespan, c'est pour la raison que l'ex-grande sultane s'est définitivement retirée de la cour il y a cinq ans déjà. Le lendemain de son arrivée à Fontainebleau, Marie-Adélaïde entame sa journée par une visite obligée à Mme de Maintenon. Celle-ci, reposée des bouleversements de la veille, peut juger à son aise de l'allure générale et de l'entendement de la fillette. Le coup d'œil expert de la marquise semble la fouiller jusqu'aux entrailles et, après quelques mots échangés, la marquise a plaisir à montrer sa satisfaction au terme de ce face-à-face inaugural. Sans doute la jeune princesse ne lui paraît-elle pas d'une beauté exceptionnelle mais, en comparaison du visage de la défunte dauphine, il se pourrait qu'elle approche d'une Vénus enfant.

Jadis, il arrivait qu'on mariât un prince à une princesse dès le berceau. Mais les siècles ont passé et les mœurs ont changé : désormais, il n'est que trop assuré qu'en raison du jeune âge de Marie-Adélaïde, mais aussi de l'immaturité physique, morale et intellectuelle du duc de Bourgogne, un mariage ne peut décemment être envisagé dans l'immédiat. Le roi décide toutefois que la princesse, durant le temps de son célibat dont il appartiendra à Sa Majesté de définir la durée, prendra le rang de fille de France.

« La Princesse » appellera Louis XIV « Monsieur » de préférence à « Sire ». Pour Mme de Maintenon, on s'est arrêté à « ma tante », voire à « bonne-maman ». S'agissant de la marquise, on a jugé bon de recourir à ces dénominations mêlant le respect à la tendresse, tout en ménageant un espace d'éloignement accordé à la situation officieuse de la dame. Cette dame à qui le roi a confié le gouvernement de la vie quotidienne de la princesse par l'intermédiaire des gens de sa Maison sur lesquels – comme au temps de la dauphine de Bavière, mais bien davantage encore en raison de l'âge de l'intéressée – règne nécessairement, indispensablement, l'épouse morganatique.

À Versailles où l'équipage est annoncé, toute cette Maison attend la duchesse de Bourgogne avec l'impatience, l'appréhension et la fébrilité que met au cœur de chacun le commencement d'une nouvelle ère aulique. En tête, voici Dangeau, ancien chevalier d'honneur de la dauphine de Bavière reconduit dans sa charge auprès de la duchesse. Voici le comte de Tessé, son premier écuyer, et le marquis de Montivel, son gentilhomme d'honneur. Pierre Dionis, son premier chirurgien, qui exerça la même fonction auprès de la dauphine de Bavière, se signale de nouveau à notre attention, de même que l'ancien précepteur de Monseigneur, Bossuet, qui devient son premier aumônier.

Côté féminin, la duchesse du Lude, ancienne dame du palais de la reine, veuve en premières noces du comte de Guiche et en secondes du duc du Lude, grand maître de l'artillerie de France et gouverneur du château de Saint-Germain, a été nommée, ainsi que nous l'avons dit plus haut, dame d'honneur de la princesse.

Adélaïde occupera un logement jointif à celui de la marquise : ainsi sera-t-elle tenue à distance d'une cour qu'elle sait, par expérience, dévoreuse d'âmes, mais aussi afin de n'être concurrencée par personne dans le commencement d'éducation qu'elle donne à une jeune enfant malléable à son gré.

À l'âge qu'elle a, la princesse sera naturellement dispensée de tenir une cour. Le roi s'est rangé à cet avis qui tombe sous le sens : « Je suis assez persuadé, écrit-il à Tessé, que ce prince [le duc de Savoie] conviendra avec moi que, dans un âge aussi peu avancé que celui de la princesse sa fille, il n'est pas à propos qu'elle tienne une cour chez elle pendant la première année, et avant que le mariage soit accompli. Il a même un intérêt particulier d'entrer dans mes sentiments sur ce sujet. »

Cependant, avec l'approbation de Mme de Maintenon, Sa Majesté fera en sorte que la princesse ne soit pas absolument soustraite au côtoiement du monde : elle s'accoutumera ainsi, d'étape en étape, aux manières et aux usages de ce « pays-ci ». Dans les commencements, Adélaïde recevra des visites à sa toilette deux fois par semaine. C'est bien suffisant pour ne pas effrayer une enfant que l'on dépeint souvent en petite fille ouverte et communicative, spontanément très à l'aise à la cour, mais qui manifeste en réalité une grande timidité en public. Elle prendra ses repas seule, servie simplement par la duchesse du Lude. Elle ne verra ses dames qu'avec la permission du roi. Quant au jeune duc de Bourgogne, son futur époux, il n'est autorisé à se présenter chez la princesse qu'une fois tous les quinze jours et, bien sûr, sous la surveillance constante de Mme du Lude qui couche dans la chambre de la duchesse, car tel est le devoir de sa charge. Ses frères cadets, les ducs d'Anjou et de Berry, ne pourront l'approcher, eux, qu'une seule fois par mois.

Pour autant, la petite Adélaïde ne demeure pas tapie et claquemurée toute la sainte journée dans ses appartements. Le plein air et l'exercice, indispensables à son développement physique et psychique, tiennent une place importante dans son éducation. Quelques personnes triées sur le volet sont admises à jouer avec la princesse dans les jardins et les bosquets du parc de Versailles, sans que la foule des courtisans puisse trop approcher pour observer ce qui se passe.

Ces jeux organisés à heures fixes, espaces de liberté accordés entre deux leçons dont le jeune esprit de Marie-Adélaïde se lasse rapidement car, reconnaît Mme de Maintenon, « notre princesse ne sera jamais savante ni bel esprit : elle s'amuse à faire discourir devant elle, et ne pousse pas son étude bien loin », ces jeux attendrissent la solennité versaillaise d'une gaieté d'enfance.

En présence de cette figurine princière, on se détend, on se relâche, il est permis de s'abandonner à son naturel, partout ailleurs contraint, les heures d'ennui deviennent des heures plus courtes et plus légères. Voici du nouveau. Voici de l'inconnu. Il semble que toute chose s'accélère, c'est comme une vibration de vie simple et joyeuse ébranlant la majesté des colonnades de marbre et arrachant des sourires à la gravité des statues, c'est un remuant entrain, un *prestissimo* d'émotion se répandant par les jardins[36]. Voici Versailles qui s'adoucit. Voici Versailles qui semble s'oublier et comme se soulager de lui-même.

« Le roi témoigne pour la princesse une amitié surprenante »

Si le Grand Dauphin ne possédait pas de Maison, ou, du moins, si elle était confondue avec celle du roi son père, il en va différemment du duc de Bourgogne qui, ne portant pas, lui, ou pas encore, le titre de dauphin, dispose, selon l'usage, d'une Maison en propre.

Son gouverneur, Premier Gentilhomme de la Chambre du roi et Maître de sa Garde-Robe, est le duc de Beauvilliers. C'est un homme d'une grande piété, dont les vertus sont graves et austères, mais aussi bienveillantes et placides. L'éducation du jeune prince a été confiée à François de Salignac de La Mothe-Fénelon, nommé récemment archevêque de Cambrai, ce qui lui donne le rang de duc et de prince de l'Empire. Fénelon est devenu, en outre, le directeur spirituel de Mme de Maintenon, dont il a fait la conquête par son idéal de vie chrétienne, sa spiritualité vibrante et l'exemplarité de son existence abîmée dans le parfait amour de Dieu. C'est d'ailleurs sur les instances de Mme de Maintenon que le préceptorat de Bourgogne lui a été confié. C'est également à la marquise qu'il est redevable de son archevêché. Tout ce qu'il y a de plus vertueux à Versailles le tient dans la plus haute estime. Quant au duc de Bourgogne, il est tombé en adoration devant son maître. Du reste, il ne le verra plus longtemps : l'année prochaine, le roi aura exilé le prélat en son diocèse cambrésien, et Mme de Maintenon, qui sait protéger les faveurs montantes avec autant de sûreté qu'elle abandonne les renommées qui tombent, aura lâché son ancien protégé qui se croit investi de la mission céleste d'ébranler sur ses bases tout l'édifice louis-quatorzien.

Ce gouverneur patient et grave ainsi que ce précepteur en sursis ont eu fort à faire avec leur jeune élève si l'on s'en reporte aux témoignages du temps qui vont unanimement dans le même sens : enfant, le duc de Bourgogne est dépeint en un petit être « terrible » d'une « humeur hautaine et fière »[37], son irritabilité de caractère allant « jusqu'aux derniers emportements et contre les choses inanimées, impétueux avec fureur, incapable de souffrir la moindre résistance, sans entrer dans des foudres à faire craindre que tout ne se rompît dans son corps, opiniâtre à l'excès[38] ».

Bientôt, ce n'est pas un changement de caractère qui s'opère en l'âme rétive de Bourgogne : c'est une révolution. Une métamorphose. Un miracle peut-être? Mme de Maintenon n'est pas loin de se persuader qu'il pourrait y avoir, en effet, dans tout ceci, quelque intervention ordonnée par le Ciel : « Depuis sa première communion, observe la marquise, nous avons vu disparaître peu à peu chez Monsieur le duc de Bourgogne tous les défauts qui nous donnaient de si grandes inquiétudes pour l'avenir [...]. Sa piété l'a tellement métamorphosé que, d'emporté qu'il était, il est devenu modéré, doux, complaisant. On dirait que c'est là son caractère et que la vertu lui est devenue naturelle. »

En effet, le voilà, à peine sorti de cette enfance « terrible », qui se jette en des prières et des implorations si passionnées qu'elles saisissent de surprise les plus dévots de cour. Un miracle ? On aime les miracles en ce siècle qui en cherche partout, et ne manque pas d'en trouver : « De cet abîme sortit un prince affable, doux, humain, modéré, patient, modeste, pénitent, et autant et quelquefois au-delà de ce que son état pouvait comporter, humble et austère pour soi[39]. » Cependant, il en est quelques autres à la cour qu'incommodent ces grands élans de l'âme, ces vastes démonstrations de foi, cette « dévotion si mal entendue[40] », et qui leur préféreraient, pour bien vivre entre soi, une ardeur moins intense, plus sage et plus traitable.

En toutes choses, il paraît difficile de trouver contraste plus frappant que la combinaison de caractères des deux futurs mariés à ce moment de leur existence. Est-ce la raison pour laquelle on a jugé préférable d'autoriser Bourgogne à n'approcher, que de fort loin, la duchesse ? Ou bien Louis XIV et Mme de Maintenon, dans la claustration de leur vieux couple demeuré sans enfant, se réservent-ils pour quelque temps encore la propriété exclusive d'une fillette juste assez grande et juste assez petite pour la traiter alternativement en princesse du plus haut rang ou en simple demoiselle au perron de la vie ?

Pour Louis, Marie-Adélaïde, si éloignée de ce que fut la dauphine de Bavière, tellement vivante en une jeune destinée que rien n'a encore entamée, arrive à point nommé. Elle est l'être qu'il lui faut au moment nécessaire. On dirait aujourd'hui qu'elle est « synchrone ». Plus tôt, elle n'eût peut-être pas convenu. Plus tard, ces deux êtres, le roi et la princesse, se seraient possiblement manqués.

« Le roi témoigne pour la princesse une amitié surprenante, jusqu'à passer avec elle des heures entières dans son cabinet ou chez Mme de Maintenon. » La marquise, non moins attendrie que Louis XIV par l'éclosion de la duchesse-enfant au milieu de ses propres désabusements, aime à observer qu'« elle fait tout le plaisir du roi, elle l'amuse par sa gaieté et son badinage plein d'esprit et de discrétion[41] ». Si, en public, Marie-Adélaïde conserve toutefois la plus grande retenue et manifeste une timidité extrême en présence des personnes dont les visages lui demeurent inconnus, parlant peu et difficilement, c'est en particulier qu'elle se libère, devenant alors « causante, sautante, voltigeante autour d'eux [le roi et Mme de Maintenon], tantôt perchée sur le bras du fauteuil de l'un ou de l'autre, tantôt se jouant sur leurs genoux, elle leur sautait au cou, les embrassait, les baisait, les caressait, les chiffonnait, leur tirait le dessous du menton, les tourmentait, fouillait leurs tables, leurs papiers, leurs lettres, les décachetait, les lisait quelquefois malgré eux, selon qu'elle les voyait en humeur d'en rire [...] entrant chez le roi à toute heure [...] toujours portée à obliger, à servir, à s'excuser, à bien faire[42] ».

Les cérémonies du mariage

Cette enfant, il est temps, à présent, de la marier : elle vient d'atteindre sa douzième année, âge minimum requis par l'Église pour passer de l'état de jeune fille à celui d'épouse.

Les noces ont été fixées au 7 décembre 1697, soit le lendemain de l'anniversaire de Marie-Adélaïde. Si le roi n'est plus désormais le monarque tout-puissant imposant sa loi à l'Europe et si les temps sont des plus incertains, Sa Majesté a fait connaître sa volonté que le mariage de ses petits-enfants soit célébré dans toute la gloire ressuscitée du Versailles de la grande époque. Le message politique est limpide : le royaume de France reste le plus puissant du monde, et le roi ne doit laisser paraître en toute occasion « nul changement à sa vie, nulle altération dans son visage ni dans ses discours[43] ».

Les courtisans « devenus si gueux par la dépense que l'on avait faite à la guerre, ou par les taxes par où l'on avait été obligé de passer tant qu'elle avait duré[44] » s'empressent, dans l'exaltation des fins de crises, de se conformer aux volontés du maître. C'est alors à celui et à celle qui se jetteront dans les plus folles dépenses et c'est, conséquemment, un égarement de luxe, une frénésie de dilapidations, un enragement de personnages trop longtemps contraints qui arracheraient de leurs corps l'entrelacement de leurs liens : « C'en fut assez pour qu'il ne fût plus question de consulter sa bourse ni son état. Ce fut à qui se surpasserait en richesse et en invention. L'or et l'argent suffirent à peine [...]. Le luxe le plus effréné domina la cour et la ville[45]. »

Pendant ce temps, Mme de Maintenon met en garde sa pupille contre les peines sans nombre et les désillusions de toutes natures que le mariage attire infailliblement, brossant, pour bien l'en avertir, un portrait fort peu avantageux de la nature des hommes, immanquablement égoïstes, inévitablement changeants, nécessairement déloyaux et fatalement perfides. Elle le fait sous la forme d'un petit catéchisme dont voici quelques préceptes : « N'espérez point que cette union vous fasse jouir d'un bonheur parfait ; les meilleurs mariages sont ceux où l'on souffre tour à tour l'un de l'autre avec douceur et patience [...]. N'exigez pas autant d'amitié que vous en aurez ; les hommes, pour l'ordinaire, sont moins tendres que les femmes [...]. Vous serez malheureuse si vous êtes délicate en amitié ; demandez à Dieu de n'être pas jalouse [...]. N'espérez jamais faire revenir un mari par les plaintes, les chagrins, les reproches. Le seul moyen est la patience et la douceur. » Cependant, la glose de la marquise, qui semble, en cette occurrence, avoir parlé davantage pour elle-même, se conclut par ces vœux : « Que M. le duc de Bourgogne soit votre meilleur ami et votre confident ; prenez ses conseils, donnez-lui les vôtres ; ne soyez qu'une seule personne, selon les desseins de Dieu. »

Le 7 décembre, « toutes choses étant préparées pour le mariage du duc de Bourgogne, le prince alla prendre la princesse de Savoie à son appartement, et il l'amena sur le Midi au cabinet du roi, où Sa Majesté l'attendait, et d'où toute la famille royale sortit un moment après pour descendre à la chapelle du château[46] ». Le cardinal d'Orléans attend les deux jeunes gens. Nous n'apercevrons pas la silhouette de Fénelon : depuis la publication de son livre de mysticisme *Explication des Maximes des Saints sur la vie intérieure* qui a fortement déplu, il a été relégué dans son diocèse cambrésien avec défense de reparaître à la cour. La cérémonie religieuse commence par les fiançailles, rapidement expédiées. L'assistance s'agenouille pendant quelques instants, et le mariage est célébré tout aussitôt. « Le roi, Monseigneur, Monsieur et moi, nous nous tenions debout, autour des deux fiancés, témoigne la Palatine. Quand vint le moment de dire "Oui", la fiancée fit quatre révérences, et le fiancé deux seulement, car il ne demandait que le consentement de son père et de son grand-père, tandis que la fiancée demandait celui de Monsieur et le mien comme grands-parents. Quand la messe commença, le roi retourna à sa place, et nous en fîmes autant ; mais le fiancé et la fiancée restèrent agenouillés devant l'autel. »

À la fin de la messe – c'est une messe basse dite à midi moins le quart –, un courrier qui attendait dans le vestibule de la chapelle prend à francs étriers la direction de Turin afin de porter au duc et à la duchesse de Savoie l'heureuse nouvelle du mariage de leur fille.

Après le souper servi dans l'appartement de la duchesse de Bourgogne, vient le moment rituel de la mise au lit publique des jeunes époux telle que la cérémonie s'est formalisée au long des siècles.

Le cardinal de Coislin bénit le lit nuptial. Il va sans dire que cette mise au lit d'une mariée de douze ans est toute symbolique : « On les mit coucher ensemble pour la forme, mais ils n'y restèrent qu'un moment[47]. » Le roi d'Angleterre présente la chemise au marié sous le regard des témoins d'usage, tandis que la reine d'Angleterre tend la chemise à la jeune mariée, à qui ses femmes de chambre ont ôté l'encombrement de ses habits de noces. Cela fait, Marie-Adélaïde s'étend sur le côté gauche du lit. Le roi appelle le duc de Bourgogne qui s'allonge, en robe de chambre, sur le côté droit. À présent que les deux enfants sont étendus côte à côte, Louis fait approcher l'ambassadeur de Victor-Amédée et déclare : « Monsieur, vous pouvez mander à M. de Savoie que vous avez vu couchés ensemble Madame la princesse Adélaïde, sa fille, et mon petit-fils, M. le duc de Bourgogne. » Le diplomate fait un pas en avant, se penche entre les rideaux qu'on a laissés ouverts afin de constater, par lui-même, la réalité de la mise au lit que nul, à l'avenir, ne pourra contester.

Sa Majesté, alors, se retire, entraînant tout son monde derrière elle. Seuls demeurent dans la chambre le Grand Dauphin, les dames de la princesse, le duc de Beauvilliers au chevet du jeune duc, la duchesse du Lude faisant pendant du côté de la duchesse en avant de Mme de Mailly, sa dame d'atour. « Monseigneur y demeura un quart d'heure avec eux à causer, sans quoi ils eussent été assez empêchés de leurs personnes ; ensuite il fit relever Monsieur son fils, et auparavant lui fit embrasser la princesse malgré l'opposition de la duchesse du Lude. Il se trouva qu'elle n'avait pas tort. Le roi le trouva mauvais, et dit qu'il ne voulait pas que son petit-fils baisât le bout du doigt à sa femme jusqu'à ce qu'ils fussent tout à fait ensemble[48]. » En raison du froid hivernal, le duc est autorisé à se rhabiller dans l'antichambre « et s'alla coucher chez lui à l'ordinaire[49] ».

Le 11 décembre, « le plus grand bal et le plus magnifique qui se soit vu à la cour[50] » est donné dans la Grande Galerie, éclairée *a giorno* par trois rangées de lustres, soixante-quatre girandoles placées sur des guéridons dorés, ainsi que par huit pyramides de dix pieds de haut portant, chacune, cent cinquante bougies dans des flambeaux d'argent. « Tous ceux qui avaient vu autrefois de semblables spectacles avouèrent qu'on n'avait jamais poussé en France la magnificence jusqu'au point où elle était allée ce jour-là[51]. »

« Jamais », c'est avoir la mémoire un peu courte, sans doute, mais l'on ne saurait nier qu'après ces terribles années de guerre et de catastrophes climatiques il semble que le Versailles d'autrefois se réveille, en des splendeurs nouvelles, d'un interminable engourdissement. Quant à cette masse de courtisans, elle paraît une assemblée de mécaniques dont les engrenages, longtemps arrêtés, s'actionneraient de nouveau, des machines humaines, nettoyées de leur rouille, qui se mettraient subitement à danser le branle, la courante, le menuet ou le passe-pied.

Bientôt, la cohue devient impossible à contenir : « Il y eut une foule et un désordre dont le roi lui-même fut accablé. Monsieur fut battu et foulé dans la presse. On peut juger de ce que devinrent les autres. Plus de place ; tout de force et de nécessité ; on se fourrait où on pouvait. Cela dépara toute la fête[52]. » Quelques pierreries se volatilisent au passage, car les coupeurs de bourses ont toujours été à leur affaire à Versailles : une invisible main parvient à s'emparer d'un morceau de la robe de la mariée où était piquée une agrafe précieuse.

À ce bal, Mme de Maintenon a fait une simple apparition – une petite demi-heure, pas davantage – à demi cachée, de surcroît, derrière la reine d'Angleterre. Le 17 décembre enfin, la longue série de fêtes, collations, danses, comédies, opéras dont le *Roland* de Lully que l'on reprend, se termine par la représentation, à Trianon, de l'opéra *Apollon et Issé*, pastorale héroïque en trois actes d'André Destouches, dont c'est la première œuvre pour la scène. Le roi est si enchanté du spectacle qu'il déclare n'avoir rien entendu, depuis Lully, qui lui ait « fait tant de plaisir ». Ensuite de quoi, les dépenses du mariage ayant considérablement dépassé les prévisions, Louis et Mme de Maintenon décident qu'il n'y aurait plus de bal à la cour durant l'hiver. Reste que ces réjouissances s'inscrivent, dans l'histoire des fêtes et des spectacles, comme l'une des dernières grandes cérémonies données par Louis XIV à la cour de Versailles.

De la même manière qu'il avait agi avec la Grande Dauphine, Louis XIV a décidé, avant même que le duc et la duchesse de Bourgogne soient « mis ensemble », d'installer Marie-Adélaïde dans les grands appartements de la reine demeurés inoccupés depuis la disparition de sa bru en 1690.

Pour son installation en ces lieux, de légères transformations ont été apportées au décor : le peintre du roi, Claude Audran III, maître de Watteau, a fait quelques retouches aux plafonds et aux boiseries. Le meuble de la chambre demeure celui de 1683 : il date des couches de la dauphine de Bavière. La grandeur solennelle de cet appartement de la reine prendra cependant un caractère un peu plus humain par l'adjonction de petites pièces intimes au goût du jour donnant sur la cour du dauphin, notamment un ravissant cabinet doré, un oratoire et une garde-robe. Cet ensemble constituera l'appartement intérieur de la princesse. De surcroît, à l'extrémité méridionale de la Grande Galerie, le salon de la Paix deviendra son salon des Jeux; il sera incorporé à son appartement en tant que Grand Cabinet de la duchesse de Bourgogne.

Pour accéder à l'appartement de Mme de Maintenon, sa voisine la plus proche, il suffit à Marie-Adélaïde de traverser le palier de l'escalier de la reine. Ainsi, la petite duchesse passera-t-elle l'essentiel de son temps dans le grand cabinet de sa « tante », qui prendrait presque, en comparaison de son nouveau domaine, des airs d'intimité bourgeoise.

Toutefois, même à l'âge de douze ans, on ne saurait, à la place qu'elle occupe, se soustraire aux heures réglées par le protocole à la majesté cryogénique des rites versaillais : ce sont là école de vie, pédagogie du savoir-être, apprentissage de cour. Lors des repas qu'elle prend en public, c'est-à-dire chaque mardi et chaque vendredi, la voilà assise, seule à table, point de mire de tous les regards qui semblent autant de pointes d'acier s'enfonçant en sa petite personne. Le plus souvent lors de ces repas, raidie par une émotion qu'elle ne peut contenir, elle ne prononce aucune parole. Et puis soudain, n'en pouvant plus de se contraindre, voici que l'enfant éclate de rire et s'ingénie à tourner en ridicule toute cette collection de masques plâtrés de blanc de céruse, ce cosmétique connu depuis l'Antiquité constitué d'oxyde de plomb rongeant et desséchant les peaux sur lesquelles l'application de mouches, tournée en code amoureux, s'emploie à masquer la précocité des dégâts. Elle moque ces faces de carnaval aux lèvres et aux pommettes violemment carminées arrêtées devant elle, qui bientôt s'en retournent, ravies d'aise, charmées d'avoir servi de récréation à la poupée du roi.

Celui-ci qui, à présent, veut « de l'enfance répandue partout », a donné ordre de réaménager pour l'amusement de la duchesse la Ménagerie du château, située à l'extrémité sud du Grand Canal, le long de la route menant de Versailles à Saint-Cyr. Précédée d'une cour d'honneur, centrée autour d'un bâtiment octogonal couvert d'un dôme en ardoise, lui-même entouré d'une cour octogonale ouvrant sur sept cours séparées par des grilles, la Ménagerie est ceinte au premier étage d'un balcon ininterrompu dominant les différents enclos disposés en éventail où sont réunies toutes sortes d'animaux exotiques. Les transformations de Jules Hardouin-Mansart ont augmenté les lieux d'un jardin d'agrément, d'une salle « fraîche » avec jeux d'eau et décors de rocaille ainsi que d'une chapelle. Des bâtiments de ferme avec communs, étables, basse-cour, pigeonnier, laiterie et jardin potager ont été construits : c'est là qu'Adélaïde reçoit familièrement ses amies, jouant à la fermière, anticipant de près d'un siècle les goûts rousseauistes de Marie-Antoinette. Elle confectionne de ses mains un beurre que l'on sert à la table du roi : « Sa Majesté le trouvait admirable et chacun s'empressait d'y goûter pour faire sa cour. » D'ailleurs, tout ce que fait Marie-Adélaïde est nécessairement « admirable », immanquablement « remarquable », inévitablement « étonnant ». Lorsque les mots viennent à manquer, les superlatifs abondent. Quand le temps est beau, les promenades sur le Grand Canal, dont on s'était un peu lassé avec le temps, comptent de nouveau parmi les distractions préférées de Versailles puisque la duchesse en raffole. Adélaïde prend place, à la tombée du jour de préférence, à bord d'une gondole en compagnie de la duchesse du Lude, de la marquise de Dangeau et de Mlle d'Ayen. Une gondole plus modeste suit, où des musiciens jouent en sourdine.

De l'avantage de mourir jeune

Voilà deux ans que le mariage a été célébré et depuis deux ans les époux continuent à vivre une vie séparée. À présent que Marie-Adélaïde est parvenue à l'âge de quatorze ans, Louis XIV juge que le temps est venu de « mettre ensemble » les deux jeunes gens.

La cérémonie se fera « sans aucun bruit ni appareil[53] ». La petite mariée s'effraie de tout ce qui va suivre en dépit des paroles rassurantes de Mme de Maintenon. En femme d'expérience sachant tous les tours et les détours de l'existence et comment sont faits la plupart des hommes, la marquise, qui achève à présent, en quelque sorte, l'éducation de la princesse, entretient sa protégée en mots glissés à l'oreille de l'événement qui se prépare, tandis que le roi donne à son petit-fils quelques informations utiles sans rencontrer, semble-t-il, les difficultés dont il avait pâti, naguère, avec le Grand Dauphin, encore qu'un certain ambassadeur de Venise ait jugé, on ne sait comment ni pourquoi, le duc de Bourgogne « encore trop vert et incapable de ressentir vivement l'amour conjugal à cause de la tiédeur de ses désirs ».

La duchesse n'en finissant pas de s'alarmer, la marquise de Maintenon s'efforce de soutenir, tant qu'elle peut, la détermination vacillante de la princesse en l'enveloppant d'une bienveillance toute maternelle, jusqu'au moment où, vraiment, il n'est plus en son pouvoir de rien faire. Car voilà que paraît dans la chambre le duc de Bourgogne : « Il avait la tête fort frisée, et la magnificence de son déshabillé sentait la noce. Il partit de chez lui avec un air courageux et assez enjoué, et comme j'avais l'honneur de lui tenir le bougeoir, je le conduisis jusqu'à la porte du champ de bataille. Tout cela se dépêcha si vite que le roi qui leur avait dit qu'il irait seul, par le derrière de leur appartement, les voir dans leur lit, y arriva trop tard et n'entra pas chez eux[54]. »

Le lendemain matin, dès 8 heures, le jeune duc quitte le lit conjugal afin de regagner ses appartements voisins où il importe de se montrer aux courtisans admis au lever du prince ; parmi ceux-ci, le baron de Breteuil observe avec une mâle satisfaction que le jeune homme « avait les yeux battus et paraissait fatigué. Tirez là-dessus vos conséquences », et bientôt le *Mercure de France* publie cette sorte de communiqué de presse : « Le jeudi 22, le Roi vint d'une traite de Versailles à Fontainebleau, ayant trois relais. Ce même jour fut celui de la consommation du mariage de Monseigneur le duc de Bourgogne. »

Dans quelque temps, on apprendra que le soir de la consommation Marie-Adélaïde n'était pas encore pubère. Elle le sera à l'âge de quinze ans, très exactement au mois de mai 1701, époque à laquelle la duchesse du Lude pourra confier au roi, d'un air de triomphe, qu'« on avait vu au réveil de Mme la duchesse de Bourgogne qu'elle était présentement en état d'avoir des enfants[55] ».

En cette année 1700, la réunion des deux époux coïncide avec un regain de divertissements à la cour : les bals et les mascarades à Versailles succèdent aux parties de campagne à Marly. En dépit de son jeune âge, Adélaïde reçoit la mission d'animer les réjouissances au château. La duchesse hérite donc de l'emploi qu'avait été censée tenir la reine défunte puis qu'avait joué feu la dauphine de Bavière, mais elle apporte, dans l'interprétation qu'elle en donne, des manières, une présence, un éclat, une touche, une élégance naturelle de style, et pour tout dire une vie auxquels ses devancières, de l'avis général, n'avaient jamais atteint. « Sa gaieté jeune, vive, active, animait tout, et sa légèreté de nymphe la portait partout comme un tourbillon qui remplit plusieurs lieux à la fois, et qui y donne le mouvement et la vie. Elle ornait tous les spectacles, était l'âme des fêtes, des plaisirs, des bals, et y ravissait par les grâces, la justesse et la perfection de sa danse Son plaisir, ses agréments, sa santé même, tout leur fut immolé [au roi et à Mme de Maintenon]. Par cette voie elle s'acquit une familiarité avec eux, dont aucun des enfants du roi, non pas même les bâtards, n'avait pu approcher[56]. »

Louis qui encourage les plaisirs de sa cour sans plus guère les goûter lui-même, laissant au Grand Dauphin le soin de le représenter avec toute la dignité, la complaisance et la hauteur dont il sait que Monseigneur est capable pourvu qu'il s'en donne la peine, trouve plaisir à s'y montrer, de loin en loin, passant en ce théâtre de cour tout empli du mouvement de sa petite-fille. Le *Journal* de Dangeau établit jour après jour, sans se lasser jamais, le décompte des « bals en masque chez la duchesse de Bourgogne » ou des « jeux l'après-midi chez la duchesse ». Pour être aimable à la princesse, Louis XIV reparaît au théâtre dont il s'était singulièrement éloigné depuis plusieurs années. Les œuvres de Molière font toujours recette. Corneille et Racine sont régulièrement joués. Dancourt, Regnard, Rotrou, Bruyes et Lesage également. *Le Cid, Les Femmes savantes, Cinna, Phèdre* et *Britannicus* sont les œuvres le plus souvent représentées.

Mais la duchesse ne saurait demeurer une simple spectatrice : elle prétend devenir comédienne et le sera bientôt dans le grand cabinet de Mme de Maintenon. En somme, tout ce que veut la duchesse lui est permis, car si l'on avait l'imprudence de contrarier l'expansion de ses désirs, son humeur ne risquerait-elle pas de s'assombrir, et le roi, par contrecoup, ne retomberait-il pas en des gouffres de maussaderie ? Ce serait alors toute la cour qui s'en ressentirait et redeviendrait chagrine à son exemple. La première pièce dans laquelle joue la duchesse de Bourgogne est *Jonathas*, une « comédie de dévotion[57] » de Joseph-François Duché de Vancy.

Bientôt, la princesse fait monter chez sa « tante » la tragédie sacrée de Racine, *Athalie*, où elle tient le rôle de Josabet. Pour assister aux représentations, le roi n'hésite pas à quitter sa retraite de Marly « plus tôt qu'à l'ordinaire », et se tient « à la porte qui entre dans la chambre de Mme de Maintenon, où il rentre de temps en temps pour travailler, sans vouloir interrompre le spectacle »[58].

« Pourquoi y a-t-il si peu de portraits fidèles ? Parce qu'on a fait poser le modèle à telle époque de sa vie ; dix ans après, le portrait ne ressemble plus[59]. »

Si la duchesse de Bourgogne que nous avons saisie enfant et qui, à présent, est une toute jeune femme dont nous savons que dans bien peu d'années elle sera morte, si l'image que nous en conservons lui est si favorable, si elle brille d'un éclat tout particulier parmi la grisaille des âmes mortes du Grand Siècle, n'est-ce pas précisément en raison de la brièveté de son existence qui nous la fait regarder par ce qui parut d'elle en sa rapide jeunesse ?

Le roman de la duchesse de Bourgogne est une histoire qui s'achève, sans décroître, au moment le plus épanoui de son action. Ajoutons dix ans, ajoutons vingt ans, ajoutons trente ans à cette vie qui promettait tant et, en ce cas, à quelle duchesse de Bourgogne aurions-nous eu affaire ? L'histoire s'en empare dès l'enfance et l'abandonne à la fleur de l'âge sans qu'elle ait enduré ni les fatigues du corps ni les désillusions de l'âme. « Moi à ce moment-là, et moi maintenant, cela fait deux. Lequel est le meilleur ? Je ne puis pas le dire[60]. »

De surcroît, cette ingénuité, cette fantaisie, cette beauté simple et naturelle, nous les entrevoyons pour l'essentiel dans les *Mémoires* de Saint-Simon : en ses milliers de pages, parmi la multitude des êtres qui en composent le générique, la duchesse de Bourgogne est sans doute le protagoniste féminin attirant à lui le plus de lumière. Massacrants, comme on l'a vu, pour le Grand Dauphin, ces écrits ont gravé dans les mémoires les traits d'une princesse idéale. La duchesse de Bourgogne magnifiée en un monde qui ne l'aura connue que débutante, confusion entre ce qui fut et ne devint jamais : une création de Saint-Simon ? Son personnage le mieux pourvu de grâces dans le fourmillement de sa comédie humaine ?...

Quoi qu'il en soit, le contraste est grand, elle pourrait bien être vertigineuse, la dissemblance qui apparaît entre la hardiesse des pensées de jeunesse d'Adélaïde et le rigorisme étroit de son époux Bourgogne qui, à résumer les choses, pourrait bien être l'exact contraire de son épouse.

En est-il amoureux ? Ce n'est pas contestable. De quelle sorte d'amour s'agit-il ? Il est assez malaisé de le définir. Sans doute en ce corps resserré et malingre, en cette âme vibrante renfermée en un physique austère et disgracieux, l'exaltation des sens occupe-t-elle une place importante. Ce personnage pacifique et doux, mais d'une piété ardente et d'un ascétisme farouche tombés en des impétuosités mystiques ne laissant pas de catéchiser son monde, c'est cet être-là qui trouve au lit de son épouse comme une trêve réparatrice à la rigidité de la contenance morale qu'il promène en tout lieu tel un Saint-Sacrement. Le voilà, Bourgogne, refermant son bréviaire et se levant de son prie-Dieu pour se transformer, sans y mettre beaucoup de formes ni de délicatesses, en un partenaire sexuel manifestant un puissant désir de volupté auquel sa jeune femme s'efforce de répondre de son mieux, mais sans y mettre – semble-t-il – un intérêt comparable à celui de son époux.

S'agissant d'Adélaïde, il ne paraît pas qu'elle conçût jamais pour le duc rien qui approchât d'un sentiment véritablement amoureux, en quoi elle se conduit, somme toute, en princesse de fort bonne compagnie chez qui les passions de l'âme ne sont pas nécessaires à une union douce et paisible, donnant à ce mari, trop idolâtre de sa personne, ce qu'elle était en capacité de lui offrir par obligation dynastique.

De la même manière que l'histoire s'est arrêtée à une certaine Marie-Adélaïde contenue en un certain espace de temps, elle a conservé l'image d'un couple idyllique où l'on ne vit que par soi et où, romanesquement, l'on disparaît ensemble (ce qui arrivera, en effet, dans quelques années...). La tombe narre son propre récit et impose sa chronique aux vivants. L'amour-passion n'est-il pas « une fièvre trop violente pour durer[61] »? Et n'est-elle pas davantage ancrée dans la réalité de la vie, établie dans la permanence, Marie-Adélaïde, avec cet amour-amitié qu'elle peut seule lui offrir en retour? De l'attachement à la personne du duc de Bourgogne, certes, un intérêt véritable pour tout ce qui le concerne, assurément, beaucoup de sollicitude et de dévouement, sans aucun doute. Au bout du compte, une fraternité tendre, une correspondance harmonieuse de sentiments : voilà ce à quoi elle aspire, voilà tout ce qu'elle peut offrir.

Madame donne son opinion là-dessus : « [Elle] vivait bien avec lui, mais elle n'en était pas éprise et elle le voyait tel que le voyaient les autres [...]. Je crois cependant qu'elle était touchée de la passion qu'il avait pour elle; il est certain qu'on ne saurait avoir un attachement plus vif que celui que le Dauphin avait pour sa femme. » Cette « passion qu'il avait pour elle » n'est pas sans donner de l'inquiétude à Fénelon en son évêché cambrésien qui médite sur le « cas » de son ancien élève : « Il faut tâcher de modérer sa passion pour la duchesse de Bourgogne, non en lui inspirant aucun refroidissement, mais en lui représentant ce que Dieu demande dans les amitiés les plus légitimes. » Quant à Saint-Simon, il raisonne en ces termes : « Je ne crois pas qu'elle eût de goût pour la personne de Mgr le duc de Bourgogne, ni qu'elle ne se trouvât importunée de celui qu'il avait pour elle. Je pense aussi qu'elle trouvait sa piété pesante. »

C'est une chose singulière, en effet, que la piété de cet homme-là ! La cour est-elle à Marly ou à Trianon, il revient à Versailles pour assister aux vêpres et au salut. Jamais il ne chasse le dimanche. Il communie d'abord une fois par mois, puis une fois tous les quinze jours, enfin une fois par semaine, et toujours publiquement, en grand costume de l'ordre du Saint-Esprit.

Adélaïde s'amuse, à la fin, du grand étalage de piété de son mari, elle en rit comme elle s'égaie de tant d'autres choses à la cour qui pourraient lui grisailler le cœur si elle n'en voyait pas les ridicules. Un jour qu'elle se trouve sur sa chaise percée en présence d'une de ses dames (chez les grands de ce temps, le moment précieux que l'on passe sur sa chaise percée favorise les discussions les plus libres), elle s'exclame dans un rire moqueur : « Je voudrais mourir avant M. le duc de Bourgogne, mais voir pourtant ici ce qui s'y passerait ; je suis sûre qu'il épouserait une sœur grise ou une tourière des Filles de Sainte-Marie ! »

Une bien étrange belle-mère

Meudon est à présent le bien de Monseigneur : il a abandonné sa résidence de Choisy pour un château « plus vaste, et extrêmement superbe par les millions que M. de Louvois y avait engloutis[62] ». Le domaine, aussi considérable dans ses proportions qu'il est remarquable dans son déploiement de magnificences, est augmenté du château voisin de Chaville entouré de somptueux jardins que prolongent les terres de Viroflay, Villacoublay et Ursine.

Meudon-Chaville : depuis qu'il en a fait acquisition, le Grand Dauphin n'a cessé de transformer, d'agrandir et d'embellir ses bâtiments et ses terres. Les fortunes qu'il engloutit ? Quelle importance ? Rien ne saurait être assez beau, assez considérable, assez éblouissant pour le fils de Louis XIV. Ce futur roi qui ne le sera jamais.

Au Château-Vieux transformé par Le Vau et au Château-Neuf bâti par Jules Hardouin-Mansart pour le logement des invités, Louis de France, interminable dauphin sur les épaules de qui s'accumule le poids des années, se sent pour la première fois de sa vie véritablement chez lui. Au Château-Vieux de Meudon, l'appartement de Monseigneur se compose d'une antichambre, d'une salle à manger, d'une chambre et d'un cabinet d'angle, communs avec l'appartement du roi. À l'entresol, il a fait aménager, pour ses collections de gemmes, de porcelaines, de bronzes et d'orfèvrerie, un cabinet des raretés, orné de boiseries « à la capucine » – c'est-à-dire laissées en chêne naturel – au riche décor sculpté. Le duc et la duchesse de Bourgogne disposent d'un appartement au premier étage : il s'agit de l'ancien appartement ordinairement occupé par Mlle de Choin lorsque la cour n'est pas au château. Les jours où le roi vient à Meudon, l'épouse secrète du Grand Dauphin se retire à l'entresol, sous l'appartement de Monseigneur auquel le relie un petit escalier.

Il apparaît régulièrement dans l'histoire des personnages aussi surprenants qu'inintelligibles dont la nature et les contours se dérobent à l'analyse comme s'ils avaient pour vocation de se soustraire à la compréhension, non seulement de leurs contemporains, mais aussi des générations à venir. Auprès de la dauphine de Bavière, nous avons vu, ou plutôt entrevu, la Bessola. Voici maintenant la Choin.

La Choin ? « Une grosse camarde brune, qui [...] n'avait l'air que d'une servante, et qui [...] était devenue excessivement grasse et encore vieille et puante. » Cela se peut. « Une grosse fille écrasée, brune, laide, camarde, avec de l'esprit et un esprit d'intrigue et de manège. » Soit. « Vilaine et puante créature [...] une figure dégoûtante[63]. » Peut-être bien. « Petite, un visage rond, un nez court et relevé, une grande bouche remplie de dents pourries qui répandaient une telle puanteur qu'on pouvait la sentir à l'autre bout de la chambre[64]. » Avec cela, paraît-il, une poitrine surabondante, sur laquelle Monseigneur aurait aimé tambouriner comme sur des timbales.

Quoi qu'il en soit, elle plaît infiniment au Grand Dauphin, et certainement bien davantage que ne lui convint jamais sa défunte épouse. Cette dame est « sa Maintenon ». Mais une Maintenon dont le parcours n'aurait rien d'étudié, rien de calculé, une Maintenon sans désir de pouvoir, sans même aucune espèce de vue, à ce qu'il semble. Du reste, ailleurs qu'à Meudon, on ne la voit pour ainsi dire jamais, par la raison que le roi ne veut pas de cette dame à la cour.

Cependant, à Meudon, elle passe pour la maîtresse ou la souveraine des lieux. Contre tous les usages, elle reste ordinairement assise devant Monseigneur, de même qu'en présence de la duchesse de Bourgogne, laquelle, épanouissant ses larges robes, s'entretient en toute liberté avec son hôtesse après avoir pris place sur un simple tabouret. Marie-Adélaïde appelle Françoise Émilie de Joly de Choin « Mademoiselle », de la même manière qu'elle donne du « ma tante » à Mme de Maintenon. C'est pratique et cela n'engage à rien. Il arrive volontiers que la non-dauphine de Meudon manifeste au « duc de Bourgogne la considération d'une belle-mère, que toutefois elle n'était pas[65] ». Il lui arrive même, dit-on, quelquefois – mais est-ce bien vraisemblable ? –, de parler « avec autorité et peu de ménagement à Mme la duchesse de Bourgogne, et de la faire pleurer[66] ».

Toujours est-il que le duc et la duchesse lui témoignent en public tout le respect possible. Celle-ci ne tire d'ailleurs aucun excès d'orgueil d'une position devenue si enviable au sein de la petite cour réunie au double château de Meudon. Mme de Maintenon prie-t-elle un jour le roi de lui accorder une pension de conséquence, un logement à Versailles, ou l'engage-t-elle à lui faire l'honneur d'un séjour à Marly ? La Choin refuse avec toute l'humilité possible, manifestant un besoin d'effacement et une modestie de cœur qui pourraient bien être sincères, préférant aux solennités royales le retirement opaque dans les « parvulos[67] » de Meudon. Chaque jour, à 6 heures du matin, elle entend la messe « dans un coin toute seule, bien empaquetée dans ses coiffes[68] ». Le plus souvent, elle mange seule. Quand elle sort de ses appartements pour se rendre chez Monseigneur plusieurs fois la journée, elle fait condamner les portes sur son passage afin de n'être vue de personne. Aussi Saint-Simon est-il contraint d'admettre l'impensable vérité : « Il faut rendre justice à cette fille et convenir aussi qu'il est difficile d'être plus désintéressée qu'elle l'était, soit qu'elle en connût la nécessité avec ce prince, soit plutôt que cela lui fût naturel, comme il a paru dans tout le tissu de sa vie. »

Le 8 novembre 1700, un courrier apporte à Fontainebleau une nouvelle depuis longtemps attendue. Non seulement attendue mais espérée avec une impatience fébrile par toutes les cours européennes.

Cette nouvelle ? La mort d'un homme bien misérable, sur la tête duquel reposaient cependant les vingt-trois couronnes d'un immense empire. L'infortuné roi d'Espagne Charles II, trente-neuf ans, n'est plus. Il n'est plus depuis le 1er novembre, ce petit être malingre, anémié, contrefait, cette créature malheureuse sans cesse anéantie de fièvre, rongée d'une inguérissable mélancolie de vivre, avec cela affligée de stérilité ou d'impuissance, on ne saurait le dire, épileptique, ensorcelée même, prétend-on (d'où son surnom d'El Hechizado), en tout cas ennuyée d'elle-même, et des autres, et du monde, et de tout. On a beau avoir régné sur trente millions de sujets répartis sur le Vieux et le Nouveau Continent, avoir porté les titres de roi d'Espagne, des Indes, de Naples, de Sardaigne et de Sicile, avoir été duc de Bourgogne et de Milan, souverain des Pays-Bas catholiques, avoir régné sur les Philippines, le Mexique, Cuba ainsi que sur la majeure partie de l'Amérique centrale et de l'Amérique du Sud, on n'en a pas moins été le plus navré et le plus démuni des humains qui eût jamais, à sa naissance, trouvé tant de joyaux en son berceau. L'Europe apprend, en ce 8 novembre, cette mort qui ne devait pas manquer d'advenir promptement, selon toute apparence, mais qui s'est fait attendre interminablement, et la voilà déjà, l'Europe, prête à se déchirer le fabuleux héritage d'un monarque descendu au sépulcre sans laisser de descendance après lui.

Et qu'annonce-t-il, ce courrier de Fontainebleau ? Il apprend que ce dernier représentant mâle des Habsbourg d'Espagne s'est déterminé, quasi sur son lit de mort, à léguer par testament au duc d'Anjou, frère du duc de Bourgogne et second petit-fils de Louis XIV, non pas une partie, comme il était permis de s'y attendre, mais la totalité de son empire, tant sur l'Ancien que sur le Nouveau Monde, ne voulant pas souffrir qu'une « monarchie fondée par [s]es pères avec tant de gloire soit démembrée, ni diminuée en aucune manière ».

Pourquoi Anjou ? Parce qu'Anjou est le fils du Grand Dauphin et que le Grand Dauphin est de tous les candidats à la succession d'Espagne – car ils sont quelques autres en Europe à convoiter tout ou partie de l'héritage – celui dont on ne saurait nier qu'il est le plus avantageusement placé dans l'ordre de succession au trône.

S'entend, le mieux placé du point de vue français. Monseigneur n'est-il pas le fils unique de Marie-Thérèse, infante d'Espagne, sœur aînée du roi défunt ? N'est-il pas, de surcroît, le petit-fils d'une autre infante, Anne d'Autriche, mère de Louis XIV, qui fut la sœur aînée de Philippe IV, le souverain des Ménines ? Or, en Espagne, les femmes ne sont ni écartées du pouvoir royal ni empêchées de transmettre leurs droits successoraux à la génération suivante. Certes Anne d'Autriche d'abord, Marie-Thérèse ensuite, avaient-elles renoncé l'une et l'autre, en épousant chacune un roi de France, à leur héritage paternel. Renonciations ? C'était à voir. Renoncements extorqués, en tout cas prononcés sans leur consentement, soutient Louis XIV, et plus précisément, dans le cas de Marie-Thérèse, abandon de ses droits à la succession d'Espagne de toute manière invalidée par le non-acquittement de sa dot qui avait été, précisément, le prix à payer en échange de sa désappropriation de ses bien légitimes – une dot, au demeurant, parfaitement impayable tant la somme exigée par la France de Mazarin avait été exorbitante, même pour un roi d'Espagne.

Arguties juridiques que tout cela ? Oui et non, selon la manière de considérer les arguments des uns et les raisonnements des autres. L'essentiel dans ces complications de controverses successorales et géopolitiques est qu'à Versailles Louis XIV, confronté au vieux problème de l'encerclement de la France par les Habsbourg, se montre inébranlable dans sa certitude de la primauté des droits de son fils à l'héritage de toutes les Espagnes. Héritage sinon pour Monseigneur destiné à lui succéder un jour et ne pouvant coiffer deux couronnes à la fois, du moins pour Anjou. Anjou de préférence à Bourgogne, aîné des petits-fils, second dans l'ordre de succession au trône, réservé, lui aussi, à la France.

Démonstration naturellement jugée spécieuse par l'empereur Léopold Ier qui ne manque pas de revendiquer pour son propre compte – en l'occurrence pour son fils l'archiduc Charles – la totalité de l'héritage espagnol, la raison étant qu'il avait contracté mariage, trente-quatre années plus tôt, avec la sœur cadette du roi défunt, Marguerite-Thérèse – c'est l'infante des Ménines –, qu'il tient pour la seule héritière légitime après les renonciations, selon lui définitives, des infantes aînées que furent Anne d'Autriche et Marie-Thérèse. Sans doute cette Marguerite-Thérèse a-t-elle quitté ce monde il y a vingt-sept années déjà, certes l'empereur du Saint Empire s'est-il remarié, et remarié à deux reprises, mais dans l'entendement du Habsbourg d'Autriche son ancienne et première épouse, si oubliée qu'elle soit, lui confère le droit de prétendre, plus avantageusement que tout autre, à la couronne espagnole et à ses dépendances.

Deux légitimités viennent donc à s'affronter : celle des Bourbons avec le duc d'Anjou, celle des Habsbourg avec l'archiduc Charles. L'imbroglio politico-familial se complique encore des droits que ne manquent pas de faire valoir le prince-électeur de Bavière, le roi du Portugal, et même le duc de Savoie, Victor-Amédée, père de Marie-Adélaïde, qui descend – lointainement – d'une fille de Philippe II, fils aîné de Charles Quint. Ce n'est pas que le Savoyard s'illusionne beaucoup sur la validité de ses prétentions à la couronne d'Espagne, mais du moins peut-il espérer obtenir dans l'affaire une part du gâteau. Le calcul paraissait d'autant mieux fondé que depuis des années que l'on attendait le trépas de l'éternel moribond Charles II, les puissances européennes, y compris la France, s'étaient préférentiellement rangées à la solution du partage de l'Empire, au motif qu'il serait le meilleur, ou le moins mauvais des compromis possibles afin de préserver la paix entre les différents héritiers potentiels.

Partage ? Qu'on ne nous parle point de partage ! Et pas de dépeçage ! Le spectre de Madrid, si longtemps enragé à ne point mourir, s'est opposé jusqu'à son dernier souffle au morcellement de son immense Empire : faute de mieux, le voilà donc qui teste, au moment de trépasser, non pas en faveur de sa famille, celle des Habsbourg d'Autriche, mais au bénéfice des Bourbons de France. Cette France qu'il n'aime pas. Cette France qui est l'ennemie de toujours, mais qui, par la puissance de ses armées et sa population forte de 22 à 23 millions d'habitants[69], dispose, à ses yeux, de la seule charpente assez solide pour soutenir le glorieux édifice bâti par ses aïeux. Donc, son légataire universel sera le duc d'Anjou, dix-sept ans, ou à défaut Berry, le plus jeune des petits-fils de Louis XIV. En dépit du droit successoral d'Ancien Régime, Monseigneur acceptera de se dépouiller de l'héritage ibérique qui lui revient de droit, au profit de l'un ou l'autre de ses fils.

Cependant, le contenu du testament laisse, un temps, les esprits interdits. L'entièreté de l'Empire ! Louis hésite ou paraît hésiter. À ces dispositions dernières du Habsbourg d'Espagne, ne serait-il pas prudent de renoncer afin de garantir la paix de l'Europe ? La duchesse de Bourgogne émet son avis là-dessus : « Il faudrait que le roi fût bien sot pour refuser la couronne d'Espagne pour son petit-fils[70] ! » raisonne-t-elle d'un ton échauffé. À Versailles, tandis que la cour prend le deuil du roi défunt, beau-frère de Louis XIV, on délibère en urgence chez Mme de Maintenon qui écoute sans mot dire, assise en sa bergère à oreillettes l'abritant des vents coulis, les yeux baissés sur sa tapisserie : en urgence, car à défaut d'une acceptation que l'on retarderait par trop d'incertitudes et d'irrésolutions, les clauses testamentaires précisent que l'Empire espagnol passerait à l'archiduc Charles, sans exclure la possibilité d'un compromis au bénéfice de Victor-Amédée de Savoie. Les différentes solutions sont également étudiées pour en arriver à la conclusion qu'à quelque parti qu'on se range la guerre est de toutes les manières inévitable.

Et ce seront les épisodes célèbres : le 16 décembre, la cour se trouvant « fort grosse à Versailles que la curiosité y avait rassemblée dès le jour même de l'arrivée du Roi[71] », Louis, disposé à une guerre fatale, convoque l'ambassadeur d'Espagne Castel dos Rios, désigne le duc d'Anjou et déclare en langue espagnole : « Vous pouvez le saluer comme votre roi. » Et de faire ouvrir théâtralement les portes de la Grande Galerie afin d'annoncer à la cour : « Messieurs, voilà le roi d'Espagne. La naissance l'appelait à cette couronne, le feu roi aussi par son testament : toute la nation l'a souhaité et me l'a demandé, instamment ; c'était l'ordre du ciel, je l'ai accordé avec plaisir. »

En fait d'ordre du ciel, ce sera le plus terrible conflit du règne de Louis XIV : cette guerre de Succession d'Espagne durera de 1701 à 1714 et mettra le royaume de France au bord de l'abîme.

Nous sommes le 9 juin 1701. Monsieur, frère du roi, passe de vie à trépas en son château de Saint-Cloud, foudroyé par une attaque d'apoplexie.

Le lendemain, tandis que le roi et Monseigneur vont chasser dans les bois à leur d'habitude, le duc de Bourgogne invite le duc de Montfort à une partie de brelan : « Vous n'y songez pas, Monsieur est encore tout chaud ! se récrie Montfort. — Pardonnez-moi, répond le prince, j'y songe fort bien, mais le roi ne veut pas qu'on s'ennuie à Marly ; il m'a ordonné de faire jouer tout le monde et, de peur que personne ne l'osât faire le premier, d'en donner moi-même l'exemple[72]. » La duchesse de Bourgogne paraît l'une des rares personnes à la cour à ressentir un chagrin véritable à la disparition de son grand-père maternel. Au moment de jeter l'eau bénite sur le corps du défunt, elle chancelle. Le roi, surpris de la trouver « fort triste en un coin de la chambre[73] », se montre un moment attendri, mais ne voulant point de visages lugubres autour de sa personne, exhorte sa petite-fille à songer bien plutôt à se divertir et à effacer promptement le défunt de sa mémoire.

Si Louis se fait de plus en plus souvent absent aux égaiements de sa cour, le Grand Dauphin fait oublier l'éloignement du père en partageant avec sa bru la passion pour la musique qui l'unissait, jadis, artistement, à sa défunte épouse. Ensemble, ils donnent une impulsion nouvelle aux spectacles lyriques, tant à Versailles qu'à Paris : le temps est à la régénération des arts et les créations se multiplient. De nouveau, la cour donne le ton. À l'exemple de son grand-père qui ne paraît plus guère à « ces musiques publiques[74] », le duc de Bourgogne a définitivement renoncé à se rendre au spectacle, regardant les comédiens et les chanteurs comme des « gens inutiles à l'État[75] » : il tient les comédies et les opéras pour autant de distractions vulgaires, qui non seulement l'arrachent à l'assiduité de ses prières, mais le détournent aussi des profondes réflexions politiques dans lesquelles il s'abîme. On ne le voit plus qu'aux grandes fêtes de la cour où sa présence est d'étiquette, pourvu qu'elles ne soient pas données le jour de quelque solennité religieuse. À mesure qu'il se retire des divertissements où chacun s'abandonne, il se fait de plus en plus une vie personnelle et solitaire : la plus grande partie de ses journées se passe dans son cabinet de travail rempli d'instruments de mathématiques, de plans de places fortes et de cartes de géographie. S'il se rend à Paris, ce n'est pas pour accompagner Adélaïde aux foires ni chez les marchands d'art, mais pour se rendre à la Sorbonne afin d'assister à une soutenance de thèse, par exemple « sur l'addition de la particule filioque au concile de Constantinople », visiter le Jardin royal des plantes où on lui montre « plusieurs préparations toutes fraîches et entre autres un cerveau humain très proprement accommodé »[76].

Cependant, dans les rares moments où les plaisirs du monde ne viennent pas l'étourdir, une ombre de mélancolie voile, mystérieusement, le visage de la princesse. À quoi tiennent ces chagrins sans cause, ces inquiétudes vagues et ces pensées sérieuses qui fluent et qui refluent en elle ? Adélaïde est heureuse : du moins paraît-elle l'être. Elle est toute de fantaisie, de joie, d'espièglerie ? C'est du moins ce qu'il semble…

La gaieté de la duchesse de Bourgogne serait-elle un peu trop travaillée ? Ne ferait-elle que tenir un emploi, celui de jeune première de comédie convenant le mieux à un Louis XIV parvenu à l'automne et bientôt à l'hiver de sa longue existence ?

Toute joyeuse qu'un moment elle paraisse, voici qu'à un autre moment, sans marquer de transition, un masque de tristesse vient recouvrir sa face d'une manière d'autant plus surprenante que cette soudaine altération de sentiment ne semble attachée à aucune cause réelle. Désolation de ne pas se sentir en état de répondre à l'affection de son mari ? C'est possible… Madame, à son habitude, tranche la question avec l'autorité qu'elle apporte en toute chose : « Le duc est très épris de sa femme, mais elle ne l'est pas de lui, et je crois que, pourvu qu'elle eût donné le jour à un prince ou deux, elle verrait sans déplaisir partir le brave homme pour les régions célestes[77] »…

Il faut convenir que la mine compassée et austère qu'affecte le jeune duc de Bourgogne décourage les personnes les mieux intentionnées. En langage d'aujourd'hui, ce jeune homme sue l'ennui. « Convenez, dit un jour Adélaïde à Mme de Mailly, que j'ai épousé l'homme de France qui mène la vie la plus dure. En vérité, il ne faut pas être l'héritier d'Henri IV pour s'assujettir à un aussi triste esclavage. »

Avec cela, cette passion si possessive et si embarrassante ! S'éloigne-t-il pour quelques jours, pour quelques semaines de son épouse, la table d'Adélaïde s'encombre d'un empilement de lettres auxquelles elle néglige trop souvent de répondre. « La personne que j'aime le plus au monde me laisse dans un profond oubli, se plaint le duc à Mme de Montgon. Si je n'ai pas un petit mot de sa main, je croirai tout de bon qu'elle ne se soucie plus de moi. » Et il signe avec emportement : « Louis, plus amoureux et plus fou que jamais. »

C'est aussi que la duchesse n'a guère de moment à elle : « Notre princesse fait tous ses efforts pour se divertir et ne parvient qu'à se fatiguer et à s'étourdir ; elle alla hier dîner à Meudon, suivie de vingt-quatre dames : on devait aller ensuite à la foire et à des danseurs de corde fort renommés, revenir souper à Meudon, et sans doute jouer jusqu'au point du jour. Elle sera arrivée ce matin, peut-être malade, ou du moins bien sérieuse, car les retours de ses plaisirs le sont toujours[78] »... « Nous sommes dans un lieu délicieux [Trianon]. Madame la duchesse de Bourgogne y fait tout ce qu'il faut pour détruire sa santé ; elle ne le croira que lorsqu'il n'y aura plus de remède[79] »...

A posteriori, il est tentant de rapprocher l'existence que mène la princesse à cette époque de celle qui étourdira, un demi-siècle plus tard, Marie-Antoinette dauphine. Et de la même manière qu'il arrivera aux dépens de la seconde, la chronique prête à la duchesse de Bourgogne diverses aventures, ou pour dire en langage d'aujourd'hui un certain nombre de « flirts » ou de « béguins ». Mais c'est la loi du genre. La commune destinée.

Parmi les prétendants possibles, voici que s'avance le duc de Fronsac, futur maréchal de Richelieu. Voici qu'apparaît également Louis-Armand de Brichanteau, marquis de Nangis, autre futur maréchal de France, dont on ne saurait nier qu'ils soient favorablement reçus chez la duchesse, laquelle se divertit aussi beaucoup, à ce qu'il semble, des paroles sucrées que lui murmure un autre marquis d'apparence avantageuse, M. de Maulévrier, un neveu de Colbert[80]. Des rumeurs de billets doux glissant de main en main circulent dans les salons de Versailles. Les deux supposés adversaires – Nangis et Maulévrier – se toisent du regard, se mesurent, se jalousent, font assaut de piques et d'agaceries, au point qu'on en vient à parler de duel. La duchesse de Bourgogne sent tout ce jeu galant, dont elle s'amuse, lui échapper du cœur et s'alarme d'autant plus vivement que Mme de Maintenon lui a rincé la tête et que le roi, jugeant prudent d'intervenir, expédie Maulévrier à Madrid auprès de Philippe V tandis que Nangis sent la nécessité de se faire oublier quelque temps à l'armée.

La duchesse a-t-elle retenu la leçon ? Il ne semble pas, car la voilà pourvue d'un nouveau soupirant, un homme d'Église cette fois, l'abbé Melchior de Polignac, un futur cardinal et un homme, lui aussi, fort bien fait de sa personne. Mais le roi et la marquise, avertis de la conduite assez peu sacerdotale de l'ecclésiastique (futur auteur, par ailleurs, d'un poème en latin qui comptera plus de... dix mille vers !), le font nommer auditeur de la Rote à la cour de Rome.

Sur ces entrefaites, M. de Maulévrier reparaît à Versailles, et la tête fort échauffée, semble-t-il, par le soleil madrilène, reprend une cour si empressée, si assidue auprès de la duchesse qu'elle ne sait bientôt plus que dire ni que faire, jusqu'à ce vendredi saint du 2 avril 1706 où ce « Christ de frustration[81] » se jette par la fenêtre et se fracasse le crâne sur le pavé de la cour. Grand ébranlement nerveux de la duchesse qui ne peut retenir ses larmes – des larmes de douleur, ou de honte, ou d'autre chose encore, on ne sait ? – au point que « peu s'en fallut que le duc de Bourgogne, qui n'a rien su et rien deviné, n'aperçut plus qu'il n'était besoin. Mais l'amour est crédule. Il se prit aisément aux raisons qui lui furent données[82] ».

« Un père que j'aime plus que ma vie »

Il est singulier comme les hommes d'Église, ainsi que nous l'avons observé peu avant les noces de la dauphine de Bavière, donnent volontiers leur opinion, quand ce n'est pas leurs conseils avisés sur les questions touchant à l'intimité des couples et en particulier à leur vie sexuelle. Ainsi en est-il en ce printemps 1701 : certes, la duchesse de Bourgogne n'est encore âgée que d'une quinzaine d'années, mais, en l'absence de grossesse, l'inquiétude commence à se répandre à Versailles et se communique jusqu'à Turin.

Donc, le père Valfré, un Savoyard obéissant, tout permet de le penser, aux représentations de Victor-Amédée, se mêle d'adresser ces quelques mots à la princesse : « En priant Dieu chaque jour pour la conversion de Votre Altesse, je ne l'implore pas moins pour sa fécondité, laquelle me semble tarder quelque peu. Il faut que mes propres prières ou la volonté de Votre Altesse ne soient pas assez efficaces. »

Ces prières, ces incantations porteront-elles leur fruit ? Toujours est-il que la nature, jusque-là paresseuse, consent à opérer ce qu'on attendait de sa constitution. Quelques semaines plus tard, en effet, la duchesse est enceinte. Espoir déçu au bout d'un mois et demi : c'est une première fausse couche. Le 8 novembre 1703, nouvelle grossesse : second avortement spontané. Au cours des mois suivants, les mêmes espérances et les mêmes désillusions vont en se succédant. Observons qu'en sa courte existence la duchesse de Bourgogne sera victime d'au moins six fausses couches, venant ainsi faire concurrence, s'il est permis de s'exprimer ainsi, à la dauphine de Bavière. En 1702 et en 1703, le duc est aux armées : à chaque retour, Adélaïde entame une grossesse qui s'interrompt immanquablement avant le terme.

Cependant, arrive l'année 1704. Dangeau écrit dans son *Journal* : « Mme la duchesse de Bourgogne a senti remuer son enfant. » Une complication étant survenue au septième mois, l'accoucheur Clément – le Clément de la dauphine de Bavière – lui a commandé de garder le lit. Enfin le 24 juin, à 5 heures une minute et demie très précisément, relate Dangeau, Clément préside à l'« ouverture du ventre » de la princesse qui met au monde, au terme de couches fort douloureuses, un garçon « très grand et très fort » titré duc de Bretagne : « On nage dans la joie, Mme la duchesse de Bourgogne est heureusement accouchée d'un prince : l'enfant est énorme ! »

Pour la première fois dans l'histoire, un roi de France est arrière-grand-père. Pour la première fois, quatre générations vivent sous le même toit. À soixante-cinq ans, Louis savoure, pour lui-même et pour le bien de l'État, sa qualité de bisaïeul.

En dépit des incertitudes, des revers et des malheurs de la guerre de Succession d'Espagne qui n'a pas manqué de mettre le feu à l'Europe, les réjouissances annoncées pour saluer cette première naissance princière sont non seulement maintenues, mais il conviendra qu'elles soient magnifiques.

Il le faudra en effet, et de toutes les manières, ne fût-ce que pour manifester au monde qu'aucun revers militaire n'entamera jamais la détermination du roi à en remontrer aux puissances coalisées dont les armées sont massées aux frontières. Spectacles pyrotechniques, distributions de vin, feux de joie, illuminations par toutes les grandes villes du royaume, banquets des corporations, fête de nuit à Versailles, fête de nuit à Marly, fête de nuit à Meudon. Même la terrible défaite d'Höchstädt le 13 août suivant (Louis XIV perd alors 30 000 hommes, tués, blessés, faits prisonniers ou ayant déserté) ne pourra inciter le roi, raidi dans l'adversité, à ralentir le train des réjouissances, quoique certains esprits y trouvent bien à redire : « On eut tout lieu de se repentir de tant de joie, et de tant d'argent dépensé si mal à propos dans les conjonctures où l'on était, par l'excès, jusqu'à la folie, des démonstrations[83]. » Le lendemain même du jour où parvient la nouvelle du désastre, le roi va courir le cerf et l'on se gardera de décommander une grande illumination prévue, le soir, au château de Meudon. Le jour suivant, le duc et la duchesse de Bourgogne se rendent à Paris pour assister à un grand feu d'artifice sur la Seine.

Peu après ses relevailles, la jeune mère se fait représenter, en pied, par le peintre Gobert : elle se montre en habit de chasse écarlate frangé d'or, posant devant le Grand Canal du château de Fontainebleau[84]. De tous les portraits peints qui nous sont parvenus de la duchesse, celui-ci est sans doute le plus beau. Dans cette œuvre où les pesanteurs d'une commande royale s'allègent d'une grâce intimiste, rien ne transparaît des pensées tristes qui affligent le modèle. Depuis quelques mois, en effet, son père a changé de camp et viré de bord, se déclarant de nouveau l'ennemi de la France, en homme qui s'attend à une curée prochaine. Louis XIV, que le revirement du Savoyard était si hautement prévisible qu'il avait auparavant donné l'ordre au duc de Vendôme, campé en Italie, de désarmer les milices piémontaises placées sous son commandement, vient de lui faire savoir : « Monsieur, puisque la religion, l'honneur, l'intérêt, l'alliance et votre propre signature ne sont rien entre nous, j'envoie mon cousin le duc de Vendôme à la tête de mes armées pour vous expliquer mes intentions. Il ne vous laissera que 24 heures pour vous déterminer. »

Dans le tableau de Gobert exactement contemporain de ces événements, rien ne se devine des angoisses de la duchesse dont le coin des lèvres relevé en un sourire contraint semble, toutefois, se nuancer de mélancolie. Bientôt, l'expression du regard s'assombrira tout à fait. Dix mois après sa naissance, le petit duc de Bretagne est emporté par des convulsions. On ne prendra pas le deuil à la cour. Les temps ne s'y prêtent guère. Le lendemain des obsèques du petit duc à Saint-Denis, le roi chasse à Marly : à bord de son soufflet, apparaît la duchesse de Bourgogne, tenue de montrer au public un visage où devra s'accrocher un sourire de bien-être.

Dans l'Italie du Nord, Louis Joseph de Bourbon, duc de Vendôme[85], met au service de son maître son génie militaire pour s'emparer du plus grand nombre de territoires aux dépens du duc de Savoie, traître à la France, cependant qu'il arrête sur l'Adige les troupes d'un autre de ses cousins, Eugène de Savoie, feld-maréchal de l'Empire[86], cherchant à voler au secours de Victor-Amédée.

Il faut fuir au plus vite. Le père et la mère de Marie-Adélaïde, sa grand-mère devenue infirme, ses frères Victor-Amédée et Charles-Emmanuel s'échappent par les ornières et les embourbements des chemins du Piémont. C'est bientôt le siège de Turin. Cependant, la ville que l'on croyait perdue résiste et la situation, un moment désespérée, tourne à l'avantage de Victor-Amédée et du prince Eugène qui reconquièrent le Milanais et le Piémont. Poussant son avantage, le Savoyard envahit la Provence, franchit l'Esterel et les Maures, puis met le siège devant Toulon. « Rien ne diminuera jamais, mon cher père, mon respect et la tendresse pour vous, écrit Marie-Adélaïde à Victor-Amédée [...]. Mais cette même tendresse ne fait qu'augmenter ma douleur quand je songe que nous sommes au nombre de vos ennemis. J'avoue que l'amitié pourrait être un peu blessée de voir que vous êtes contre vos deux filles [elle-même et sa sœur cadette, Louison, reine d'Espagne, épouse de Philippe V], mais pour moi je ne le serai jamais contre vous et je ne vous regarde que comme un père que j'aime plus que ma vie. »

Éloignons-nous pour quelque temps des champs de bataille et revenons à l'existence privée d'Adélaïde. Peu avant le décès du petit duc de Bretagne, la duchesse est de nouveau enceinte : la grossesse est si difficile qu'il a fallu céder aux instances de Clément et renoncer au voyage de Fontainebleau, au vif mécontentement du roi qui n'est jamais si contrarié que lorsqu'un événement quelconque vient déranger ses habitudes. De même pour les Marlys : divers séjours où Louis espérait la présence de sa « petite-fille qui l'amusait fort » ont été reportés par le fait que « tant de mouvements ne s'accommodaient pas avec son état »[87]. Survient une nouvelle fausse couche.

C'est alors que se situe la scène rendue célèbre par Saint-Simon. Nous nous trouvons précisément à Marly, près du bassin des Carpes. La messe vient de se terminer et le roi se promène : il voit bientôt venir la duchesse du Lude montrant un visage sombre. Au terme d'un rapide entretien avec la dame d'honneur d'Adélaïde, Louis demeure un moment silencieux, puis « sans adresser la parole à personne, dit d'un air de dépit ces seules paroles : "La duchesse de Bourgogne est blessée" » (rappelons que c'était la formule consacrée pour signifier une fausse couche). Autour de Louis, la contrariété et la désolation se font générales. M. de La Rochefoucauld, en courtisan zélé, s'apitoie sur le « plus grand malheur du monde », ajoutant que « s'étant déjà blessée d'autres fois, elle n'en aurait peut-être plus »[88]. Sa Majesté – phénomène tout à fait exceptionnel chez cet homme qui se contient toujours – perd alors toute patience : « Eh ! quand cela serait, s'emporte-t-il, qu'est-ce que cela me ferait ? Est-ce qu'elle n'a pas déjà un fils ? Et quand il mourrait, est-ce que le duc de Berry [son troisième petit-fils] n'est pas en âge de se marier et d'en avoir ? Et que m'importe qui me succède des uns ou des autres ! Ne sont-ce pas également mes petits-fils ? [...] Dieu merci ! La duchesse est blessée, puisqu'elle avait à l'être. Je ne serai plus contrarié dans mes voyages et dans tout ce que j'ai envie de faire par les représentations des médecins et les raisonnements des matrones. J'irai et viendrai à ma fantaisie, et on me laissera en repos. »

Suit un silence de plomb, les regards s'obliquent, puis le roi – un peu embarrassé, semble-t-il, de s'être abandonné en public – se remet à vanter la beauté et le luisant de ses carpes. Le récit de Saint-Simon est-il tout à fait fidèle ? Il semble l'être, en effet, et pourrait laisser penser que l'affection du roi pour la duchesse se manifeste en pointillé selon les circonstances se rapportant à sa personne. D'où ce jugement non moins célèbre du mémorialiste : « J'examinais, moi, tous les personnages des yeux et des oreilles, et je me sus gré d'avoir jugé depuis longtemps que le Roi n'aimait et ne comptait que lui, et était à soi-même sa fin dernière. »

C'est sans doute un peu vrai et certainement assez injuste : les fausses couches, les décès de nouveau-nés font partie du quotidien du temps, la mort est partout errante et l'on compte que la vie, qui est un don de Dieu, l'emportera toujours. C'est ce qui fait écrire à Montaigne ces quelques mots qui paraissent si incompréhensibles à un esprit contemporain : « J'ai perdu deux ou trois enfants en nourrice, non sans regrets, mais sans fâcherie[89] », l'auteur reconnaissant, en toute simplicité, ne pas avoir gardé le souvenir précis du nombre de ses enfants morts en bas âge. Au surplus, il est certain qu'à l'époque la descendance du roi n'est rien de moins qu'assurée : avec deux petits-fils en âge de procréer, tout ne viendra-t-il pas à son heure ?

En effet, quelques mois plus tard, Adélaïde entame une nouvelle grossesse : mais au bout de six semaines, c'est une autre fausse couche.

Nouvelle espérance en 1706 : cette fois, tout se passe bien et, le 8 janvier 1707, la duchesse met au monde un second fils, titré, à son tour, duc de Bretagne. À l'exception d'un feu d'artifice réunissant la cour à Marly, Louis renonce aux réjouissances publiques en raison des revers aux armées : « De plus en plus sensible aux calamités de son peuple, le roi fit ordre à M. d'Argenson, lieutenant général de police de Paris, d'empêcher qu'on y fît aucune dépense extraordinaire pour célébrer la naissance de son arrière-petit-fils. Il fit faire la même défense aux habitants de Versailles, ajoutant hautement qu'il souhaiterait fort que la joie de ses sujets ne se montrât que par leur empressement à prier et à remercier Dieu[90]. »

La naissance d'un second arrière-petit-fils de Louis XIV qui est aussi le deuxième petit-fils de Monseigneur – celui-ci est alors âgé de quarante-cinq ans – n'est pas sans redistribuer les cartes au château.

Devant le Grand Dauphin, Sa Majesté, soixante-huit ans, paraît toujours aussi invulnérable. Après Monseigneur, viennent deux successeurs putatifs, un fils de vingt-cinq ans, Bourgogne, et ce nouveau petit duc de Bretagne endormi dans ses langes. À la manière de ces plaques tectoniques se chevauchant sous la poussée des continents, les générations se percutent à Versailles et le plissement des strates génère inévitablement des contraintes, des tensions, des expansions d'énergies sous la croûte vernissée des rapports curiaux. Les relations qu'entretiennent Monseigneur et le duc de Bourgogne n'ont jamais paru des plus cordiales, tant sont éloignés leurs tempéraments. Si l'éternel dauphin se sent plus de proximité avec sa bru dont la nature souple et déliée, à l'opposé des mœurs austères de son époux, l'intéresse et le divertit, le fils de Louis XIV est trop au fait de la vie de cour, il a trop l'expérience des intérêts qui se rassemblent et s'y opposent pour ignorer combien cet alignement d'héritiers présomptifs rend sa propre personne, une année après l'autre, d'autant moins précieuse au royaume que les remplaçants sont déjà en concurrence. Dans cet entrechoquement de toutes-puissances possibles, des intérêts contraires se nouent, des clans se forment, des antagonismes se creusent et s'élargissent en des asymétries de lendemains dont nul ne sait la forme qu'elles pourront prendre.

Le 30 avril 1708, une grande nouvelle emplit d'une vive émotion le cœur d'Adélaïde : le roi vient de faire savoir que son mari prendrait le commandement de l'armée de Flandres. Il partira en compagnie du duc de Vendôme qui servira sous ses ordres.

Bourgogne-Vendôme : rien de plus singulier que cet assemblage de deux êtres que tout oppose, « l'un dévot, timide, mesuré à l'excès, renfermé, raisonnant [...], l'autre au contraire, hardi, audacieux, avantageux, impudent, méprisant tout, incapable de contrainte, de retenue, de respect, surtout de joug, orgueilleux au comble en toutes sortes de genres[91] ». Mais l'expérience militaire du jeune duc est à peu près inexistante. Ainsi qu'il s'en était agi avec le Grand Dauphin avant la victoire de Philippsbourg, Bourgogne disposera du commandement nominal, cependant que l'ami intime de Monseigneur exercera, dans les faits, le commandement en chef. Cela, c'est la vieille tradition du double commandement : le duc représente la personne royale, mais le combattant aguerri dirige l'armée. Cependant, le jeune prince que tout dans la personne, dans le ton, dans les paroles, dans les mœurs de Vendôme impatiente et révulse, prétend, lui, superviser personnellement, et en maître, la stratégie de la campagne militaire qui s'annonce.

En juin, « joie effrénée » à Versailles : les Français se sont emparés de Bruges et de Gand. Le couple Bourgogne-Vendôme ferait-il son chemin vers la victoire ? Le puritain et le débauché pourraient-ils, à la fin, s'entendre ou, à tout le moins, se supporter ?

C'est évidemment le contraire qui advient. Il n'est rien qui ne les oppose et ils se désaccordent sur tout. Le 11 juin 1708, l'armée française perd 15 000 hommes à Audenarde face aux troupes du prince Eugène et du duc de Marlborough. On entendra alors Vendôme dont la liberté stratégique et tactique a été contrainte par la présence de Bourgogne dénoncer l'incompétence du prince qui a retenu l'armée sur la défensive en dépit de ses exhortations. Et d'accuser ce petit-fils de roi, « venu à l'armée qu'à condition de lui obéir », d'avoir assisté au combat « comme on regarde l'opéra des troisièmes loges ».

Vendôme demande au roi de le relever de ses fonctions : Louis XIV refuse. Cependant, Sa Majesté est tentée, un moment, de rappeler son petit-fils à Versailles. C'est alors qu'on voit la duchesse de Bourgogne se jeter, suppliante, aux genoux du roi : « Si vous le rappelez, il est déshonoré ! » La scène – théâtrale à souhait – a-t-elle jamais eu lieu ?... Cependant il faudra coûte que coûte maintenir l'illusion d'un double commandement aussi harmonieux qu'il reste indispensable. Après la débâcle d'Audenarde, viendra la perte de Lille. La chronique du temps affirme qu'au moment où le duc de Bourgogne prit connaissance de la reddition de la ville, le prince se divertissait à jouer au volant avec son frère Berry : « La partie n'en fut pas interrompue et l'armée en fut, avec raison, fort scandalisée[92]. »

Désormais que tout est perdu, Bourgogne s'en retourne à Versailles. Auparavant, le prince demande au roi « infiniment pardon des fautes » causées par son inexpérience dans le métier des armes. À l'arrivée de son petit-fils au château, Louis se compose un visage accueillant, tant par nécessité de cour que par obligation dynastique. Vendôme, sacrifié à la raison d'État, mais aussi en conséquence de la détestation que lui voue la duchesse de Bourgogne qui le fait chasser de Marly en avril et de Meudon en juin, devra se retirer en son château d'Anet « dans un abandon universel ». Dès lors, la duchesse de Bourgogne a beau jeu de répéter à l'envi que Vendôme est « l'homme pour lequel elle aurait toujours le plus d'aversion et de mépris », tandis que Saint-Simon, qui de tous les humains qu'il déteste s'est choisi en Vendôme l'un de ceux qu'il abomine le plus, se plaît à souligner : « On vit cet énorme colosse tomber par terre par le souffle d'une jeune princesse sage et courageuse. »

Mais ce n'est pas encore assez de toutes ces alarmes. Vient l'hiver 1708-1709, l'un des plus atroces que la France ait connus. De janvier à mars, sept vagues de froid successives déferlent par tout le royaume. En février, la température chute à – 40°. La guerre, cette guerre dont on ne voit pas la fin, a vidé les caisses du royaume. Afin de montrer l'exemple, Louis envoie sa vaisselle d'or à la fonte ainsi qu'il le fit, naguère, de son célèbre mobilier d'argent. Invités à l'imiter, « les courtisans commencent d'offrir leur vaisselle d'argent au Roi qui leur en a su très bon gré [...]. Comme il n'y a nulle apparence à la paix, on cherche les moyens d'avoir de l'argent pour soutenir la guerre, ne pouvant plus rien prendre sur le peuple ; si même le roi peut trouver à engager les pierreries de la Couronne, il le fera[93] ».

Néanmoins, il faut tenir, s'opiniâtrer, entrer en résistance. De quelle manière ? Le roi en restant le roi. La cour en demeurant la cour, sans rien changer, ou changer le moins possible, à ses habitudes, afin qu'aucun des rouages de l'antique appareil ne s'enraie : « Il [le roi] crut devoir tenir sa cour en divertissements pour cacher mieux au-dehors, et au-dedans, s'il l'eût pu, le désordre et l'extrémité de ses affaires[94]. »

À cette fin, Louis compte tout naturellement sur la souplesse et l'agilité d'esprit de la duchesse de Bourgogne dans la difficile entreprise d'animer Versailles, de façon à montrer à l'Europe que « quand la guerre aurait encore duré quelque temps, la France n'aurait pas succombé par le manque d'argent[95] ». La princesse s'exécute et redevient, en effet, l'âme des soirées d'appartement que l'on avait peu à peu délaissées. Elle va, elle vient, elle n'épargne ni son temps ni sa peine. C'est elle qui prépare et organise les bals, c'est elle qui fait répéter les dames, c'est elle qui ranime l'ardeur des courtisans en leur faisant jouer gros jeu.

Coûte que coûte, elle fait front, elle aussi. Elle défend la tranchée et fait barrage de sa personne à un malheur qui la dépasse.

Quelles que soient les nouvelles, bonnes ou mauvaises, qui arrivent des armées, il lui appartient de se montrer jour après jour, inexorablement, de plaisante compagnie et d'humeur agréable : elle s'y emploie jusqu'au tarissement de ses forces, sa santé, sans être aussi calamiteuse que celle de feu la Grande Dauphine, ayant toujours été médiocre.

À cela, elle se donne tout entière, quitte à risquer un nouvel accident, car la voilà de nouveau enceinte. Début février 1710, elle ressent les premières douleurs. L'accoucheur et premier chirurgien Jules Clément ainsi que le premier médecin du roi, Pierre Dionis, ne cachent pas leur inquiétude : l'enfant se présente mal : « La duchesse de Bourgogne entra en travail, et même son enfant ne venait pas trop bien, présentant d'abord le derrière et ensuite les jambes ; mais, sur les 8 heures, le Roi étant arrivé dans sa chambre, Clément fit faire un soubresaut à l'enfant qui le fit tourner, et en même temps il le tira[96]. » Nous sommes le samedi 15 février, il est 8 heures 3 minutes du matin quand vient au monde un petit duc d'Anjou : c'est le futur Louis XV.

Mme la Duchesse verse bien des larmes

La jeune femme de vingt-cinq ans qu'elle est désormais n'en continue pas moins, en enfant qu'elle n'est plus, de sauter « au cou du roi à toute heure », se mettant « sur ses genoux », le tourmentant « de toutes sortes de badinages », ouvrant et lisant « ses lettres en sa présence, quelquefois malgré lui »[97].

Il s'égaie, ce géant redoutable, de ces gamineries dont tout autre que lui se fût lassé, il se divertit de cette marionnette de chair ôtant prestement sa perruque afin de lui frotter le crâne, comme elle le ferait d'une boule d'escalier. « Ils [le roi et Mme de Maintenon] firent leur poupée de la duchesse de Bourgogne dont l'esprit flatteur, insinuant, attentif, leur plut infiniment[98]. »

De Marie-Adélaïde, dont le père se trouve dans la situation peu commune de guerroyer non pas contre un, mais deux pays dont ses filles sont, la première, la reine d'Espagne, la seconde appelée à devenir la reine de France, on sait qu'elle traverse les épreuves les plus douloureuses de sa courte existence. Encore le roi prend-il grand soin de l'épargner : « Le mécontentement extrême, trop justement conçu contre le duc de Savoie, son père, n'avait pas apporté la plus petite altération à leur tendresse [celle du roi et celle de Mme de Maintenon] pour elle. Le Roi, qui ne lui cachait rien, qui travaillait avec ses ministres en sa présence toutes les fois qu'elle y voulait entrer et demeurer, eut toujours l'attention pour elle de ne lui ouvrir jamais la bouche de rien de tout ce qui pouvait regarder le duc son père ou avoir trait à lui[99]. »

À l'inverse, Sa Majesté commence à se lasser « des scrupules de Mgr le duc de Bourgogne[100] » et de sa manière d'« attirer toujours la conscience bien ou mal à toutes les affaires d'État[101] ». Lors de la tenue d'un conseil de guerre à Versailles, Louis a convoqué « un peu aigrement » son petit-fils en lui faisant observer avec hauteur : « À moins que vous n'aimiez mieux aller à vêpres[102] ! » Cependant, Vendôme, rentré en grâce en dépit de l'aversion de Marie-Adélaïde, a reçu le commandement de l'armée française dans la péninsule Ibérique. Le maréchal, opposé au « parti de la faiblesse[103] », sauvera le trône de Philippe V à Villaviciosa et à Brihuega.

Mais ce n'est là, peut-être, qu'un répit ? C'est encore une façon de contrarier le sort que de vouloir, en ce début 1711, que la vitrine royale continue de briller de tous ses feux : aussi le prochain carnaval sera-t-il éblouissant afin de ne pas « donner au monde l'idée de l'accablement de la France ». Danser, chanter, rire, s'amuser, c'est encore et toujours refuser de céder. C'est toujours résister et c'est toujours tenir. Pendant le séjour de Marly, plus d'une dizaine de bals sont donnés. La duchesse devra les animer jusqu'au petit matin : elle paraît en masque, virevolte en petit animal pressé, changeant continûment d'habit, divertissant le monde par son babillement joyeux.

Mais brusquement les fêtes s'interrompent. Une mort vient de frapper la cour, l'atteignant à la tête : le Grand Dauphin n'est plus.

Le 8 avril au soir, en son château de Meudon, la fièvre le saisit. Dès la nouvelle connue, le roi se rend chez son fils. Il a défendu à ceux des membres de la famille royale qui ne sont pas immunisés contre la maladie – c'est-à-dire qui n'ont jamais été victimes de la variole – de l'accompagner. Marie-Adélaïde demeurera donc à Versailles afin d'animer la cour en l'absence du monarque.

Le 14 avril, le Grand Dauphin « si peu connu, qui n'a jamais été rien, ni de rien, en une si longue et vaine attente de la Couronne[104] » a cessé de vivre, sans avoir réellement existé.

La Choin demeurée en prière, à l'écart, dans son entresol, voit en quelques moments le château se vider : « L'horreur régnait à Meudon. Dès que le roi en fut parti, tout ce qu'il y avait de gens de la cour le suivirent, et s'entassèrent dans ce qui se trouva de carrosses [...]. La dissipation fut entière et la dispersion générale[105]. »

Aussitôt après la mort, le corps du Grand Dauphin est devenu noir comme de l'encre : une insupportable odeur de cadavre emplit la chambre mortuaire, se communiquant par tout le Château-Vieux. Aussi le corps ne sera-t-il pas « ouvert » et son cœur ne rejoindra-t-il pas, au Val-de-Grâce, celui de la dauphine de Bavière. Point d'embaumement non plus. Le 16 avril, la bière est placée sur les sièges d'un simple carrosse du roi, trop long pour y tenir : il dépasse par la vitre. À Saint-Denis, les cercueils de plomb et de bois recouverts d'un poêle de la couronne, sont exposés, le temps de quelques prières, dans le chœur de l'église, puis « aussitôt mis à la cave par les gardes du roi[106] ».

Ainsi disparaissait celui qui serait devenu, s'il avait vécu, le roi Louis quinzième du nom, et qui fut de tous les héritiers du trône de France celui qui demeura le plus longtemps dauphin. Personnage historique sans véritables commencement ni fin. De même, la Choin s'anéantit dans les mémoires. Louis accorde à la « Maintenon de Meudon » une pension de 12000 livres sur la cassette royale. Elle se retire à Paris, rue des Tournelles, pour consacrer le reste de ses jours à des œuvres pieuses. Enfin, d'elle on ne sait bientôt plus rien[107]...

« Eh ! je serai leur reine ! »

Si le roi semble étouffer « tant sa douleur était grande[108] », la duchesse de Bourgogne ne se croit pas tenue, elle, de se montrer plus affligée que ne l'exigent la décence et la pratique des bons usages de cour. Elle en convient d'ailleurs avec une sincérité désarmante : « Je m'en console comme les autres, je crois même en avoir plus de raison. »

La raison ? C'est que la voilà désormais dauphine de France. Aux vivants de faire avec les vivants, aux morts de s'arranger avec les morts.

Le lendemain même de la disparition de Monseigneur, le roi, malgré son « inconcevable tristesse[109] », a délibéré en conseil sur une question essentielle à l'ordonnance de sa cour, et qui l'est en effet dans les mentalités de l'époque puisqu'elle affecte directement le principe de la succession dynastique : après la disparition du Grand Dauphin, il n'est rien qui soit important comme de débattre du titre et des honneurs nouveaux qui seront donnés et qui seront rendus au duc et à la duchesse de Bourgogne. Le problème tient au delphinat lui-même. Car la situation est inédite : pour la première fois depuis une infinité de temps, le titre de dauphin enjambera une génération.

Faute de références historiques venant à l'appui des divers arguments des légistes, il convient de s'interroger, en premier lieu, sur la pertinence d'un titre monarchique national passant, en l'occurrence, non pas à un fils, mais à un petit-fils d'un roi régnant. Louis XIV, ne voulant contrevenir à aucune des lois ni aucun des usages de son royaume, consulte ses ministres. L'avis du secrétaire d'État des Affaires étrangères, Colbert de Torcy, tranche la question, attendu qu'« il n'y avait nulle difficulté, selon lui, à faire prendre le titre de dauphin à Monseigneur le duc de Bourgogne puisqu'il était l'héritier nécessaire immédiatement après le roi, et que personne ne pouvait survenir entre Sa Majesté et lui qui lui fît perdre ses droits[110] ».

S'agissant du delphinat, l'affaire est entendue. Reste à s'accorder sur la façon de nommer le nouveau dauphin de France. Si l'usage s'était imposé, sans qu'on eût pu en expliquer précisément les raisons, de donner au défunt le titre de Monseigneur (appellation que jamais dauphin, avant lui, rappelons-le, ne porta dans l'histoire), le roi a fait connaître sa préférence pour une formulation différente s'agissant de son petit-fils. En conséquence, le duc de Bourgogne sera nommé « Monsieur » tout court en lui adressant la parole, « Monsieur le Dauphin » en parlant de lui, le titre de « Monseigneur » étant conservé dans les écrits seulement. Pour se garder de toute confusion entre l'ancien dauphin et son successeur, l'habitude se prendra insensiblement de parler de feu Monseigneur comme du

« Grand Dauphin » (il s'agit donc bien d'une appellation posthume, inconnue du vivant du prince) tandis que le duc de Bourgogne sera quelquefois désigné – mais beaucoup plus rarement – par le titre, assez peu valorisant il est vrai, de « Petit Dauphin ».

Si l'on en croit Saint-Simon qui a misé tout son avenir politique sur la personne de Bourgogne, « on vit ce prince [à la mort de son père], timide, sauvage, concentré [...], cet homme engoncé, étranger dans sa maison, contraint de tout, embarrassé par tout, on le vit [...] se montrer par degrés, se déployer peu à peu, se donner au monde avec mesure, y être libre, majestueux ».

S'il se déploie, c'est à sa manière qu'il le fait. Car ses vues sont des plus singulières. Généreuses, sans aucun doute. Vertueuses, à coup sûr. Chimériques, sans contredit. Désormais que le voilà premier dans l'ordre de succession au trône, il se jette dans les affaires avec une fièvre d'énergie peu commune : car le moment est venu de donner une forme plus précise à ses méditations sur le gouvernement vertueux, prudent, sage et tempéré auquel il aspire depuis de longues années d'observation attentive et inquiète de ses contemporains. C'est par quelque volonté du ciel qu'il se croit destiné à transmuer l'absolutisme du pouvoir royal, et la divination qui l'accompagne, en une organisation politique plurielle ayant vocation à faire du royaume des lys un monde idéal où régneraient, sans disharmonie, la justice et la tempérance baignées d'amour divin. Une monarchie rêvée tout autant que mythique, espèce d'« âge d'or » néoféodal pénétré de morale aristocratique, traversée de fulgurances extatiques et autres chimères mûries en M. de Cambrai, le précepteur déchu incessamment présent dans l'esprit de Bourgogne...

La nouvelle dauphine a-t-elle eu connaissance de ces projets brumeux ? Il n'est pas sûr, quoi qu'il en soit, qu'elle y entende grand-chose. Et à supposer qu'elle ait jamais eu vent de ces chimères, il est permis de penser qu'elle s'en défie. Mais il convient de se montrer, elle, future reine de France, en toute occasion et de toutes les manières, solidaire de « Monsieur », « Monsieur le Dauphin » ou « Monseigneur ». D'ailleurs, son cas est relativement simple : en ne se mêlant de rien, en se tenant éloignée des affaires, elle apprend à exercer, comme il en est de toute éternité, son métier de souveraine.

En ce début 1712, il n'y a plus à la cour ni bal, ni comédie, ni jeu, ni soirée d'appartement. Le 29 janvier, les diplomates européens ont commencé de se réunir en congrès à Utrecht afin de trouver une issue à cette guerre de Succession d'Espagne qui, depuis plus de dix ans, a épuisé l'ensemble des belligérants.

Marie-Adélaïde, elle aussi, n'en peut plus de tout ce qu'elle apprend, de tout ce qui arrive, de tout ce qu'elle devine. Elle n'en peut plus de ce Grand Siècle qui semble périr sous l'écrasement de sa propre majesté. Elle n'en peut plus de ces regards effarés dans l'attente des nouvelles de la guerre, elle n'en peut plus de cette atmosphère sépulcrale engourdissant les salons et glaçant les galeries, elle souffre de ce roi que les malheurs enténèbrent en son lent coucher de soleil, elle s'afflige des exaltations politico-mystiques de son mari qui semble se mouvoir en un univers parallèle, elle se désole de tout ce monde qui paraît, sous ses yeux, se défaire, se dissoudre, elle se décourage de ce père auquel elle ne cesse de songer et qu'il faut bien nommer ennemi, traître et parjure dans le jugement de ses filles, elle la Française et Louison l'Espagnole.

Cependant, il faut continuer de se tendre, s'astreindre à se composer la figure la plus agréable dans un climat envenimé de rivalités doucereuses et saturé de malveillances cotonneuses jusqu'au sein même de la famille royale. Parmi les ennemies de la dauphine, figurent la duchesse de Bourbon ainsi que la princesse de Conti dont l'animosité orgueilleuse et jalouse semble les divertir à la manière d'un jeu de société autant qu'elle occupe l'oisiveté de leurs existences mondaines. Ainsi manquent-elles rarement une occasion de témoigner à la dauphine la vastitude de leur exécration.

Saint-Simon rapporte, à ce sujet, un singulier incident qu'il est bon de replacer dans les malheurs du temps. Une anecdote qui pourrait témoigner de l'épuisement physique et moral auquel atteint Marie-Adélaïde : la scène se déroule un soir, à Fontainebleau, dans le cabinet du roi. À son habitude, la dauphine a « baragouiné toutes sortes de langues » et fait « cent enfances pour amuser le roi qui s'y plaisait ». Elle n'a pas manqué de sentir, enfoncés en ses chairs, les regards acérés et hostiles des deux princesses. Alors, n'y tenant plus, elle s'écrie dans une gaieté nerveuse en désignant à ses dames la princesse de Conti et la duchesse de Bourbon : « Avez-vous vu, avez-vous vu ? Je sais comme elles qu'à tout ce que j'ai dit et fait, il n'y a pas le sens commun, et que cela est misérable, mais il lui faut du bruit, et ces choses-là le divertissent. » Puis, s'exaltant tout à fait : « Eh ! je m'en ris ! Eh ! je me moque d'elles ! Eh ! je serai leur reine ! Eh ! je n'ai que faire d'elles ni à cette heure ni jamais ! Eh ! elles auront à compter avec moi ! Eh ! je serai leur reine. » On tente de faire entendre raison à la princesse mais celle-ci n'en continue pas moins en petite personne dont les nerfs, trop longtemps contractés, se relâcheraient d'un coup : « Eh ! je me moque d'elles ! Je n'ai que faire d'elles ! Je serai leur reine. » Louis XIV, qui s'était absenté, reparaît : chacun rentre aussitôt en soi et Marie-Adélaïde, après un temps, recommence à « dire des misères », forçant le trait à son habitude en princesse destinée à adoucir, à la façon d'un antalgique, les alarmes du vieillard couronné.

« Dans deux jours, oubliée »

À présent, le moment est venu de mourir. Si jeune qu'elle soit encore, Marie-Adélaïde paraît à bout de résistance au terme de sa première année de delphinat. La fragilité de sa santé augmente en proportion du rythme de son existence qui ne fait plus relâche.

Dans la nuit du 4 au 5 février 1712, une forte fièvre met en elle une brûlure soudaine. Le médecin Chirac parle de « ragoûts à l'italienne qui lui étaient demeurés sur l'estomac ». Bientôt, Adélaïde se plaint d'une « douleur au-dessus de la tempe, qui ne s'étendait pas tant qu'une pièce de six sous[111] ». Cette douleur entre l'oreille et le haut de la mâchoire devient intolérable. Les médecins administrent à la princesse quelques grains d'opium avant de lui faire respirer de la fumée de tabac en complément de tabac à mâcher.

La fièvre n'en continue pas moins de l'embraser. C'est l'heure de la saignée. Georges Mareschal, premier chirurgien du roi, pratique deux incisions au bras qui semblent, un moment, soulager la dauphine. Mais la fièvre reparaît avec plus de violence encore. Quant à ses maux de tête, ils sont à présent si atroces que la malade, égarée de douleur, déclare n'avoir jamais autant souffert en sa vie, même à l'occasion de ses accouchements.

On la saigne à nouveau. Au pied, cette fois. Vainement. Durant la journée du 9, Adélaïde est en proie à des accès de délire coupés de moments de profond abattement. Dans la soirée, Jean Boudin, qui fut premier médecin du Grand Dauphin et qui est à présent médecin ordinaire du roi, annonce au souper de Sa Majesté que la princesse a sans doute contracté la rougeole : plusieurs cas de la maladie ont en effet été observés en ville et au château. Le mercredi 10 février, les médecins sont d'avis de lui donner « trois verres consécutifs et un lavement d'émétique[112] » qui « fit grand effet par haut et par bas, et l'on se flatta de quelques espérances, mais cela ne dura pas longtemps, et comme on vit qu'elle retombait dans ses mêmes faiblesses, on lui donna du *lilium paracelsis* dont elle n'eut pas la force de soutenir l'effet[113] ». Que faire ? S'en remettre à l'intercession de sainte Geneviève. « Sa Majesté, fait savoir M. de Ponchartrain, souhaite que la châsse de la sainte soit découverte demain à la pointe du jour et exposée à la vénération des fidèles qui viendraient pour la guérison de Mme la Dauphine. »

Vaine imploration du ciel. L'état de Marie-Adélaïde devient si alarmant qu'il paraît certain que la mort est prochaine : la princesse doit se confesser avant de recevoir les derniers sacrements. Mme de Maintenon pénètre dans la chambre sentant la fièvre, les potions, le sang frais des saignées, afin de préparer la jeune princesse à l'inéluctable : Marie-Adélaïde paraît un moment saisie de surprise et de crainte. Déjà ? Mais elle reprend possession d'elle-même et, en princesse chrétienne, se résigne et s'apaise. Son confesseur ordinaire est un jésuite, le père de La Rue. Or, la princesse s'est toujours méfiée des jésuites. Aussi demande-t-elle qu'on mène à son chevet l'abbé Bailly, prêtre de la Mission de la paroisse de Versailles, un saint homme qu'elle connaît de réputation : mais le religieux n'est pas joignable. À défaut, elle fait venir un simple moine récollet : un moine portant le nom de père Noël.

À la cour, on s'étonne. Pour quelle raison, en un pareil moment, faire de tels embarras ? À quoi tient-il qu'un jésuite, par nature affidé à la cour, ne lui convient pas ? La dauphine aurait-elle à s'accuser de quelque faute dont il serait fâcheux qu'elle soit portée à la connaissance du maître de Versailles ? Cependant, le père Noël arrive : le tête-à-tête avec la moribonde dure peu de temps. Suffisamment toutefois pour que les médecins, craignant la contagion, prennent à part le dauphin et lui défendent l'accès aux appartements de sa femme qu'il veille depuis trois nuits. Ne souffre-t-il pas lui-même d'une forte fièvre ? Bourgogne oppose un refus catégorique à la Faculté, mais le roi intervient, ordonnant à son petit-fils de se retirer : son sang est devenu trop précieux à l'État et le prince se soumet.

Un murmure s'élève : ce sont les prières des agonisants. Quand la duchesse de Guise s'approche, la princesse prononce ces mots restés célèbres : « Aujourd'hui, princesse ; demain, rien ; dans deux jours, oubliée. »

On procède à une nouvelle saignée – la cinquième – qui l'affaiblit davantage. Puis les médecins font prendre à la dauphine une poudre cordiale que l'on appelait poudre de la princesse de Kint[114], après quoi ils lui donnent à boire trois pleins verres d'émétique dont l'immanquable effet est de tordre le corps d'Adélaïde de violents vomissements. On saigne encore au pied. À nouveau de l'émétique. Et une autre saignée…

Peu après, elle entre en agonie. C'est bientôt le coma. Le 12 février – il est 8 heures du soir –, Adélaïde de Savoie, dauphine de France, a cessé d'exister à l'âge de vingt-sept ans[115].

Tout est passé si vite que le sentiment se répand à Versailles que c'est tout un monde en train de naître qui vient de tomber dans un trou.

À l'exemple de Louis, accablé de douleur par « la mort de [s]a fille la dauphine[116] », le duc de Bourgogne a quitté Versailles pour Marly : la fièvre qui persiste l'oblige à s'aliter. Les mêmes marques suspectes apparues sur le corps de son épouse se forment, s'élargissent et s'étendent sur la peau du dauphin, tandis qu'à Versailles les dames de Marie-Adélaïde procèdent à la toilette funèbre.

Les médecins Fagon et Boudin, assistés du chirurgien du roi Mareschal, ont procédé à l'autopsie, en présence de la princesse du Lude et de la dame d'atour Mme de Mailly. Le cerveau et toutes les parties du corps sont décrits « sans altération » : c'est-à-dire qu'on n'y voit pas grand-chose, et d'ailleurs, pour ce qu'on y peut voir, on n'y entend goutte. Il est bien fait mention de « sang tout brûlé », ce qui ne signifie pas grand-chose non plus… Le cœur, embaumé de la même manière que l'avait été celui de la dauphine de Bavière, est glissé à l'intérieur d'une urne. Le cercueil tendu de satin blanc est transféré dans le grand cabinet de la dauphine, voisin de la chambre mortuaire : il est placé sur un lit de parade monté sur une estrade haute de trois marches. Une couronne de vermeil, qui avait servi l'année précédente lors de la pompe funèbre de Monseigneur à Saint-Denis, est posée sur la bière.

À Marly – château des plaisirs, château des malheurs –, l'état de santé du jeune dauphin alarme les médecins et les courtisans. Persuadé qu'il mourra bientôt, Bourgogne appelle son confesseur et demande les derniers sacrements. À Jean Boudin, il vient de dire sa certitude qu'il n'en réchapperait pas : « Il s'en expliqua avec un détachement, un mépris du monde, et de tout ce qu'il a de grand, une soumission et un amour de Dieu incomparables[117]. » L'agonie sera si douloureuse que « sur les cinq heures du matin, il lui avait pris un transport au cerveau si furieux que huit hommes avaient bien de la peine à le tenir[118] ».

Le 18 février, à l'âge de vingt-neuf ans, Bourgogne, qui porta moins d'une année le titre de dauphin de France, expire six jours après sa femme.

Pendant trois jours, les deux corps sont gardés à droite par les menins[119] du dauphin, à gauche par les dames du palais de la dauphine, deux évêques étant de chaque côté des cercueils. Après le défilé des courtisans, une foule de bourgeois et de petites gens venus à Versailles, attendris par la singularité de l'événement, s'inclinent devant les deux cercueils posés côte à côte et couverts du poêle de la couronne, « spectacle nouveau et si affreux, que ceux qui, comme moi, ont eu la douleur de le voir ne peuvent y penser sans en frémir[120] ».

Le 23 février, à la tombée du jour, le cortège se forme pour se rendre à Saint-Denis. Le char funèbre, « auquel on faisait trop d'honneur, selon Sourches, de donner ce nom, car ce n'était qu'un chariot informe », est couvert d'un même poêle. Comme aux obsèques de la dauphine de Bavière, une soixantaine de pauvres « habillés d'une cape grise et claire, plissée, qui leur descendait jusqu'aux pieds, avec un coqueluchon et une ceinture[121] » et tenant un flambeau à la main, vont en tête. Viennent ensuite les Récollets, les Lazaristes de la paroisse et de la chapelle et les Feuillants arrivés de Paris, chaque ordre étant précédé de sa croix de procession. Suivent, à cheval, les mousquetaires gris, les mousquetaires noirs, les gendarmes, les chevau-légers de la Maison du roi, les officiers du dauphin et de la dauphine. Quatre aumôniers à cheval, en rochet, manteau et bonnet carré, pris dans la Maison du roi et dans celle de la dauphine, soutiennent les coins des poêles marqués aux armes de France et de Savoie.

Le cortège funèbre traverse Paris de la porte Saint-Honoré jusqu'à la porte Saint-Denis. Sept heures du matin viennent de sonner quand le cortège parvient à sa destination finale. L'évêque de Senlis remet les corps du dauphin et de la dauphine au père de Sainte-Marthe, grand prieur de l'abbaye de Saint-Denis. Les deux bières sont placées sur deux tables sous un même dais dans le chœur de la nécropole où une messe est célébrée pontificalement. Les cercueils jumeaux, avant d'être descendus dans le caveau royal, y demeureront exposés pendant une quarantaine de jours.

« Quand la mort entre dans une maison, on dirait qu'elle se dépêche de faire le plus de besogne possible pour n'avoir pas à y revenir de longtemps. Elle ne laisse vivante qu'une ou deux personnes pour pleurer les autres[122]. »

La mort, en effet, n'en a pas terminé avec la famille royale. Il lui reste un enfant à prendre. Trois semaines après la disparition de ses parents, la cour apprend que le petit duc de Bretagne, leur fils aîné âgé de cinq ans, semble atteint du même mal qui vient de lui ôter père et mère.

Ce duc de Bretagne est le nouveau dauphin. Selon la tradition, l'enfant a été simplement ondoyé à sa naissance : la fièvre enflammant le visage du jeune prince, le roi ordonne qu'il soit baptisé, de même que son cadet, le petit duc d'Anjou, également malade. Ainsi qu'ils en avaient usé avec le duc et la duchesse de Bourgogne, les médecins font prendre au petit dauphin force vin émétique avant de le saigner conformément aux règles des anciens.

Et voilà un nouveau dauphin au tombeau. « Nous avons encore perdu M. le Dauphin, ci-devant duc de Bretagne, qui est mort en quatre jours […]. Ce qui prouve bien que les médecins ont tué aussi ce dauphin, c'est que son petit frère avait la même maladie. Pendant que les neuf médecins étaient occupés de l'aîné, les femmes du cadet se sont enfermées avec lui et lui ont donné un peu de vin et du biscuit. Hier, puisque l'enfant avait une forte fièvre, ils ont voulu le saigner lui aussi, mais Mme de Ventadour [sa gouvernante] s'est opposée catégoriquement aux médecins. On l'a simplement tenu bien au chaud. Cet enfant a été sauvé à la honte des médecins[123]. »

Ainsi, en l'espace de vingt-quatre jours, trois deuils ont mis en terre l'essentiel de la descendance de Louis XIV. « Chose horrible, nous en avons perdu trois [dauphins] en onze mois, un de 49 ans, un de 29, et un de 5. Je ne crois pas qu'on trouve un autre exemple d'un fait pareil dans l'Histoire[124]. » L'extermination fait du petit duc d'Anjou, alors âgé de deux ans, le dernier héritier du trône en ligne directe : c'est le futur Louis XV, qui prend à son tour le titre – rien de moins qu'aventureux – de dauphin de France. Il reste à espérer que la nouvelle bouture, cette fois, réussira…

Louis XV, ce sera le deuxième plus long règne de l'histoire de France après celui de Louis XIV[125].

Et la mécanique pharaonique reprend. Comme il s'en était agi l'année précédente lors de la mort de Monseigneur, « le roi alla […] à Marly, ou, quoique le dauphin et la dauphine ne fussent pas encore enterrés, il rétablit son petit jeu chez Mme de Maintenon dès le vendredi suivant, et voulut le salon à l'ordinaire, et que M. et Mme la duchesse de Berry y tinssent le lansquenet public et le brelan, et des tables de différents jeux pour toute la cour. Il ne fut pas longtemps sans dîner chez Mme de Maintenon une ou deux fois par semaine, et à y entendre de la musique avec les mêmes dames familières[126] ».

Le 18 avril 1712 est le jour des funérailles solennelles du duc et de la duchesse de Bourgogne. La basilique que les Menus-Plaisirs ont de nouveau transformée en salle de spectacle pour la curiosité des vivants a été tendue de velours noir semé de fleurs de lys et de dauphins d'or entremêlés de larmes et de croix d'argent. C'est le même Bérain – dessinateur du Cabinet du roi qui avait réglé la décoration de Saint-Denis lors des obsèques de la Grande Dauphine – qui fait, en ce jour, la démonstration de son savoir-faire en donnant toute l'ostentation possible aux funérailles solennelles du couple Bourgogne.

Un immense catafalque se dresse au milieu du chœur : ce monument, que surmonte une vaste couronne dorée, renferme les deux cercueils au-dessous desquels tombe en s'élargissant un poêle de drap d'or bordé d'hermine : « L'église était ornée magnifiquement, et si on y trouvait un défaut, c'est que la décoration était trop brillante pour une cérémonie si triste[127]. » L'office est célébré par le cardinal de Coislin, premier aumônier de France, qui fera rire à ses dépens au moment de l'Eucharistie : il se trompe de burette et avale d'un trait celle qui était emplie de vinaigre.

La double oraison funèbre est prononcée par l'évêque d'Alet, Mgr Maboul. Après le père Noël cité plus haut, voici un autre patronyme qui peut, de nos jours, prêter à sourire, mais lequel d'entre nous n'a jamais observé qu'au sein des plus grands malheurs viennent parfois se glisser certaines fantaisies imprévues qui semblent s'égayer des infortunes humaines ?

Les obsèques dureront six longues heures. À présent, il reste à déposer les cercueils sur leurs tréteaux de fer, auprès de la bière du Grand Dauphin qui les a précédés en ces lieux moins d'une année auparavant. Le duc de Bourgogne est le vingt-et-unième dauphin du royaume de France mort sans avoir régné.

Quelques jours après le décès du « Petit Dauphin » dont Saint-Simon nous dit que « la terre n'en était pas digne », Louis XIV s'est fait apporter les papiers de son petit-fils serrés dans une cassette. Le roi ne trouva rien qui pût l'affecter à la lecture de ces documents, par la raison que Beauvilliers avait eu la prudence de retrancher une bonne partie des pièces, en particulier les écrits du jeune prince éclairant sa vision d'un « bon gouvernement ». La cassette de la duchesse de Bourgogne, elle, arriva intacte dans les mains de Mme de Maintenon qui semble avoir éprouvé, à son ouverture, une surprise douloureuse : « Je pleurerai toute ma vie Mme la Dauphine, écrit la marquise le 1er avril 1712, soit une quinzaine de jours avant ses funérailles solennelles à Saint-Denis, mais j'apprends tous les jours des choses qui me font croire qu'elle m'aurait donné de grands déplaisirs. Dieu l'a prise par miséricorde. »

Que la Maintenon ait découvert dans la cassette de la jeune femme des écrits qui lui auraient fortement déplu, c'est tout à fait possible… Mais de quelle espèce de documents pouvait-il bien s'agir ?

Révélations de secrets d'État destinées au duc de Savoie ? Le bruit en a couru. En ce cas, la défunte dauphine aurait mené un double jeu à la cour, trahissant, sous des allures gracieusement trompeuses,

Louis XIV son grand-père au profit de son père Victor-Amédée, ennemi de la France. Il est d'autant plus délicat de se prononcer sur la question que la Maintenon a pris soin de faire disparaître le contenu de la cassette. Duclos, historien appartenant à la génération suivante – il n'a donc pas connu la duchesse de Bourgogne et n'approcha jamais ni Louis XIV ni Mme de Maintenon –, affirme dans ses *Mémoires secrets sur le règne de Louis XIV, la Régence et le règne de Louis XV* que « cette enfant, si séduisante et si chère au roi, n'en trahissait pas moins la France, en instruisant son père, alors duc de Savoie et notre ennemi, de tous les projets militaires qu'elle trouvait le moyen de lire. Le roi en eut la preuve par les lettres qu'il trouva dans la cassette de cette princesse après sa mort : "La petite coquine, dit-il à Mme de Maintenon, nous trompait !" ».

À l'appui de ces allégations, Charles Pinot-Duclos ne présente aucun document et ne cite aucune source. Quant aux archives de Turin, elles sont muettes sur cette correspondance supposément secrète. Duclos, manifestement, affabule. Il n'en demeure pas moins que cette cassette renfermait, selon toute vraisemblance, certains écrits « déplaisants » : déplaisants – il s'entend – du point de vue de Mme de Maintenon, ce qui pourrait bien en diminuer l'importance. Que ces pièces mystérieuses dont nous ne savons rien – quelque journal intime, peut-être, destiné à recueillir ces sortes de pensées qu'on ne dit à personne ? – aient entrebâillé une porte dérobée sur un côté ignoré de la nature de la dauphine, c'est concevable. Mais plutôt que de bâtir un roman dont l'intrigue transformerait la duchesse en espionne fouillant, nuitamment, les tiroirs et les compartiments secrets des commodes et des bureaux de Versailles, il paraît plus simple, et somme toute plus humain, de supposer dans tout ceci l'exhumation de cette part de mystère que chacun porte en soi.

En 1712, Mme de Maintenon est âgée de soixante-dix-sept ans. Marie-Adélaïde, à sa mort, n'avait que vingt-six ans. Un demi-siècle sépare les deux femmes. Un demi-siècle comptant pour plusieurs siècles, tant l'une et l'autre appartiennent à deux mondes dissemblables qui, pour s'être un temps superposés, ne s'écartent pas moins l'un de l'autre, se désunissent infailliblement sous la poussée des ans.

D'un côté on avance dans son siècle, de l'autre on est arrêté dans un monde qui n'est plus. Conséquemment, impossibilité de se rejoindre, impuissance à se retrouver.

Celle-ci, la toute jeune, et celle-là, la toute vieille, ont tenté de se fondre l'une dans l'autre là où précisément elles ne pouvaient déjà plus vraiment s'atteindre. Pour l'une, il était trop tôt. Pour l'autre, il était trop tard. Mme de Maintenon, en prenant possession de la duchesse de Bourgogne, a cru percer à jour telle personne, en cerner les contours, en deviner les humeurs, et ce fut une autre créature qui croissait hors d'elle-même.

Cet être ayant ses pensées propres, ses non-dits, son âme impénétrable comme toutes les autres âmes, cette étrangère en somme, la marquise en a la révélation au moment où Adélaïde lui échappe. Sous quel jour nouveau, inattendu, lui apparaît soudain cette princesse qu'elle avait mis tous ses soins à former selon les principes de son temps et dont elle semble soudain mesurer l'étendue des dissemblances qui écartent la jeunesse appelant l'avenir de la vieillesse qui la redoute ? Qu'avait-elle commis de si blâmable, Adélaïde, aux yeux de la Maintenon, sinon d'avoir eu les mœurs et les pensées de son âge, des pensées tout à elle ayant leur couleur et leur tonalité particulières, sans avoir à les mettre en balance avec la gravité cendreuse d'une personne parvenue au terme de sa vie ?

Alors, trahison ? Amours secrètes ?... Rien de tout cela, sans doute. Mais peut-être pire aux yeux de Mme de Maintenon : elle a cru pendant toutes ces années confectionner la princesse selon ses vœux, et voilà que par le surgissement de quelques écrits d'outre-tombe, elle fait la découverte posthume d'un être humain fait d'une matière inconnue d'elle. Les pierres se dépareillent. La construction se lézarde. Et c'est alors tout un pan de l'existence de la marquise qui vient à s'effondrer en elle.

Faut-il chercher d'autres raisons à la déconvenue de la Maintenon que cet écart de temps les repoussant, l'une et l'autre, sur le bord de deux continents dont les rivages s'éloignent, faisant de ces êtres, *post mortem*, deux âmes inatteignables ?

Comme nous l'avons fait lors du trépas de la dauphine de Bavière, laissons les derniers mots à Saint-Simon.

Ce n'est que justice, d'ailleurs : le souvenir si avantageux que l'histoire a gardé de la duchesse de Bourgogne, n'est-ce pas, en grande partie, à sa vénération proche de l'idolâtrie que nous le devons ? Nul mieux que lui n'en a dit tant de bien ni d'une si belle manière. Et c'est bien grâce à ses *Mémoires* que cette princesse que l'on eût oubliée, comme tant d'autres, fait monter, jusqu'à nous, un bruissement d'existence, mais a aussi pris place dans la grande littérature française où elle semble se mouvoir en liberté à la manière des personnages de fiction qui sont seuls destinés à survivre lorsque tout est passé.

« Nous avions une princesse charmante, qui, par ses grâces, ses soins et des façons uniques en elle, s'était emparée du cœur et des volontés du roi, de Mme de Maintenon et de Mgr le duc de Bourgogne [...]. Elle était l'âme de la cour, elle en était adorée ; tous, grands et petits, s'empressaient de lui plaire ; tout manquait à chacun en son absence, tout était rempli en sa présence ; son extrême faveur la faisait infiniment compter, et ses manières lui attachaient tous les cœurs [...]. Elle occupait toute la cour, elle en pénétrait tout l'intérieur [...]. Elle l'animait tout entière, elle en remplissait tous les lieux à la fois, elle y occupait tout, elle en pénétrait tout l'intérieur. Si la cour subsista après elle, ce ne fut plus que pour languir. »

4

Marie-Thérèse Raphaëlle d'Espagne (1726-1746)

Un an et demi et puis s'en va

Il y a trente ans que Louis XIV est mort.

Louis XV, l'enfant-roi âgé de cinq ans à la disparition de son arrière-grand-père, a maintenant trente-cinq ans. Depuis trente-trois ans, il n'y a plus de dauphine en France.

De l'avis d'un contemporain[1], les affaires du royaume mais aussi l'existence que l'on mène à la cour ne le cèdent en rien aux plus belles heures du règne de Louis XIV : c'est vrai et c'est faux à la fois. Si jaloux qu'il soit de son autorité, la nature du jeune souverain n'est pas d'en imposer gigantesquement à l'univers ainsi que l'ambitionna toute sa vie le feu roi, et le palais, sous son autorité, est devenu – ce qui n'est pas rien – un lieu possiblement vivable à la manière du temps.

Le goût d'à présent n'est plus au « grand style » du vieux siècle et par ces temps nouveaux la haute noblesse ne se sent plus tenue de rester perpétuellement attachée à la demeure royale. Sa Majesté est d'autant moins fondée à faire reproche aux grands de son royaume de hanter de plus en plus souvent la capitale qu'elle-même ne laisse pas de multiplier les échappées hors du théâtre de son ancêtre. Ce sont des séjours de durées très variables dépendant essentiellement de l'humeur de l'« homme du royaume le plus difficile à amuser[2] », que ce soit à Bagatelle chez la maréchale d'Estrée, ou au pavillon de La Muette, près du château de Madrid appartenant à sa cousine Mlle de Charolais. Cela peut être aussi à Rambouillet, chez son grand-oncle le comte de Toulouse, mais plus sûrement en sa résidence préférée qu'est le château de Choisy, cette ancienne demeure du Grand Dauphin située à proximité de la forêt de Sénart que son premier architecte Gabriel s'emploie à mettre au goût du jour. À moins que ce ne soit encore ici, ou bien ailleurs, enfin en tous ses retirements du monde, gracieux, chaleureux, rassurants où l'homme-roi se détend, se relâche et, autant qu'il se peut, devient lui-même, où approche de ce qu'il aurait été s'il eût été un autre.

Cependant, tel qu'il est, il s'arc-boute contre les approximations de sa nature, et quoique « aimant le particulier par goût et sentant que sa place exigeait le contraire[3] », il sait fort bien, aux heures réglées, « faire le roi » et répugne à rien changer de ce que ses pères ont fait[4]. Tient-il à prendre connaissance d'un point de détail touchant aux lois du protocole, lui soumet-on quelque interrogation sur le bon déroulement d'une cérémonie de cour dont, au fil des ans, la signification et les usages se sont perdus, il s'informe auprès des survivants de la vieille cour, et si le souvenir leur manque, il ordonne de compulser les ouvrages anciens qui tiennent lieu d'évangile à l'usage du bien-vivre d'à présent. Le duc de Lévis, que satisfait cette attention scrupuleuse au respect des vieilles règles, reconnaît avec plaisir à Louis XV d'avoir su conserver « l'observation exacte des bienséances de cour, le maintien strict des formes antiques et de l'appareil qui entoure le trône ».

Et il est vrai que la forme, pour l'essentiel, a été conservée : mais à trop s'assujettir à un enchevêtrement de coutumes héritées d'un autre âge, la réplication des rituels de cour s'est vidée d'une partie de sa substance. Cet air de majesté surhumaine légué par le Grand Siècle s'impose avec la solennité formelle des choses sacrées à de nouveaux fidèles dont la foi, les croyances, les rites, les pratiques et les dogmes ont changé : « À moins de me chatouiller moi-même pour rire, je ne puis vous mander rien de fort amusant ici : c'est toujours le même train : le matin en visites, puis au lever du roi, puis au grand dîner, puis la cavagnole qui dure jusqu'à ce qu'on s'endort [...]. Que vous écrire ? chasse, table, jeu ; jeu, table, chasse ; table, chasse et jeu : voilà tout[5]. »

Pour retenir Louis un peu plus fréquemment à Versailles, sans doute eût-il fallu la présence d'une reine qui lui donnât des raisons d'y demeurer davantage. Mais si bonne, si digne, si discrète, si exemplaire en tout que soit Marie Leczinska, celle-ci n'a guère les manières, ni le tempérament, ni le style qui conviennent aux dispositions d'une cour d'un nouveau ton. À trente et un ans, sa tâche est terminée. Après avoir donné avec une régularité exemplaire bien plus d'enfants au roi qu'il n'était nécessaire (dix en l'espace de dix ans – deux garçons et huit filles), le roi son époux a renoncé définitivement – il y a sept ans déjà – de coucher avec elle.

Depuis, bien sûr, il a pris des maîtresses. Il a agi comme la plupart de ses ancêtres, et jusqu'alors plutôt « moins » que « plus ». Au moment où nous sommes, à l'intempérance du feu roi a succédé, sinon une disposition à la frugalité, du moins une économie charnelle manifestée par ce souverain encore jeune. C'est un fait qu'il n'est pas anodin de relever que durant sept années entières Louis XV est resté fidèle à son épouse, sans rien connaître de ces galanteries indifférentes qu'on lui eût volontiers pardonnées et que l'on eût même, selon la tradition, portées à son crédit.

Cependant, la première maîtresse apparaît, et voilà que les premiers sentiments de culpabilité commencent de ronger le cœur de ce roi profondément croyant, mortifié par l'entendement douloureux du péché dans lequel il s'abîme.

Là où Louis XIV s'était fort complaisamment arrangé avec le ciel, Louis XV trouve autant de raisons de s'accuser de l'écart qui se creuse entre l'homme qu'il est et l'homme qu'il voudrait être, « toujours juste contre lui-même, au milieu de ses égarements il conserva l'amour de la vérité et la foi la plus intègre[6] ». S'il assiste quotidiennement à la messe et au salut du Saint-Sacrement, soit dans son oratoire, soit dans la chapelle du château, « toujours à genoux, récitant les prières de son livre[7] », il a renoncé à communier, sinon à offenser le ciel : « Le Roi a de la religion ; il n'a jamais voulu suivre pour sa conduite intérieure que les avis les plus sévères ; il a mieux aimé s'abstenir des sacrements que de les profaner[8]. » Luynes remarque que les « rites et cérémonies de l'Église » ainsi que tous les détails du calendrier liturgique font – un peu trop souvent au goût du mémorialiste – les sujets des conversations du roi, et le duc de Croÿ s'étonnera un jour d'une

« conversation avec l'archevêque de Paris et deux évêques qu'il embarrassait car personne ne savait le rituel comme lui ».

Quoi qu'il en soit, ce grand pêcheur de trente-cinq ans n'a encore péché qu'à trois reprises. Trois maîtresses en l'espace de treize ans. En cette année 1745 où nous sommes, encore ce monarque assez peu débourré a-t-il manifesté, à sa manière, une certaine forme de fidélité dans l'infidélité qu'il s'autorise : ses différentes maîtresses, il les a choisies au sein de la même famille. Trois maîtresses : trois sœurs de la famille de Nesle. Louise de Mailly a été la première, Mme de Vintimille a été la seconde. La troisième en place est Mme de Châteauroux, la plus jolie de la famille, mais aussi la plus entreprenante et la plus ambitieuse. L'avenir s'ouvre grand devant elle en une voie ascendante qui pourrait la mener sur les plus hauts sommets si elle connaissait l'art de mieux conduire sa destinée.

1745 est l'année, précisément, où une jeune dauphine est attendue à Versailles. Depuis de longues années, l'union du jeune Louis-Ferdinand, dauphin de France, désormais âgé de seize ans – fils unique du roi entouré de tant de sœurs qu'on n'en sait plus très bien le nombre[9] –, est un événement arrêté. La jeune femme vient de quitter Madrid. Elle est âgée de dix-neuf ans : l'infante a pour nom Marie-Thérèse Raphaëlle. C'est la seconde fille de Philippe V, ancien duc d'Anjou, le petit-fils de Louis XIV qui règne sur l'Empire espagnol depuis près d'un demi-siècle.

D'abord, l'Infante Reine Future

Reportons-nous brièvement à une époque que nous venons de traverser, celle qui vit accéder au trône d'Espagne un jeune prince français qui avait alors plutôt bonne mine, mais qui est devenu, depuis, un sombre et vieux monarque accablé de tristesse et d'ennui, remâchant des amertumes sans nombre au fond de quelque salon ténébreux du palais-monastère de l'Escurial.

À la mort de Louis XIV, Philippe d'Orléans est devenu Régent. Lorsque le jeune Louis XV a atteint sa onzième année, on a jugé à propos de le marier. À tout le moins, de le fiancer. La récente hécatombe des dauphins de France des années 1711-1712 a déterminé le royaume à hâter l'événement afin que le dernier représentant de la race des Bourbons inscrive au plus tôt sa descendance dans la généalogie royale.

Le Régent a porté le regard en direction des Pyrénées : il songe à la cousine germaine du roi, l'infante Marie-Anne Victoire, la petite, et même la toute petite fille (elle a trois ans) de Philippe V qui, à l'époque, est roi d'Espagne depuis une vingtaine d'années. Cette miniature d'infante est issue du second mariage de l'ancien duc d'Anjou, sa première épouse, Marie-Louise de Savoie, sœur cadette de la duchesse de Bourgogne, ayant été emportée par la tuberculose à l'âge de vingt-sept ans[10].

Quatre fils leur étaient nés en treize années de mariage. Grande affliction du jeune veuf dont la réputation est d'avoir autant besoin d'un livre de prières à sa portée que d'une femme dans son lit. Aussi, « son tempérament ne lui permettant pas de rester veuf[11] », prend-il bientôt une seconde épouse : ce sera la très impérieuse, la très ambitieuse, la très atrabilaire, la très imbue de sa personne Élisabeth Farnèse, de dix ans sa cadette.

Elle est fille d'Édouard Farnèse, prince héritier du duché de Parme et elle a vingt-deux ans à l'époque du mariage : sa force de caractère et la vivacité de son tempérament impressionnent, frappent et fouettent la langueur grandissante, tournant à la neurasthénie, où le roi s'engloutit. « Il était froid, silencieux, triste, sobre, touché d'aucun plaisir que de la chasse, craignant le monde, se craignant soi-même, produisant peu, solitaire et enfermé par goût et par habitude, rarement touché d'autrui[12]. » Élisabeth prend d'autant plus aisément l'ascendant sur l'esprit chavirant de son mari qu'elle règne impérieusement sur les sens de Philippe qui, eux, ne faiblissent point, tandis que le cerveau se délite.

Autant la défunte reine, celle qu'on avait appelée « la Savoyarde », s'était attiré l'affection de ses bons sujets ibériques, autant celle-ci déplaît et insupporte. Qu'on l'aime ou bien qu'on la déteste, Élisabeth Farnèse ne s'en préoccupe guère et va son chemin, éternellement flanquée d'un certain cardinal italien, Giulio Alberoni, devenu le tout-puissant ministre d'un roi à qui la couronne de toutes les Espagnes pèse avec de plus en plus d'accablement : « Il [Alberoni] a un ascendant illimité sur la reine, et par là sur le roi qui n'aime pas les affaires et se laisse mener par sa femme[13]. »

Philippe V et Élisabeth Farnèse ont donné la vie à sept enfants. Marie-Anne Victoire, cette infante de trois ans, est leur fille première-née. Avant elle, deux frères sont venus au monde, dont un seul vit encore. Le projet de mariage du jeune adolescent Louis XV et de cette enfant madrilène est gage de paix et de réconciliation entre la France et les Bourbons d'Espagne qui n'ont pas manqué de se fort malmener depuis de longues années.

Le royaume de France, exsangue à la mort de Louis XIV, s'est éloigné de Madrid et s'est rapproché de l'Angleterre. Ambitionnant de reconstruire la « Grande Espagne », Alberoni s'est emparé de la Sardaigne et a envahi la Sicile, possessions du duc de Savoie, ce que voyant la France, l'Angleterre, les Provinces-Unies et le Saint Empire sont entrés en guerre contre l'Espagne. Philippe V, bientôt défait, n'a d'autre choix que la réconciliation entre les Bourbons d'en deçà et d'au-delà des Pyrénées.

Se réconcilier, c'est épouser, selon l'usage. Au jeune Louis XV, on donnera donc une infante d'Espagne. Or, à cette heure, une seule est disponible : cependant, il est malencontreux, quoi qu'on en dise, que la future épouse en soit encore à l'âge de jouer à la poupée. Il n'importe : le Régent réactive au profit de la France, et accessoirement pour le bien de sa propre famille, la pratique ancestrale des mariages croisés. À la différence, cette fois, qu'il ne s'agira pas d'un double mais d'un triple mariage : l'union de Louis XV et de Marie-Anne Victoire, augmentée de celle de Louis, prince des Asturies, héritier du trône d'Espagne, avec Louise-Élisabeth d'Orléans, fille du Régent, alliances consolidées par un troisième projet de noces, celles de l'infant don Carlos avec Philippine-Élisabeth d'Orléans, qui est une autre fille du Régent de France, lequel, il est vrai, en a grand nombre.

L'affaire, ou plutôt les affaires, courent la poste. Et, de façon à ne pas avoir à y revenir, on procédera de la manière dont on avait usé, jadis, avec la duchesse de Bourgogne : la toute petite infante s'établira à Paris où l'on se chargera de l'éduquer à la française, éloignée de sa famille madrilène dont on craint la mauvaise influence. On a trouvé un joli nom à cette princesse de poche : elle sera l'« Infante Reine Future ».

Aux nostalgiques de l'ancien règne, il semble qu'il arrive en France comme une autre duchesse de Bourgogne, et les cœurs d'à présent, comme les cœurs d'autrefois, subitement rajeunissent. Cependant la Palatine fait ses comptes, et considérant les âges des deux futurs mariés, s'interroge : « Cette petite infante n'aura que quatre ans le 31 mars ; notre jeune roi aura donc à attendre encore huit ans avant que Sa Majesté soit son époux [c'est-à-dire lorsque Marie-Anne Victoire aura atteint l'âge de douze ans[14]. Il coulera encore beaucoup d'eau sous les ponts avant que ce mariage soit consommé. »

C'est bien vu. Et c'est prémonitoire. De consommation, il n'y aura point, par la raison que ces noces ne seront jamais célébrées. Le Régent a rendu l'âme et le duc de Bourbon, borgne et « peu esprité », devenu Premier ministre, sent la nécessité de marier le jeune roi à une princesse en âge de donner, au plus vite, un héritier à la couronne. De préférence à cette infante d'Espagne à peine sortie des langes, il est bon de se rabattre sur une personne plus avancée en âge, fût-elle, cette conjointe par défaut, d'une moins haute extraction que celle du premier choix : ce sera Marie Leczinska, fille du palatin de Posnanie et roi détrôné de Pologne, Stanislas Leczinski vivant en exil à Wissembourg[15]. Cette princesse a vingt-deux ans : elle compte sept années de plus que son futur époux. Cependant, il reste un moment assez désagréable à passer : la répudiation de l'ex-« Infante Reine Future ». Conséquemment, indignation, emportement, fureur d'Élisabeth Farnèse : « Ce n'est pas assez de tout le sang de l'Espagne pour venger une pareille offense ! » Désespoir et accablement de Philippe V : « Ah, le traître ! Ah ! le coquin de borgne ! Humiliés devant l'Europe entière ! »

« Nous raffolons tous de Mme la Dauphine »

Cependant, les années passent. Elles passent vite, guérissant bien des plaies, et l'impensable d'hier n'est plus pensé comme étant à présent impossible. Aujourd'hui, c'est une autre infante d'Espagne que l'on appelle en France. À défaut du père, ce sera le fils, le dauphin Louis-Ferdinand né le 4 septembre 1729 à Versailles, qui épousera franco-ibériquement. Marie-Anne Victoire n'est plus libre et d'ailleurs l'âge ne convient pas. Donc, place à sa cadette : ce sera l'infante Marie-Thérèse Raphaëlle, de huit années plus jeune que l'ex-« Infante Reine Future »... La voici donc, notre nouvelle dauphine. C'est une ombre, une brise, un murmure de princesse, d'une transparence de gaze, qui s'apprête à rejoindre Versailles. Un souffle et elle arrive. Un autre souffle et la voilà bientôt partie...

En novembre 1729, un nouveau traité d'alliance avec la France avait été signé, suivi d'un premier « Pacte de famille » qu'il convenait de sceller par deux unions croisées : l'infant don Carlos, fils aîné de Philippe V et d'Élisabeth Farnèse (futur Charles III d'Espagne, dit Carlito), épouserait la fille première-née de Louis XV, Madame Élisabeth (dite Madame Première), tandis que le dauphin de France Louis-Ferdinand serait uni à l'infante Marie-Thérèse Raphaëlle.

Nous sommes alors en 1735. Don Carlos est âgé de dix-huit ans, Élisabeth n'en a que huit. Quant au dauphin, il a cinq ans et sa future épouse en a sept. Par conséquent, rien ne presse. D'autant qu'Élisabeth Farnèse n'apporte pas dans cette affaire un excès de zèle : « Cela est plaisant, l'on voudrait que nous attendions que Carlito ait quarante ans pour le marier et l'on nous croit assez dupes pour nous exposer une seconde fois à l'affront de nous voir renvoyer notre fille, je ne consentirai ni à l'un ni à l'autre, et j'espère que le roi qui est le maître n'y consentira pas non plus ; du moins, je l'en empêcherai, tant que j'aurai du crédit... Chat échaudé craint l'eau froide. »

Quoi qu'il en soit de ces ressentiments et en dépit de ces atermoiements, les épousailles franco-espagnoles auront bien lieu. Avec une certaine différence : Don Carlos ne prendra pas pour épouse Madame Élisabeth – une princesse bien trop jeune à son goût et d'ailleurs au goût de toute personne raisonnable – mais une princesse de Saxe, Marie-Amélie, fille d'Auguste III, roi de Pologne, laquelle, au demeurant, ne compte guère que trois ans de plus qu'Élisabeth. En conséquence, l'ex-Madame Première sera donnée pour épouse au frère cadet de Don Carlos, l'infant Don Philippe. À la cour, on s'étonne. Barbier, dans son *Journal*, s'interroge sur un événement qui prend les apparences d'une mésalliance : « Il paraît étonnant que la fille aînée de France n'épouse pas une tête couronnée. Ce prince n'ayant, suivant les apparences, aucune espérance ni sur la couronne d'Espagne où il a devant lui le prince des Asturies [le futur Ferdinand VI] et le roi de Naples, ni sur la couronne de France. »

Elle sera surnommée désormais « Madame Infante » la jeune Élisabeth s'éloignant de Versailles le 31 août 1739 qui arrive à Saint-Jean-Pied-de-Port le 13 octobre suivant. Elle est le 25 à Alcala de Henares, une bourgade située à une trentaine de kilomètres de Madrid où le mariage espagnol est célébré. La « gaieté extrême » affichée à la cour de Madrid n'a pas vocation à durer. Ce n'est pas de cette manière que l'on vit en Espagne : autour de Philippe V, l'inapaisable désœuvré, la tristesse, l'ennui, l'accablement suintent des murs de l'Alcazar ou des murailles de ce lieu de prière, de retraite et de méditation qu'est l'Escurial.

Mais l'essentiel n'est-il pas que ce premier mariage croisé machine avantageusement l'union que l'on a arrêtée : celle du dauphin Louis-Ferdinand avec l'infante Marie-Thérèse Raphaëlle ? En fille aînée de la famille royale, Madame Élisabeth est venue, en quelque sorte, préparer le terrain à son frère. À l'arrivée de Madame Infante à Madrid, la future dauphine de France Marie-Thérèse Raphaëlle vient d'atteindre sa treizième année. Louis-Ferdinand, dix ans à l'époque, attendra le temps nécessaire, c'est-à-dire ses quinze ans, afin de convoler à son tour.

Faisons connaissance avec cette jeune infante dont l'existence ne fera qu'effleurer la surface de la cour de Versailles, passante fugitive, hôtesse momentanée, qui a pour nom de naissance espagnol Maria Teresa Rafaela de Borbón y Farnese.

En cette année 1744, un peintre d'une certaine renommée, Louis-Michel Van Loo[16], s'apprête à réaliser un grand portrait en pied de la future dauphine, avec mission d'envoyer son œuvre à Versailles aussi hardiment que possible.

Marie-Thérèse Raphaëlle a maintenant dix-huit ans. Certes, un grand nombre d'images et de médaillons ont déjà circulé à la cour de France, mais, selon l'art et la manière des différents artistes, les représentations de la jeune fille diffèrent tant les unes des autres qu'il a paru nécessaire de s'en remettre au savoir-faire d'un portraitiste dont le pinceau facile sait s'emparer des ressemblances.

Portrait de cour, portrait d'apparat. Le modèle est représenté un peu plus grand que nature. L'infante porte une robe de satin blanc, dont seuls le buste, les manches et le bas de l'étoffe sont ornés de dorures. Les plis du vêtement, d'un rendu un peu raide, sont animés de reflets nuancés avec délicatesse. Les épaules sont discrètement couvertes d'un manteau de couleur pourpre doublé d'hermine, se déployant jusqu'à ses pieds. Le bras gauche, sortant d'une mousse de dentelles, glisse le long du torse, tandis que le bras droit repose sur le dos d'un fauteuil tapissé également de pourpre. Le visage peint d'après nature est encadré d'une chevelure d'un blond intense. Ce blond-là est, en réalité, une tromperie d'artiste ou, si l'on veut, il s'agit de l'élégant travestissement d'un courtisan rompu à toutes les pratiques du métier.

Car Marie-Thérèse Raphaëlle n'est pas blonde : elle est rousse. Très rousse même, au point qu'il paraît impossible à créature humaine de l'être davantage. Or, à l'époque, pour une femme, une chevelure rousse est regardée comme une disgrâce physique. Pour « vendre » avantageusement son modèle à Versailles, Van Loo n'ignore pas la nécessité de dissimuler au public cette couleur de cheveux heurtant les goûts de ses contemporains. Aussi, dès la réception de l'œuvre en France, la cour a-t-elle lieu de se déclarer, dans un premier temps, satisfaite à l'aspect de cette future dauphine[17].

Que trouvera-t-elle dans quelques mois, cette infante, à son arrivée à Versailles ? S'agissant de la petite histoire, Mme de Mailly, la première des galanteries de Sa Majesté, a été fortement invitée à s'éloigner de la cour. Sa sœur, Mme de Vintimille, seconde dans l'ordre de succession au lit de Sa Majesté, vient de mourir en couches. La troisième sœur de Nesle, Marie-Anne, vingt-sept ans, veuve du marquis de La Tournelle, devenue duchesse de Châteauroux « afin de la récompenser de son attachement pour la reine » est présentement « maîtresse déclarée ».

S'agissant de l'autre histoire, celle que l'on nomme grande, la guerre fait rage depuis cinq ans. Celle-ci est la guerre de Succession d'Autriche. À la mort de l'empereur Charles VI, fort malencontreusement passé de vie à trépas après qu'il se fût régalé d'un plat de champignons sautés, l'Europe n'a pas manqué de prendre feu, chacune des puissances impliquées dans le conflit revendiquant une part du festin. Parmi les belligérants, l'Espagne de Philippe V a fait connaître ses prétentions sur divers États autrichiens et particulièrement sur Parme et Plaisance au bénéfice de Don Philippe et de Madame Infante. D'abord réticente à entrer dans le conflit, la France a pris les armes. Louis XV sera-t-il un « roi-chevalier »? C'est l'occasion de montrer au royaume, à l'Europe et au monde de quel bois il est fait, d'autant qu'il éprouve le plus ardent désir de connaître « un métier que [s]es pères ont si bien pratiqué et qui, jusqu'à présent, ne [lui] a pas réussi par la voie d'autrui[18] ».

Ce sera son baptême du feu. Il prend le chemin de Strasbourg et il établit son quartier général en la bonne ville de Metz. Mme de Châteauroux, flanquée de sa sœur, la grosse duchesse de Lauraguais, loge dans la même rue que Sa Majesté. Indignation. Condamnation générale de la population qui se pique de vertu. Survient alors la fameuse « maladie de Metz » : une fièvre d'une extrême violence s'empare de la personne du roi, qui est bientôt persuadé qu'il n'en réchappera pas. Le corps se désespère : le chrétien se résigne. Aussi, préparons-nous à bien quitter ce monde ! Mais il est assez difficile de mourir dans les formes requises quand on a, auprès de soi, sa maîtresse en titre. Point de sacrements en état de péché. Impossibilité de se réconcilier avec l'Église et donc nulle espérance de vie éternelle ! Il faudra donc que Mme de Châteauroux s'efface ? Nécessairement. La rage au cœur et le rouge au front, la favorite s'éloigne « après avoir essuyé dans la ville les mépris et les reproches d'un peuple qui ne lui pardonnait pas d'avoir essayé de l'asservir à des hommages illégitimes[19] ».

Mais ce n'est point assez. Il faudra que le roi, avant de descendre au tombeau, s'humilie en une belle, résonnante et édifiante contrition publique. Aussi Louis, lâchant tout, s'exécute-t-il : « Le roi demande pardon à Dieu et à ses peuples du scandale et du mauvais exemple qu'il leur a donné. Il reconnaît qu'il est indigne de porter le nom de Roi Très-Chrétien et de Fils aîné de l'Église. Il promet d'exécuter toutes les conditions que son confesseur exigera de lui. Il est dans les intentions de Sa Majesté que Mme de Châteauroux ne reste pas auprès de la [future] dauphine. » En effet, la favorite avait été nommée peu de temps auparavant surintendante de la Maison de Marie-Thérèse Raphaëlle d'Espagne.

Quelques jours passent, et voilà le roi quasi ressuscité. Au souvenir des mortifications par lesquelles il a fallu passer, Louis se scandalise qu'on lui ait arraché un repentir d'autant plus retentissant qu'il s'en est acquitté de bonne foi. Dans l'affaire, Sa Majesté, tel un nouveau Lazare, gagnera, pour quelque temps, le surnom de « Bien-Aimé », et Mme de Châteauroux, que l'on croyait perdue, redevient maîtresse déclarée. Pour peu de temps. À son tour, la voilà accablée de fièvre : une congestion pulmonaire se déclare. Les médecins la saignent onze fois au pied, au bras et à la gorge et la duchesse expire le 8 décembre 1744 en sa vingt-huitième année.

Tel est, succinctement, l'état de la cour qui s'apprête à accueillir la jeune dauphine. Bien évidemment, de tous ces événements, grands ou petits, importants ou accessoires, Marie-Thérèse Raphaëlle, en sa lointaine Espagne, en sait le moins qu'il est possible. Mme de Châteauroux sortie du jeu, la charge de surintendante de sa Maison revient à la comtesse de Périgord. Auparavant, les noms des seigneurs et des dames de la cour qui se rendront à la frontière afin de recevoir Marie-Thérèse ont été rendus publics. M. de Lauraguais, nommé premier écuyer de la dauphine, se portera jusqu'en Espagne afin de ratifier l'acte de réception de l'infante.

La duchesse de Brancas – une personne qui approche de ses soixante-dix ans – a été nommée dame d'honneur de la princesse. Amie intime de M. de Richelieu, elle est la belle-mère de Mme de Lauraguais. Son mari, Louis-Antoine de Brancas, duc de Villars, pair de France, est connu pour son extrême surdité, infirmité qui n'est pas sans donner de l'impatience à Mme de Brancas, laquelle n'est sans doute pas fâchée de prendre un peu de distance avec son époux en ce matin du 28 novembre 1744 où le cortège s'ébranle.

On a prévu d'atteindre la frontière espagnole en une quarantaine de jours. Moins serait surprenant. Quittant Versailles, un vaste remuement de voitures de toutes sortes, carrosses, chaises de poste, fourgons, chariots, berlines de louage, charrettes, carrioles, s'enfonce dans les lointains mouillés de cette journée d'automne. Précédant, entourant et suivant ce grand assemblage de dame d'honneur, dame d'atour, dames pour accompagner, femmes de chambre, écuyers, secrétaires, maréchaux des logis, fourriers du corps, maîtres d'hôtel ou pourvoyeurs, sans préjudice de quantité d'autres personnes, marche, trottine ou chevauche la foule habituelle des gardes du corps, Cent-Suisses et gardes de la prévôté. On compte cent cinquante officiers tant de la Chambre et des Offices que gens de l'Écurie. Au total, voilà un peuple d'environ quatre cents personnes – c'est le moins qu'on puisse faire en une telle occurrence – si l'on compte les domestiques des personnes de la suite et les conducteurs des équipages menant près de neuf cents chevaux de monte et de trait. La sécurité du cortège est assurée par cinquante gardes du corps placés sous le commandement du chevalier de Saint-André, chef de brigade. Les dames de la dauphine ont le privilège de disposer d'une charrette et d'un fourgon pour deux.

Parmi les voyageurs apparaît M. de Verneuil, secrétaire du cabinet du roi, à qui reviendra l'honneur de tracer son paraphe au bas de l'acte de délivrance. Mais c'est surtout en direction de M. de La Fare, chevalier d'honneur de la dauphine, que se tournent les regards les plus intéressés.

À cinquante-sept ans, Philippe-Charles de La Fare, 4e marquis de Monclar, comte de Laugères, maréchal de France, est un homme qui continue à porter beau. Sa vie est déjà fort remplie : mousquetaire du roi dès l'âge de quatorze ans, il s'est distingué à son avantage, de la manière qui convenait alors, parmi les compagnons de débauche du Régent. C'est, du reste, un fin connaisseur de la cour espagnole : envoyé extraordinaire à Madrid lors de l'ambassade du duc de Saint-Simon afin de préparer les fiançailles de l'« Infante Reine Future », La Fare a été fait chevalier de la Toison d'or par Philippe V. Cependant, le marquis ne connaît pas Marie-Thérèse Raphaëlle : l'infante n'était pas encore de ce monde lors de sa mission madrilène. Il se peut cependant que M. le maréchal ait présent à l'esprit les commentaires de deux témoins directs revenus tout récemment d'Espagne, les sieurs de Chavigny et de Vaulgrenant : à les croire, l'infante est d'une « figure fort agréable », quoique jugée « un peu longue », avec cela « fort blonde » (c'est-à-dire, nous le savons, « très rousse »), mais « d'un blond non suspect [!], des dents trop négligées [mais ni plus ni moins, en somme, que la plupart de ses contemporains], d'une taille médiocre, et parfaitement bien élevée ». La Fare, qui a pu observer le tableau de Van Loo arrivé à Versailles, va juger par lui-même de la figure originale et pourra, *de visu*, en fin connaisseur de jolies femmes qu'il a toujours été, se forger une mâle opinion de l'intéressée qu'il ne manquera pas de faire connaître au roi. Le marquis de Muy, premier maître d'hôtel de la dauphine, accompagne le maréchal, de même que le père Koët, recteur du noviciat des Jésuites qui a été nommé confesseur de l'infante. Il est pourvu de quatre aumôniers de quartier : les abbés de Nicolaï, de Belleguise, de Poudens et de Salis.

Ce sont là quelques noms parmi d'autres tirés de l'anonymat de la foule des personnes qui, en ces courtes et venteuses journées de cette fin de l'année 1744, endurent toutes les secousses des chemins creusés d'ornières vaseuses menant vers la frontière, tandis qu'à Paris Mme de Châteauroux se meurt. D'ailleurs la voilà passée et bientôt, à son tour, oubliée. Le roi, par l'entremise du marquis d'Argenson, a fait connaître aux autorités de toutes les villes et bourgades de France où passeront, à l'aller comme au retour, ses équipages, son ferme et insistant désir que l'on y soit reçu le mieux qu'il se pourra : « Un voyage tel que celui de Mme la Dauphine est pour les personnes qui l'accompagnent et qui d'ailleurs jouissent, toutes ou la plupart, des bienfaits du Roy, une occasion honorable et profitable ; il ne faut pas qu'il soit pour les lieux où elle passe une occasion dommageable[20]. »

Le calendrier officiel de la remise de la dauphine à sa Maison française a été arrêté de la manière suivante : le 8 décembre 1744, la « demande » sera prononcée par l'évêque de Rennes, Mgr Louis-Guy de Guérapin de Vauréal, ambassadeur extraordinaire et plénipotentiaire en Espagne ; le « baisemain » sera donné le 10, le mariage sera célébré le 18 et l'on partira le 20. Le dauphin Louis-Ferdinand a donné procuration au prince des Asturies d'épouser la dauphine en son nom : en cas d'empêchement ou de maladie, son demi-frère, le cardinal infant, le remplacera. Ensuite de quoi, la dauphine sera confiée aux bons soins de sa dame d'honneur, Mme la duchesse de Brancas, qui, dès lors, ne devra plus la quitter une seconde.

Par extraordinaire, en dépit des inévitables incidents de toutes sortes et des difficultés de toutes natures inhérents à un si long et hasardeux voyage, les délais sont tenus : le cortège passe la Bidassoa le 13 décembre. En quelques jours, on arrive à Madrid, et le 18 le mariage par procuration de Maria Teresa est célébré, le prince des Asturies tenant, ainsi qu'il en a été convenu, le rôle du dauphin. Comme prévu également, la nouvelle dauphine de France est remise le 13 janvier 1745 entre les mains de Mme de Brancas, sur la même île des Faisans qui avait vu passer, vingt-trois ans plus tôt, l'« Infante Reine Future ».

Dans le *Journal* du duc de Croÿ, on lit ce bref compte rendu : « Mme la Dauphine fut amenée sur les limites de France, avec un grand cortège et beaucoup de dames de condition. On la remit seule, sans que qui que ce soit restât avec elle, à Mme de Brancas et à quatre de ses dames du Palais et à toute sa nouvelle maison. Cette remise se fit dans le lieu et l'ordre accoutumés. » C'est, en effet, au tour de Marie-Thérèse Raphaëlle de passer par la dépossession d'elle-même et, pour en donner un signe tangible, d'être dépouillée, au moment de franchir la frontière, de tous les objets, bijoux et fariboles, et jusqu'à ses vêtements, qui lui appartenaient en sa qualité d'infante qu'elle n'est plus désormais. Ses dames s'affairent autour de sa personne et achèvent la métamorphose. On la revêt et on la coiffe à la française, on la débarrasse de son toupet de grands cheveux retenus par un peigne recourbé, coiffure à la mode à Madrid mais qui aurait semblé, en France, parfaitement inconvenante. Pour la première fois de sa vie, elle connaît le blanc de céruse que des doigts experts et légers appliquent sur son visage, ainsi que le carmin couvrant généreusement les lèvres et la saillie des pommettes. En Espagne, l'usage en était ignoré : on prétend que la dauphine a paru se résigner à ce maquillage plutôt que d'y prendre plaisir…

Après Bayonne, commence l'interminable traversée des Landes. Le 20 janvier, la duchesse de Brancas et la partie principale du cortège arrivent à Blaye, sur la rive droite de l'estuaire de la Gironde, en avant de Bordeaux. L'entrée solennelle de la dauphine dans la capitale girondine a lieu le 27, par un jour froid mais beau. Le décor des rues menant la princesse à l'hôtel de ville, avec son enchaînement de portiques, arcs de triomphe, temples provisoires dominés par des emblèmes delphinaux, a été imaginé par le chevalier franco-italien Giovanni Niccolò Servandoni, peintre et architecte du roi. Le lendemain de son arrivée, la dauphine se rend à l'Opéra où sont interprétés les deux premières entrées des

Indes galantes, « Les Incas du Pérou » et « Les Fleurs », auxquelles succède une pantomime interprétée par le premier danseur de la troupe, Bénis. Le spectacle a, dit-on, le « bonheur de divertir la princesse ». Luynes le confirme : « On mande de Bordeaux que Mme la Dauphine paraît s'amuser infiniment des bals, des fêtes et des spectacles qu'on lui a donnés. » L'après-midi du 29 janvier, Marie-Thérèse Raphaëlle assiste au lancement d'un vaisseau de 350 tonneaux, percé de 22 canons, que l'on a baptisé de son nom. Ensuite, par un froid devenu très vif, elle monte au château Trompette d'où la vue, sur la rade, est imprenable. Nouveau spectacle à l'opéra (au programme, *Issé*, sans prologue), petite pièce au collège des Jésuites, retour à l'opéra pour *Hippolyte et Aricie*, première tragédie lyrique de Rameau, inspirée de la *Phèdre* de Racine.

Le 1er février, la dauphine quitte Bordeaux : on estime que plus de vingt mille personnes sont venues voir la jeune femme, sans que cet afflux de curieux ait provoqué de désordre notable, et l'on a plaisir à observer que l'événement n'a pas occasionné en ville, comme c'était à craindre, un renchérissement des vivres par trop exagéré. L'intendant Tourny peut dès lors aviser Versailles de la bonne tenue des Bordelais, sans omettre d'ajouter, en un zèle routinier, qu'on n'a pu approcher la dauphine « sans être enchanté de l'air de bonté et de grâces qui accompagne ce qu'elle dit et tout ce qu'elle fait ».

Le voyage reprend. Chaque jour, la dauphine reçoit un courrier d'Espagne : on observe qu'à l'arrivée de chacune de ces lettres les yeux de la jeune femme se mouillent de larmes amères et que son visage s'ombre de mélancolie, ce qui ne va pas sans susciter de certaines inquiétudes chez ceux qui l'observent à tout instant et en tout lieu, craignant déjà que la dauphine ne soit d'un caractère un peu trop tendre pour la rudesse de la vie de la cour qui l'attend. Chemin faisant, elle écrit très régulièrement au roi son beau-père. « Pendant sa route en venant en France, quoiqu'elle fût mariée et eût le nom et les honneurs de Dauphine, elle écrivait au Roi "Mon Cousin[21]". »

Manquement aux usages que ce « Mon Cousin »-là ! Quand on a rang de dauphine, on ne dit pas « Mon Cousin » au roi ; c'est déplacé. Cela ne se fait point. Faute ou inattention d'une princesse débutante à laquelle le labyrinthe des bonnes manières de cour est encore inconnu ? Luynes, se tenant informé de tout à l'arrivée de chaque courrier, s'exprime dans les termes suivants : « Mme la Dauphine a écrit au Roi, à la Reine, et à M. le Dauphin. Ces lettres sont petites, entourées avec un cordon de soie cramoisi. Il était écrit sur celle de la Reine : "À la Reine, Madame et Mère." M. le Dauphin rougit un peu, en recevant la lettre de Mme la Dauphine ; elle lui marque dans cette lettre l'impatience qu'elle a de se rendre auprès du Roi, combien elle est touchée de l'empressement que M. le Dauphin paraît avoir de son arrivée, et que son étude et son application sera [*sic*] de lui plaire. Tous ceux qui ont vu Mme la Dauphine se réunissent à dire qu'on ne peut avoir plus de grâces et plus envie de plaire. »

Cela, c'est le discours qu'il importe de répandre et chacun, dans le cortège allant de ville en ville à petites journées, ne laisse pas de s'y employer. Cependant, le comportement de la jeune femme, son abord, son caractère, ses manières, son style, la psychologie qu'on lui prête paraissent parfois bien singuliers, voire quelque peu baroques à ces Français qui l'accompagnent au long de son voyage.

Un point, en particulier, leur paraît absolument incompréhensible. Il se trouve en effet que Mme la Dauphine n'aime guère le jeu et ne songe seulement pas à s'en défendre ! Ah ça, ne point aimer le jeu : est-ce possible ? Comment une personne de son rang et de sa qualité peut-elle, de sang-froid, se déclarer indifférente, voire hostile aux jouissances du lansquenet, aux délices du cavagnole, aux félicités du trictrac et à toutes ces sortes de choses délicates, raffinées et grisantes qui font le ravissement de chacun ? Les plus anciens se souviennent-ils que cette jeune princesse fait écho à la dauphine de Bavière qui, à son arrivée en France, déclarait, on s'en souvient peut-être, avec la même naïveté et la même innocence : « Non, je n'aime point le jeu » ? Toutefois, dès les premiers jours de son arrivée en France, Marie-Thérèse Raphaëlle, désirant se plier, de bonne grâce, aux mœurs de son nouveau pays, a consenti à prendre place à une table de cavagnole, mais on a bien senti, on a bien vu qu'elle n'y prenait aucun plaisir et même qu'elle en tirait assez d'ennui. En ce cas, passons au lansquenet : hélas, elle ne semble pas s'y intéresser davantage, en dépit des explications obligeantes fournies par M. de La Fare. Mais sans doute est-elle encore trop espagnole pour se montrer sensible, d'emblée, aux charmes les plus distingués de la nation qui lui ouvre les bras ? Et l'on se console en songeant qu'elle prendra certainement la tournure de toute cette liturgie aristocratique avant qu'il soit longtemps puisque, aussi bien, des joueurs enragés, affolés, éperdus, elle en verra autour d'elle en tout lieu, à toute heure et dans toutes les occasions de sa nouvelle existence…

Cependant, un souci d'une tout autre nature et d'une bien autre gravité s'ajoute à l'appréhension naissante des plus fins observateurs de son entourage, ou qui se piquent de l'être : selon eux, la jeune dauphine serait absolument étrangère à l'esprit du temps, cet esprit qui n'est plus exactement celui de l'ancien règne, qui en a pris la place, mais sans l'usage duquel on ne saurait devenir quelque chose ou quelqu'un. Mme de Brancas, de cet esprit-là, en a, dit-on, bien plus qu'il n'est nécessaire, et quant à l'art de la conservation, elle compte parmi les dames de la cour de France qui en font usage le plus excellemment. Croyant amuser la dauphine par quelques virtuosités de badinage éclaboussées de bons mots, la dame d'honneur s'abuse elle-même. Car c'est précisément le genre de pittoresque et de chamarrures de langage au goût du jour que Marie-Thérèse, tant par la pondération de sa nature que par l'austérité de son éducation, ne goûte que très médiocrement, et auquel, il est vrai, elle semble ne pas entendre grand-chose. D'ailleurs, il est manifeste qu'elle ne se sent guère en sympathie avec cette vieille duchesse de Brancas dont la voilà maintenant embarrassée.

Ce qu'on ignore encore, mais que certains esprits, plus pénétrants que d'autres, pressentent déjà peut-être, c'est que la dauphine a reçu, en manière d'héritage, la nature mélancolique et souverainement tourmentée du roi son père. Comme Philippe V, Marie-Thérèse Raphaëlle a coutume de passer – cependant, chez elle, c'est un mal qu'elle connaît depuis l'enfance – de la joie la plus claire et la plus spontanée à de brusques affaissements de langueur. Les rares personnes ayant quelque lumière sur les particularités psychologiques de la jeune femme savent qu'elle a coutume de pleurer dans l'isolement de ses appartements, sans raison qu'elle soit en mesure de pénétrer elle-même. C'était vrai en Espagne. Il en sera de même en France. « Elle n'aime ni à faire des plaisanteries ni à les entendre. »

Luynes, sans l'avoir encore vue, parle déjà du « peu de vivacité de Mme la Dauphine ». À l'appui de ses allégations, il conte une anecdote récemment survenue à Orléans. À son arrivée, Marie-Thérèse Raphaëlle a reçu des mains de M. de La Mothe « un fort beau présent de la part de la Reine ». Que s'est-il ensuivi ? « Non seulement Mme la Dauphine ne lui répondit rien quand il l'eut complimentée, mais elle ne montra aucun empressement de voir ce coffret ; on l'ouvrit cependant devant elle, mais elle ne marqua pas de satisfaction, ni ne donna aucune louange au présent, qui cependant en était digne. M. de La Mothe m'a ajouté qu'il avait été témoin à une harangue qu'on lui a faite à laquelle elle ne répondit rien, et qu'on lui avait dit qu'elle avait fait de même à toutes les harangues. Comme elle est fort timide et qu'elle connaît peu encore ce pays-ci, on prend son silence pour indolence et même pour hauteur ; il faut encore du temps pour porter un jugement plus certain. »

Envoyé par le roi, M. de Richelieu a rejoint la dauphine à Orléans. M. de Maillebois est chargé de dérouler son compliment à son arrivée au château de Chanteloup que Marie-Thérèse Raphaëlle atteint le 14 février. Quelques jours plus tard, Louis XV quitte Versailles en compagnie du dauphin, et prend la direction d'Étampes où aura lieu la première rencontre avec la jeune femme. Le père et le fils voyagent à bord d'une chaise à deux jusqu'à Sceaux, puis s'installent en un carrosse d'une richesse de décoration digne de l'événement qui se prépare.

Louis et Louis-Ferdinand se font vis-à-vis. Le dauphin de seize ans, à son habitude, ne parle guère, également intimidé par son père que par son prochain face-à-face avec la jeune dauphine d'Espagne. Pour le roi, ce fils est un bloc d'incertitudes tant leurs caractères paraissent détachés l'un de l'autre et leurs goûts dissemblables. Récemment, Louis a fait cadeau au dauphin d'un magnifique Saint-Esprit en diamant. En guise de remerciement, le prince n'a su articuler que des propos hésitants et confus : « Le Roi donna hier ou avant-hier un fort beau Saint-Esprit de diamant à M. le Dauphin. M. le Dauphin rougit en prenant ce présent. Il aime beaucoup le Roi, mais il le craint et est embarrassé avec lui. Le Roi lui demanda pourquoi il rougissait, et lui dit qu'il devait s'accoutumer à ne pas être dans cet embarras avec lui[22]. »

Une ébauche rapide, un pastel de Maurice Quentin de La Tour conservé de nos jours au musée Antoine Lécuyer de Saint-Quentin[23] très vraisemblablement daté de l'année du mariage, représente le dauphin Louis-Ferdinand au terme de son adolescence. Le visage montre de l'épaisseur et même de la lourdeur, les joues déjà bien pleines et dont on sent qu'elles s'arrondiront davantage encadrent un nez assez fort sous lequel la molle étroitesse du menton fait ressortir la finesse des lèvres relevées en un sourire pensif et doux. L'impression qui émane de cet instantané d'un fils de France est celle d'un prince réservé, posé, sage, tranquille et réfléchi. On sent l'homme d'étude, l'être méditatif, la créature de cabinet. C'est ce jeune garçon de plutôt bonne mine qui atteint Étampes à 5 heures du soir. Dans la petite cité ordinairement tranquille, quantité de gardes françaises et de Gardes suisses se sont répandus depuis quelques jours dont les pas lourds et sonores retentissent dans les divers quartiers de la ville qui semble, ce soir-là, en état de siège.

Le cortège royal, après avoir passé la porte de la Couronne, est accueilli par la milice bourgeoise composée de six cents hommes. Sur un arc de triomphe apparaît l'inscription latine : « *Non opibu altas sed fide superat urbes* » (« Elle l'emporte sur des villes considérables, non par ses richesses mais par sa fidélité »). À la tombée du jour, la ville s'illumine de plus de vingt-deux mille lampions et de deux mille terrines, ainsi que d'un nombre de girandoles bien impossibles à compter montées sur des caisses marquées aux chiffres du roi. Ce décor éphémère de lumière relie le logis de Louis XV, d'une part à celui du dauphin, d'autre part à l'hôtel particulier destiné à recevoir la dauphine. Le maire et les échevins offrent à Louis et à Louis-Ferdinand les vins d'honneur : c'est l'entrée en matière, ou la mise en bouche, d'une longue soirée de jeu chez le royal visiteur où ont été conviés les principaux habitants d'Étampes. Pendant la nuit, l'hôtel de ville est pareillement éclairé, ainsi que les trois jardins des hôtels du roi, du dauphin et de la dauphine « par des terrines posées à dessein ». Le coût de ces illuminations est estimé à 4 500 livres, somme considérable pour une ville dont le maire, M. de Gomberville, fait observer qu'elle n'est pas bien riche.

Le 21 février, les princes entendent la messe dans l'église des Barnabites. En fin de matinée, le roi, son fils et leurs officiers se rendent à une lieue d'Étampes, jusqu'à un endroit dénommé Mondésir. Nous nous trouvons de nouveau en pleine campagne, presque au bout de nulle part. Le cortège, composé de quatre carrosses, est bientôt rejoint par celui de la dauphine. La jeune fille descend vivement. Répétant geste pour geste et symbole pour symbole les manières des princesses étrangères qui l'ont devancée en France dans les siècles passés, la dauphine se jette aux pieds du roi qui la relève et qui l'embrasse. La phrase qu'on a préparée pour Marie-Thérèse et qu'elle récite à l'intention du roi est composée de ces quelques mots appris par cœur : « Sire, je vous salue comme l'une de vos plus humbles sujettes, et je prie Votre Majesté de vouloir bien me regarder comme l'un de ses enfants. » Si le compliment n'introduit aucun élément de nouveauté dans le genre imposé, il est jugé fort bien tourné et, de l'avis des premiers témoins, paraît joliment prononcé.

Néanmoins, sera-t-elle suffisante, cette civilité de manières, pour adoucir l'impression quelque peu défavorable éprouvée par le roi à la découverte du visage et de l'allure générale de sa belle-fille ? Ce n'est point qu'elle soit laide. On ne peut pas dire cela. Mais c'est, mon Dieu, qu'elle est si rousse !

La voilà donc, la signification de cette « extrême blondeur » que les courriers dépêchés à Versailles tout au long du voyage n'ont cessé d'évoquer ! M. de Vaulgrenant, ancien ambassadeur du roi à Madrid, dont le rapport sur les qualités physiques de la future dauphine avait été si rassurant, se fera bientôt laver la tête par le roi pour avoir exagérément flatté la « beauté négative » de l'infante.

Cependant, Louis XV sourit avec l'amabilité, la complaisance et l'honnêteté du siècle qu'il sait si bien mettre en toute chose, s'incline et déclare de son étrange voix rauque qui « l'aurait distingué entre cent mille[24] », cette voix qui surprend désagréablement ses contemporains tant elle semble étrangère à ce visage et à ce corps avantageux : « Ma fille, je vous donne pour époux le plus puissant prince de ma cour. » Hardi à surmonter sa réserve naturelle et la timidité qui si souvent le paralyse, le prince avance afin de baiser à son tour les joues plâtrées de sa jeune épouse. La cérémonie, conformément à la loi du genre, a été brève et sans éclat, en présence de quelques rares témoins.

L'équipage fait son entrée à Étampes par la porte Saint-Martin ornée de l'inscription : « *Huc adventat amor; veniet max pignus amoris* » (« Ici l'amour s'approche; bientôt viendra un gage d'amour »). La foule s'est disposée en haie jusqu'au logis de la dauphine, situé rue de la Juiverie. Le soir venu, après le souper, on joue gros jeu. Au moment de se séparer afin de se mettre au lit, le roi déclare avec une simplicité bonhomme : « Voilà une bonne journée de passée ! » Cependant, Marie-Thérèse Raphaëlle, parfaitement chapitrée à son départ de Madrid, se fait un devoir de prononcer cette autre petite leçon imprimée en sa jeune mémoire, ou que les chroniqueurs du temps ont placée dans sa bouche : « Sire, ce n'est pas celle que je redoutais le plus; je me flattais que vous me recevriez avec bonté. Je crains plus celles de demain et après-demain, tous les yeux seront ouverts sur moi et je n'y trouverai peut-être point des dispositions aussi favorables. » Après quelques paroles indifférentes destinées à rassurer la princesse, le roi se retire, le dauphin et la dauphine allant chacun coucher de son côté.

Au mauvais endroit et au mauvais moment

Le « lendemain » si fortement redouté commence par une messe à l'église Saint-Basile. On quitte alors Étampes par la porte de la grande rue Saint-Jacques et l'on prend le chemin de Sceaux.

C'est là que la dauphine fera connaissance de la reine et de sa nouvelle famille. L'endroit de la rencontre a été choisi à une demi-lieue de Longjumeau : encore un chemin de campagne; encore un bout du monde; encore un décor de verdure, de fossés et de boue. Marie Leczinska a pris place à bord d'un carrosse en compagnie de la duchesse de Chartres, de Mmes de Conti et de Modène et de Mlle de Sens. Mesdames de France, filles du roi, c'est-à-dire celles qui ne vivent pas éloignées de la cour depuis sept longues années à l'abbaye de Fontevraud – soit Madame Henriette (dix-huit ans) et Madame Adélaïde (treize ans) –, sont bien entendu de cette partie de campagne. Le carrosse menant la dauphine s'immobilise à quelques pas de l'équipage de la reine. Cette fois encore, Marie-Thérèse Raphaëlle s'incline aux genoux de sa nouvelle souveraine et belle-mère, et Marie Leczinska la relève et l'embrasse. Le roi passe alors dans le carrosse de la reine en compagnie du dauphin, la dauphine étant sur le devant et Mesdames aux portières.

Au château de Sceaux, ancienne demeure de la duchesse du Maine, « il y eut un grand nombre d'hommes et de femmes qui allèrent faire leur cour [...] ; le roi l'avait trouvé bon[25] ». Louis s'étant établi dans l'ex-chambre de la petite-fille du Grand Condé fait venir le dauphin, la dauphine, Mesdames, tous les princes et toutes les princesses, toutes les charges et toutes les entrées de la Chambre, Mme de Brancas ainsi que les dames de la dauphine. C'est la « cérémonie de présentation » : au tour de la nouvelle dauphine de baiser toutes les dames et tous les hommes titrés et d'adresser un simple salut à ceux et celles à qui, par leur naissance, cet honneur ne peut être accordé.

La compagnie se met à table vers 16 heures. Puis le roi donne le signal de l'inévitable lansquenet qui durera jusqu'à l'heure du souper. Luynes observe à nouveau que la dauphine n'apprécie que très médiocrement le jeu, à la différence de la pieuse et sainte reine qui, dès que ses mains ont saisi quelques cartes, n'est plus en état de se contenir. Encore sa grande passion va-t-elle au cavagnole[26] : mais le lansquenet n'est point non plus à dédaigner. Et Luynes s'ouvre à nouveau de ses inquiétudes : « Mme la Dauphine ne marque pas une grande vivacité »...

Quant à Madame Adélaïde, dont le caractère vif et tranchant de jeune adolescente semble déjà bien affirmé, elle déclare tout crûment ce qu'elle pense : « Madame [Henriette] et le Dauphin, rapporte le duc de Luynes, vinrent à parler de la future Dauphine. Monsieur le Dauphin parlait à Madame de chasses, de voyages qu'il ferait quand ils seraient mariés... et aussi de la figure de Madame la Dauphine. Madame disait qu'elle était bien faite, qu'elle avait l'air noble, qu'elle avait un beau teint. Madame Adélaïde, pendant ce temps-là, était assise sur un canapé, n'étant point admise dans la conversation, et s'ennuyant assez ; à ce mot de beau teint, elle s'approcha avec vivacité : "Je crois bien qu'elle est blanche, dit-elle, parce qu'elle est extrêmement rousse !" Elle acheva ce portrait avec les couleurs les plus désavantageuses pour

Madame la Dauphine. Madame fit ce qu'elle put pour réparer cette étourderie. »

Mais l'essentiel n'est-il pas que le dauphin, lui, paraisse satisfait de son épouse ? Précisément, en novice des choses de l'amour, il l'est, fort content, et même enchanté de son visage, de son maintien, de sa tournure et de sa silhouette. Le roi, admettant tous les goûts qui se rencontrent dans la nature et paraissant, lui aussi, sensible à cette peau d'une transparence laiteuse, reprend le chemin de Versailles vers 20 heures, suivi peu de temps après de la reine, du dauphin, de Mesdames, ainsi que de la plupart des seigneurs et des dames qui ont fait route jusqu'au domaine de Sceaux. C'est tout un peuple qui s'enfonce dans l'obscurité de cette nuit d'hiver, soit quelque deux mille personnes en comptant la garde et la livrée des souverains. Quant à la dauphine, il a été convenu qu'elle demeure à Sceaux jusqu'au lendemain matin, en compagnie de sa dame d'honneur et de sa dame d'atour, Mme de Lauraguais.

Il est un peu plus de 10 heures du matin, le 23 février 1745, quand Marie-Thérèse Raphaëlle fait son apparition à Versailles. Parvenue dans la cour du château, la princesse descend à l'escalier de marbre et suit le chemin qu'on lui indique afin de gagner les pièces de son appartement aménagé dans l'aile des Princes. À peine a-t-elle pris un court moment de repos que le roi et la reine se présentent. L'entrevue est brève, car en cette journée chaque minute est comptée : aussi convient-il de procéder sans attendre à la toilette de la mariée, une toilette qui ne durera pas moins de trois longues heures.

Il est 1 heure de l'après-midi quand Marie-Thérèse Raphaëlle paraît enfin, coiffée, habillée et parée. La jeune femme de dix-neuf ans est vêtue de brocart d'argent « avec beaucoup de perles ». Le dauphin de seize ans, qui la tient par la main, porte un habit et un manteau d'étoffe d'or, garnis de diamants.

Le cortège nuptial s'ébranle dans l'ordre protocolaire : le couple de mariés d'abord, le roi ensuite, puis la reine, puis Mesdames, les six princesses du sang, Mme de Penthièvre, enfin tous les princes et les princesses, selon leur naissance et leur rang. Par la Grande Galerie, au milieu des banquettes clouées et des barrières disposées jusqu'à l'escalier des Ambassadeurs afin de contenir la foule, toute cette théorie de personnages arrive à la chapelle royale.

Une célèbre estampe de Charles-Nicolas Cochin, dessinateur, graveur, critique d'art, garde des dessins du cabinet de Louis XV, nous invite à pénétrer en ces lieux. Le cardinal de Rohan accueille le dauphin et la dauphine : les deux jeunes gens se placent sur la première marche du chœur, en avant des prie-Dieu du roi et de la reine. L'éminence donne l'eau bénite aux souverains par aspersion ; le prélat, revenu se placer entre le dauphin et la dauphine, entame une péroraison de quelques minutes seulement, réussissant néanmoins la prouesse de parler tout à la fois des devoirs et de la sainteté du mariage, de faire les louanges du roi et de la reine d'Espagne, du roi et de la reine de France, sans omettre de rappeler les alliances des deux nations depuis les temps les plus anciens, remontant d'un grand élan jusqu'à l'époque de Blanche de Castille.

À la fin de la cérémonie, le curé de Notre-Dame de Versailles présente à l'ensemble des membres de la famille royale le registre paroissial : sur la double page, l'acte de mariage de Monseigneur le dauphin est tracé d'une fine écriture sous celui d'un certain Nicolas Bachelier, journalier, et d'une certaine Anne Marchand, « tous deux de cette paroisse ».

Il est environ 14 heures quand le cortège nuptial quitte la chapelle royale et, par les Grands Appartements, retourne dans la Galerie où la foule a reflué. Cette fois, il n'est plus question de préséances ni de privilèges et c'est dans un grand remuement de corps que l'on se mêle aux « bayeux » et aux « bayeuses », noms donnés aux simples curieux venus au château profiter du spectacle, dont un grand nombre de femmes de Paris qui se confondent aux femmes titrées, en robe longue mais sans panier. Par le salon de l'Œil-de-Bœuf, les jeunes mariés passent chez le roi, puis se rendent chez la reine, avant de se retirer dans leurs appartements de l'aile du Midi. La dauphine y recevra les serments des membres de sa Maison, à l'exception notable, toutefois, de son premier maître d'hôtel, volontiers excusé par la raison qu'il est en train de rendre l'âme.

Mais il est temps de quitter le palais et de traverser la place d'Armes pour se rendre dans la salle du Manège de la Grande Écurie où sera donnée une comédie-ballet, premier divertissement d'une longue série de fêtes que l'on veut somptueuses et dont le dessein est clair : rivaliser en magnificences avec les grandes fêtes de Louis XIV dont les plus âgés ont conservé le mélancolique souvenir et dont ceux qui ne les ont pas connues en ont ouï parler comme des moments indépassables de splendeur monarchique. Second objectif, plus politique celui-là : démontrer aux puissances étrangères que, tout en supportant le poids accablant de la guerre, la France demeure assez riche et assez puissante pour marier dans un déploiement de faste et d'apparats sans exemple en Europe l'héritier de la couronne.

C'est donc à la Grande Écurie (aujourd'hui la galerie des Carrosses), ce « château pour chevaux » édifié au siècle dernier par Jules Hardouin-Mansart que la fête – celle qui restera dans les mémoires comme la reine des fêtes du XVIIIe siècle – va commencer. Les frères Slodtz[27], tout à la fois sculpteurs, architectes et décorateurs des Menus-Plaisirs, ont employé toutes les ressources de leurs talents pour transformer, comme par un coup de baguette magique, des lieux naturellement austères conçus pour la commodité des cavaliers et le va-et-vient des palefreniers. Leur œuvre, pour éphémère qu'elle soit, tient, de l'avis général, du prodige.

Le long des murs de la salle du Manège, deux suites de loges parallèles sont disposées perpendiculairement à la scène, « du style rocaille le plus séduisant », creusant un espace d'une « impression d'extrême richesse ». De façon à ne pas gêner la vue des spectateurs, les cloisons qui d'ordinaire isolent les loges ont été supprimées. Sous le grand balcon continu en encorbellement, une longue balustrade surplombant le parterre et l'orchestre accueille une partie du public.

Pour inaugurer une semaine entière de réjouissances publiques, le maréchal-duc de Richelieu, en sa qualité de premier gentilhomme de la Chambre du roi à qui est revenue la lourde charge d'orchestrer l'ensemble des préparatifs des noces – les Menus-Plaisirs dépendent en effet des premiers gentilshommes de la chambre[28] –, a choisi de faire représenter par les Comédiens de la troupe du Roi et l'Académie royale de musique *La Princesse de Navarre*, comédie héroïque en trois actes, avec un prologue et des divertissements, dont le livret est de Voltaire, et la musique de Rameau. Vers 17 heures, le roi est passé chez le dauphin et la dauphine afin de les mener, à bord du carrosse de la reine, accompagnés de Mesdames, de l'autre côté de la place d'Armes. À la porte de la salle du Manège, impossibilité de fendre la muraille humaine. Il faudra faire sortir le plus honnêtement possible une partie du public, exercice qui ne s'accomplira pas sans de grandes difficultés, protestations, et même cris et injures : « Comme on ne pouvait en venir à bout, il y eut une voix qui cria : "Bourrez !", terme qui fut bien entendu et fort remarqué[29]. » Le temps passe. Il passe si lentement que la famille royale ne pourra pénétrer au Manège qu'après deux heures d'attente.

Les interprètes du spectacle qui, pendant tout ce temps, séchaient sur pied, peuvent maintenant se mettre en place. La comédie-ballet ne prendra fin qu'à 22 heures passées. Tout cela paraît assez interminable mais, dans l'ensemble, le public se déclare satisfait. En récompense, Rameau obtient le titre de compositeur de la Chambre du roi ainsi qu'une pension de 2000 livres et l'on accordera à Voltaire la charge d'historiographe de France et celle de gentilhomme ordinaire de la Chambre. Néanmoins, quelques critiques se font entendre : on se déclare mécontent de l'immensité de la salle et de la médiocrité de son acoustique ; quant au décor représentant les Pyrénées, il a paru à certains observateurs d'un effet assez comique, avec ses montagnes de carton-pâte sur lesquelles l'Amour victorieux est descendu en un char, brandissant son arc et chantant ces paroles :

> De rochers entassés amas impénétrable,
> Immense Pyrénée, en vain vous séparez
> Deux peuples généreux à mes lois consacrés ;
> Cédez à mon pouvoir aimable ;
> Cessez de diviser les climats que j'unis,
> Superbe montagne, obéis ;
> Disparaissez, tombez, impuissante barrière.

Après ces versifications voltairiennes, le décor de Pyrénées, actionné par un jeu de machines, s'est aplani pour faire place à un temple consacré à l'Amour. Marie-Thérèse Raphaëlle, dont la sensibilité musicale a été formée au contact de la musique italienne, n'a guère paru goûter les raffinements un peu trop savants du génie de Rameau ; quant aux paroles de Voltaire, elle a trouvé dans le livret « bien des plaisanteries et des expressions plates ». L'auteur, piqué au vif dans l'estime qu'il se porte, se défendra en prétextant qu'on ne lui avait demandé, après tout, qu'un « canevas pour amener les fêtes ». Une sorte d'amuse-gueule en somme. D'ailleurs, le spectacle ayant reçu un accueil plutôt favorable, il se tient quitte du reste[30].

Du moins, la foule a-t-elle pu observer, à son aise, Mme la Dauphine. Est-elle jolie ? Pas précisément. Est-elle laide ? Pas exactement. Admettons qu'elle soit passable et c'est bien assez pour qu'on s'en satisfasse. De l'avis de Luynes « elle n'est pas grande, mais elle n'est pas petite ; elle est bien faite et a l'air noble ; elle est fort blanche et extrêmement blonde jusqu'aux sourcils même et aux paupières ; elle a les yeux vifs. Ce qui la dépare le plus est son nez qui est grand et peu agréable, et qui paraît tenir à son front sans qu'il y ait ce qui s'appelle la racine du nez ». Quant au dauphin, il semble qu'il n'y ait jamais eu dans toute l'histoire des princes nouvellement mariés de jeune homme à ce point exalté par le regard, les lèvres, le nez, les rondeurs, la taille, les mains, les cheveux, les pieds, enfin par tout ce qu'il peut voir comme tout ce qu'il ne voit pas encore, mais qu'il imagine cependant de cette cousine espagnole qu'on mettra tout à l'heure dans son lit. Observons que ce ne sont pas simplement ses jeunes sens échauffés par l'attente de la nuit de noces qui parlent si fortement en lui : il la trouve réellement tout à fait à son goût, cette princesse ibérique, et ne cessera d'ailleurs, jusqu'à la fin – qui sera proche –, de la trouver idéalement de même.

Pendant ce temps, le roi prend place à une table en fer à cheval disposée dans l'antichambre de la reine. La famille royale s'y restaure jusqu'à minuit, heure du coucher public. C'est le moment pour le roi de passer chez le dauphin, et pour la reine de se rendre chez sa bru, à charge pour Louis XV de donner à son fils les quelques informations nécessaires qu'il pourrait peut-être ignorer, tandis que Marie Leczinska s'efforce de rassurer la jeune dauphine par quelques propos de circonstance.

Et voilà que se rejoue la scène que le rituel aulique a, pour toujours, arrêtée, afin d'être chaque fois recommencée. Le cardinal de Rohan bénit la couche nuptiale, le roi renouvelle le geste de présenter la chemise à son fils et la reine la chemise à sa belle-fille, tandis que Mesdames ont été consignées dans leur chambre afin que leur jeune pudeur ne soit point effarouchée par ces préparatifs.

Et le spectacle se poursuit sous le regard attentif des témoins d'usage. Les draps sont remontés, les rideaux du lit sont tirés et le public, ayant vu et constaté ce simulacre de consommation, se retire avec satisfaction. Louis XV, en regagnant ses appartements, se souvient-il de sa propre nuit de noces durant laquelle il aurait, dit-on, fait la démonstration de sa jeune et vigoureuse ardeur à quelque sept reprises ? Mais le dauphin, si l'on en croit certaines rumeurs, serait constitué d'un bois assez différent de celui de son père : divers rapports transmis à Élisabeth Farnèse par son réseau d'espions affirment à ce propos qu'« il [le dauphin] passa la première nuit à l'embrasser [la dauphine] et dans ses transports, il lui arriva du malheur, crut-il, se pâmant, pensant mourir parce qu'il sentit sa chemise toute mouillée ».

Louis XV, averti de l'incident, aurait cédé à un mouvement d'humeur. Invérifiable… Autre bruit qui bat la campagne : après cette première nuit possiblement manquée, la nourrice du jeune marié aurait attiré Louis-Ferdinand à part dans l'intention de lui expliquer, avec force détails, le fonctionnement des rouages d'une certaine mécanique finalement assez simple à comprendre. Invérifiable encore… L'histoire, ici, n'est pas sans faire écho aux bruits insistants qui coururent autrefois sur l'inexpérience sexuelle prêtée au Grand Dauphin, l'arrière-grand-père du jeune marié… Vient la nuit suivante. La leçon portera-t-elle ses fruits ? « On dit qu'il [le dauphin] prit tant de goût à mourir doucement qu'il arriva qu'il en fût malade et qu'il fallut lui dire qu'il se ménageât un peu »…

Au milieu de ces échos murmurants, ce qui paraît relativement probable, c'est qu'en dépit de la succession de ces petites « morts », la consommation n'a pas eu lieu. Les tentatives se renouvellent en abondance au long des jours et des semaines qui suivent, sans que la chose, à ce qu'il semble, aboutisse. Versailles, bientôt, s'emplit de bourdonnements égayés par ces applications infructueuses, car on sait tout, cette fois encore, ou l'on croit tout savoir, de ce qui se passe – ou plus précisément de ce qui ne se passe pas – dans l'intimité du jeune couple à laquelle nul témoin n'a accès, si bien que l'appréhension se répand, par ricochets, qu'il se pourrait que le dauphin soit affligé, au minimum, d'engourdissement des sens, au pire empêché par quelque impuissance sexuelle. À l'avenir, Louis-Ferdinand fera, en abondance, la démonstration du contraire, mais ses commencements dans la carrière semblent en effet s'exécuter assez laborieusement, au point que l'union, selon diverses sources, ne sera véritablement consommée qu'après sept mois de vie commune. Il n'est pas anodin de constater que dans quelques années son fils, le futur Louis XVI, connaîtra, à son tour, les mêmes retardements – beaucoup plus longs encore – dans la consommation de son mariage avec la jeune dauphine Marie-Antoinette : pour le père et le fils, mêmes hypothèses contradictoires, mêmes interrogations aux conclusions tout aussi hasardeuses...

Mais demeurons en ce mois de février 1745. Pendant huit jours, soit jusqu'au mercredi des Cendres, il y aura quotidiennement des soirées d'appartement au château suivies des fêtes les plus variées. Ce vendredi 24 février, en fin d'après-midi, le château se prépare au grand bal paré – ou « bal rangé » – qui sera donné dans la même salle du Manège métamorphosée durant la nuit par une foule d'ouvriers, artistes et artisans de toutes les corporations menés par le génie aérien et rapide des frères Slodtz. Seuls ont été laissés en place le plafond et les lustres. Les loges ont toutes été escamotées. À leur place, des niches abritant des statues se creusent entre de vastes panneaux décorés de bas-reliefs et de larges miroirs encadrés de palmiers.

Le maréchal de Richelieu a fait porter aux dames des billets d'invitation, joliment décorés de la main de Cochin. Ces billets sont ainsi rédigés : « Madame, M. le duc de Richelieu a reçu ordre du Roi de vous avertir de sa part qu'il y aura bal à Versailles mercredi 24 février 1745, à 5 heures du soir. S.M. compte que vous voudrez bien vous y trouver. Les dames qui dansent seront coiffées en grandes boucles. » Le bal commence par un menuet dansé par les jeunes mariés : « Pour la première fois, on vit danser la dauphine, elle avait une dignité et une grâce noble qui ne peuvent que ravir. » Viennent ensuite ceux et celles des seigneurs et des dames de la cour que le roi a nommés en personne : Mmes de Nivernais, de Luxembourg, de Rohan, de Marsan, de Turenne et de Brienne sont les premières à exécuter les figures à la mode. Après les menuets on passe aux contredanses. Le bal durera jusqu'à 22 heures. La cour regagne, en voiture, en chaise ou à pied, le château illuminé comme la veille : la famille royale soupe au grand couvert dans la même antichambre de la reine et à la même table en forme de U.

Mais l'histoire a surtout retenu le bal masqué du lendemain, donné au château, depuis le salon d'Hercule jusqu'à la Grande Galerie : c'est le fameux « bal des Ifs », mille fois raconté, mille fois dépeint, mille fois décrit.

Aussi, faisons court. En ce 25 février, le bal masqué commence un peu avant minuit. On a fait le choix de ne pas lancer d'invitations, aussi tout un chacun a-t-il la liberté de se présenter au château, pourvu d'être « masqué et de tenue correcte ». Conséquemment, le mouvement de foule est si considérable qu'il devient de plus en plus difficile d'accéder aux Grands Appartements, l'écoulement de cette affluence de gens étant ralenti par la présence d'huissiers dont la consigne est, certes, de laisser entrer tous ceux qui se présentent, à condition qu'une personne au moins, au sein de chaque groupe d'arrivants, ait le visage découvert et se fasse enregistrer. Cependant le filtrage, opéré d'abord consciencieusement, ne saurait suffire à contenir la poussée de la multitude grandissante, si bien qu'à la fin les huissiers, débordés, ne contrôlant plus rien, laissent entrer, pêle-mêle, toutes les personnes qui se présentent, gens titrés, nobles ou roturiers. « Cet ordre [le contrôle des huissiers] fut observé pendant quelque temps; mais il devint insoutenable par la longueur excessive de temps que l'on était obligé d'attendre[31]. »

Il est minuit quand vient la reine. Marie Leczinska, en robe blanche semée de perles, ne porte pas de masque. Elle est suivie du dauphin, masqué en jardinier, et de la dauphine déguisée en marchande de fleurs. Le roi, lui, n'a pas encore paru.

Un quadrille marque l'ouverture du bal : le dauphin mène la dauphine. Le duc et la duchesse de Chartres, Mme d'Andlau et M. de Ségur les rejoignent. Comme électrisée par l'ambiance de cette fête qui est aussi un peu, et même beaucoup, son examen de passage, la dauphine danse avec un mystérieux inconnu qui s'est déclaré madrilène. Sans doute s'agit-il de quelque grand d'Espagne? En réalité (on l'apprendra plus tard), c'est un simple cuisinier de Mme de Tessé – de nationalité espagnole, cependant, il est vrai. La princesse douairière de Conti, épuisée de rester debout sur ses vieilles jambes, les reins cassés, cherche vainement un siège : n'en trouvant pas de libre, elle se démasque, persuadée qu'en la reconnaissant on se lèvera pour lui en céder un. Mais les membres de chacun sont si las à présent, qu'on soit négociant de Paris ou qu'on soit duc et pair, que ladite princesse devra rester debout en dépit de la grandeur de ses ancêtres. L'affront lui est à ce point intolérable qu'elle décide de quitter les lieux sur-le-champ, déclarant que « de sa vie qui était longue, elle n'avait vu des gens si malhonnêtes, et qu'il faut qu'on soit ici de bien mauvaise compagnie ».

C'est alors la scène bien connue : l'apparition soudaine de huit personnages déguisés pareillement en ifs, en topiaires, en buissons du parc de Versailles, impossibles à distinguer les uns des autres dans leurs travestissements constitués de plus de 5 000 feuilles collées sur du satin, parmi lesquels le roi a trouvé plaisant de se dissimuler. Et ce sera, comme nous le savons aussi, la véritable entrée en scène d'une certaine jeune personne étrangère à la cour, une représentante de la haute finance parisienne, déguisée ce soir-là en Diane chasseresse, et qui deviendra, un jour prochain, Mme de Pompadour. Depuis quelque temps, on s'entretenait d'une certaine galanterie de Louis XV. À présent, tout est clair. C'est donc à l'occasion du mariage de son fils que le roi choisit d'officialiser en quelque sorte sa nouvelle liaison, en quoi l'on pourra peut-être faire reproche à ce père de manifester une certaine légèreté de manière et de style.

Nous qui connaissons la suite de l'histoire, nous ne pouvons ignorer qui est, ce soir-là, la véritable « reine » du bal des Ifs. Non point la dauphine d'Espagne qui, cependant, aurait dû l'être, mais à qui, subrepticement, une presque inconnue vient voler la vedette. Ironie de la concordance des temps : Marie-Thérèse Raphaëlle arrive, et la Pompadour apparaît exactement à la même heure. Comment la jeune princesse, de quelque nature qu'elle fût constituée, aurait-elle été en capacité de lutter contre l'éclosion d'une personne destinée à embraser symboliquement tout son siècle ? Cette soirée qui aurait pu, qui aurait dû célébrer l'apparition de la dauphine à la cour de Versailles, vient déjà, dans le souvenir que nous avons conservé de l'épisode, éloigner la jeune femme dans les renfoncements de la scène. Ce « bal des Ifs », devenu l'image rêvée d'un certain XVIIIe siècle, n'est plus le bal de la dauphine de France organisé en son honneur, mais s'est mué en l'investiture d'un autre personnage féminin dont la « carrière » va durer près d'une vingtaine d'années.

Marie-Thérèse Raphaëlle ou l'art et la manière de se trouver au mauvais endroit au plus mauvais moment d'une certaine séquence de temps…

Les fêtes se poursuivront durant tout le Carême : soirées d'appartement, concerts de musique, ballets *Les Éléments* de Destouches, nouvelle représentation de *La Princesse de Navarre*, jeux divers dans la Galerie. On donne aussi *Les Précieuses ridicules* de Molière, *Les Amours de Ragonde* de Mouret ainsi que *Thésée* (poème de Quinault, musique de Lully) dans la salle du Manège.

Parmi ce tourbillon de fêtes et de spectacles, vient surtout la création, également à la Grande Écurie, de l'opéra *Platée* de Rameau, comédie lyrique iconoclaste, ou « ballet bouffon » en un prologue et trois actes, pastiche de l'opéra français traditionnel[32]. *Platée* est « le » chef-d'œuvre du mariage de Louis-Ferdinand et de Marie-Thérèse : une grenouille, ridule de laideur et de nymphomanie, est persuadée que Jupiter se meurt d'amour pour elle et prétend l'épouser : la musique y coasse joyeusement dans une série de quiproquos et de rebondissements.

En dépit de la température glaciale qui, sous les soies, les brocarts, les satins, les velours, les dentelles, les Indiennes, les taffetas rehaussés de broderies charnues, fait frissonner les corps, bleuit les lèvres, engourdit les doigts et endolorit les articulations, on se déclare enchanté du spectacle. Ces corps accoutumés à supporter toutes les variations de températures en ces vastes lieux impossibles à chauffer semblent avoir développé une endurance au froid que nous avons perdue. On passe beaucoup de temps à table. Après le boire et le manger vient la danse : le Mardi gras, lors du dernier bal masqué, le dauphin et la dauphine sont travestis en Espagnols. « On a beaucoup plus dansé qu'au bal précédent parce qu'il y avait beaucoup moins de monde[33]. » Le temps du Carême débute le 3 mars et met un point final à cette succession ininterrompue de fêtes qui auront duré neuf journées entières.

À peine les cérémonies des noces ont-elles pris fin que la personne de Marie-Thérèse Raphaëlle semble déjà s'estomper et se perdre dans le fond d'un décor incertain, cédant à d'autres les premiers rangs où elle s'était montrée, en pleine lumière, l'espace d'une longue semaine de rêverie collective.

Il semble qu'une force centripète la repousse, en effet, invinciblement, à la périphérie du monde qui l'entoure. Pour opposer une forme de résistance à cette dynamique, il aurait fallu à la dauphine une personnalité endurante dont elle est dépourvue. Certes, relativement à ce que le siècle attendait de ses manières et de son extérieur, la jeune femme est-elle apparue plutôt à son avantage durant le temps des noces, mais, par l'accident d'une rencontre de deux destins contraires, il aura suffi de l'arrivée d'une personne étrangère au monde de Versailles, appelée à devenir, de son vivant et pour la postérité, l'incarnation et comme l'allégorie de son époque, pour accaparer bientôt toute l'attention de ses contemporains au détriment de qui ne pourra jamais soutenir la comparaison avec cette vivante icône.

Cette impossibilité à exister de Marie-Thérèse Raphaëlle au même moment et au même lieu que la Pompadour, il serait malvenu de lui en faire grief : toute autre personne à sa place ne se fût-elle pas heurtée à la même impuissance à devenir quelqu'un ? Il suffit que celle-ci paraisse pour que celle-là s'efface et déjà disparaisse. Ajoutons le tempérament anxieux, tourmenté, solitaire, sans cesse en lutte avec soi-même de la dauphine, sa mélancolique modestie héritée de la désolation du roi Bourbon de Madrid, et voyons ce qui demeure à la jeune femme : la pratique du non-être en dépit duquel il va falloir se composer un récit et se bâtir une présence au monde qui semble déjà l'avoir perdue de vue.

Ainsi, à peine Marie-Thérèse Raphaëlle est-elle arrivée à la cour qu'elle paraît sortie d'un mouvement général auquel elle n'a seulement pas encore pris part. Ou si peu que c'est à peine si l'on semble s'en être aperçu. Cela, nous l'avons déjà observé, en son temps, chez la dauphine de Bavière : même douceur ou faiblesse de l'âme, même disposition à la tristesse et à l'ennui. En conséquence, même renfermement en ses appartements, non pas à l'étage noble du château, mais dans les éloignements de l'aile des Princes.

On peut donc se sentir la plus indifférente du monde dans le Versailles gracieux, doré, enchanté du XVIIIe siècle tout autant qu'il fut possible de l'être dans le Versailles du grand roi ? Cependant, avant de se reconnaître vaincue, Marie-Anne de Bavière n'avait-elle pas tenté de faire violence à la fragilité de sa nature dans l'espoir de s'accrocher, jusqu'à n'en pouvoir plus tenir, aux aspérités de son siècle ? Cette fois, il semble que Marie-Thérèse Raphaëlle ne dispose même pas des ressources nécessaires pour opposer un commencement de résistance à l'âpreté de la vie de cour. Pourtant, les grandes rigueurs des temps anciens ne s'accordent plus aux humains d'à présent. Désormais, si haut qu'on soit placé, on ne regarde plus nécessairement comme malséant, ni incorrect de laisser deviner ou montrer ses faiblesses. Ce ne sont plus ni péchés capitaux, ni hérésies de cour, car l'âge est à la reconnaissance de la complexité de l'individu. À cet égard, Marie-Thérèse Raphaëlle paraît pleinement de son époque, celle de l'ébranlement des affects et de la confusion des sentiments, celle de la primauté du particulier sur l'écrasement du général.

La plus grande partie du temps qu'elle peut dérober au public, elle le passe le moins princièrement qu'il lui est possible en compagnie de son époux au premier étage de l'aile du Midi, en un double appartement entièrement meublé et décoré avant leurs noces. Si rien ne demeure aujourd'hui de tout un monde de salons et de petits cabinets entresolés, produit d'une époque où les arts décoratifs sont à leur apogée, et si, faute de sources suffisantes, l'ancienne disposition des lieux nous reste mal connue, on sait toutefois que l'appartement du dauphin se composait d'une salle des Gardes, d'une première et d'une seconde antichambre, d'une chambre, d'un grand et d'un petit cabinet, d'une bibliothèque, d'une salle de bains et d'une pièce à l'usage des garçons du dauphin ; l'appartement de la dauphine comptait une première et une seconde antichambre, un grand cabinet ou salon des Nobles, une chambre, un petit cabinet. Chez Marie-Thérèse Raphaëlle, les boiseries, simplement moulurées, étaient rythmées de pilastres et les murs étaient tendus de tapisseries : « La tapisserie qui est dans la chambre est une ancienne tapisserie du garde-meuble, celle qui est dans le Grand Cabinet avant la chambre est faite ici depuis peu et représente l'histoire d'Esther. »

C'est un chef-d'œuvre des Gobelins que cette *Histoire d'Esther* : l'ensemble est constitué de neuf tapisseries en laine et soie dont les cartons ont été peints de 1736 à 1741 par Jean-François de

Troy. Un *Repas d'Esther*, tissé en deux panneaux, était accroché de part et d'autre du lit de la dauphine. Le succès de cette tenture célèbre à l'époque fut si grand qu'une centaine de pièces de l'*Histoire d'Esther* ont été exécutées durant la deuxième moitié du XVIIIe siècle jusqu'à ce que le Comité de salut public en arrêtât la production en 1797[34]. Le petit cabinet se distingue par « un meuble fort riche » composé d'un canapé, de fauteuils et de tabourets couverts d'étoffe de Constantinople enrichi de broderie.

Dans ce meuble figurent trois œuvres remarquables de l'ébénisterie française : une grande commode de bois de palissandre à placage et à dessus de marbre rance signée Antoine-Robert Gaudreau, ébéniste en titre du Garde-Meuble de la Couronne, ainsi qu'un secrétaire à pente et une commode en laque du Japon réalisés par Bernard II Van Risen Burgh, ébéniste français d'origine hollandaise du faubourg Saint-Antoine, pratiquant avec succès la marqueterie Boulle de cuivre, d'écaille et de nacre.

Parmi d'autres ouvrages du plus grand prix, le double appartement abritait un chef-d'œuvre absolu, le bureau plat du dauphin signé Van Risen Burgh. Placé dans le grand cabinet du prince, ce bureau en chêne, bois satiné, bois de violette, cuir, marqueterie d'amarante, au puissant décor de bronze doré, est l'une des pièces maîtresses du style rocaille le plus accompli[35].

« On ne peut encore porter aucun jugement décisif sur Mme la Dauphine. » À la lecture des *Mémoires du duc de Luynes*, on sent la préoccupation de l'auteur sur le cas qui l'occupe. Percer le mystère de cette âme silencieuse, pénétrer ce caractère d'une espèce inconnue, lui sont si difficiles qu'il ne peut qu'avancer cette proposition d'analyse : « L'extrême envie de plaire qu'elle marquait, à ce qu'on disait, pendant son voyage, ne se montre pas encore d'une manière bien claire ; elle voit tant de monde et en connaît si peu, qu'elle craint peut-être de parler mal à propos ; c'est apparemment pour cette raison qu'elle ne parle presque point ; elle néglige aussi un peu trop les marques de bonté et d'attention à donner à ceux qui lui font leur cour. »

Elle manquerait de finesse, d'affabilité, de complaisance et de civilité. Le caractère aurait trop de raideur. Le ton serait un peu trop sec. Elle s'expose à être accusée de hauteur, son humeur serait incivile et sauvage. L'extrême défiance d'elle-même qui la tourmente et la fait rougir d'un rien l'oblige à s'exprimer le moins possible, de crainte de tenir des propos qui ne s'accorderaient pas à l'esprit de ce « pays-ci ». Sa complexion aurait la consistance déplaisante de quelque étoffe râpeuse. Ce qui aurait peut-être pu passer à Madrid, ce qui aurait même été possiblement tenu là-bas pour la marque des plus hautes vertus princières, ne passe guère à Versailles.

Aussi les manières rétives et les procédés affectés de cette jeune personne disposent-ils à lui manifester de moins en moins de bienveillance et déjà la parole se libère : serait-elle inassimilable par la cour de Versailles de la même manière que le fut, autrefois, la dauphine de Bavière ? Car si les temps ont bien changé, l'imperméabilité de cet univers est demeurée la même à qui n'en pratique pas les codes et ne sait pas en déchiffrer les cryptogrammes. Se complaire dans la solitude dans le rang où elle est, passe encore. Aimer vivre en petit comité, cela se peut. Mais pourquoi afficher si souvent, en tout lieu, un air indifférent ou accablé d'ennui ? Les soirs de comédies ou à l'occasion de quelque obligation de représentation, le peuple de cour d'abord s'étonne, se chagrine, enfin s'offusque de son peu d'obligeance. Le dauphin s'absente-t-il ? Plutôt que de se mêler à la bonne société, plutôt que de se chercher des affinités parmi les jeunes dames de la cour, c'est encore l'indolence sans contrainte, le confinement en ses appartements qu'elle préfère à toute chose.

Avec cela, une timidité calamiteuse, des alarmes et des agitations pour des bagatelles. En présence du roi, sa confusion tourne même à l'épouvante et c'est alors que tout son être se fige et se glace. En manière d'illustration de cette invincible terreur, la rumeur d'une petite anecdote se répand : parmi les présents que Louis XV vient de lui faire porter, une montre émaillée a tout particulièrement attiré l'attention du roi. On sait que Louis a la passion des sciences exactes : il aime particulièrement la mécanique, il s'intéresse beaucoup aux mouvements des planètes et, d'une manière générale, à toutes les découvertes du temps. On a bien vu, on a senti, on a compris que Sa Majesté sera bien aise que sa belle-fille ait le bon goût de lui faire don de cette montre émaillée au mécanisme compliqué. Avertie du royal désir, la dauphine est saisie de panique à l'idée de se rendre, de sa propre initiative, au-devant de son beau-père. En personne à émotions vives, la voilà incapable de se décider à agir, ce que voyant une dame de sa Maison prend sur elle de lui glisser la montre dans la main : la dauphine n'a plus qu'à remettre gracieusement l'objet à son beau-père. C'est tout simple. Hélas, cela même lui est impossible : le bras, le corps, tout paraît arrêté, bloqué, paralysé. Malaise et confusion dans l'assemblée sur laquelle un lourd silence vient à peser. Aussi Mme de Lauraguais, sa dame d'atour, s'empresse-t-elle d'intervenir : elle s'avance, reprend, d'un geste de chat, la montre laissée dans le creux de la main de la jeune femme et la remet elle-même au roi. Celui-ci, désireux de tirer les témoins d'embarras, et lui-même pareillement, choisit de rendre la montre à sa bru afin de lui donner publiquement, en quelque sorte, une seconde chance, expliquant avec délicatesse qu'« il ne voulait la tenir que de sa main ». C'est le désir aimable, obligeant et patient d'un honnête homme. Marie-Thérèse Raphaëlle reçoit ces paroles bienveillantes à la manière d'une injonction d'un caractère divin, si bien que « Mme la Dauphine, contrainte par la nécessité, la remit toute tremblante dans les mains du Roi ».

Présentation de la Pompadour

Les jours, les semaines passent. Avec une régularité sans faille, le duc de Luynes consigne dans ses écrits : « L'embarras de Mme la Dauphine est toujours le même... » « Mme la Dauphine se couche de beaucoup meilleure heure que la Reine; elle dit que la vie qu'elle a menée en Espagne lui a donné de l'aversion pour veiller... » « Elle ne paraît avoir aucun goût pour la chasse, même pour aucun amusement, hors celui de la promenade à pied. » Paternellement, Louis multiplie les efforts méritoires afin de déglacer ce visage et cette âme immobiles : « Sa timidité naturelle lui fait paraître les discours du Roi peu capables de la mettre à son aise avec lui; il est cependant certain que le Roi le désirerait beaucoup. Il lui a proposé deux ou trois fois de venir voir ses petits appartements; on prétend qu'elle a manqué deux fois de se rendre aux heures qu'il lui avait données. Ce qui est certain, c'est qu'il n'y a que peu de jours que le Roi lui a montré ses petits appartements. Ce froid de Mme la Dauphine paraît extraordinaire[36]. »

Par « extraordinaire », il faut comprendre étrange, déraisonnable, incohérent, et pour dire les choses comme elles sont, tout à fait déplacé. Avec une égale bienveillance, Louis XV se risque à un nouvel essai : non sans difficulté, il est parvenu à arracher à l'angoisse de sa bru une discussion en tête à tête : il l'a encouragée, en y mettant toutes les formes possibles, sachant l'humeur dont elle est faite, à « lui parler à cœur ouvert et avec confiance ». Il l'a interrogée sur sa manière de vivre au quotidien, il a voulu savoir si elle était « contente de sa Maison et des dames qu'il avait mises auprès d'elle ». Réponse confuse et balbutiante d'une jeune personne dans l'incapacité de maîtriser le secouement de ses nerfs : « Il paraît que Mme la Dauphine a beaucoup de peine à prendre ce ton de confiance et d'ouverture avec le Roi. Elle dit que quand elle le voit en public, sa timidité l'empêche totalement de lui parler[37]. » Toujours cette frayeur en toutes choses qui empêche tout, retient tout, détruit tout. La jeune infante qui était accoutumée à pleurer à Madrid sans qu'elle pût en pénétrer les causes, la voilà, dauphine de France, tout aussi enfermée dans son monde de tristesse, répandant les mêmes larmes que jadis sans que l'on puisse davantage démêler les raisons de ses déplorations françaises d'à présent que de ses lamentos espagnols d'avant-hier. Mal obsédant, impossible à nommer ni à connaître, où semble encore résonner l'écho lointain de cet autre irréductible mal de vivre qui fit, jadis, la désolation de la dauphine de Bavière.

Cependant, sa vie de couple, en dépit de ce que l'on sait, ou croit savoir du difficile apprentissage sexuel du dauphin, apporte comme un principe de vie à la vulnérabilité de cette nature souffrante. Sur ce point, tous les témoignages concordent : durant le peu de temps qu'ils vécurent ensemble, autant ce prince de seize ans semble avoir trouvé en cette princesse de dix-neuf ans la personne correspondant le mieux à son idéal féminin, autant Marie-Thérèse reconnaît en son époux l'être qu'elle était destinée à aimer… C'est au point que les observateurs de cette adoration réciproque ont quelque peine à concevoir qu'il puisse exister à Versailles une aussi « grande union » entre deux époux accolés l'un à l'autre par nécessité politique. « Tous les jours que le dauphin ne va pas à la chasse, il dîne avec la dauphine. Ils paraissent vivre tous deux dans la plus grande union et M. le Dauphin, est, je crois, le seul en qui Mme la Dauphine ait une confiance entière. L'après-dînée ils montent ensemble dans les cabinets de Mme la Dauphine, où M. le Dauphin lui fait la lecture pendant une heure ou une heure et demie[38]. » L'abbé Proyart, thuriféraire des membres de la famille royale, ne tarit pas d'éloges sur le compte de la princesse fantôme : « Marie-Thérèse ne manquait d'aucune des qualités qui pouvaient lui attacher le dauphin. Elle avait de l'élévation dans les sentiments, de la douceur et de l'aménité dans le caractère, une piété solide. » Toujours est-il que pour Louis-Ferdinand « le plaisir d'être avec Madame la Dauphine l'emporte sur tout autre ». Il n'aime point le jeu : elle non plus. Il ne goûte véritablement ni les spectacles, ni les bals, ni la chasse : pas davantage en ce qui la concerne. Il apprécie « à être avec fort petite compagnie » : la princesse également.

Si la dauphine ne peut soutenir sans angoisse le regard du roi son beau-père, elle se montre beaucoup plus à son aise en compagnie de la reine. En dépit de leur différence d'âge et de culture, les deux femmes se sont trouvé, spontanément, de nombreux points communs. Aussi ont-elles pris l'habitude de passer de longs moments en « conversations particulières sans dames et sans officiers des gardes ». Trop, de l'avis du roi, qui ne tarde pas à se formaliser de cet excès d'intimité dont il se sent exclu. Aussi fait-il bientôt savoir qu'il ne juge pas que « cet arrangement fût convenable ». Redoutant sans doute que ne vienne à se former contre sa personne, au sein même de sa famille, un clan, une communauté d'intérêts et de sentiments qui lui seraient moralement étrangers, le roi prétend y mettre bon ordre et, pour cela, fait connaître qu'il serait « à propos que M. le Dauphin et Mme la Dauphine n'allassent dans les cabinets de la Reine qu'environ une demi-heure avant le jeu ». Ce qui est dit par Sa Majesté est tenu pour être entendu une fois pour toutes. Cependant, les visites reprennent bientôt quotidiennement. « Lorsqu'il [le dauphin] va chez la reine, la conversation y est toujours fort vive et fort gaie entre eux; il est fort à son aise avec la Reine. Madame la Dauphine paraît s'y trouver fort bien aussi. Mesdames sont souvent présentes à ces conversations, et la Reine leur marque beaucoup d'amitié. » Bravant la remontrance royale,

Marie Leczinska se rend même volontiers en personne, le soir, chez le jeune couple, ou l'on « parle beaucoup tout bas et l'on rit volontiers ». Gagnée au cœur, la dauphine se plaît à affirmer qu'elle aime la souveraine « autant que la reine sa mère ».

L'habitude de la dauphine, nous l'avons vu, est de se coucher de très bonne heure, ainsi qu'elle le faisait à Madrid, contrevenant ainsi aux usages versaillais qui sont, précisément, de se coucher fort tard, mais c'est aussi qu'elle a coutume de se lever tôt le matin, ce qui n'entre guère, là non plus, dans les usages des grands du royaume. Quoi qu'il en soit de cette rupture de rythme qu'elle introduit dans la vie quotidienne d'une princesse de son temps, on observe qu'elle est « fort exacte aux heures et ne fait jamais attendre », témoignant ainsi un profond respect à ses dames et à ses visiteurs, ce qui n'est pas non plus nécessairement dans les manières d'une cour qui se tient pour la plus policée du monde civilisé. De surcroît, elle n'est « point paresseuse [...]. En route, elle est toujours prête la première, quelque matin qu'il faille se lever[39] ». Le soir, après le dîner en cérémonie, quand rien d'indispensable ne la retient, elle se retire invariablement dans son cabinet, heureuse de la solitude qui l'enveloppe. De tempérament plus flexible qu'on ne l'avait cru d'abord, elle se fait une obligation, contre son inclination naturelle, de jouer à cavagnole avec la reine, un désagrément de société qu'elle s'impose pour être aimable à sa belle-mère, cependant, en dépit de son bon vouloir, il lui est impossible de contrefaire ses goûts au point que le public ne remarque à nouveau qu'elle « ne paraît nullement s'en amuser ».

Son attitude prudente et réservée, son indifférence un peu trop marquée aux plaisirs ordinaires du monde, sa retenue en toutes choses, et jusqu'à son mutisme de statue en présence de gens qui, autour d'elle, sont accoutumés à faire tant de bruit et devisent sur tant de choses, enfin ces mille et un détails qui sont comptés comme autant de manquements aux devoirs et aux obligations de sa fonction, paraissent contradictoirement renforcer l'estime et l'affection que lui porte le dauphin.

Il n'est pas jusqu'à sa piété qui ne la lui rende aimable. Pieuse ? Elle l'est assurément. Elle l'est nécessairement, en bonne princesse espagnole. Cependant, sa dévotion demeure discrète et convenable, à la différence du zèle religieux de son époux qui indispose de plus en plus ses contemporains froissés par ses « démonstrations extérieures un peu trop grandes, comme par exemple de se prosterner presque jusqu'à terre au moment de l'élévation à la messe ou de la bénédiction au salut[40] ». C'est au point que la dauphine elle-même finit par prendre ombrage des manières ostentatoires de son époux très chrétien, trop chrétien, si bien qu'un jour elle s'enhardit à lui en faire reproche : un jour qu'elle s'est fait une obligation d'accompagner Louis-Ferdinand chez des religieuses quand elle avait manifesté le désir de s'occuper ailleurs, elle saisit l'occasion de déclarer un peu vertement au dauphin que « puisqu'elle avait la complaisance de faire ce qu'il désirait, qu'il devrait bien avoir celle de suivre ses conseils pour ne pas adorer le Saint-Sacrement comme un moine ».

À présent, ce « moine » de seize ans va recevoir le baptême du feu. Le 6 mai 1745, Louis XV se porte en compagnie de son fils à la tête de l'armée des Flandres. Dans l'attente des nouvelles de l'armée, la dauphine se renferme un peu plus encore, s'il est possible, dans ses appartements de l'aile des Princes, quoiqu'elle ne puisse empêcher les visiteurs et les solliciteurs de toutes sortes de se présenter chez elle : « Tout le monde y entre comme au dîner de la Reine. » Le 8 mai, le roi et le dauphin rejoignent le camp français établi sous Tournai, verrou stratégique sur l'Escaut. Louis observe avec satisfaction que c'est la première fois depuis Jean le Bon qu'un roi de France paraît à une bataille en compagnie de son fils. Si le sort des armes consent à lui être favorable, rien n'aura été vu de semblable depuis l'époque de Charles VII !

Et ce sera la victoire de Fontenoy. Bientôt, les principales villes de Belgique tombent les unes après les autres : Alost, Bruges, Audenarde, Dendermonde, Ostende, Gand… Le maréchal de Saxe, chargé de terminer la campagne, enlève Nieuport et Ath : en récompense, il recevra du roi la jouissance à vie du château et du domaine de Chambord ainsi que les honneurs du Louvre.

Pendant ce temps, le calendrier de la dauphine paraît singulièrement plat, et quant au bruit de son existence, il se fait des plus atones. On remarque qu'elle accomplit sa première visite à Marly, un lieu qu'étonnamment elle ne connaissait pas encore : jusqu'à présent, en effet, la princesse n'a pas manifesté de curiosité pour la dernière création architecturale de Louis XIV en dépit de toutes les belles et grandes choses qu'on lui aura dites, sans aucun doute. On observe, non sans réprobation, que la jeune femme « n'eut pas la curiosité seulement d'entrer dans son appartement ». À cette espèce de pèlerinage aux mânes du grand roi, elle préfère une simple promenade dans les jardins : on fait alors réflexion qu'elle « marche volontiers et très légèrement », peut-être pour corriger la mauvaise impression causée par cette rapide, indifférente et singulière visite.

Le 10 septembre, Louis XV, la reine, Mesdames, le dauphin, la dauphine, sont de retour à Versailles, après les fêtes données à Paris pour célébrer la victoire de Fontenoy. Quatre jours plus tard, la nouvelle marquise de Pompadour est présentée à la famille royale selon le rituel en usage qui intronise les maîtresses déclarées. Après avoir exécuté les trois révérences sacramentelles au pied du roi, puis les trois autres révérences plongeantes au moment de se retirer, la Pompadour se rend dans les appartements de la reine qui la reçoit avec toute la politesse requise en semblable occurrence. Troisième étape : révérences au dauphin et à la dauphine. Si Marie-Thérèse, plus docile, bienveillante et passive que jamais, répond par quelques mots tout aussi convenus qu'ils sont aimables et doux, il en va différemment du dauphin qui s'est promis de ne pas adresser la parole à cette dame, ce qu'il fait, et fait bien. Cependant, l'étiquette à laquelle nul ne peut se dérober commande expressément de donner l'accolade, joue contre joue, à la marquise, à quoi le jeune prince se résout en manifestant toute la raideur possible. On a parfois soutenu que le dauphin aurait profité d'un moment d'inattention de la marquise pour lui tirer la langue. Anecdote manifestement inventée : un héritier du trône ne peut s'abaisser à cette désinvolture. Une autre rumeur ne tardera pas à se répandre, celle-là bien réelle : la manière dont le prince et ses sœurs ont baptisé la Pompadour. Elle sera désormais, pour eux, et pour toujours, « Maman putain ».

Un événement d'une certaine importance est à placer en ce même mois de septembre 1745 : c'est à ce moment qu'aurait eu lieu la consommation du mariage… soit au terme de sept mois de vie conjugale. Luynes se fait naturellement l'écho de ces sortes de bruits qui se répandent par toute la cour et, bientôt, franchissent d'un bond les Pyrénées : « Jusqu'à présent, il en avait été dans quelque sorte d'inquiétude par rapport à la trop grande jeunesse de M. le Dauphin ; et comme le caractère du Français est de voir arriver tout ce qu'il désire, l'on été [*sic*] déjà effrayé de savoir que l'on ne pourrait avoir aucune espèce d'espérance que Mme la Dauphine pût devenir grosse, de sorte que c'est une nouvelle d'hier, et assez intéressante pour que l'on ait dépêché un courrier à Madrid, de savoir que cette possibilité existe actuellement. »

Possibilité. Et bientôt certitude : à quelque temps de là, les médecins sont en mesure d'annoncer que Mme la Dauphine se trouve dans une « situation intéressante ». C'est de cette époque que date une saynète familiale qu'on dirait croquée sur le vif : « Hier, la Reine alla après six heures chez Mme la Dauphine, qui était sur une chaise longue au pied de son lit et jouait à quadrille. La Reine demanda une table de cavagnole… On rangea Mme la Dauphine et sa table de quadrille dans la ruelle du lit. Le Roi vint la voir pendant ce temps, et y resta environ un quart d'heure. M. le Dauphin jouait à quadrille dans l'autre ruelle. Il ne fit cette partie que parce que la Reine la lui proposa, car il n'aime point le jeu[41]. »

Le duc de Croÿ, passant au même moment à Versailles et allant faire sa cour au jeune couple, trouve « M. le Dauphin engraissé et fortifié beaucoup trop, Mme la Dauphine grosse et toujours assez peu parlante et paraissant être fort réservée et méfiante ».

Autre couple : autre forme d'intelligence entre deux personnages de conséquence. Celle du roi et de la Pompadour dont il a bien fallu admettre qu'elle pourrait demeurer longtemps dans la plus haute faveur : « Il paraît qu'elle [la Pompadour] est fort satisfaite, non seulement de la Reine, mais même de Mesdames, qu'elle est aussi assez contente de la manière dont Mme la Dauphine la traite ; mais le silence, l'embarras et l'air sérieux de M. le Dauphin, quand il la voit, lui font de la peine. Cependant, elle ne s'en plaint pas, et ce n'est que par ses amis qu'on peut le savoir. »

Que Louis-Ferdinand évite de côtoyer « Maman putain », « la d'Étioles » ou « la Bestiole », selon l'appellation qu'on veut bien lui donner, sans préjudice de quelques autres épithètes, cela ne fait de mystère pour personne. *A contrario*, tout ce que l'on sait de la nature paisible et accommodante de la dauphine l'éloigne de toute espèce d'intention d'en découdre avec qui que ce soit, et avec la Pompadour en particulier. Aussi est-elle peu vraisemblable, la répartie que l'on met dans sa bouche : un jour que l'ancienne dame Poisson vient de chuter, par accident, dans un bassin à Fontainebleau, Marie-Thérèse Raphaëlle se serait exclamée que ce n'était, après tout, qu'« un poisson qui retournait à son élément ». Si l'on admet la véracité de ce bon mot, on trouverait alors, dans cette saillie d'humeur, le seul trait d'esprit qui soit jamais sorti de l'imagination de la princesse. Le seul, en tout cas, qui nous soit rapporté…

Mais faudra-t-il assister prochainement au théâtre des petits cabinets dont Mme de Pompadour a lancé la mode à Versailles? Marie Leczinska, d'abord réticente, finit par accepter. Mais si la reine consent à y paraître, il faudra que son fils et, par voie de conséquence, ses filles soient également présents. Ce sera bientôt fait. Ce jour-là, *Le Préjugé à la mode*, comédie en vers et en cinq actes de Nivelle de La Chaussée, a été inscrit au programme en première partie; en seconde, *Bacchus et Érigone*, un petit opéra en trois actes de Mondonville : « Il n'y avait que le roi, la reine, M. le Dauphin et Mesdames, mais sans aucune représentation; le roi et la reine sur des chaises à dos; M. le Dauphin et Mesdames sur des pliants. »

La dauphine n'est pas nommée, par la raison que son époux n'a pas trouvé convenable qu'elle y paraisse, outre que « le ridicule que l'on y voit donner à l'amour conjugal a fait naître quelques réflexions sur la présence de la reine à un spectacle où Mme de Pompadour joue avec toutes les grâces et l'expression que l'on peut deviner[42] ». Mais la bouderie ne durera pas. Comme le reste de la famille royale, Marie-Thérèse Raphaëlle finira par honorer de sa présence toute diplomatique le théâtre des petits cabinets à différentes reprises.

Il est entendu que la Pompadour chante d'une manière bien agréable et que l'on interprète de petites partitions fort aimables en son théâtre privé : cependant, il n'est pas à la cour de mélomane plus avertie que la reine, qui s'est posée en organisatrice suprême des plaisirs musicaux à Versailles.

Depuis la disparition de Louis XIV, la musique à la cour était demeurée longtemps en déshérence. Mais Marie Leczinska arrive et la musique renaît. Elle renaît avec une telle variété et une telle invention qu'il se peut qu'elle règne désormais au château avec plus de bonheur encore qu'il n'en fût au Grand Siècle.

Autour de Marie, en effet, la musique est partout, et d'abord en ses petits appartements. Au sein d'un monde inaccessible au commun des mortels où seuls pénètrent ses enfants et quelques rares familiers, il ne se passe guère de jours que la musique n'emplisse la vie de cette société choisie : la musique interprétée pour elle-même et non plus en simple fond sonore d'autres activités, comme sous Louis XIV. Dans les salons retirés de Marie Leczinska, s'organisent les concerts de la reine : ils durent un peu plus d'une heure, juste assez pour exécuter deux actes d'un opéra sans costume, sans décor ni ballet, une cantatille et une ou deux pièces instrumentales. Si les plus grands virtuoses s'y produisent régulièrement, c'est aussi toute la famille royale qui pratique un ou plusieurs instruments.

Que joue-t-on chez la reine? On déchiffre les partitions de Jean-Philippe Rameau dont la réputation de compositeur savant et de théoricien de la musique rebute nombre de beaux esprits qui lui préfèrent du léger et de l'agréable. Son premier opéra, *Hippolyte et Aricie*, composé alors que l'artiste avait déjà atteint la cinquantaine, n'a-t-il pas été qualifié d'« inchantable »? L'homme, c'est le moins qu'on puisse en dire, n'est pas d'une fréquentation très facile. Anticourtisan s'il en est, resté sans protecteur à Versailles jusqu'aux représentations de *La Princesse de Navarre* et de *Platée* donnés lors des noces du dauphin (Rameau était alors âgé de plus de soixante ans), il a su s'attirer l'estime, sinon l'admiration, de Marie Leczinska par la profondeur et la nouveauté de son génie, si bien qu'en mettant au programme de ses concerts privés quelques-unes des œuvres de l'auteur des *Indes galantes*, c'est implicitement que la reine a pris parti dans la lutte opposant à l'époque lullistes et ramistes, de la même manière qu'avait retenti, autrefois, la querelle des Anciens et des Modernes. Cependant, Rameau reste assez peu présent dans les petits concerts particuliers de la reine : on trouve plus souvent les noms de Lully, Couperin, Alarius, Colin de Blamont, Campra, Montéclair, Bury, Mondonville, Boismortier, Colasse, Mouret ou Desmarest[43]...

Si la reine, toute mélomane qu'elle soit, passe pour une interprète assez médiocre, Madame Adélaïde, en revanche, joue « supérieurement » du violon. Elle pratique aussi le violoncelle et chante avec une forte voix de basse-dessus. Madame Henriette est remarquable, affirme-t-on, à la basse de viole. Le dauphin, s'il pratique le violon, le clavecin, l'orgue, le violoncelle, la contrebasse, la guitare, la musette ou le cromorne, est surtout réputé pour sa voix de basse. Outre la musique donnée ou interprétée en petit comité dans les appartements retirés de la souveraine, on joue aussi dans le salon de la Paix rattaché à ses appartements, ainsi que dans l'antichambre du grand couvert où il y a « toujours une petite musique pendant son souper[44] ». Mais on joue aussi beaucoup chez Mesdames ainsi que chez le dauphin. Louis-Ferdinand se fait composer des cantates qu'il chante devant son épouse, sa mère et ses sœurs[45].

Dans cette famille de musiciens accomplis, Marie-Thérèse Raphaëlle apparaît quelque peu en retrait. Comme toutes les princesses d'Europe, elle a certes reçu une excellente éducation musicale, mais ses dons de praticienne restent fort limités, et la musique, chez elle, ne dépasse guère cette sorte d'intérêt porté aux arts d'agrément que l'on se doit de pratiquer entre gens de conséquence. Cependant, sa sensibilité musicale ayant été formée au contact de la musique italienne, Marie Leczinska fera représenter, dès l'arrivée de la dauphine à Versailles, quelques programmes uniquement composés de la musique qu'elle connaît le mieux : « Le samedi 13 il y eut chez la reine, en présence de Mme la Dauphine, un Concert italien composé d'une ouverture, d'un concerto, de plusieurs sonates, de deux ariettes chantées par la Dlle Vanlo qui y soutint parfaitement la réputation qu'elle s'est acquise, et d'un duo chanté par la même avec le Sieur Dauta, Italien de la Musique du roi[46]. »

Le temps d'accoucher approche. Tandis que l'événement communique à Versailles toute la fébrilité qu'on imagine, la nouvelle d'une mort subite fait irruption un matin de juillet au château.

Le père de la dauphine vient d'être foudroyé par une attaque d'apoplexie à l'âge de soixante-trois ans : l'ancien duc d'Anjou, le petit-fils de Louis XIV, devenu roi d'Espagne, se défait enfin de son âme lourde et ténébreuse. Alors que la grossesse de sa fille versaillaise touche à son terme, est-il opportun de lui apprendre l'événement ? Louis XV s'y oppose : « Le Roi ne voulant pas apprendre cette nouvelle à Mme la Dauphine, à cause de son état, recommanda à l'ambassadeur de n'en rien dire, ne voulant pas même qu'il remît deux lettres dont il était chargé[47]. » Cependant, au château, le secret est bientôt éventé. Certainement, Marie-Thérèse Raphaëlle ne manquera pas d'en prendre connaissance. Louis, garant de l'avenir de sa race, sollicite l'opinion des médecins qui se rangent unanimement à la nécessité de taire à la dauphine le décès de son père, faute de quoi ils ne répondent de rien : « On a donné tous les ordres nécessaires pour empêcher que Mme la Dauphine ne pût avoir quelque connaissance de ce malheur. On dit qu'elle y sera fort sensible, aimant beaucoup le roi son père[48]. »

Étonnamment, dans ce Versailles où tout se dit et tout se sait, le secret sera gardé. Dans l'attente de l'accouchement, les dames et les médecins de la princesse s'établissent à demeure dans l'appartement de l'aile des Princes transformé en une sorte de camp retranché.

Mais le jour de la délivrance tarde à venir. Depuis des jours, le terme est dépassé. Le roi s'en étonne et demande à connaître le comment et le pourquoi de ces difficultés. L'événement se faisant encore attendre, Louis se montre contrarié, fâché, impatienté, jusqu'à perdre cette fleur de politesse qui le caractérise. Il est vrai que l'attention du souverain est singulièrement absorbée par les affaires italiennes : après avoir perdu la citadelle d'Asti, les Franco-Espagnols ont été défaits à Plaisance, ils ont reculé à Milan et ont plié devant Parme. Cependant, la situation est bien meilleure en Flandre : Louvain, Bruxelles, Malines, la citadelle d'Anvers sont tombées. C'est toute la conquête des Pays-Bas autrichiens qui se présente sous les meilleurs auspices. Pressé de rejoindre l'armée, Louis a cependant promis de demeurer à Versailles jusqu'au jour de l'accouchement. Cependant, « la situation de Madame la Dauphine est toujours la même. Le Roi commence à s'ennuyer beaucoup de ce qu'elle n'accouche pas[49] ». Au point que Sa Majesté, excédée, finit même par lâcher : « Je préférerais que la dauphine accouche d'une fille pourvu que ce soit maintenant ! »

Enfin – nous sommes le 19 juillet –, les premières douleurs apparaissent aux environs de 22 heures. Dès la nouvelle connue, la chambre de la dauphine s'envahit de la traditionnelle mêlée de grands personnages. On est là si nombreux, encore une fois, qu'il devient tout à fait impossible de voir ce qui se passe : l'enfant est-il né ? Pas encore. Une heure, deux heures, trois heures et d'autres heures encore, étouffantes, interminables s'écoulent en une vaine attente. La chaleur fait haleter les poitrines, mollit les membres, assèche les gorges. Les gémissements, et bientôt les cris de souffrance de la jeune femme de vingt ans se font si violents qu'ils épouvantent le monde. Afin de hâter l'accouchement, les chirurgiens procèdent à une première saignée, puis à une seconde… Enfin, au terme de huit longues heures d'un travail épuisant, le premier vagissement d'un nouveau-né retentit dans la pièce.

« Grande rumeur pour savoir de quoi » la jeune femme est accouchée. Le dauphin manifeste une telle joie qu'il paraît certain qu'un petit duc de Bourgogne vient de venir au monde. Un mâle, enfin ? La calamité d'enfantements de filles pesant depuis un si grand nombre d'années sur la famille royale est-elle exorcisée ?

Hélas, Mme de Tallard, gouvernante des Enfants de France en survivance de sa grand-mère maternelle, la duchesse de Ventadour, s'ouvre un passage au milieu des témoins, portant en ses bras l'enfant emmailloté et « faisant une grimace qui n'annonçait rien de bon ». Pourtant, le roi ne vient-il pas de s'exclamer d'un air de victoire : « Cet enfant est bien gros ; il a la tête fort grosse, et le corps fort long ! » ? Mais, tout gros qu'il soit, cet enfant est une fille ! Encore et toujours une fille ! Contrevenant aux usages, le dauphin a voulu, dès l'ondoiement, que l'on donne un prénom à l'enfant : ce sera celui de son épouse. Ainsi y aura-t-il deux princesses Marie-Thérèse au palais. De façon à ne pas confondre l'une avec l'autre, il suffira, quand on s'entretiendra de l'enfant, de dire « Madame » ou « Petite Madame », avec l'espoir, toutefois, de ne pas ajouter à la confusion, relativement aux autres titres de « Madame » portés par les deux filles de Louis XV qui sont à Versailles, Henriette et Adélaïde, sans omettre les trois cadettes, Victoire, Sophie et Louise, qui sont encore à l'abbaye de Fontevraud mais qui reviendront prochainement au château.

« Mme la Dauphine s'est toujours assez bien portée depuis sa couche, excepté hier que l'on crut qu'il y avait de l'émotion dans son pouls, mais elle n'a pas eu de suite. M. le Dauphin paraît aimer beaucoup sa femme… On ne peut pas marquer une amitié plus naturelle, plus simple et plus gaie que celle que M. le Dauphin a montrée dans cette occasion[50]. »

Mais arrive le 22 juillet : brusquement, la santé de la dauphine se dégrade, une fièvre violente se déclare et déjà l'esprit s'égare. Faut-il saigner ? Une partie des médecins est d'avis de phlébotomiser sans attendre, une autre partie manifeste une opinion contraire. Finalement, après une concertation laborieuse, la résolution est prise de saigner la jeune femme par deux fois, ce qu'on fera au pied. La Peyronie, premier chirurgien du roi, fait pesamment tomber sur ses collègues son jugement péremptoire : selon lui, qu'on saigne ou qu'on ne saigne pas la dauphine, « il n'y avait nulle espérance qu'elle vivrait plus longtemps » ; qu'on la saigne, donc, si l'on veut et elle mourra plus tôt ; qu'on ne la saigne pas si l'on préfère et elle mourra tout aussi bien, un peu plus tard seulement.

Dès 9 heures du matin, Marie-Thérèse Raphaëlle a perdu connaissance. Un court moment, elle a recouvré ses esprits et a demandé un prêtre : elle se confesse pour la dernière fois, puis, sans faire plus de bruit que cela, la jeune femme expire humblement, modestement, petitement, un peu avant midi, s'éteignant comme elle avait vécu, sans déranger personne.

Avertis de la disparition, aussi soudaine qu'inattendue, de leur belle-fille, le roi et la reine restent d'abord interdits. Ce n'est qu'après avoir entendu la messe dans son cabinet en compagnie du dauphin et de Mesdames que Louis XV a trouvé le courage d'apprendre le malheur à son fils : « L'on peut juger de son excessive douleur », note simplement Luynes. Celui qui se croyait, à l'âge de dix-sept ans, à la fois heureux père et mari comblé, voit en un instant tout un monde ordonné, harmonieux, calme et lisse se réduire en poussière. Mesdames poussent des cris. Le roi, tombé dans son fauteuil, égrène son chapelet…

Dans la chambre mortuaire, Mme de Lauraguais, obligée par sa charge de coiffer d'un bonnet la défunte, est prise de convulsions et tombe évanouie. En sa qualité de dame d'honneur, le triste privilège est revenu à Mme de Brancas de fermer les yeux de la dauphine. Quelque temps plus tard, la même duchesse de Brancas est avertie d'un étrange phénomène : le corps sans vie de la dauphine n'est pas devenu froid « comme doit l'être le corps d'une personne morte ». Elle se hâte d'avertir les médecins et les chirurgiens qui « donnèrent quelques coups de lancettes sous les pieds, sans aucun résultat ».

Ce même jour, vers 6 heures du soir, la famille royale quitte Versailles pour Choisy, de préférence à Marly en raison « des malheurs arrivés en 1712 ». « Le moment du départ fut un renouvellement de douleur pour toute la famille. Tout ce voyage se passa tristement, comme on peut le croire. M. le Dauphin qui est fort sujet aux saignements de nez en eut un au village de La Rue [...]. Le roi arriva sur les huit heures à Choisy ; il y eut d'abord un grand silence, suivi de beaucoup de larmes, ensuite une triste conversation où l'on entra dans tous les détails les plus affligeants[51]. »

Le corps de la dauphine est exposé pendant deux jours à visage découvert, « mais comme il aurait été trop effrayant à voir, on l'avait caché ». Effrayant, car le cadavre, à peine la grandeur humaine s'en est-elle retirée, s'en va en pourriture. En conséquence, les chirurgiens ont procédé à une rapide autopsie. Leur conclusion : « On n'a trouvé aucune cause de la mort qui provînt de l'accouchement, ce qui a été certifié par toute la Faculté ; on a trouvé seulement une très grande abondance de lait[52]. »

Il est possible, il est même vraisemblable que Marie-Thérèse Raphaëlle ait succombé à une occlusion intestinale. La défunte au visage voilé est placée dans son cercueil posé sur un lit de parade de damas cramoisi dressé dans la chambre à coucher de l'aile des Princes. La bière, transportée ensuite dans le Grand Cabinet « tendu et plafonné de drap noir avec grands et petits cartouches de carton doré aux armes du dauphin et de la dauphine », est juchée sur une estrade couverte du poêle de la couronne. Les entrailles de la dauphine, placées à côté du cercueil, ont été renfermées dans une boîte de bois de noyer, couverte de velours noir portant une croix de moire d'argent. Mme de Brancas a déposé sur le cercueil le cœur embaumé mis dans un double cœur de plomb et de vermeil. Les flammes de dix cierges éclairent fantastiquement la bière, gardée en cérémonie par des hérauts d'armes ; quatre évêques psalmodient, tandis que les dames de la dauphine veillent. Toute la longueur de la galerie menant à l'appartement de la défunte est tendue de noir, de même que l'escalier descendant jusqu'à la cour des Princes, elle-même tendue de noir, ainsi que l'alignement des grilles menant à la cour des Minimes.

Vient alors à se produire une misérable controverse à l'occasion de la cérémonie de l'eau bénite. Les Rohan et les Bouillon, jaloux de leur importance et vétilleux au dernier degré, font connaître leurs prétentions d'asperger le corps de la dauphine avant que n'apparaissent les ducs. Lesquels ne manquent évidemment pas de revendiquer ce privilège pour leur compte. Fatalement, les esprits s'exaspèrent, on monte sur ses ergots, et « comme le roi n'aime pas à décider[53] » ni les uns ni les autres n'ont jeté d'eau bénite sur la défunte. On n'est guère moins accommodant parmi les dames ayant en charge d'accompagner les filles de Louis XV et celles qui ont fonction de servir les duchesses. Mlle de Duras, dame d'honneur de Madame Henriette, accable de telles exigences le maître des cérémonies que celui-ci, à bout de patience, menace, au cas où cette dame viendrait à se montrer au même moment que la princesse de Bouillon, de lui arracher le goupillon des mains. Au point où en est l'affaire, elle ne s'apaisera qu'on ait consulté le roi, lequel tranche l'incident, de guerre lasse, en décrétant que nul ne jettera de l'eau bénite sur le corps de sa bru. Voilà comme on est au XVIIIe siècle. Ce siècle de la distinction, de l'élégance et de la grâce de vivre…

La mort de la dauphine ne mettant plus d'obstacle au deuil du roi d'Espagne, Louis XV se revêt de violet, qui est la couleur du deuil des rois de France. Deuil pour le père. Deuil pour la fille. Cette double disparition semble d'ailleurs davantage déranger le roi dans ses projets militaires qu'elle ne l'attriste véritablement. C'est le sort commun des princes et des princesses trop tôt disparus que de laisser après eux un chagrin médiocre : qui quitte la partie la perd. Certes, concède Luynes, « le triste spectacle dont il a été témoin et le commencement d'amitié qu'il avait pour Mme la Dauphine ont affligé le Roi », mais, observe le même auteur, « si cette affliction n'est peut-être pas entièrement finie, elle est fort dissipée ». D'une manière plus surprenante, Luynes ajoute ce commentaire : « Celle de M. le Dauphin, quoique très vraie, est aussi extrêmement adoucie ; il pleure souvent, mais il rit quelquefois. » Manifestement, le désespoir du jeune prince échappe à la compréhension du mémorialiste. Veut-on apporter quelque atténuation au malheur du dauphin, divers courtisans emplis d'un zèle consolateur ne reculent pas à lui faire « remarquer des défauts dans la figure et dans le caractère de Mme la Dauphine, dont il n'avait point été frappé[54] ».

Le 5 septembre suivant, soit quinze mois seulement après son arrivée en France, Marie-Thérèse Raphaëlle est menée à Saint-Denis. Le char funèbre est attelé à huit chevaux caparaçonnés de panne noire, avec des croix de moire d'argent. Le roi n'a pas voulu que le convoi passe « dans Paris, le cortège ne pouvant pas être assez nombreux à cause de l'absence de presque toutes les troupes de Sa Majesté, et [a décidé] qu'il passerait par le rempart, le Roi ne jugeant pas à propos qu'il passe par la plaine, à cause du temps des moissons ».

Les frères Slodtz, ceux-là mêmes qui avaient si remarquablement fait la démonstration de leurs talents l'année précédente lors des fêtes du mariage, ont reçu mission de décorer la nef de la basilique. Dans le genre funèbre, ils manifestent les mêmes qualités d'invention et de fantaisie décorative que dans le style piquant et léger d'une fête de cour : il y a un parterre, il y a des loges, il y a des tentures, il y a une foule de spectateurs au point que si l'on n'y prenait garde, on se croirait de nouveau transporté dans une salle de spectacle improvisée pour le plaisir des yeux : « La décoration était très belle, et même aussi agréable qu'elle pouvait l'être dans pareille cérémonie. » De hautes tribunes ont été disposées de part et d'autre de l'allée centrale ; les vieux piliers gothiques disparaissent sous des tentures de deuil éclairées par d'énormes lustres, portant dix-huit cierges allumés, tels qu'on peut en admirer d'à peu près semblables dans la galerie de Versailles ; le catafalque, dominé par un immense baldaquin joignant les voûtes sur croisées d'ogives, est surmonté de l'un des trésors de Saint-Denis, la croix de Suger. Cochin le Fils – ce même Cochin qui avait œuvré, comme les Slodtz, lors des fêtes du mariage – a laissé une estampe fameuse de la cérémonie. Près de la bière, est déposé l'écrin renfermant le cœur de la dauphine ; cet écrin sera porté au Val-de-Grâce par l'ancien évêque de Mirepoix, accompagné de la duchesse de Chartres, de la princesse de Conti, douairière, de Mlle de Sens, ainsi que des dames et officiers de la dauphine.

Bien des années plus tard, quand il mourra à son tour précocement, le dauphin demandera que son cœur soit déposé dans la même urne contenant celui de sa première épouse, son amour de jeunesse. Ils seront bien peu nombreux, alors, à se souvenir qu'il exista jadis, sur terre, une certaine personne nommée

Marie-Thérèse Raphaëlle d'Espagne, passée comme une brise légère au milieu des vivants…

Le 24 novembre suivant, une grande cérémonie religieuse sera donnée à Notre-Dame de Paris pour le repos de la défunte. Les frères Slodtz et Cochin le Fils officieront artistement de même.

Le roi et sa famille ont à présent regagné Versailles et le dauphin a repris possession de son appartement de l'aile des Princes : mais il devra prochainement le quitter afin de s'installer au rez-de-chaussée du corps central du château, en compagnie de celle qui deviendra la nouvelle dauphine, à charge pour celle-ci de réparer, par sa venue prochaine, la défection de la première.

En effet, le corps de Marie-Thérèse Raphaëlle est à peine descendu dans la nuit du caveau des Bourbons que l'on s'empresse de chercher une remplaçante à l'éphémère et cristalline princesse d'Espagne.

Un ventre contre un autre ventre. C'est la règle. « Voilà un furieux vide pour lui [le dauphin], qui était jour et nuit avec elle », a convenu le roi avec une émotion sincère, ajoutant toutefois : ce vide-là « nous tâcherons de le lui rendre le plus court possible ».

Ce qui sera fait hardiment, ainsi qu'il convient d'agir avec un héritier de la couronne qui n'a pu donner d'enfant mâle au royaume. On manifestera toutefois la délicatesse de laisser passer quelques courtes journées avant de lui parler remariage. Bien sûr, il s'en offusquera. On s'offusquera quelque peu qu'il s'en offusque. Et puis l'on oubliera. Et tout recommencera…

5

Marie-Josèphe de Saxe (1731-1767)

Triste, triste Pépa… La mère des trois derniers rois de France

Tandis qu'autour du lit de parade où gît le cadavre de Marie-Thérèse Raphaëlle, cette vapeur errante, les prières des morts bruissent depuis deux jours, c'est un tout autre spectacle qui se joue, à la fois très proche et très lointain de ce monde de ténèbres, à quelques pas de l'aile des Princes.

Dans le corps central du château et dans son prolongement de l'aile du Nord, la vie de cour s'est hâtée de reprendre son mouvement ordinaire. Plus de solennités funèbres, plus de fumigations d'encens grisaillant le lointain des salons, plus de cardinaux mitrés ou de tonsures lustrées passant dans l'ombre des rideaux tirés. Ici, c'est comme un courant vif, léger, électrisant qui ranime les cœurs et qui ravive les nerfs. C'est déjà toute une effervescence de plans échafaudés, de combinaisons méditées, d'ambitions, d'espérances renaissantes. Voilà quarante-huit heures que la dépouille au visage voilé de la dauphine d'Espagne repose en sa couche mortuaire, tandis qu'à l'autre bout du palais ce n'est déjà plus que propos, tractations, assemblées, entretiens sur la nécessité de donner, au plus tôt, un nouveau parti, convenable et intéressant à ce jeune veuf de dix-sept ans qui, là-bas, à Marly, pleure, dit-on, répand d'intarissables larmes.

Le comte de Loss, envoyé « magnifique, galant, voluptueux » d'Auguste III de Pologne, fait part à son ministre et favori, le comte de Bruhl, des premières effervescences politico-matrimoniales qui remuent le gouvernement et agitent la cour de Versailles : « En même temps que chacun pleure la mort de Madame la Dauphine, le public dispose déjà de la main du dauphin pour lui donner promptement une autre épouse. »

Tandis que le cœur de la défunte est porté, nuitamment, à l'église du Val-de-Grâce, ce sont d'infinis va-et-vient qui animent le château jusqu'aux heures les plus reculées, c'est à qui se montrera le plus persuasif parmi la grande affluence d'ambassadeurs rassemblés dans les galeries, se donnant, chacun, des « mouvements infinis » dans l'espoir d'établir en lieu et place de la défunte l'une ou l'autre des princesses européennes dont ils ne laissent pas d'exalter les vertus et de vanter les charmes. Alors même que le cercueil de Marie-Thérèse Raphaëlle n'a point encore été cloué, des noms commencent à circuler, glissant de bouche à oreille, courant de salle en salle et se communiquant d'étage en étage : ce pourrait être Anne Amélie de Prusse, sœur de Frédéric II, ou Louise de Danemark. À moins qu'il ne s'agisse de Marie-Françoise, princesse de Beira, fille du prince du Brésil et de l'ancienne « Infante Reine Future ». Ou encore de Marie-Antoinette de Bavière, sans préjudice d'Éléonore Marie-Thérèse, de Marie-Louise Gabrielle ou de Marie-Félicité de Savoie, toutes trois filles de Charles-Emmanuel III, oncle de Sa Majesté, lequel duc de Savoie a cependant contre lui le grand désavantage de guerroyer contre les armées de Louis XV.

Il est aussi beaucoup question d'une autre infante d'Espagne, Maria Antonia, dix-sept ans, sœur cadette de la défunte. Il ne s'agit pas que d'une simple rumeur : en effet, à peine Élisabeth Farnèse a-t-elle pris connaissance de la mort de sa fille versaillaise que le duc de Huescar, ambassadeur ordinaire d'Espagne à la cour de France, s'est transporté à francs étriers à Versailles au nom de Ferdinand VI – le nouveau Roi Très-Catholique – afin d'offrir la main de la princesse. Huescar s'est opposé à un refus courtois, mais formel et définitif, de Louis XV qui manifeste, non sans raison, quelques fortes inquiétudes sur les nouvelles orientations de la cour de Madrid, outre que Sa Majesté n'est pas sans savoir le vieil usage du royaume de France interdisant à un prince de contracter mariage avec la sœur d'une femme dont il a eu des enfants. « Le clergé et le peuple pensent comme moi, écrit Louis XV au roi Ferdinand[1], ou, pour mieux dire, je ne pense que d'après eux, et la voix du peuple est la voix de Dieu. » Pourtant, si l'on avait consenti, en dépit de toutes les lois humaines et divines, de prêter attention aux goûts et à l'avis de Louis-Ferdinand, cette Maria Antonia l'aurait certainement emporté sur toutes autres : en la prenant pour femme, le jeune dauphin aurait pu se donner l'illusion de retrouver chez la cadette un peu de son aînée… Mais deux infantes coup sur coup, de surcroît dans des circonstances politiques ayant radicalement changé, cela ne se peut pas, cela n'est pas pensable. Une princesse « saine et féconde », il sera nécessaire d'en trouver une ailleurs.

D'autant que Louis XV a déjà arrêté son choix en ces temps où la guerre de Succession d'Autriche a épuisé l'ensemble des belligérants qui aspirent à sortir, un jour prochain, de tous ces embarras au moyen d'une bonne paix qui durera ce qu'elle pourra. Aussi Sa Majesté s'intéresse-t-elle prioritairement à la Saxe, ce morceau de l'Empire situé au cœur de l'Europe centrale couvrant la plus grande partie du nord de l'Allemagne d'aujourd'hui, cette Saxe demeurée catholique dans une Europe orientale et nordique dont la majorité des territoires ont embrassé le protestantisme, l'orthodoxie ou la religion musulmane, cette Saxe, enfin, avec laquelle la France vient précisément de signer un traité d'alliance.

La Saxe, c'est-à-dire la Saxe et la Pologne, car ils vont de pair en ce singulier « royaume-république », ces deux États voisins qui depuis un demi-siècle n'en constituent qu'un seul couvrant un immense territoire s'étirant de la mer Baltique à l'Empire ottoman, des portes de Prague à celles de Saint-Pétersbourg.

Ce traité a été conclu avec Auguste III, électeur de Saxe et roi de Pologne, qui s'est engagé à ne pas mêler ses forces armées à celles des ennemis de la France. Un resserrement des liens entre les deux nations, au moyen d'une union conjugale qui serait agréable à Dieu et aux hommes, transformerait un deuil sensible en un avantage politique. On ne saurait, sur ce point, mourir plus à propos que ne l'a fait l'humble dauphine d'Espagne…

Dresde.

La cour et la ville de Dresde : cette « Florence de l'Elbe », était, selon Voltaire, « la plus brillante d'Europe, après celle de Louis XIV ». Et, de l'avis du margrave de Bayreuth, « la magnificence y était poussée jusqu'à l'excès, tous les plaisirs y régnaient ; on pouvait l'appeler avec raison l'île de Cythère ».

Ce « royaume-république » doit une bonne partie de sa renommée à la personnalité, hors de toute proportion humaine, du père du roi régnant, ce premier prince-électeur, roi de Pologne et grand-duc de Lituanie qui régna sous le nom d'Auguste II de 1709 à 1733[2], et qui s'attira le surnom retentissant d'Auguste le Fort tant par sa taille de géant et la puissance de sa musculature que par le faste, tout aussi légendaire, dont il avait su entourer chaque événement de son existence.

À l'âge de dix-sept ans, il a effectué son « grand tour » à travers l'Europe et il a séjourné par deux fois à Versailles. Ce fut l'éblouissement de tout son être, un ravissement de toutes ses facultés intellectuelles à la découverte d'un Louis XIV dans la majesté de sa cinquantaine. Les collections réunies par le grand roi ainsi que les richesses amassées par le Grand Dauphin font l'admiration de cet esthète dans l'âme. Dès lors, il n'aura de cesse que de faire de Dresde son Versailles particulier, s'appliquant à mettre en permanence ses pas dans ceux de son glorieux modèle.

Pour Auguste le Fort, rien ne sera jamais trop beau, ni trop grand, ni trop majestueux, ni trop déraisonnable pour faire de sa variation dresdoise louis-quatorzienne une capitale de premier rang. Collectionneur compulsif, Auguste le Fort acquiert un nombre considérable d'œuvres d'art dont il orne surabondamment ses demeures. Il porte à sa plus grande splendeur l'art musical à Dresde : l'excellence en est conservée de nos jours par l'un des plus anciens orchestres du monde, la Staatskapelle de Dresde[3] : « Le premier orchestre d'Europe concernant le nombre de ses exécutants et leur musicalité est celui de Naples, écrit Jean-Jacques Rousseau ; mais celui possédant les meilleurs emplacements et le jeu d'ensemble le plus parfait est l'orchestre de l'opéra du roi de Pologne à Dresde, dirigé par le célèbre Hasse[4]. »

Auguste le Fort, cette plante extravagante poussée dans les platebandes saxonnes, est aussi un athlète sexuel auquel la tradition prête une foule de maîtresses impossible à dénombrer ainsi qu'une descendance naturelle tout aussi pléthorique. Parmi ses enfants adultérins, il en reconnaît huit dont le fils d'Aurore de Kœnigsmark, qui est aujourd'hui le maréchal de Saxe. En précurseur des Lumières, il a conçu le premier musée d'Europe ouvert au public, sa célèbre « Voûte verte ».

La personnalité d'Auguste le Fort demeure en outre attachée à la célèbre « Manufacture de porcelaine polonaise royale et princière de Saxe », première manufacture de porcelaine d'Europe créée en 1710 au château médiéval d'Albrechtsbourg, à Meissen, une soixantaine d'années avant Sèvres.

Cet « or blanc de la Saxe » fait l'orgueil et le ravissement du prince-électeur : il aménage à Dresde un palais entier – le Palais hollandais, bientôt appelé japonais – afin d'abriter ses collections, riches de plus de 23 000 pièces au jour de sa mort. L'engouement pour les petites statuettes polychromes réalisées en Saxe gagne l'ensemble du Vieux Continent. À Paris, on en raffole, surtout quand elles sont montées sur des socles de bronze doré. Et la notoriété de l'« or blanc » dure encore : le symbole des deux épées croisées associé parfois aux lettres « AR » (Augustus Rex) apposé sur chacune des pièces sortant des ateliers de porcelaine de Saxe est aujourd'hui la plus ancienne marque de fabrication au monde dont l'utilisation n'a jamais été interrompue.

Auguste III, son seul fils légitime, sans présenter l'extravagante monumentalité de son père, a su maintenir le prestige de sa capitale étendue sur les rives de l'Elbe, encadrée de molles collines tapissées de vignobles produisant des vins capiteux.

C'est en direction de ce « pays proprement enchanté » que Louis XV, dès la mort de la première dauphine, a porté le regard. En premier lieu, Sa Majesté avait espéré obtenir la main de la princesse Marie-Anne, la fille aînée de l'électeur-roi : mais cette main était déjà promise à Maximilien III de Bavière. Qu'à cela ne tienne, ce sera sa cadette de neuf ans, la princesse Marie-Josèphe, huitième enfant du roi-électeur, à qui l'on a donné le prénom de sa mère Marie-Josèphe d'Autriche.

Au moment de faire son entrée dans l'histoire de France, cette princesse est âgée de quinze ans. Le comte de Loss, envoyé de Saxe à Versailles, s'est acquis la bienveillance active du secrétaire d'État aux Affaires étrangères, le comte d'Argenson, outre qu'il sait pouvoir compter sur un autre soutien de poids, celui du maréchal de Saxe, qui présente le double avantage d'être le récent vainqueur de Fontenoy et le frère naturel de l'électeur-roi de Saxe et de Pologne, père de la prétendante. Par une coïncidence heureuse, Monsieur le maréchal des camps et armées de Louis XV est ainsi l'oncle – certes par la main gauche – de la jeune Marie-Josèphe, et voici, en conséquence, l'un des plus fameux stratèges de son temps prêt à se distinguer à son avantage sur un autre genre de champ de bataille, celui des épousailles saxonnes. Cette union qui fera entrer Monsieur le maréchal dans le cercle étroit de la famille royale est, au surplus, puissamment soutenue par Mme de Pompadour. Aussi, le 10 septembre, le maréchal peut-il écrire à son demi-frère de Dresde : « Je prends la liberté d'envoyer une lettre qu'a écrite ces jours passés Mme de Pompadour, qui pourra faire juger Votre Majesté que je ne suis pas mal dans les petits cabinets. L'on était aux informations et je crois même qu'il est parti quelqu'un pour voir la princesse Joséphine et au rapport duquel on se confie. »

Déjà, l'affaire court la poste.

Après Marie-Thérèse Raphaëlle vient le tour de Marie-Josèphe. Une Allemande après une Espagnole. Cependant, un obstacle se présente : et cette difficulté vient de la reine. Ce n'est pas que Marie Leczinska nourrisse contre la personne de Marie-Josèphe une prévention particulière, puisque, aussi bien, elle ne la connaît pas. Mais c'est que cette jeune femme a le grand tort, en quoi elle n'y peut pas grand-chose, d'être précisément la petite-fille de cet Auguste le Fort et, par suite, la fille de cet Auguste III, qui, à un quart de siècle de distance, ont manifesté la double impertinence de chasser son père du trône de Pologne, le gros roi Stanislas Leczinski, condamné depuis lors à se ronger de chagrin, d'ennui et de rancune en un exil sans fin.

Quoi qu'il en soit, Louis XV charge le marquis des Issarts, nouvel ambassadeur de France à Dresde auprès d'Auguste III, de présenter officiellement la « première demande » de la princesse à l'électeur de Saxe qui, en retour, prie le marquis d'assurer « Sa Majesté Très-Chrétienne qu'elle peut disposer de [lui] et de tout ce qu[’il a] au monde ».

Louis a fait connaître sa volonté que le second mariage de son fils fût célébré à Versailles avant le Carême de 1747. En conséquence, le maréchal de Saxe communique, en hâte, au père de la future mariée un premier aperçu de l'état de la cour de France : pour le roi, il est en tout point « charmant » et « susceptible d'amitié », affirme le récent vainqueur de Raucoux. Le dauphin a, lui, « beaucoup d'esprit, et plus qu'il n'en paraît avoir. Le roi l'aime plus par sagesse, je crois, que par d'autre raison ». La cour ? « Il ne faut, pour réussir ici, ni hauteur, ni familiarité », étant bien entendu que « les femmes ont toutes de l'esprit comme des diables » et « sont méchantes de même ». Aussi conviendra-t-il, en toute chose et de toutes les manières, de s'adresser « directement au roi. C'est la seule personne de la cour avec laquelle elle ne doit avoir aucune réserve. Elle doit le regarder comme son asile, son père, et lui tout dire, bien ou mal, comme cela viendra, et ne lui rien déguiser. Avec tout cela et de la réserve, il l'adorera ». De son côté, des Issarts trouve une formule habile, imaginée pour être répétée à son bénéfice dans les salons de Versailles : « Elle [Marie-Josèphe] n'est point jolie, mais j'ose dire que je serais fâchée qu'elle le fût davantage si elle devait l'être aux dépens des grâces qui sont en elle ! »

La reddition de la forteresse

Le mariage par procuration aura lieu à Dresde, de préférence à Varsovie : l'état des finances d'Auguste III n'a pas permis de répondre favorablement à ses sujets polonais qui avaient émis le souhait d'accueillir l'événement en leur capitale. Au surplus, l'électeur-roi a pris connaissance, non sans inquiétude, de la personnalité de l'ambassadeur de France qui vient précisément de quitter Paris avec une suite de quatre-vingts personnes. Ce grand seigneur n'est autre que le très magnifique, le très éclatant, le très fantastique, le très extravagant duc de Richelieu, celui-là même qui, deux années plus tôt, était allé chercher très superbement à Madrid l'infante Marie-Thérèse Raphaëlle.

Ce Richelieu est le premier des personnages du mariage de la première dauphine à se mettre en place pour le mariage de la seconde. Le 25 décembre, à peine a-t-il fait une entrée naturellement resplendissante à Dresde qu'il écrit à Versailles, en vieux galant de cinquante ans qu'il est : « Le portrait qu'on nous a apporté [un portrait de Marie-Josèphe avait été récemment envoyé au château] dégrade infiniment la princesse, et n'en saurait donner une juste idée. Je crois qu'on sera content de sa figure en France et surtout de sa grâce. » S'adressant au maréchal de Saxe, autre galant de race, l'ambassadeur extraordinaire use d'un style un peu plus familier : « Je l'ai trouvée charmante, ce n'est point du tout cependant une beauté, mais c'est toutes les grâces imaginables : un gros nez, de grosses lèvres fraîches, les yeux du monde les plus vifs et les plus spirituels, et enfin je vous assure que, s'il y en avait de pareilles à l'Opéra, il y aurait presse à y mettre l'enchère. »

Le 7 janvier 1747 est le jour de la demande officielle. Le 10 janvier, le mariage par procuration est célébré par le nonce Albéric de Archinto, archevêque de Nicée. Après la bénédiction qui s'est faite en latin, une table en forme de croissant accueille les invités dans la salle du festin. Le fauteuil à bras de Marie-Josèphe est surmonté d'un dais, car pour la première fois la jeune princesse est servie avec le « cérémonial réservé aux têtes couronnées ». Bientôt retentissent la sonnerie des trompettes et le son cadencé des timbales accompagnant la danse royale aux flambeaux, le « *Fackeltanz* », tradition obligée de la cour de Saxe. Le 14 janvier, Auguste III et Marie-Josèphe (la mère) conduisent leur fille jusqu'à l'escalier du palais pour les adieux définitifs. Marie-Josèphe (la fille), surnommée Pépa, franchit le marchepied d'un carrosse de parade qui fait plusieurs fois le tour de la ville. Son équipage est suivi d'un long cortège de voitures à bord desquelles ont pris place la comtesse de Martinitz, gouvernante de la dauphine, le comte de Base, son chambellan, M. de Richelieu bien sûr, et des Issarts évidemment.

Le même jour, Louis XV a fait transmettre à son ambassadeur l'expression de sa satisfaction, qui a été grande, à la réception du portrait de la dauphine que Richelieu a fait envoyer à Versailles. Ici, on parle entre hommes : « Si elle eut été à vendre ou à convoiter, interroge le roi qui connaît par cœur son Richelieu, eussiez-vous jadis été un de ses convoiteurs? Sa gorge est bien couverte pour qu'elle ait pu vous tenter à un certain point. »

C'est également sous la plume du roi qu'on trouve cette observation qu'on pourra peut-être juger quelque peu singulière, sachant l'esprit inconsolé du dauphin : « Je voudrais bien la voir et mon fils la tenir, car il dit qu'il est temps que son état finisse. »

Voilà six mois que Louis-Ferdinand est veuf. À en croire Louis XV, les sens du prince devenu solitaire commencent à beaucoup l'agiter. Ce qui étonne, c'est moins que ce jeune homme, contraint à l'abstinence, aspire à retrouver une femme en son lit, mais c'est que le père, ordinairement si attentif aux émotions de ses proches, semble tenir pour négligeable la persistance si généralement observée de la désolation de son fils depuis la perte de sa première épouse. Et d'ajouter d'un même élan : « Elle tient fort à cœur à mon fils, et il me paraît qu'il ne haïrait pas qu'elle fût suave. » L'histoire reste muette sur le sentiment du principal intéressé quant au degré de suavité dont il serait question. On se répète seulement qu'il a fait connaître à Mme de Brancas son souhait que sa nouvelle épouse fût soigneusement baignée avant de paraître dans sa chambre. La demande a sans doute paru quelque peu surprenante. D'ailleurs, on ne saurait affirmer qu'elle soit exacte…

Le comte de Loss, qui a rejoint la princesse durant le voyage en pays allemand, pose pour l'homme le plus rassurant du monde en usant de certains arguments dont on pourra peut-être discuter la charité chrétienne : « Rien ne sera plus facile de gagner le cœur de Monsieur le Dauphin par la tendresse et en se conformant à ses volontés. C'est le meilleur des maris… La manière le prouve dont il s'est attaché à sa première femme, quelque triste et d'une laideur énorme qu'elle ait été. »

« Triste », soit. « Laideur énorme », la formule semble tout de même un peu abrupte. Reste à évoquer le « cas » de Mme de Pompadour dont Marie-Josèphe n'est pas censée connaître très précisément qui elle est, ni par quelle sorte de fils elle tient à la cour. Lacune nécessaire jusqu'alors, mais ignorance qui, à présent, peut être malheureuse. Aussi Loss attire-t-il avec prudence l'attention de la princesse sur ce point capital : « L'amitié dont le roi l'honore, l'intérêt qu'elle a témoigné pour l'alliance de Son Altesse Monsieur le Dauphin avec une princesse de Saxe, les insinuations qu'elle a faites au roi pour fixer son choix, tout cela vous obligera, Madame, à des attentions et à des bons procédés. La marquise a un excellent caractère, elle s'attachera à vous plaire. Et vous ferez votre cour à Sa Majesté en témoignant de l'amitié à une dame que la reine comble de politesse. »

À la frontière française, un pavillon éphémère a été édifié sur l'île aux Épis perpendiculaire au cours du Rhin qu'un pont relie d'un côté à Kehl et de l'autre à Strasbourg[5]. C'est là que la nouvelle dauphine est présentée à une partie des gens de sa Maison : la duchesse de Brancas a conservé la charge de dame d'honneur qu'elle remplissait auprès de la première dauphine, la duchesse de Lauraguais est sa dame d'atour. Le maréchal de La Fare, pendant masculin de Mme de Brancas, a été maintenu dans la charge de chevalier d'honneur qu'il occupait dans la Maison de la défunte dauphine. Après le traditionnel échange de présents, la princesse est habillée à la française. Dans un carrosse attelé à six chevaux, elle prend alors la direction de Strasbourg où elle fait son entrée soixante-sept ans, exactement, après la dauphine de Bavière. À l'issue de la messe célébrée en la cathédrale, des chansons et des danses auxquelles on a voulu donner une tournure plus ou moins polonaise sont exécutées dans les rues.

Le 4 février, la dauphine fait son entrée à Troyes afin de s'établir à l'évêché, tandis que sa suite se disperse dans des maisons « soit séculières, soit ecclésiastiques » choisies par un fourrier du roi. L'évêque Mathias Poncet de La Rivière – celui-là même qui a prononcé récemment, à Saint-Denis, l'oraison funèbre de la première dauphine dont l'ombre spectrale paraît s'étendre jusqu'en ce lieu – présente à la princesse le clergé de la cathédrale ainsi que les chanoines de Saint-Étienne. Près de l'Hôtel-Dieu, survient un incident : le carrosse de la dauphine renverse un enfant échappé à l'attention de ses parents. Marie-Josèphe fait remettre au jeune couple deux louis d'or destinés à soigner les blessures du bambin et promet que l'intendant « aurait soin de fournir au reste de la dépense » si la somme était insuffisante.

C'est le premier désagrément troyen : un second l'ébranle sans doute davantage par tout ce qu'il annonce de complications dans un avenir prochain. La duchesse de Brancas vient en effet de remettre à la jeune femme un message du dauphin qui ne lui était pas destiné, mais que l'« on » a cru devoir porter à sa connaissance, message où elle peut lire ces quelques mots assez peu faits pour la mettre en confiance : « Quels que soient les charmes de la princesse, ils ne me feront jamais oublier celle que j'ai tant aimée. »

Le lendemain, Marie-Josèphe quitte Troyes pour Nangis. Au même moment, Louis XV parvient à Choisy. Il s'engage sur la route de Corbeil et pousse jusqu'au lieu-dit Cromazel – encore un endroit égaré au milieu de nulle part – choisi pour la rencontre.

À l'apparition du carrosse du roi, Marie-Josèphe, mettant très exactement ses pas dans ceux de ses devancières, quitte sa voiture afin de se jeter aux pieds de son beau-père, et prononce dans un souffle : « Oh ! Sire, je demande à Votre Majesté de bien vouloir m'accorder Son amitié. » Agréablement surpris par l'apparence de sa seconde belle-fille, ainsi que par ses manières polies aux raffinements de la cour de Saxe, le roi la relève, l'embrasse sur les deux joues et lui présente le dauphin dont l'humeur sombre et l'attitude embarrassée jettent sur la scène comme un coup de gelée.

Sans tarder, on prend le chemin de Corbeil. Là, se déroule une petite scène fleurant son XVIIIe siècle, une scène évidemment préparée de longue date, un argument de théâtre assez semblable à ce qui se donne ordinairement sur les planches des petits cabinets de la Pompadour. L'intrigue tient en quelques mots : parmi les cadeaux qu'elle a reçus, Marie-Josèphe fait mine de chercher avec inquiétude un objet de prix qu'elle ne trouve pas ; autour d'elle, on s'informe, et la jeune femme, avec le naturel d'une actrice rompue aux nuances de son rôle, répond d'un air embarrassé : « Je cherche le portrait de Sa Majesté. C'est, de tous les cadeaux, celui qui me serait le plus agréable. » Ravi du piquant de la réplique, le roi fait observer au comte de Loss : « Vous nous avez amené là une princesse bien aimable ! » Il semble en effet que Louis soit empli de soulagement à la comparaison – nécessairement avantageuse – qu'il établit peut-être, en son for intérieur, entre la nouvelle venue et celle qui l'avait devancée, il y a si peu de temps, à la place qu'elle occupe désormais, tandis que le dauphin, en l'épaisseur accrue de sa jeune silhouette aux mouvements chaloupés, ne sachant que faire de ses mains, de ses bras, de sa tête, de son torse, de ses jambes, de ses pieds, enfin de toute sa personne, conserve un silence sombre et triste qui n'augure rien de bon.

Vient ensuite la présentation à Marie Leczinska, la fille du roi déchu par les aïeux de la nouvelle dauphine : rencontre singulière, intéressante, épicée, dont les accents et les modulations ne manquent pas d'allumer la curiosité des regards dirigés sur le premier face-à-face de ces deux personnages qu'assemble l'ironie du sort. Cette présentation a lieu au Thiais, autre lieu égaré au milieu des champs, quelque part entre la Vieille-Poste et le chemin de Chevilly-la-Rue. La reine, qui sait depuis longtemps s'accommoder de tout, s'approche en tenant ses deux filles par la main : « Voici mes filles et vos sœurs, dit-elle. Celle-ci, Henriette, est sage et raisonnable ; celle-là, Adélaïde, est vive et toujours gaie. » Cette fois, la spontanéité de la répartie de la dauphine n'est pas douteuse : « Je prendrai donc conseil de Madame Henriette et je me divertirai avec Madame Adélaïde ! » C'est si agréablement dit, le trait d'esprit est si naturellement éclos que l'on ne songe plus, dès lors, à la pénibilité de la situation qui se trouve ainsi désamorcée par l'à-propos de la jeune femme et la glace, à l'instant, est rompue, d'autant que Marie-Josèphe n'oublie pas d'effeuiller, de surcroît, cette fleur d'éloquence politique, à savoir « combien elle désirait avec passion de mériter ses bontés [les bontés de la reine], qu'elle la suppliait de vouloir bien l'avertir des fautes qu'elle pourrait faire, et qu'elle lui demanderait toujours ses conseils avec le plus grand empressement ». Le moyen de résister à tant de courtoisies ouvragées de courbes et de contrecourbes et prononcées avec un tel désir de plaire, une si belle fraîcheur d'âme ?

Dès l'arrivée de la dauphine à Choisy, une dame de noble et fière allure s'avance de quelques pas : c'est la marquise de Pompadour devant laquelle s'ouvre la foule des courtisans. Se jauge-t-on au premier coup d'œil ? Marie-Josèphe, éclairée par les conseils de Loss, en sait-elle davantage sur le compte de l'ancienne dame d'Étiolles ? Toujours est-il que la première rencontre se passe, là encore, le mieux du monde, tel que le veut l'usage.

Le lendemain matin, 9 février 1747, Marie-Josèphe fait son apparition à Versailles où ses dames s'emparent de sa personne afin de la baigner, ainsi que l'avait recommandé le dauphin. Vient alors le moment liturgique de passer, en cérémonie, le grand habit de cour pesant, dit-on, près de soixante livres, soit « autant qu'une cuirasse ! » s'égaie le maréchal de Saxe. Quand le dauphin, toujours noir, toujours sombre, toujours mélancolique, fait son apparition en un costume rehaussé de broderies d'or et de pierreries, le cortège se forme dans la Galerie.

La même procession, très exactement, à la jeune mariée près, que celle qui avait défilé en ces mêmes lieux à l'occasion du premier mariage du dauphin, s'ébranle du même pas et de la même manière et sous les mêmes regards de la même foule massée sur le même chemin de la chapelle royale.

Le couple, que fait-il, ce jeune couple? Rien que n'ait fait le précédent que la mort a séparé. Il s'agenouille pareillement sur la première marche du chœur où sont disposés, comme à l'autre cérémonie, deux carrés de velours cramoisi frangés d'or. Mgr Armand de Rohan-Ventadour, évêque de Ptolémaïde, s'est substitué à son oncle, le cardinal de Rohan, évêque de Strasbourg, qui avait marié Louis-Ferdinand à Marie-Thérèse Raphaëlle, car le prélat, souffrant d'un fort mauvais rhume, est demeuré au lit. À cette différence près, « il n'y eut rien de nouveau à celui-ci [à ce second mariage][6] ». À la fin de la bénédiction nuptiale, reflux de la même foule parmi laquelle repassent les nouveaux époux le long de la Grande Galerie où « les dames de la cour formaient les deux rangs en dedans, ce qui faisait un beau coup d'œil, quand le cortège revint[7] ».

Le dauphin et la dauphine s'éclipsent un moment afin de déjeuner, « comme à l'autre mariage[8] » dans l'intimité avec Mesdames Henriette (vingt ans) et Adélaïde (quinze ans). Puis vient la cérémonie inaugurale des serments de fidélité prononcés par les membres de la Maison de la dauphine : le marquis de La Fare, son chevalier d'honneur, et Mme de Brancas, sa dame d'honneur, sont aux commandes, flanqués du premier aumônier de la princesse, Paul d'Albert de Luynes, un intime de Marie Leczinska, qui deviendra par la suite un proche du couple delphinal. Voici qu'apparaissent ensuite la douzaine de dames de la dauphine, dont la marquise de Pons Saint-Maurice, ancienne dame pour accompagner la dauphine Marie-Thérèse Raphaëlle, les trois dames de la dauphine surnuméraires, son premier écuyer, le comte de Rubempré, le président Ogier, surintendant de sa Maison, Bouilhac, son premier médecin, ainsi que ses aumôniers et chapelains de quartier, ses clercs de la chapelle, ses huissiers de la chambre et du cabinet, sa douzaine de chevaliers servants par quartier, ses écuyers, ses maréchaux des logis, etc. Soit, au total, une centaine de personnes désormais attachées au service de la princesse saxonne : « Cela fut si long que M. de Saint-Florentin fut obligé de […] dire que Mme la Dauphine était fort lasse et désirait que l'on finît[9]. »

À la fin de l'après-midi – le programme des noces de 1745 a été repris dans les grandes lignes –, le grand bal paré a pour cadre la même salle du Manège de la Grande Écurie. Mme de Pompadour s'est divertie à préparer les festivités, menant tout cela « avec une gaieté, une légèreté et des grâces infinies[10] ». Cochin, dont on avait monnayé le talent pour illustrer les moments importants du mariage du dauphin et de la première dauphine avant d'être convié à représenter la cérémonie funèbre de Marie-Thérèse Raphaëlle à Saint-Denis, est de nouveau requis à Versailles. Comme deux années plus tôt, il a fait graver les billets d'invitation : paysage marin, amours, guirlandes de roses, instruments de musique… Des noces elles-mêmes, l'artiste ne retiendra que deux épisodes, contre quatre en 1745 : il laisse un beau dessin, gravé par Ingram, représentant la grande illumination des Écuries de Versailles, et un autre dessin qui nous fait pénétrer dans la Grande Galerie à l'occasion du jeu tenu par le roi et la reine. Ce deuxième dessin, intitulé « Le jeu du roi et de la reine dans la Grande Galerie du château de Versailles, à l'occasion du second mariage du Dauphin avec Marie-Josèphe de Saxe, le 9 février 1747 », est d'une composition très proche de la célèbre composition du bal des Ifs.

La similitude des deux œuvres, réalisées à deux ans d'intervalle, semble d'ailleurs donner le ton général des secondes épousailles : tout y paraît moins recherché, moins original, plus apprêté, attendu et répétitif. On dirait la reprise d'un ancien spectacle donné dans la même mise en scène sans la fébrilité et la curiosité qui s'attachent aux premières. Marie-Josèphe, souffrant d'un reste d'engelure au pied contractée lors de son voyage en plein hiver à travers l'Allemagne et la France, ne peut ouvrir le bal. Le soin en est laissé à Madame Henriette qui danse le menuet au bras de son frère le dauphin. La soirée terminée, le roi se lève et se dirige vers la salle du souper à travers une foule à nouveau si indisciplinée qu'il « eut peine à entrer[11] ». On a remarqué aussi que « l'un des gens de Mme de Lauraguais ayant parlé insolemment à M. du Fretoy, chef de brigade, M. du Fretoy lui donna quelques coups de bâton, assez fort pour casser son bâton[12] ».

Et le rite de la mise au lit publique se répète.

La bénédiction de la couche nuptiale est l'affaire de l'évêque de Ventadour. Dans la précipitation des événements, le roi a chargé le marquis de Marigny, frère de la Pompadour, de superviser les travaux entrepris dans l'appartement du rez-de-chaussée du corps central destiné à accueillir le nouveau couple. Mais le temps a manqué et les lieux ne sont pas habitables : il faudra donc s'installer provisoirement au premier étage de l'aile du Midi, c'est-à-dire dans l'appartement même qu'avaient occupé le dauphin et la première dauphine. Inconvénient fâcheux qui a pour conséquence d'endeuiller davantage encore, s'il est possible, l'humeur du jeune prince, dont les yeux, emplis de larmes, attendrissent passagèrement autant qu'ils indisposent les témoins de la scène, déniant à ce garçon de dix-sept ans le droit de donner libre cours à ses élans de tristesse au motif qu'il est prince, et qu'un prince n'est pas fait de la même pâte que les autres humains qui peuvent avoir, eux, dans le cœur, mais non pas lui, les sentiments de tout le monde.

Marie-Josèphe apparaît, après avoir été éclairée, dans les grandes lignes, de quoi sera faite la nuit de ses noces : « Il y eut le soir une conversation particulière de Mme la duchesse de Brancas avec Mme la Dauphine pour lui donner les instructions nécessaires. Les réponses de Mme la Dauphine qu'on a eues prouvent son innocence et son ingénuité[13]. » Coiffée d'un bonnet de nuit, elle reçoit des mains de la reine la chemise que lui a d'abord présentée la duchesse de Chartres, tandis que le roi passe la chemise à son fils. Une petite centaine de personnes s'agglutinent dans la chambre, comme c'est la règle. Maurice de Saxe, répondant à un léger signe du roi, s'est approché de Marie-Josèphe « pour la rassurer », tandis que le dauphin, à une brusque remontée d'un passé récent, s'est couvert la face afin de « pouvoir pleurer à son aise ». Il est grand temps de tirer les rideaux du lit et de quitter les lieux. Les voix se taisent, le bruit des pas s'estompe, mais les pleurs étouffés de Louis-Ferdinand, eux, continuent de s'entendre : « Tout le monde sortit avec douceur, écrit Maurice de Saxe, car cela avait l'air d'un sacrifice. »

Le reste de la scène, faut-il le dire, n'a pas eu de témoins. Les paroles d'apaisement et d'angélique patience ordinairement prêtées à Marie-Josèphe en cette occasion ont-elles été prononcées?

Ont-elles été partiellement, voire totalement inventées, afin de ciseler, après coup, c'est-à-dire après un certain 21 janvier 1793, la meilleure image possible de la mère de Louis XVI, qui, de l'avis des futurs endeuillés royalistes, n'avait pu être engendré que par une personne d'une qualité d'âme infiniment supérieure à toute autre? Elle paraît bien peu vraisemblable, en effet, et trop bien arrangée pour la postérité, cette éloquence nocturne qui met dans la bouche de la jeune femme cette protestation de bonne volonté confinant à l'héroïsme sacrificiel : « Laissez couler vos larmes, Monsieur, et ne croyez pas que j'en sois offensée; elles me prouvent, au contraire, ce qu'il m'est permis d'espérer si je sais un jour mériter votre estime. » Quoi qu'il en soit de ce qui fut dit et de ce qui fut tu, la relation – fiable, cette fois – de cette nuit de noces d'une tournure un peu inattendue dans ses préliminaires, Maurice de Saxe le livrera personnellement au roi de Pologne dès le lendemain matin : « Il ne s'est rien passé cette nuit, malgré les entreprises de Monsieur le Dauphin et tout a abouti à beaucoup se tracasser et à ne point dormir. » Nouveau ratage inaugural : une autre manière, en somme, pour ces secondes noces de faire écho aux premières épousailles...

Le 10 février, la famille royale dîne au grand couvert, avant la traditionnelle soirée d'appartement dans la Galerie, où les tables de jeu sont dressées sous de larges guirlandes de fleurs tressées tombant de la voûte jusqu'aux lustres. Le duc de Croÿ en profite pour croquer le portrait de la dauphine : « Elle est bien faite : le teint est assez beau, le nez et la bouche mal... En tout, de visage, sans être belle, elle plaît infiniment, pouvant être appelée un joli laideron qui peut faire tourner les têtes. » De nombreux masques sont venus de Paris : « Au retour, sur les huit heures du matin, il y avait une file de carrosses depuis Versailles jusqu'à Paris. Tous les appartements et la galerie étaient magnifiquement éclairés; mais on n'a pas été content des buffets. Il n'y avait que du vin, des brioches, du pain, quantité d'oranges et des paquets de sucreries, et point de pâtés de truites, de saumon et de poisson au bleu, comme à l'autre mariage[14]. »

Le lendemain, soirée de comédie avec *La Gouvernante*, une œuvre larmoyante de La Chaussée. Le surlendemain, autre genre de divertissement qui met, en chacun, bien de la curiosité : selon la coutume, la dauphine doit en effet porter un bracelet à l'effigie de son père : ce père saxon dont on sait la manière assez peu accommodante dont il avait agi au détriment de Stanislas Leczinski. Quoi qu'il en soit, la reine demande avec obligeance à observer le visage d'Auguste III : « Voici donc, ma fille, le portrait de votre père? — Oui, Maman, répond Marie-Josèphe, voyez comme il est ressemblant. » Et elle tend gracieusement son bras orné d'une miniature représentant non pas le profil de son père, mais celui de Stanislas, l'éphémère roi de Pologne. Marie, vraisemblablement soulagée de l'appréhension d'avoir à se trouver constamment en présence d'une personne dont plusieurs décennies de contentieux politiques, reçus en héritage, auraient ébranlé le tranquille équilibre de son existence se montre ravie de ce petit échange de propos sucrés proscrivant sur-le-champ toute espèce de sourd ressentiment.

On ne sait précisément quand le mariage fut consommé. Peu de temps après les noces quoi qu'il en soit, par conséquent de façon beaucoup moins laborieuse qu'avec l'infante d'Espagne. Le corps contraint du prince, assigné à la reproduction, n'aurait point tardé à donner des preuves tangibles et sûres de la conscience toute stoïcienne de sa fonction dans l'organisation du monde. À ce sujet, l'indiscrétion vient à nouveau de Maurice de Saxe que ses liens parentaux intéressent prioritairement à la question : « Voilà les jours de fatigue à peu près passés, et il faut espérer que la tranquillité et le contentement répareront ces fatigues. » Puis, dans un second temps : « L'affaire est faite : elle est Madame la Dauphine, cela s'est passé cet après-midi ! » Le maréchal a appris la nouvelle de l'ancienne nourrice du dauphin, devenue femme de chambre de Marie-Josèphe. Selon cette dame, Louis-Ferdinand se serait senti, en plein après-midi, soudainement envahi d'un grand désir d'amour, si bien qu'après avoir attiré à lui son épouse à pleins bras en dépit de ses défenses de « forteresse assiégée », il aurait si rapidement conclu l'affaire qu'à se fier aux relations de l'oncle militaire ladite forteresse aurait « témoigné du parfait contentement de la reddition et de la joie qu'en a éprouvée le vainqueur ».

Le 13, l'opéra-ballet *L'Année galante* de Charles-Louis Mion, maître de musique des Enfants de France et protégé de la Pompadour, est « fort bien exécuté » à la Grande Écurie où « les loges n'ont pas été remises pour ce ballet comme il y a deux ans »[15]. Le 1er mars, reprise de *Persée* de Lully avec un nouveau prologue accordé à l'événement. Le 15 mars, retour dans la salle du manège pour la création de l'opéra-ballet *Les Fêtes de l'Hymen et de l'Amour* de Rameau à qui l'on a, de nouveau, fait appel après qu'il eut donné *La Princesse de Navarre* et *Platée* lors du premier mariage. De la même manière que *Platée* l'avait été en son temps, ces *Fêtes de l'Hymen et de l'Amour* – l'opéra-ballet le plus ambitieux du compositeur – fut le sommet artistique des secondes épousailles de Louis-Ferdinand.

Volupté dans les pleurs

Quel est-il, ce dauphin, au terme de ces quelques mois de veuvage et à présent que le voilà pourvu, sinon contre son gré, du moins sans que son inclination personnelle y fût pour quelque chose, d'une seconde épouse ? Épouse qu'en mari « obligé » par injonction dynastique il ne connaît qu'au sens biblique du terme, mais que son indisponibilité à un bonheur nouveau et son opiniâtreté à demeurer dans le regret de ce qui n'est plus lui font traiter avec une mésintelligence glacée.

Rappelons d'abord qu'il n'est qu'un grand adolescent chez qui l'adulte, à l'évidence, tarde à venir : « Sa piété est éclairée, et d'un caractère qui doit faire espérer qu'elle sera solide, mais l'enfance est grande en lui, observe le duc de Luynes [...]. Il n'aime aucun amusement ; la chasse à courre et à tir l'ennuie ; il ne peut souffrir le jeu ; il n'aime point les spectacles. Jusqu'à présent, il paraît qu'il n'y a que la musique pour laquelle il a assez de goût [...]. Il lit des livres de piété ; mais il paraît qu'en tout il ne s'occupe pas assez. D'ailleurs, comme je viens de le dire, toujours extrêmement enfant. » Serait-il plus doué pour l'étude et la méditation que pour conduire les hommes ? On ne saurait le démêler encore.

Désarmée à percer la personnalité froide et fuyante de son époux, Marie-Josèphe voudrait, sinon parvenir à lui plaire (de cela, il n'est pas temps encore), du moins s'attirer un peu de sa confiance. La nouvelle dauphine arrive à la cour avec toute la bonne volonté d'une doublure que l'on n'attendait pas et à son apparition l'excès de souffrance du jeune prince, son affectation à s'enterrer vivant dans un veuvage sans fond, se ravivent tout à coup : « Quand je suis arrivée ici [à la cour], écrira un jour Marie-Josèphe, il [le dauphin] m'avait dans la plus grande aversion; on l'avait prévenu contre moi. D'ailleurs, il était très fâché de me voir occuper la place d'une femme qu'il avait tendrement aimée [...]. Tout cela l'éloignait de moi et me causait un chagrin mortel. »

Depuis, Marie-Josèphe a pris l'habitude de se nommer la « triste Pépa », la « pauvre Pépa », ou encore « Marie-Josèphe, la triste ». Choisissant d'emblée le parti de la souffrance, c'est ainsi qu'elle se baptise dans une lettre à son frère Xavier, usant pour dépeindre son mal intérieur de certaines complaisances de style pigmentées de dolorisme qui ne cesseront de constituer la tonalité principale de son caractère. Voilà, après la dauphine de Bavière, après Marie-Thérèse d'Espagne et, dans une certaine mesure, après la duchesse de Bourgogne sous l'apparence vernissée d'une complaisance soigneusement étudiée, une nouvelle nature sombre et chagrine qui pourrait bien ne pas détester, à son tour, d'avoir mal dans la place cependant si engageante ou le destin l'a mise...

À cette époque, le plus grand pastelliste français, Maurice Quentin de La Tour, exécute à la demande du dauphin le premier des nombreux portraits que l'artiste réalisera de Marie-Josèphe de Saxe[16]. La dauphine, représentée à mi-corps, porte un simple déshabillé de damas blanc des Indes; elle est coiffée d'une cornette de nuit à rubans gris et tient un cahier de musique. Tandis que La Tour achève le portrait de la princesse, le roi part pour l'armée de Flandres. Durant son absence, le jeune couple, seul ou en compagnie de Mesdames, se promène à Meudon, à l'abbaye de Poissy, à Choisy, à Saint-Cyr. La sœur aînée de Marie-Josèphe, Marie-Anne de Saxe – celle à qui Louis XV avait d'abord songé pour en faire une dauphine de France –, épouse l'électeur Maximilien III de Bavière. Marie-Josèphe, réjouie autant qu'intéressée par l'événement, se fait apporter toutes les relations imprimées qu'elle lit ou se fait lire, ou dont elle fait elle-même la lecture à son époux et à ses sœurs – ces sœurs qui sont en réalité ses belles-sœurs mais qu'elle n'appelle plus désormais autrement. Un billet lui arrive bientôt, un billet de la main de Louis XV manifestant à sa bru une affection qui ne faiblira jamais : « L'électeur de Bavière sera très heureux si elle vous ressemble. » Dans un autre courrier rédigé aux armées, le roi donne à Marie-Josèphe un autre témoignage de sa sollicitude aimante tel qu'il n'avait jamais ressenti le besoin, ni l'envie, d'en exprimer de comparable à la dauphine d'Espagne : « Je vous embrasse, chère Pépa ; je crois que je puis vous appeler comme cela ? » Ce « chère Pépa » venant d'un être ordinairement rétif à toute démonstration de sentiments, vaut tous les adoubements du monde. C'est dire également si à ses yeux la jeune femme fait désormais partie de la famille royale et si l'examen de passage, bien davantage qu'il ne le fut jamais par sa devancière, a été réussi.

Il ne reste donc plus à présent que de faire la conquête du dauphin. Mais ici, les résistances paraissent autrement difficiles à vaincre, tant l'ombre de l'infante disparue accapare la pensée du jeune prince…

À la fin du mois de juin 1747, la monarchie de droit divin se met de nouveau en scène à l'occasion de la « joyeuse entrée » de la princesse à Paris. La journée s'ouvre par la traditionnelle messe en musique à Notre-Dame. Après le déjeuner que l'on prend aux Tuileries, Marie-Josèphe, quittant l'allée centrale, passe à plusieurs reprises sur la terrasse des Feuillants afin de se présenter aux Parisiens qui, de loin, l'interpellent. De retour au château, elle joue à cavagnole : elle avoue aimer « le jeu, et même le gros jeu » à la satisfaction du roi, de la reine et de la cour qui n'ont pas oublié la répugnance de la première dauphine pour ces sortes de choses. Après le cavagnole puis le lansquenet, vient le minquiat, une sorte de tarot d'origine italienne que Marie-Josèphe a apporté de Dresde et dont la cour de France s'est entichée… Cependant, cette inclination au jeu de son épouse n'est pas sans offusquer les mœurs austères et les pensées farouches du dauphin qui fait reproche à Marie-Josèphe de s'adonner à ces bagatelles, étant entendu que le jeu « ne convient point à des gens comme [eux], il y a trop d'inconvénients ».

Ce sont là de ces petits sermons dont Louis-Ferdinand a coutume, à l'époque, de respecter chacun des articles de foi, qu'il ne manquera d'ailleurs pas, à l'avenir, de transgresser, mais au commencement de sa vie d'adulte il demeure tel qu'il ambitionne de rester : « Une âme généreuse qui s'attache au service de

Dieu, professe-t-il, ne saurait se résoudre de propos délibéré à lui déplaire dans les choses les plus légères. [...] On demande quel mal il y a à fréquenter les assemblées du grand monde, les bals et les spectacles, châtiés et épurés de tout ce qui pourrait y blesser la pudeur? Mais pour peu qu'on ait étudié le cœur humain, on doit savoir que ses désirs sont insatiables et il est aisé de saisir de l'élégance de la parure, les jeux, les danses et les spectacles, choses indifférentes de leur nature, deviennent aisément dangereuses par le vice de la nôtre. [...] Et quiconque désire sincèrement de plaire à Dieu, doit renoncer à toutes ces vanités, et surtout éviter avec le plus grand soin d'y mettre aucune affection. »

Un bien triste jardin qui l'ennuie à crever

Mais voici qu'arrive le premier jour anniversaire de la mort de l'infante. Ce n'est pas sans raison que cette journée, Marie-Josèphe la redoute à mesure qu'elle approche. Le dauphin a-t-il cherché – consciemment ou inconsciemment? – le moyen le plus sûr de l'affliger? N'a-t-il rien préparé? N'a-t-il pu se défendre de quelque secret besoin de faire porter par la seconde dauphine un peu de la douleur de l'absence de « l'autre » dont il ne se sent pas en état de guérir? Toujours est-il que Louis-Ferdinand lui a asséné, d'une voix ferme et pesante, cette glaciale profession de foi : à savoir que, de sa vie, il ne pourra l'aimer, elle, Marie-Josèphe, comme il avait aimé la dauphine d'Espagne. Quant à l'espérance de la remplacer un jour dans ses pensées, il n'y faut point songer, car lui ne changera jamais.

Les messes de *requiem* se succèdent pour le repos de la défunte et Louis-Ferdinand, priant à deux genoux à la chapelle royale, les mains jointes et le menton sur la poitrine, paraît en sortir à chaque fois plus radicalement et absolument veuf. Marie-Josèphe pleure, elle aussi, autant sur le sort malheureux de Louis-Ferdinand que sur la fatalité d'avoir en permanence devant ses yeux l'image de l'éternelle absente continûment revenante. On ne saurait démêler lequel des deux époux déploie le plus d'efforts à ne sentir la vie que par les afflictions qu'elle leur inflige ni à hérisser leur chemin du plus grand nombre d'obstacles empêchant de se trouver l'un l'autre, comme si, de complexion également sombre et également contrite, ils se trouvaient engagés en des émulations de désœuvrement, à qui se prévaudra d'être le plus à plaindre et le moins consolable.

Néanmoins, il semble qu'en ce mois de septembre 1747 Marie-Josèphe soit enceinte du veuf de l'infante disparue. Au vrai, ce n'est pas la première fois depuis les noces que la princesse a semblé entamer une grossesse. Espérances systématiquement déçues. Ce qui arrive à nouveau... Irrégularités du cycle menstruel ? Fausses couches ? On ne saurait le dire encore.

À leur retour en novembre à Versailles, le dauphin et la dauphine peuvent enfin prendre possession de leur appartement situé au rez-de-chaussée du corps central où résidait jusqu'alors la « Petite Madame », fille de Louis-Ferdinand et de feu Marie-Thérèse Raphaëlle : l'enfant logera désormais au premier étage de l'aile des Princes.

À la différence de l'appartement qu'avaient occupé le dauphin et la dauphine d'Espagne dans l'aile du Midi, celui de Louis-Ferdinand et de Marie-Josèphe de Saxe au rez-de-chaussée de Versailles nous est bien connu et a été en partie conservé. Cet appartement, boisé à neuf, donne directement sur les grandes perspectives du parc. Ce parc que les visiteurs d'aujourd'hui apprécient tant, est, de l'avis de Marie-Josèphe, un bien « triste jardin » entêté de symétrie, un jardin qui « l'ennuie à crever » ! Les salles, que de hautes et larges fenêtres emplissent en abondance de la lumière du sud, ouvrent sur la terrasse, à l'angle du parterre d'eau et du parterre du Midi[17].

L'appartement princier s'ouvre par une salle des Gardes donnant sur la cour de Marbre et la cour de Monseigneur. Viennent ensuite une première puis une seconde antichambre, placées comme la chambre de Louis-Ferdinand, sous la Grande Galerie du château, là où se trouvait jadis le fameux cabinet des Glaces du Grand Dauphin. Tapissée de simples boiseries, la pièce est ornée de tapisseries des Gobelins illustrant les Mois ou les Maisons royales : on y trouve une commode livrée par Gaudreaux en 1745 pour le premier appartement du prince et de Marie-Thérèse Raphaëlle d'Espagne. Dans la chambre à coucher du dauphin, ouvrant par deux fenêtres sur le parterre du Midi, quatre grandes glaces élargissent l'espace. Auparavant, cette salle était le cabinet doré de Monseigneur où étaient exposés les plus beaux tableaux de sa collection ; elle devint ensuite le cabinet de travail du Régent. Selon l'usage, l'alcôve est tendue de soieries, le reste de la pièce étant lambrissé de chêne sculpté, à fond blanc et motifs dorés (de nos jours, un beau portrait de la première dauphine est accroché au mur nord de la chambre).

De là, un couloir étroit se creuse, menant à la chambre de Marie-Josèphe. Le Grand Cabinet du dauphin est placé sous le salon de la Paix, c'est-à-dire « sous le salon où la Reine joue[18] » : il ouvre par trois fenêtres sur le parterre d'eau et par trois autres sur le parterre du Midi. Pour la décoration de cette pièce, une partie du mobilier qui composait le décor de l'ancien appartement de l'aile des Princes a été remployée, dont une table de quadrille livrée en 1745 pour la distraction de la première dauphine. L'appartement du dauphin compte dans les premiers temps un petit cabinet verni en vert avec cheminée de marbre griotte sculptée par Verberkt : ce cabinet deviendra par la suite la célèbre bibliothèque peinte en blanc et vernie en bleu que l'on peut admirer de nos jours.

Le fameux bureau plat du dauphin en sera la pièce maîtresse. Cette bibliothèque qui servira à Louis-Ferdinand de cabinet de retraite et de travail et qui sera, par la suite, la bibliothèque de son fils, le futur Louis XVI, lorsqu'il résidera dans les appartements de ses parents défunts durant son delphinat, déroule, au-dessus de panneaux sculptés en vernis Martin, une corniche au plafond où s'accrochent des anges musiciens.

L'appartement de Marie-Josèphe s'ouvre par deux antichambres et se prolonge par un Grand Cabinet (ou salon des Nobles), qui est l'ancienne salle des Gardes du Grand Dauphin. Repeint par Étienne Martin en blanc avec des effets verts « vernis par-dessus », le Grand Cabinet de la dauphine dont la tenture est « couleur de feu » est rythmé de trois croisées tendues de rideaux en taffetas blanc et en giroline de soie verte et blanche. Le regard est attiré par la finesse d'une table-écritoire en bois de rose, disposée près de la bibliothèque de la princesse où dominent les livres de piété, d'histoire et d'art, parmi une foule de partitions musicales. Sa chambre où naîtront les trois derniers rois Bourbons a perdu son décor d'origine, à l'exception d'une grande console et des dessus-de-porte réalisés par Jean Restout. La pièce recevra plus tard l'un des grands chefs-d'œuvre de la manufacture de la Savonnerie, un tapis de 9,50 mètres sur 9, réalisé sur des dessins de Gravelot et Tessier : fruit de trois longues années de travail, ce tapis coûtera la somme, considérable à l'époque, de 13 700 livres[19].

On trouve dans l'intérieur de Marie-Josèphe plusieurs chefs-d'œuvre d'ébénisterie ayant appartenu à la première dauphine, dont l'admirable secrétaire à pente de Bernard II Van Risen Burgh, une commode en laque du Japon du même maître et les non moins remarquables commodes de bois palissandre à placage et à dessus de marbre rance signées Antoine-Robert Gaudreau. L'appartement du couple princier est agrémenté de toiles de Jean Restout, de Hyacinthe Collin de Vermont, de Charles-Antoine Coypel ou encore de Jean-Baptiste Oudry qui a livré six tableaux illustrant les *Fables* de La Fontaine. On pourra remarquer une émouvante curiosité, une toile vraisemblablement apportée de la cour de Saxe : un *Saint Jean-Baptiste baisant la main de l'enfant Jésus* attribué au Vénitien Jacopo Amigoni[20]. À l'exception de la vue donnant sur le parc qui lui demeurera toujours assez désagréable, Marie-Josèphe se plaira infiniment dans ces lieux confortables et discrets où elle résidera jusqu'à la mort de son époux, quand bien même les incessantes allées et venues du public ne cesseront de la déranger. Pour cette raison, elle fera poser, dans sa première antichambre, une cloison vitrée avec une porte à deux vantaux car « Mme la Dauphine se trouvant l'hiver incommodée du froid et toujours importunée de ce que sa première antichambre sert d'asile à tous les mendiants, de passage à tout le monde, même aux chaises à porteurs qu'elle a vu sous ses yeux traverser ladite pièce avec la livrée et les flambeaux de celles qui étaient dedans, demande… etc.[21] ». Mais c'est là le Versailles de Louis XV, à l'exemple de ce que fut le Versailles de son arrière-grand-père : rien d'une forteresse, passablement d'une place publique.

Nous avons vu que dans le Grand Cabinet de la dauphine, sa bibliothèque contenait un grand nombre de partitions musicales ajoutées à une riche collection d'ouvrages reliés à ses armes traitant des arts en général, et de la musique en particulier.

Par goût, par sensibilité, par toute la variété de ses émotions, par la qualité de son oreille formée à la richesse de la vie artistique de sa Dresde natale, Marie-Josèphe est une mélomane et une praticienne accomplies. En Saxe, elle a étudié le clavecin avec Wilhelm

Friedemann Bach, le fils aîné de Jean-Sébastien Bach. À l'orchestre de la cour de son père, elle a entendu le flûtiste compositeur virtuose Buffardin, musicien français appelé au service d'Auguste II dès l'année 1715 et pour lequel Bach – le père – a sans doute composé les solos de flûte de certaines de ses œuvres. Sa sensibilité s'est également formée à l'œuvre surabondante de Johann Adolf Hasse, grand maître de la musique à la cour de Saxe, celui que Léopold Mozart honora du titre de « père de la musique ».

Bien des années ont passé depuis lors : Buffardin et Hasse sont conviés à se produire à Versailles devant la dauphine qui retrouve, en les écoutant, ses premières émotions enfantines puis les mouvements de son âme adolescente. Cependant, depuis son départ de Dresde, les goûts de Marie-Josèphe se sont diversifiés : leur éventail s'est élargi au contact de la famille royale qui, nous l'avons vu, vit en musique. Tant aux concerts intimes chez la reine qu'aux rendez-vous « ordinaires » de la cour, Marie-Josèphe s'est familiarisée à l'art des compositeurs français du moment qu'elle ne connaissait guère en son Allemagne natale : Barthélemy de Caix, Mondonville, Dauvergne, Royer, Guignon ont sa faveur. Mais c'est à Rameau que va sa préférence, Rameau qui improvisera pour lui être agréable une pièce de clavecin justement appelée *La Dauphine*. On joue chez Marie-Josèphe *Zoroastre*, du même compositeur, *Dardanus* également, ainsi qu'une partie des *Indes galantes*.

De plus en plus souvent, le Concert de la Reine qui se tenait jusqu'alors essentiellement dans le salon de la Paix jointif à la chambre de la souveraine, se transporte au rez-de-chaussée du château, dans l'appartement de la dauphine de Saxe, comme si Marie Leczinska, après avoir si longtemps animé la vie musicale à Versailles, cédait ce privilège à sa belle-fille.

Convenons toutefois que les futures et nombreuses maternités de la dauphine entreront pour beaucoup dans le déplacement géographique du centre de gravité de la vie musicale au palais, afin qu'étant grosse Marie-Josèphe n'ait pas à monter d'un étage pour paraître aux concerts[22].

Dès lors, la musique à la cour aborde une nouvelle étape, comme si tous ces musiciens en chambre – reine, dauphin, dauphine, Mesdames – le devenaient bien davantage encore. Sous son impulsion, la musique italienne (Albinoni, Sammartini, Gianotti notamment) est plus souvent jouée. Pour autant, Marie-Josèphe aime entendre les vieux opéras de Lully que l'on continue de donner à Versailles, mais le répertoire se renouvelle avec des œuvres de Campra, Destouches, Colin de Blamont, et les compositions de quelques autres musiciens français, tels Collasse, Rebel et Francœur, Montéclair ou Gervais. Souvent, elle s'assied au clavecin, tandis que Madame Henriette prend sa viole, Madame Adélaïde son violon et que le dauphin, quand il ne joue ni de l'orgue, ni de la contrebasse, ni de la musette ou de quelques-uns des nombreux instruments dont on a vu qu'il était familier, fait entendre sa voix de basse qui ne s'accorde pas seulement aux motets religieux mais aussi à des pièces plus légères où abondent des amours et des aventures de bergers et de bergères.

La dernière trace du passage sur la terre de la première dauphine s'efface : le 27 avril 1748, la « Petite Madame », âgée de deux ans, fille de Louis-Ferdinand et de Marie-Thérèse Raphaëlle d'Espagne, est emportée par une crise de convulsions. Marie-Josèphe fera exécuter deux portraits de la princesse défunte : l'un sera destiné à la reine sa grand-mère, l'autre ira au dauphin. Ce portrait, elle le fera remettre secrètement, de telle sorte qu'au lendemain des obsèques Louis-Ferdinand, pénétrant dans la chambre vide de la « Petite Madame », découvrira au-dessus du berceau le visage de sa fille enfermé en son cadre doré, telle une petite personne qui attendrait, à l'heure habituelle, la venue de son père. Attention pleine de bonté patiente et de délicatesse aimante de la part de Marie-Josèphe, cette inconnue familière dont il reste désormais à Louis-Ferdinand de se déterminer à faire la connaissance.

« J'ai un fils, je ne suis plus si cher ! »

À présent que le temps du deuil est parvenu à son terme, il serait difficile de trouver qui que ce soit à la cour, du grand seigneur au simple porteur de chaise, qui ne manifeste son espérance de la venue prochaine d'un jeune prince au château.

Les « espoirs de grossesse », les retards réguliers sans cesse annoncés et constamment déçus, toutes ces difficultés désolent et importunent, cependant que Louis XV répète avec une tranquille assurance : « Elle a tort de s'affliger, il n'y a pas de quoi s'alarmer. » Les jours futurs montreront, en effet, combien, en disant cela, il se trouvait dans le vrai.

Cependant, au sein du couple delphinal, le rapprochement des sentiments paraît lentement s'opérer, comme si chaque mois, chaque semaine, chaque journée emportaient avec eux une parcelle du souvenir de la première dauphine. Ce couple énigmatique parviendrait-il enfin à s'assortir et à s'apprivoiser ? « Le dauphin l'aime beaucoup », juge favorablement Maurice de Saxe, « mais, ajoute-t-il, comme pour faire écho à un jugement récent du duc de Luynes, c'est encore un enfant ». Le maréchal doit néanmoins convenir – car l'arrachement du prince au souvenir de la première dauphine et son ralliement à la seconde ne se font pas sans ébranlement de conscience : « Il lui rend quelquefois la vie un peu dure. »

Désormais, la fin du long conflit de la Succession d'Autriche est prochaine. Le second traité d'Aix-la-Chapelle est signé le 18 octobre 1748 : voilà une paix qui, dans le fond, ne règle rien et sera jugée de la manière la plus sévère par les Français qui inventent le dicton : « T'es bête comme la paix ! » Quoi qu'il en soit, après tant de batailles gagnées et perdues, après tant de sang répandu, il est permis d'espérer que l'Europe jouira de cette tranquillité à laquelle elle aspire depuis si longtemps. Rameau compose *Naïs* – sous-titré *Opéra pour la Paix* –, tandis qu'à Londres Haendel écrit sa *Musique pour les feux d'artifice royaux* (*Music for the Royal Fireworks*).

De son côté, Marie-Josèphe, les mois passant, finit par mener à bien ce qui avait toutes les apparences de l'impossible : combler peu à peu, sentiment après sentiment, délicatesse après délicatesse, douceur après douceur, dans l'âme rétive de son mari, le trou béant laissé par l'Espagnole. « Le dauphin a beaucoup d'amitié pour Madame la Dauphine et cette amitié est réciproque », observe le duc de Luynes.

L'« amitié » dont il s'agit ne manquera pas de se manifester par une nouvelle grossesse annoncée fin décembre 1748. Autre désillusion… Même chose en janvier 1749. Et en avril suivant. En deux ans, quatre fausses couches se succèdent. Aussi les médecins recommandent-ils à Marie-Josèphe les eaux de Forges réputées, à l'époque, pour leurs vertus qu'on disait « engrosseuses ». À son retour, les observateurs la trouvent « extrêmement changée à son avantage, tant à l'égard du corps qu'à l'égard de l'esprit » : c'est assez pour ne pas douter que la jeune femme « ne devienne incessamment enceinte ».

Et en effet, quelques mois plus tard, Marie-Josèphe entame une nouvelle grossesse. Afin de prévenir tout nouvel accident, on la saigne de la manière qu'on le fait ordinairement avec une femme enceinte : point de coups de lancette au début de la grossesse, mais au troisième, au sixième et, si tout va bien, au neuvième mois afin de compenser l'arrêt des règles; jamais au pied, par risque d'avortement, mais de préférence à l'avant-bras.

Cette fois, point de nouvelle « blessure ». Les jours et les semaines s'écoulant, son statut de dauphine en état de grossesse la fait monter d'un cran dans l'estime générale. Répondant au souhait de Sa Majesté, l'archevêché de Paris a demandé au public de prier « pour la conservation de Madame la Dauphine ». Enfin, le 26 août 1750, la jeune femme ressent les premières douleurs. Le roi, que l'événement vient distraire de ses continuels démêlés avec le Parlement et les autorités ecclésiastiques, demeure assis au chevet de sa belle-fille, suant « à grosses gouttes ». Le futur père, quant à lui, incapable de tenir en place, va et vient dans la chambre, en proie à la plus grande nervosité. À 5 heures de l'après-midi, la porte s'ouvre à deux battants. Alors, « il est entré un monde prodigieux dans la chambre, hommes et femmes, entrées ou non; on n'a refusé personne des gens de la cour. Le travail était vif et pénible et Mme la Dauphine ne s'est pas plaint un moment entre les douleurs[23] ».

De quoi s'agit-il? D'une fille! Hélas, voilà qu'une nouvelle petite princesse augmente le taux de féminité qui encombre déjà Versailles! Grande « consternation » à la cour, comme s'il se fut agi d'une « bataille perdue mettant l'ennemi aux portes de Paris ». Marie-Josèphe, persuadée d'avoir fauté en mettant au monde une petite princesse, mouille de larmes son oreiller, tandis que le roi, dont le visage a un moment pali, se ressaisit déjà et se montre, ou s'oblige à paraître un grand-père satisfait qui se promet de l'être bien davantage la prochaine fois. L'enfant, prénommée Marie-Zéphirine, reçoit naturellement le titre de « Madame » : elle sera la « Petite Madame », ainsi qu'on appelait la petite fille de Marie-Thérèse Raphaëlle récemment disparue. « Elle est fort petite et encore plus délicate, écrit un peu abruptement Marie-Josèphe. Elle est fort laide, on dit qu'elle me ressemble comme deux gouttes d'eau, du reste fort volontaire et méchante comme un petit dragon. »

À cette époque, Luynes trace ce portrait de Louis-Ferdinand : « On peut dire sans flatterie qu'il a le cœur bon, l'humeur gaie, l'esprit vif et orné, la répartie prompte, beaucoup d'imagination, les manières agréables, un désir de plaire, un naturel simple, et beaucoup de piété. » Tandis que la cour, Paris et la France vivent des temps passablement troublés par l'affaire du nouvel impôt du vingtième destiné à frapper tous les sujets du roi, sans excepter les princes du sang ni le clergé, le couple delphinal a la satisfaction de voir revenir à Versailles – après Madame Victoire reparue quelque temps plus tôt – les deux dernières princesses élevées à Fontevraud, Sophie et Louise : la première a seize ans, la seconde en a treize. À l'exception de Madame Infante, l'« exilée » de Madrid, voilà toute la famille royale réunie, augmentée de la personnalité de Marie-Josèphe qui s'est si bien fondue dans l'intimité du groupe qu'elle semble avoir toujours contribué à en maintenir l'équilibre.

Tandis qu'à la demande de Le Normant de Tournehem, ancien tuteur légal de Mme de Pompadour, devenu le directeur des Bâtiments du roi, Jean-Marc Nattier, peintre de la famille royale, exécute le portrait officiel de Marie-Josèphe, celle-ci apprend le trépas, en son château de Chambord, de son oncle Maurice de Saxe, mort « dans son lit comme une vieille femme, ne croyant à rien et n'espérant rien[24] ! ». Le maréchal s'éclipse trop tôt de la scène du monde pour voir sa nièce accoucher du garçon qu'il avait si longtemps espéré.

Mi-septembre 1751. Un cri fait tressaillir le dauphin qui somnolait en un fauteuil auprès de son épouse. Il saute sur ses grosses jambes, bondit et appelle : « Le roi ! Le roi ! Des témoins ! » Il jaillit de la chambre, cherche autour de lui et, faute de mieux, réquisitionne les premières personnes qui passent, soit deux porteurs de chaise, six gardes du corps ainsi qu'une sentinelle qui, ne comprenant rien à la situation, « ne voulait pas quitter son poste ». C'est en présence de ce mélange de personnages hétéroclites que Marie-Josèphe, aidée par l'accoucheur Levret, met au monde son enfant.

Une nouvelle clameur sort de la chambre. C'est encore la grosse voix du dauphin qui s'époumone : « Ma femme est accouchée, je ne sais pas de quoi ! » Il n'importe : d'un grand élan, il se jette au cou de toute personne passant à sa portée. S'il ignore « de quoi » il s'agit, c'est qu'en l'absence des témoins officiels on a pris soin de garder le bébé caché sous la couverture. Enfin, Mme de Tallard se présente, mise comme elle a pu, suivie de quelques autres dames bien nées, toutes arrangées de même.

La couverture est alors rejetée et l'on voit que l'enfant tient encore à la mère. On se penche : c'est un fils ! La reine arrive à son tour. Le roi, lui, est à Trianon, jouant au piquet avec Mme de Pompadour. Un Garde suisse ayant galopé jusque-là fait sursauter l'assemblée : « Un duc de Bourgogne ! Un duc de Bourgogne ! » À cette nouvelle, Louis manque de perdre connaissance : il faudra le soutenir jusqu'à la voiture du prince de Conti qui part en direction du château au grand galop de ses chevaux. Le roi fait son entrée dans la chambre de sa belle-fille au moment où le cardinal de Soubise procède à l'ondoiement du nouveau-né. Sa Majesté trouve l'enfant « fort et bien portant ». Après la messe et le *Te Deum*, un si grand nombre de fusées sont tirées à Versailles qu'elles mettent le feu au grenier des Grandes Écuries, ravageant la salle du Manège qui avait servi de cadre aux deux épousailles du dauphin. Dans les cendres : on trouve un corps carbonisé… Ordre est donné d'illuminer les fenêtres à Paris, tandis que des pièces d'or sont jetées par poignées dans les rues. Quant au dauphin, il plaisante en ces termes : « J'ai un fils, je ne suis plus si cher ! » Première descendance mâle : d'autres suivront qui rendront en effet Louis-Ferdinand, à mesure que la famille royale augmentera en nombre, de moins en moins irremplaçable au point de vue dynastique.

« Le dauphin est bigot, mais il a grand tempérament »

Quelque temps après ses couches, la dauphine se rendant à Paris prend soudainement conscience du discrédit où sont tombés non seulement ces messieurs et ces dames de Versailles, mais plus généralement toute forme d'autorité assortie de privilèges hérités des vieux âges, mêlant dans une égale réprobation l'arrogance des puissants, l'intolérance de l'Église, la corruption de l'armée et le système monarchique de droit divin fondant la concentration des pouvoirs entre les mains d'un seul homme. Sur le passage des carrosses, une multitude de traîne-misère réclament du pain et crient au renvoi de la Pompadour tenue pour la principale responsable des malheurs du royaume. Elle serait sans doute fort étonnée d'apprendre, cette houle menaçante, que toute relation charnelle a désormais pris fin entre le roi et la favorite. Au bout de cinq années de vie intime, elle n'est plus que l'amie de Louis XV : son « amie nécessaire ». La meilleure, la seule amie sans doute que puisse contenir le cœur éteint du roi.

Le temps des petites maîtresses est arrivé. Voici que se succèdent dans le lit de Sa Majesté les jeunes pensionnaires du Parc-aux-Cerfs, cette garçonnière de luxe que la marquise, assistée par tout un réseau de pourvoyeurs, alimente en chairs fraîches, rosées, dodues et vierges – donc « saines » de préférence.

Ce sont là mœurs du temps qui ne tirent point à conséquence entre personnes bien nées. Ce ne sont pas, cependant, les manières du dauphin dont l'ancienne impéritie au bonheur s'est détachée de son cœur peu à peu ranimé. À l'étonnement encore sceptique de leurs contemporains qui ne s'attendaient guère à cette révolution conjugale, et sans que l'on puisse déterminer comment l'alchimie a finalement opéré entre le dauphin et la dauphine, s'impose l'image de deux personnes se suffisant désormais tout entières à elles-mêmes.

Ce dauphin qui semble à présent connaître la paix intérieure n'est jamais si heureux ni si épanoui que lorsqu'il s'adonne à l'étude en son cabinet de travail : Louis-Ferdinand est ce qu'on appellerait aujourd'hui un intellectuel. Singulière association de personnages que cet homme et cette femme longtemps éloignés l'un de l'autre formant désormais un couple rassis, tranquille, paisible, où l'on se plaît à toutes les simplicités de l'intimité familiale dont le XVIIIe siècle a enfanté : « J'ai vu la Dauphine assise devant un métier, travaillant au tambour, dans une petite pièce à une seule croisée dont le Dauphin faisait sa bibliothèque. Son bureau était couvert des meilleurs livres qui changeaient tous les huit jours… Le Dauphin se promenait ou s'asseyait, et je me suis surpris plusieurs fois causant avec lui comme si j'avais été dans une société bourgeoise[25]. »

Cependant, ce mari devenu à la fin si aimant, ce jeune homme si sérieux, si correct et si grave, d'un caractère si rond, si plein de « bonnes qualités » et de si belles vertus chrétiennes, ne serait peut-être pas l'époux exemplaire, le compagnon édifiant dont il s'applique à lisser l'image et à donner l'exemple. C'est comme si, de loin en loin, quelque résurgence d'atavisme familial venait ébranler l'épaisseur de ce corps reposé. « Le dauphin est bigot, mais la nature est bien forte et il a grand tempérament... Le piquant, c'est que le père et le fils sont parfois rivaux et font voile pour Cythère sur la même embarcation[26]. »

Simple ragot de cour se divertissant à mettre en compétition Louis XV et Louis-Ferdinand, comme si les bonnes fortunes du premier pouvaient être mises en comparaison avec celles du second ? Sur ce point, la plus grande circonspection s'impose, même si l'on ne peut nier que le jeune prince s'essaie en effet à étouffer, autant qu'il peut, « son tempérament par des mœurs austères[27] ». Quelques mots de Marie-Josèphe au général de Fontenay accréditeraient l'hypothèse d'un mari point si fidèle qu'il y paraît mais qui, du moins, à la différence de son père, prendrait grand soin de dissimuler ses galanteries au monde : « Il y a longtemps, écrit Marie-Josèphe, que je suis informée de la mauvaise conduite de Monsieur le Dauphin, et des visites matinales qu'il reçoit. Cela est scandaleux, et j'en suis tout à fait inquiète. Je ne l'en recevrai pas plus mal demain, car il faut dissimuler. » Le sens du billet paraît de la plus grande limpidité, cependant il prête à confusion : dans ces quelques lignes, la dauphine évoquerait non point les aventures extraconjugales de son époux mais blâmerait la « mauvaise conduite » de Louis-Ferdinand relativement aux intérêts de la Saxe : dans cette hypothèse, les « visites matinales » dont il est fait mention toucheraient à de certaines allées et venues de conseillers du prince marquant leur opposition grandissante à la politique menée alors par Auguste III...

Les galanteries – cependant plus que vraisemblables – de cet irréductible prêcheur de morale, quelles sont-elles ? Il semble que la piété ardente de Louis-Ferdinand se soit trouvé à différentes reprises certains accommodements avec la pure morale chrétienne sans que l'intéressé ait éprouvé les remords de conscience qui ne cessèrent de torturer son père. On ne peut écarter d'emblée l'hypothèse que Louis-Ferdinand se soit – au moins une fois – aventuré sur les brisées de Louis XV en s'intéressant d'un peu plus près qu'il n'eût fallu à une certaine Marie Geneviève Radix de Sainte-Foy, épouse en premières noces de Jean François Boudrey, premier commis des Finances. Du moins est-ce le marquis d'Argenson qui fait part du double intérêt manifesté par le père et le fils au bénéfice de la même créature : « Le peintre Nattier fit son portrait [en muse] exposé au salon de 1753. Le Roi et le Dauphin, son fils, l'avaient convoitée à la même heure : le jour où Mme Boudrey donnait rendez-vous à Louis XV, elle reçut une lettre du Dauphin qui lui demandait une entrevue. Elle remit la lettre à son mari et le chargea d'y répondre. Boudrey fit les excuses que l'on peut juger et depuis ce temps-là, il a eu pour sa femme la vénération que l'on peut juger aussi. Cependant elle alla au rendez-vous avec le Roi comme capable de la mieux payer… »

Autre galanterie prêtée au dauphin : avec Charlotte-Rosalie de Romanet cette fois, dame pour accompagner Mesdames aînées (Henriette et Adélaïde), épouse de François-Martial, comte de Choiseul-Beaupré, menin du dauphin. Son air ? Celui d'« une fille entretenue qui a beaucoup d'usage du monde ». Éphémère maîtresse de Louis XV elle aussi, gagnée un moment par l'impossible rêve de supplanter la Pompadour, elle aura, du moins, la discrétion de mourir en couches en 1753.

Faut-il également mettre au nombre des maîtresses de Louis-Ferdinand Mme du Châtelet-Lomont qui, un jour, montera les marches de la guillotine, ainsi que la marquise de Belsunce, dame de Mesdames de France, ou encore la marquise de Tessé, née Noailles ? Rien d'impossible. Mais rien d'absolument certain non plus. Il reste à ajouter, dans cette proposition d'énumération, une certaine Marie-Anne Françoise de Vidal, chanoinesse de Lille, épouse de François d'Adonville, officier du régiment de Rohan : de la liaison supposée de la chanoinesse et du dauphin serait né le 2 octobre 1750 un fils, Auguste Dadonville, futur chanoine à la cathédrale de Lille qui, à l'âge de trente-six ans, aura la tête tranchée à la Barrière du Trône[28]. Affabulations ? Confirmation de l'éternel adage qui veut qu'on ne prête qu'aux riches ? Toujours est-il que c'est ce même dauphin, si fidèle soit-il resté ou infidèle soit-il devenu, qui écrivait au même moment avec la gravité sentencieuse qu'il mettait volontiers en toute chose : « La chasteté est une vertu propre au christianisme... La moindre tache ternit son éclat. La chasteté conjugale n'exige pas moins de précautions que la chasteté parfaite... Je n'ai jamais compris comment des écrivains cyniques ont pu porter l'audace jusqu'à qualifier de passion des grandes âmes, celle qui traîne partout avec elle la honte et l'infamie; qui porte l'amertume et la division dans le sein des familles... »

En ce mois de février 1752, Madame Henriette est emportée par la petite vérole. Louis XV vient de perdre celle de ses filles qu'il préférait. Accompagné de la reine, du dauphin, de la dauphine et de Mesdames, le roi se retire à Trianon où la famille demeure toute une semaine. C'est à Marie-Josèphe que sont abandonnés les soucis et les chagrins de l'organisation des cérémonies funèbres : « Outre la douleur où j'étais plongée de la perte de Madame, se plaint la dauphine à sa mère, j'étais encore obligée d'en cacher la moitié pour ne pas augmenter celle du roi et de Monsieur le Dauphin... C'est moi, malheureuse, qu'il [le roi] a chargée de tout, si bien que j'ai été obligée d'ordonner tout pour le transport de son corps, pour le deuil et pour toutes ces tristes cérémonies. »

À présent, voilà la Pompadour nommée duchesse : « Le tabouret a été pris à six heures et un quart. Madame la princesse de Conti menait; Mmes d'Estrades et de Choiseul suivaient[29]. » Quittant le cabinet du roi, la nouvelle marquise se présente, selon la tradition, chez la reine, puis chez le dauphin et la dauphine, et enfin chez Mesdames. On a prétendu qu'à cette occasion le jeune prince a échangé avec son père des propos plus que vifs et que Louis-Ferdinand s'est attiré du roi cette cinglante réplique : « Vous devez souhaiter que je vive longtemps, car vous n'êtes pas encore en état de vous conduire ! »

Le fils, qui a entendu de la manière qu'il fallait la leçon paternelle, sent le moment précisément venu de mettre un terme à ses éternelles escarmouches avec la Pompadour et affecte à présent d'adresser à cette dame, aussitôt imitée par ses sœurs, des grimaces de sourires et des élans de paroles onctueuses qui, pour être de commande, n'en épargnent pas moins la dignité de chacun.

« Au lieu de traiter durement, comme à l'ordinaire, Madame de Pompadour, écrit le duc de Croÿ, il [le dauphin] l'accueillit très gracieusement, ce voyage-là. Le lendemain, Mesdames toutes, cinq et huit de leurs dames, arrivèrent pour dîner à Choisy et y couchèrent. La marquise y ayant ainsi attiré depuis deux ans la famille royale et les gagnant par beaucoup d'attentions et de respect avait tâché de gagner leur confiance et était fort bien avec eux et même fort bien avec la reine, de sorte qu'il ne manquait rien à sa gloire et à son crédit dans son espèce. »

Du moins s'efforce-t-on d'afficher devant le monde des apparences convenables. En privé, le dauphin, renonçant aux « petits chiffonnages[30] » du passé, aurait même troqué le nom de guerre de « Maman putain » pour celui de comédie de « Pompon »...

Le frère « par excellence »

Le 8 septembre 1753 vient au monde le deuxième fils du couple delphinal. Titré duc d'Aquitaine, Xavier Marie-Josèphe de France est un garçon « gras, beau et plein de vie ». L'enfant, qui promettait beaucoup, est emporté par la coqueluche le 21 février de l'année suivante.

Sept mois plus tard – il est 6 heures du matin, le 23 août 1754 – naît un autre garçon, prénommé Louis-Auguste, titré duc de Berry. C'est le futur Louis XVI. Le comte de Bellegarde, nouvel ambassadeur de Saxe, s'exerce aux logorrhées de la diplomatie de cour en écrivant à Bruhl, peu d'heures après la naissance de l'enfant : « Je ne saurais jamais exprimer à Votre Excellence combien Madame la Dauphine est aimée... On ne cesse de la louer et on peut dire qu'elle a gagné les cœurs de toute cette nation. » Quant au marquis de Souvré, il ne se contient plus : « On ne doit plus prendre de femmes qu'en Saxe, et quand il n'y en aura point, je les y ferai plutôt faire en porcelaine pour en avoir une de ces pays-là que d'en prendre ailleurs. Les Saxonnes doivent servir d'exemples à toutes les femmes de l'univers ! »

L'année suivante, Marie-Josèphe, en excellentissime princesse féconde, débute une nouvelle grossesse : cependant, l'événement est précédé d'un double drame.

Le premier survient le 16 août 1755 : nous sommes à la fin d'une partie de chasse. Le dauphin qui, on le sait, n'a jamais particulièrement goûté les traditions cynégétiques (désormais il les prendra tout à fait en horreur) décharge, prudemment croit-il, son fusil avant de monter en carrosse. Mais il s'y prend d'une telle manière qu'il blesse mortellement l'un de ses écuyers, le marquis Yves de Chambors, un jeune marié père d'un enfant à naître.

L'histoire – celle de la « rente de Chambors » – mérite d'être contée : après ce cruel événement dont il restera inconsolable, le dauphin écrit de sa main à la veuve du défunt écuyer : « Vos intérêts, madame, sont devenus les miens ; vous me verrez toujours aller au-devant de ce que vous pouvez souhaiter ; et pour vous, et pour cet enfant que vous allez mettre au jour, je serais bien fâché que vous vous adressassiez à d'autres qu'à moi ; ma seule consolation dans l'horrible malheur dont je n'ose me retracer l'idée, est de contribuer, s'il est encore possible, à la vôtre et d'adoucir autant qu'il dépendra de moi la douleur que je sens comme vous-même. » Louis-Ferdinand deviendra le parrain de l'enfant de feu Yves de Chambors, un fils qui naîtra six mois plus tard. Autour de Louis-Ferdinand, on s'étonne de cette grâce et de ce privilège : « Ce n'est pas l'usage, Monseigneur ! » objecte-t-on. À quoi le prince réplique avec une vivacité douloureuse : « Il n'est pas non plus d'usage que le dauphin tue un Français ! » Louis-Ferdinand obtiendra au bénéfice du nouveau-né le titre de comte et fera verser une rente de 6000 livres à la veuve puis à ses descendants. Plus tard, Louis XVI s'acquittera fidèlement de la dette contractée par son père. La Révolution elle-même ne songera pas à en interrompre le versement. Napoléon Ier, Louis XVIII, Charles X, Louis-Philippe, puis Napoléon III maintiendront la pension en faveur des lointains descendants du marquis de Chambors. La Troisième République agira de même : certes, en 1904, le ministère des Finances, trouvant que l'affaire avait assez duré, tentera de mettre un terme à cette tradition devenue, pour le moins, archaïque. Mais le Conseil d'État maintiendra le versement de l'antique pension à la dernière descendante de l'écuyer du dauphin, laquelle disparut sans enfant dans la première moitié du XXe siècle.

Le second malheur dont il s'agit survient le 2 septembre 1755 : l'aînée de la famille, Marie-Zéphirine, la « Petite Madame », meurt à l'âge de cinq ans, emportée comme l'autre « Petite Madame », celle de Louis-Ferdinand et de Marie-Thérèse Raphaëlle, par une crise de convulsions[31].

Arrive le mois de novembre. Nous sommes le 17. Il est 3 heures du matin quand Marie-Josèphe de Saxe – que le dauphin a placée sous la protection de la « *Virgo paritura* » (littéralement la « Vierge qui doit enfanter[32] ») – accouche d'un nouveau garçon prénommé Louis Stanislas Xavier de France, titré comte de Provence. L'enfant ne paraît guère vaillant. Il est « malingre, fluet, peu viable ». Le comte de Vitzhum, envoyé extraordinaire du grand-père Auguste III, fait part de sa vive inquiétude : « Je le trouve si délicat et fluet du corps, des bras et des jambes que je ne sais si on peut autant compter sur sa santé que sur celle de MM. le duc de Bourgogne et de Berry. » Quant à d'Argenson, il se montre plus pessimiste encore : « Le comte de Provence diminue depuis sa naissance et devient à rien. » C'est ce « rien »-là qui sera un jour le très épais, le très pansu, le très volumineux Louis XVIII, sans doute le plus gros de tous les hommes qui gouvernèrent jamais la France.

S'agissant de la nouvelle guerre qui débute à présent, chacun des protagonistes du conflit eût été bien déconcerté d'apprendre qu'elle durerait sept ans.

Vient le printemps 1756 : les grandes puissances européennes vont s'affronter tant sur le Vieux Continent qu'en Amérique, en Afrique, aux Indes et sur les mers du globe. Voici que s'engage, avec son long cortège de défunts à venir et son amplitude géographique étendue sur trois continents, le « premier conflit mondial » de l'histoire de l'humanité[33].

Frédéric II est celui des maîtres de guerre à donner le branle à cette danse macabre. Le 26 août, il fait marcher ses troupes contre la Saxe, la Saxe qu'il envahit, la Saxe qu'il pille et qu'il ravage. C'est une première : jamais dans l'histoire un Électeur du Saint Empire ne s'était emparé par la force du territoire d'un autre Électeur !

Bientôt, c'est la chute de Dresde. Réfugié à Varsovie, Auguste III a abandonné son épouse à l'infortune de son royal destin. Les Prussiens, bien éloignés de mettre dans leurs actions le moussu de la guerre en dentelles, s'invitent jusque dans la chambre de l'électrice Marie-Josèphe d'Autriche dont ils fouillent et dispersent les papiers, s'emparant, au passage, de ses diamants les plus précieux, le tout « sans nous déclarer la guerre et en se disant notre ami[34] ! ».

Le 14 octobre, les troupes saxonnes, éreintées et rompues, capitulent. Renfermé en sa forteresse de Königstein, Auguste III, brûlé de désespoir en sa remuante graisse[35], élève les protestations d'usage : « Les troupes de Votre Majesté font des exactions, s'emparent de mes caisses, viennent de démolir une partie de la forteresse de Wittenberg et arrêtent mes officiers généraux… J'en appelle aux sentiments de probité de Votre Majesté[36]. »

Le maître de Sans-Souci n'a que faire de cette rhétorique. Et que lui importe d'être traité de « violateur des lois de l'Empire » ! À Versailles, le cercle de famille se resserre autour de Marie-Josèphe, angoissée par le sort de sa Saxe natale. Cependant, les ministres, jugeant que l'allié autrichien n'est pas directement menacé par les événements de Dresde, estiment prudent et sage de se garder, pour l'instant, de toute initiative, nul ne pouvant prévoir à quelles extrémités pourrait mener une entreprise si hasardeuse. Louis XV honorera cependant sa signature du traité de Versailles en soutenant financièrement les efforts des coalisés et en poussant ses armées en direction de l'Allemagne. Le reste viendra à son heure si, d'aventure, le conflit devait se prolonger davantage qu'il n'a été prévu. Mais Louis demeure persuadé que cette méchante histoire ne devrait pas durer.

Marie-Josèphe de Saxe, elle, ne voit pas si loin dans ce qu'il est prudent d'accomplir et aventureux d'entreprendre. Que faire sinon prier ? Elle passe en son oratoire des heures de méditation douloureuse, agenouillée à son prie-Dieu jointif à celui de son époux, le dauphin et la dauphine égrenant leurs rosaires et mêlant leurs litanies des saints : « Je vous prie de vous souvenir dans vos prières de ma famille et de ma patrie… Priez aussi pour moi et surtout demandez pour moi la grâce de la prière et de la résignation[37]. » La dauphine – elle est de nouveau enceinte – n'a de cesse que de s'entretenir avec tous les seigneurs de la cour censés disposer de quelque autorité sur la conduite des événements, elle délibère avec nombre d'ambassadeurs menés dans ses appartements : ce ne sont que rencontres, audiences, apartés avec toutes sortes de personnes dont elle se persuade qu'elles pourraient agir, d'une manière ou d'une autre, sur le hasard des armes : « Le désir de pouvoir être utile en quelque chose à mon cher papa, à maman et à mon pays fait que je passe mes journées à parler, à écrire, ou à réfléchir au moyen de leur servir : s'il ne fallait que mon sang pour les retirer du malheur, je le verserais avec plaisir[38]. »

Nous sommes à présent le 5 janvier 1757 : par une température glaciale, Louis, accompagné du dauphin, descend l'escalier intérieur et traverse la salle des Gardes. Après s'être attardé au chevet de Madame Victoire, souffrante, il se rend à Trianon où la cour est occupée à tirer les rois. Soudain, jaillit une ombre. Le roi, au passage de cette apparition, a senti une douleur au côté. Peut-être un simple coup d'épaule ? En réalité, c'est d'un coup de couteau qu'il s'agit. L'agresseur, Robert-François Damien, n'a pas opposé de résistance lorsqu'on s'est emparé de sa personne. Ce sera bientôt l'écartèlement en place de Grève : ce jour-là, les fenêtres se loueront à prix d'or afin de jouir du spectacle.

La blessure de Louis présenterait-elle un caractère de gravité ? Heureusement, la pelisse doublée de fourrure a amorti le coup et la lame n'a pénétré les chairs que de la longueur d'un pouce, sans atteindre d'organe vital. Cependant Louis, voyant le sang couler en abondance, est convaincu qu'il n'en réchappera pas et, sans attendre, demande l'extrême-onction. Bientôt, voici la reine : retrouvant les accents de pénitence qui avaient retenti lors de la maladie de Metz, le Roi Très-Chrétien, le roi très pêcheur, le roi très indigne, souffle à Marie Leczinska : « Madame, je vous ai donné bien des chagrins, je vous supplie de me pardonner. » À Mesdames ses filles, il déclare : « Je regrette de tout cœur les scandales dont vous avez été témoins. » Au dauphin : « Je suis heureux de penser que la France aura désormais un bon maître. » Et à Marie-Josèphe : « Ma chère Pépa, ne vous chagrinez pas. Avec mon fils, le royaume est en de bonnes mains, je l'ai nommé lieutenant général, je veux qu'il préside le Conseil d'État et qu'on prenne ses instructions pour toute chose. » Quant à la Pompadour, élevée au rang de dame du palais de la reine quelque temps plus tôt, elle a quelques raisons de s'inquiéter : si le roi disparaît, pour elle aussi viendra la fin.

Le dauphin – il est âgé de vingt-sept ans – a désormais entre les mains les affaires du royaume. À l'extérieur, la guerre fait rage. À l'intérieur : un autre conflit, non point sanglant celui-là, mais non moins menaçant pour l'État, celui que mènent sans désemparer les parlements hostiles aux réformes alliés à la haute aristocratie qui ne laissent pas de monter le peuple contre Versailles. Et puis le sentiment que tout se décompose, qu'il n'est rien qui ne se délite ni qui ne se désagrège… En l'absence de son père, Louis-Ferdinand préside les conseils avec le soutien de l'abbé de Bernis. D'Argenson reconnaît que le prince manifeste, durant l'indisponibilité de son père, « une intelligence, une dignité et une éloquence qu'on ne soupçonnait pas tant il est vrai qu'il faut mettre les hommes à même pour connaître leur valeur ». Quant à Luynes, il loue « son application, sa fermeté, sa sagesse, ses lumières ». Le roi se montrera d'ailleurs si satisfait de l'énergie et du sens politique de son fils en cette période critique qu'il le fera entrer au Conseil d'en haut où le prince aura d'emblée toute latitude d'opiner comme les ministres.

Cependant, Louis XV se rétablit. Au bout de quelques jours, le voilà tout à fait guéri. Par contrecoup, la Pompadour redevient « plus forte que jamais », tandis que le dauphin est à présent regardé comme un tout autre homme par une foule de gens qui, jusque-là, ne lui avaient guère prêté d'attention : « Ce prince badine très agréablement dans le particulier, il a beaucoup lu, réfléchi et profité, il a une mémoire prodigieuse et ce n'est pas aux dépens de son bon sens ; il a infiniment plus d'acquis que le public ne s'imagine et une discrétion sur ce qui se passe à la cour qui ne se dément jamais. La manière tendre, amicale et enjouée dont il vit avec Madame la Dauphine est édifiante. Il y a une quinzaine de jours qu'elle était à sa toilette et l'heure d'aller chez le roi pressait ; il la détournait à tout moment, elle lui dit : "Allez-vous-en, je ne serai jamais coiffée ; vous êtes insupportable. — Ah ! Ah ! reprit le dauphin, il n'y a que quatre jours que vous êtes femme de ministre et vous commencez déjà à faire l'impertinente[39]." »

Au printemps de cette année 1757, Frédéric II a conquis et mis à sac la moitié de la Pologne. Ce que voyant, Louis XV a chargé le maréchal d'Estrées de partir pour la Westphalie à la tête d'une armée coalisée forte de 100 000 hommes. Xavier, le frère préféré de la dauphine, a rejoint les rangs des armées autrichiennes. Si la désertion des soldats saxons, embrigadés dans les troupes de Frédéric, est « prodigieuse », au dire de Xavier (ces déserteurs seront incorporés dans le Royal-Saxon, régiment financé par la France), le siège de Prague, entamé le 6 mai par le roi de Prusse, accroît le désarroi de la dauphine : « Au nom de Dieu, écrit-elle à Fontenay, dites-moi ce que je dois craindre ou espérer. Ne me cachez rien ; l'inquiétude où je suis est aussi dangereuse pour moi que les nouvelles les plus fatales. » Cependant, lorsqu'elle apprend, le 18 juin, la victoire autrichienne de Kolin – première défaite prussienne de la guerre de Sept Ans –, cette bataille de Kolin qui a vu les Saxons se distinguer à leur avantage, puis, le 26 juillet, quand elle prend connaissance de la victoire française de Hastenbeck au détriment de l'armée d'observation du duc de Cumberland, elle se déclare « transportée de joie ». Frédéric II, se croyant perdu, se prend à songer à « une mort glorieuse » à la tête de ses troupes. À défaut, ce pourrait être le suicide…

La joie de Marie-Josèphe s'augmente le 9 octobre, à 7 heures du soir, de la naissance d'un quatrième garçon, titré comte d'Artois (un autre futur roi de France – Charles X – vient de venir au monde). L'enfant n'était attendu que le 10 ou le 11 : l'affaire se passe si promptement que c'est à peine si le curé de Notre-Dame de Paris a pu entamer les prières dites des quarante heures.

Réjouissances de courte durée : un mois plus tard, la cour apprend la déroute de Rossbach, première défaite française de l'histoire face à la Prusse. Frédéric II, qui s'était vu mort six mois auparavant, gagne définitivement son surnom de Frédéric le Grand. La dauphine « se meurt de chagrin » en apprenant que des troupes majoritairement françaises ont essuyé une si cruelle défaite en se portant au secours de la Saxe. « Mes malheurs sont affreux, je le sens dans toute leur étendue. Je serais bien heureuse si j'avais autant de vertu et de courage que vous m'en croyez [Marie-Josèphe écrit à son habituel correspondant le général de Fontenay], mais malheureusement vous vous trompez sur cet article. Malgré toute la bonne volonté et mon tendre attachement pour tous les miens, je sens tous les jours davantage combien je leur suis peu utile, et peut-être même leur suis-je nuisible. »

L'âme « plus noire que l'encre », Marie-Josèphe ne prétend plus qu'à demeurer l'observatrice, désolée et lointaine, d'une histoire qui n'a que faire, pour s'écrire, des vains efforts d'une dauphine de France : « Je ne suis point faite pour les affaires de cette espèce, elles sont au-dessus de ma portée et ne conviennent point à une femme. Si, jusqu'à présent, j'ai osé m'en mêler, vous savez que la seule espérance d'être utile à ma trop malheureuse famille m'y a portée malgré la répugnance naturelle que j'ai de me mêler de ce que je sens fort bien qui ne me convient pas[40]. »

Le 17 novembre, quelques jours après Rossbach, la prisonnière de Dresde rend son âme harassée à l'âge de cinquante-huit ans. Quelques jours plus tard, Marie-Josèphe s'adresse en ces termes à son frère Xavier : « Quelle perte pour nous et pour tout le pays, mais pour nous plus encore par les exemples de vertu et les saintes leçons dont cette adorable mère tâchait d'animer notre faiblesse ! Elle a reçu la récompense de ses vertus, elle est à jamais heureuse. Il n'y a que nous qui sommes à plaindre. Efforçons-nous de marcher sur ses traces, d'imiter ses vertus, afin de partager un jour son bonheur ; si elle nous a aimés dans le monde, elle nous aime cent fois plus à cette heure. »

Celui qui fut le fils préféré de la défunte est aussi le « frère par excellence » de Marie-Josèphe, ainsi que la dauphine a coutume de nommer le prince Xavier de Saxe, son aîné d'un peu plus d'une année. Devenu le commandant du corps d'armée saxon placé sous les ordres du maréchal de Broglie, il est attendu à Versailles en ce mois de juin 1758. C'est sous le titre de courtoisie de comte de Lusace qu'il fait son arrivée en France.

Douze années ont passé depuis que Marie-Josèphe n'a pas vu ce « frère par excellence ». Se peut-il que tout ce temps écoulé ait fait oublier, à ce frère et à cette sœur, qu'ils composèrent, jadis, une paire d'âmes toutes semblables, combinaison de deux esprits jumeaux ayant la faculté d'évoluer en un monde parallèle, impénétrable à tout autre qu'eux-mêmes ? Le 14 juin, Xavier est à Versailles. Après ces longues années de séparation, Marie-Josèphe retrouvera-t-elle l'enfant de jadis renfermé, et peut-être abîmé, diminué, dans les membres, dans le torse, dans tout le corps d'un homme ? Or, en aucune manière elle n'est déçue à son apparition. Les démonstrations d'affection seront d'autant plus vives que le prince, devant se porter à la tête de ses troupes, repartira dès le lendemain.

Comment est-il, ce Xavier ? C'est à présent un homme de vingt-huit ans d'une taille élancée ; les traits de son visage un peu long expriment une gaieté naturelle, son apparence physique peut être dite avantageuse en dépit de ses joues grêlées par la petite vérole, ce qui n'a rien que de fort ordinaire à l'époque. Sans doute ne lui reconnaît-on pas un esprit des plus brillants à la manière du temps, cependant il est loin d'être sot. Selon le major-général de Martange, son aide de camp, « il a le meilleur fond qu'on puisse souhaiter ; il est essentiellement juste. Je n'entends pas nier qu'il n'y ait beaucoup de taches à l'extérieur, comme de l'empressement, de la timidité dans la conversation, de l'embarras dans la façon de se présenter, trop d'amour pour le particulier[41] ». De l'avis de Louis XV, « Madame la Dauphine n'aime réellement que le prince Xavier ». Non seulement ces deux êtres, si longtemps éloignés géographiquement, se sont retrouvés d'instinct, mais ils semblent qu'ils se soient véritablement « trouvés » en dépit de leurs existences devenues si dissemblables.

Pour Marie-Josèphe, l'affaire est entendue : Xavier est l'être d'exception selon son cœur, il est l'image masculine idéalisée dont le dauphin, si aimé qu'il soit, ne saurait en approcher le reflet en raison de sa présence trop concrète, trop tangible. Bientôt, cette affection fraternelle, cette fusion de deux cœurs destinée à tourner, chez Marie-Josèphe, en une passion jalouse et inquiète exigeant du bien-aimé – du trop aimé – infiniment plus de qualités qu'il n'en saurait avoir, s'exalteront en des emportements de tendresse et des excès d'adoration quasi mystique auxquels Xavier, dans les années futures, sera bien en peine de trouver la parade.

Mais déjà il s'échappe, sanglé en son uniforme de lieutenant général. Le chagrin de Marie-Josèphe est aussi brûlant qu'il se fait délicieux à cette âme qui se veut incessamment martyre d'elle-même. Deux ans plus tard, le prince reviendra à Versailles où il séjournera plus longtemps à ses côtés. Marie-Josèphe passera commande de son portrait à Maurice Quentin de La Tour : Xavier, portant un habit de velours bleu orné de soutaches dorées, apparaît à mi-corps. Sur sa poitrine brillent les insignes de chevalier de l'ordre de l'Aigle blanc de Pologne. Ce pastel, Marie-Josèphe le conservera jusqu'à sa mort. L'œuvre passera ensuite à sa sœur Christine de Saxe, future abbesse de l'abbaye de Remiremont, elle aussi liée d'une grande tendresse au « comte de Lusace[42] ».

Deux mois après son départ de Versailles, Xavier prend le commandement des 10000 Saxons soldés par Louis XV. L'année 1758 est une année bien misérable pour la France. C'est vrai sur le Continent, c'est également vrai aux Amériques, en Afrique ou dans les Indes. Le Canada est perdu. Les Anglais s'emparent de Saint-Louis du Sénégal. Leurs troupes occupent et pillent Cherbourg. La défaite de Krefeld, le 23 juin, laisse au royaume le « souffle d'une armée ».

Un mois plus tard, l'espoir renaît côté français, avec la victoire de Sandershausen remportée par le duc de Broglie. C'est aussi l'époque où Bernis laisse la place au comte de Stainville, désormais duc de Choiseul, à qui sont confiées les Affaires étrangères. Pendant ce temps, Xavier demeure parmi ses troupes saxonnes, mais le repos du guerrier occupant une bonne partie des loisirs du prince au fond des alcôves de passage, voilà que le « frère par excellence » néglige de donner, avec la régularité qu'elle espère, qu'elle attend, qu'elle exige, des nouvelles rassurantes à sa sœur. Laissée dans l'ignorance de son sort, elle s'impatiente : « Il est difficile de croire que, quelque affaire qu'on ait, on n'ait pas le temps d'écrire avec un méchant crayon, sur un morceau de papier chiffonné, "Je me porte bien" [...]. Quand on aime bien les gens et qu'on est aussi sûr d'être aimé, il me semble que le premier soin est de les rassurer[43]. » Cependant, les alliés autrichiens ont reconquis la Saxe, tandis que Frédéric II remporte contre les Russes une victoire à la Pyrrhus, à Zorndorf, qui demeurera dans les mémoires comme l'une des batailles les plus sanglantes du siècle.

Nous voici dans la nuit du 22 au 23 septembre 1759 : après les naissances successives de trois garçons, Marie-Josèphe donne la vie à une fille, Marie-Adélaïde Clotilde, qu'on appellera plus simplement Madame Clotilde. Si ses trois derniers fils, dans les grandes convulsions de l'histoire, deviendront, tour à tour, rois de France, c'est à présent une future reine – une reine de Piémont-Sardaigne – qui vient de voir le jour[44]. Une « petite miniature très élégante » se réjouit son père. Patience : elle prendra le temps de grossir d'une façon prodigieuse, au point de s'attirer, dans l'avenir, le sobriquet de « Gros Madame ». Cette future reine de Sardaigne, dont la naissance, en ces temps dramatiques pour le royaume de France, ne sera saluée par aucune fête ni même un *Te Deum*, vivra jusqu'en 1802. Elle mourra « en odeur de sainteté » et sera déclarée « Vénérable » le 10 avril 1808. Le décret reconnaissant l'« héroïcité de ses vertus » sera, lui, publié en 1982.

« La plaie de mon cœur saignera encore longtemps »

En décembre 1759, la petite vérole s'est trouvé une nouvelle victime au sein de la famille royale. L'ex-Madame Infante, séjournant à Versailles, est atteinte du même mal qui a fait périr, sept ans plus tôt, sa sœur jumelle. Cependant, la décomposition incroyablement rapide du cadavre prive les Menus-Plaisirs d'une nouvelle occasion de faire parade de leurs inventions décoratives et le soir même, sans aucune cérémonie, le corps est transporté dans un carrosse « non drapé » jusqu'à Saint-Denis : sans attendre, le cercueil est descendu dans la nécropole royale, auprès de la bière de Madame Henriette.

1760. La guerre. Encore la guerre. Marie-Josèphe s'exaspère de la rareté des lettres de Xavier et, quand elle reçoit, enfin, un billet de sa main, elle n'y trouve à présent que des propos convenus, vagues et inconsistants.

Il se trouve que ce frère trop rétif à son goût est accaparé par quelques autres occupations qui vont bien à un homme de son âge. Marie-Josèphe, qui ne se doute de rien, ou ne veut rien apprendre, accable le prince d'une correspondance mêlée de reproches et de pesants sermons : « Cher et très cruel frère, je vous aime à la folie ! » Elle se dit « poignardée de jalousie ». Il paraît difficile de mettre sur le compte du style affecté de l'époque la suavité de cette rhétorique. D'ailleurs, de quelle jalousie s'agit-il ? Contre qui ? Contre quoi ? Est-elle en capacité de démêler la nature de ses sentiments dès qu'ils se rapportent à Xavier ? Ce qu'elle ignore encore, mais qu'elle apprendra bientôt en dépit de son désir d'aveuglement, c'est précisément que Xavier aime ailleurs avec toute la déraison naturelle à un homme de trente ans. De qui s'est-il épris ? D'une certaine comtesse Gersdorff, aristocrate francfortoise, sans préjudice de quelques autres maîtresses occupant secondairement son lit. Pourquoi Marie-Josèphe se sent-elle à ce point humiliée et trahie par les marivaudages de son frère ? « Au milieu de la douleur où m'a plongée depuis deux ans le sort de ma triste patrie, je ne trouvais de consolation que dans les vertus d'un frère que j'aime au-delà de toute expression. Mais ce frère met le comble à mes maux. »

Cette mise en parallèle du sort de son pays natal et des « infidélités » reprochées à Xavier semble dire bien des choses sur la manière dont Marie-Josèphe perd le contact avec une réalité qu'elle se complaît à noircir davantage. « Je haïssais cette ville [Francfort] parce que je la regardais comme malsaine pour vous, je la déteste depuis que je sais que vous y trouvez la perte de votre âme qui m'est cent fois plus chère que votre corps. » Mais ce n'est pas encore assez de ces admonestations dont elle afflige le « frère par excellence » : elle prétend désormais, pour la rédemption de cette âme en péril, se substituer à leur mère défunte et se met à parler par sa bouche : « Écoutez donc, mon cher fils, les représentations de la mère la plus tendre qui fût jamais. Renoncez à ce funeste engagement... Ne préférez pas à un Dieu si aimable une vile créature qui vous perdra dans ce monde-ci et dans l'autre, quelque attrait que puisse avoir votre comtesse. Ah ! votre Dieu en a de bien plus touchants ! »

Dans les chairs et dans l'esprit de Xavier, il est bien question de Dieu et de tous les saints du paradis, en comparaison des avantages délicieusement profanes de sa belle Francfortoise ! Et quand Marie-Josèphe s'agenouille en son oratoire, bien habile à démêler les dispositions de la dauphine celui qui prétendrait connaître si c'est à Dieu qu'elle adresse des paroles d'adoration céleste ou si c'est bien plutôt à son frère qu'elle réitère ses litanies de querelles d'amour, cette fois-ci, on ne peut plus terrestres...

Maurice Quentin de La Tour dispose à nouveau ses pastels dans un salon de Versailles. Il a été choisi par la dauphine pour réaliser un double portrait en pied : elle-même posant auprès de son fils aîné, le petit duc de Bourgogne, Louis-Joseph-Xavier. L'œuvre sera de belle taille, à peine inférieure au portrait de la Pompadour réalisé quelques années plus tôt, et qui reste aujourd'hui l'une des images rêvées les plus célèbres du XVIIIe siècle.

Le portrait de la mère et du fils soutiendra-t-il la comparaison avec celui de la favorite ? Le dépassera-t-il en qualité ? La Tour avance et avance bien, quand, brusquement, il abandonne. La composition demeurera inachevée car l'artiste, à compter de ce jour, ne la reprendra plus[45].

Dans cette composition, Marie-Josèphe apparaît, en grand habit de cour, dans un salon de Versailles. La main de la dauphine tient la main de son fils qu'elle semble présenter au monde : le jeune prince est vêtu d'un habit « à la hongroise » de velours bleu, veste à brandebourgs galonnée d'argent. La mère et l'enfant nous regardent, esquissant l'un et l'autre un pâle sourire, comme s'ils apparaissaient à travers un voile. L'œuvre est emplie de grâce. La vie y est heureuse, tranquille et douce. Cependant, l'artiste a définitivement rangé sa composition. Il est passé à autre chose, car le jeune duc de Bourgogne a cessé d'exister.

Une chute, une simple chute qu'on avait crue sans conséquence serait à l'origine de la maladie qui ôte la vie du prince. On connaît mal les circonstances de l'accident : trois ans plus tôt, son précepteur, le marquis de La Haye, aurait laissé tomber le prince tandis qu'il l'aidait à enfourcher un cheval de carton. Une autre version parle d'un compagnon de jeu qui aurait fait chuter le petit duc alors que les deux enfants s'amusaient à qui arriverait le premier à la course. Quoi qu'il en soit, Louis-Joseph développe une coxite tuberculeuse, au point que l'on songe à « lui couper la jambe[46] ».

Cependant, il faut continuer de se préoccuper du sort de la Saxe où les armées prussiennes multiplient leurs exactions : « Si de me plaindre pouvait empêcher ma malheureuse patrie d'être en cendres, ou empêcher que le reste ait le même sort, je ferais de hauts cris; mais comme ils seraient inutiles, je les garde et me contente de m'adresser à un défenseur plus puissant que le maréchal Daun[47] et toute son armée. » Au mois de juillet 1760, la victoire de Korbach libérant la Hesse puis la reprise de Cassel lui apportent une consolation d'autant plus sensible que son frère Xavier, à la tête des troupes saxonnes, s'est montré, selon les termes du maréchal de Broglie, « au-dessus de tout éloge ».

Le 13 octobre, la dauphine se rend à Notre-Dame afin de demander au ciel la guérison de son fils. « Le Bon Dieu me donne bien de la consolation par la piété d'ange de ce pauvre enfant, écrit-elle à Xavier. Il demande à recevoir l'extrême-onction, il dit qu'on peut la lui donner quand on voudra parce qu'il a fait le sacrifice de sa vie. Si ces sentiments me font plaisir, ils me couvrent en même temps de honte en voyant la piété si tendre dans un enfant qui n'a pas dix ans. » Le 22 mars 1761, vers 2 heures du matin, le petit Louis-Joseph-Xavier trépasse à 3 heures et demie du matin.

Le lendemain, c'est encore à Xavier que se confie Marie-Josèphe : « Mon fils est dans le ciel, mon cher frère. J'espère qu'il priera pour moi et m'obtiendra la grâce d'y arriver aussi [...]. Le Bon Dieu l'a voulu, je me soumets à Sa Sainte Volonté, mais je sentirai toujours la perte et j'ose dire tout l'État. J'espère qu'il lui sera encore utile par ses prières. Il est mort avec autant de raison, de courage, de résignation et de piété qu'un homme de trente ans. »

Le jeune frère du petit défunt, le duc Berry, six ans, devient après son père second dans l'ordre de succession au trône. Lorsque naîtra son premier fils en 1781, celui qui sera devenu Louis XVI donnera à son enfant, en souvenir de son frère aîné disparu vingt ans plus tôt, les prénoms du petit duc de Bourgogne : Louis-Joseph Xavier.

À présent, la guerre de Sept Ans touche à son terme. Voilà une : « paix ni bonne ni glorieuse, personne ne le sent mieux que moi », convient douloureusement Louis XV, qui ajoute cependant : « Je vous réponds bien que si nous avions continué la guerre, nous en aurions fait encore une pire que l'année prochaine. » Au final, voici une France défaite, une Angleterre maîtresse des mers, et une Prusse hissée au rang de grande puissance militaire européenne. Cependant, Paris est en joie : la place Louis-XV, future place de la Révolution, future place de la Concorde, est illuminée à grands frais par les échevins de la Ville. La statue équestre à l'antique de Louis XV, œuvre colossale de Bouchardon, vient justement d'être érigée en son centre. Pigalle a achevé les reliefs du piédestal imaginé par Gabriel. Les quatre angles de ce piédestal portent des Vertus en bronze : un anonyme versificateur de rue y accrochera cette épigramme que la postérité a gardée en mémoire : « Grotesque monument / Infâme piédestal / Les vertus sont à pied / Le vice est à cheval. »

Le 15 février suivant, le traité d'Hubertsbourg conclu entre l'Autriche et la Prusse permet à Auguste III de recouvrer la Saxe. Pour peu de temps. Tandis que Marie-Josèphe entame une nouvelle grossesse, l'électeur-roi son père succombe le 5 octobre à une congestion pulmonaire. Son fils Frédéric lui succède à l'électorat de Saxe, mais après deux mois de règne il rejoint son père dans l'autre monde. Après avoir si longtemps espéré, le prince Xavier devra renoncer à son rêve polonais, car la « couronne de Boleslas Ier le Vaillant[48] » va se poser sur la tête de Stanislas Poniatowski, palatin de

Cracovie, ex-ambassadeur de Saxe à Saint-Pétersbourg et, accessoirement, ancien amant de Catherine II de Russie. À défaut de trône, Xavier reçoit le titre de prince administrateur de la Régence de l'électorat de Saxe : cette fonction, il l'exercera conjointement avec l'électrice douairière, sa belle-sœur, la princesse Marie-Antoinette de Bavière, pendant la minorité de son neveu Frédéric-Auguste, un enfant de douze ans. Marie-Josèphe, en dépit des efforts qu'elle n'a cessé de déployer en faveur d'un avenir prestigieux pour son frère, se range finalement à l'idée qu'il ne sera jamais roi. Il n'est pas impossible d'ailleurs qu'elle se soit résolue à admettre en secret que Xavier ne disposait peut-être pas de la hauteur de vue qu'il eût fallu pour ceindre une couronne de quelque espèce qu'elle fût.

Après la douloureuse affaire des jésuites qui a commotionné le royaume, après la fin malheureuse de la guerre de Sept Ans, après la disparition de son père qui ont encore ajouté, à quelques mois d'intervalle, à la macération de chagrin constituant le fond du caractère de la « triste Pépa », sans doute Marie-Josèphe trouvera-t-elle quelque soulagement physique et moral dans l'achèvement de sa grossesse qui ne lui a occasionné, jusqu'à présent, aucun désagrément. « Pépa se porte aussi bien qu'il se puisse, écrit le dauphin le 15 avril 1764 à Mgr de Nicolaï. Priez toujours bien Dieu, et toutes les bonnes âmes de votre diocèse, pour qu'il lui donne d'aussi heureuses couches que la dernière. »

Louis-Ferdinand a maintenant trente-cinq ans : à l'image de son aïeul le Grand Dauphin, il se trouve confiné, une année chassant l'autre, dans la situation de l'héritier qui se consume en une vaine attente et qui, dans l'espoir ou dans l'alanguissement de devenir, un jour, quelqu'un, n'est encore qu'un entre-deux indéfinissable, une nébulosité humaine et politique dont nul ne saurait dessiner les contours. S'il assiste à tous les conseils où ses avis sont entendus non sans intérêt, quoiqu'en réalité ils soient peu écoutés, Louis-Ferdinand ne peut que ressentir l'inconfort de sa situation au cœur de l'État à mesure que le temps s'écoule et ses intimes l'entendent quelquefois s'émouvoir de ce qu'il appelle son « triste rang ». En prince qui semble se persuader d'être né pour ne jamais devoir trouver de véritable place, il philosophe à l'adresse de Mgr de Nicolaï : « Je vis pour mes enfants, et de longues années d'économie et de fermeté les mettront en état de faire ce que je ne pourrai jamais. Ils font toute ma consolation. »

« On m'a enlevé mon frère, je le cherche partout ! »

Voici le temps venu de prendre définitivement congé de « Pompon » ou de « Maman putain ». Le 11 avril 1764, la marquise reçoit les derniers sacrements et, le 15, il n'y a plus, sur terre, de Mme de Pompadour.

Le dauphin s'est tenu informé de tous les détails de l'agonie. Il n'est pas si aisé de se défaire d'une ennemie de vingt ans, à tout le moins de se corriger d'une rancune et d'un ressentiment qui ont fait corps avec soi-même. Malgré tout, le dauphin saura trouver des mots qui expriment une certaine compassion pour cette âme en partance : « Elle meurt avec un courage rare à tout son sexe. Son mal est la poitrine qui se remplit d'eau ou de pus et le cœur engorgé ou dilaté. C'est une de ces fins les plus douloureuses et les plus cruelles qu'on puisse imaginer. Que vous dirais-je de son âme ? [...] Elle a été administrée cette nuit. Le curé de la Madeleine de La-Ville-l'Évesque ne la quitte pas. Voilà des sujets d'espérer de la miséricorde pour elle[49]. »

Les obsèques de la marquise sont célébrées le 17 avril en l'église Notre-Dame de Versailles. C'est à présent à Marie-Josèphe d'évoquer une dernière fois le sort de la Pompadour : « Nous avons perdu la pauvre marquise. Les miséricordes de Dieu sont infinies et il faut espérer qu'elle les a éprouvées, puisqu'il lui a fait la grâce de communier, de recevoir l'extrême-onction et de pouvoir profiter au moins de ses dernières heures. On dit qu'elle a sincèrement reconnu le mal qu'elle a fait ; il ne nous reste plus que de prier pour que le bon Dieu ayant jugé bon de la retirer de ce monde, fasse que la religion et l'État s'en ressentent. Le roi est fort affligé ; il se contraint avec tout le monde et avec nous. Notre plus grand désir est qu'il veuille bien regarder ses enfants comme ce qu'il aime le plus au monde, qu'il puisse se plaire avec nous et que le bon Dieu touche son cœur, l'attire à lui et le sanctifie[50]. »

Du départ de la marquise pour l'autre monde, elle passe vite à l'état de son propre cœur : « Je suis lasse comme un chien, je ne suis pas accoutumée à me trouver si avancée dans une grossesse dans la semaine sainte et la longueur des offices, quoique je sois presque toujours assise, me fatigue horriblement. Enfin, il n'y a plus que ce soir et demain, mais j'aurais été bien affligée d'accoucher avant, car j'aime les offices de cette semaine sainte à la folie[51]. » Le jeudi 3 mai, à 2 heures du matin, vient au jour une nouvelle petite fille, Madame Élisabeth, son huitième et dernier enfant qui, dans une trentaine d'années, gravira les marches de l'échafaud, quelques mois après Louis XVI et Marie-Antoinette.

Tandis qu'elle se remet de ses couches, Marie-Josèphe demeure hantée par le sort présent et l'avenir incertain du « frère par excellence », d'autant que celui-ci, à qui les années ont enseigné, dans ses rapports avec sa sœur, une prudente réserve, ne laisse pas de s'employer à disjoindre leurs deux âmes.

Certes, chaque fois qu'il espère en tirer avantage, Xavier ne manque pas de solliciter son intervention auprès du roi ou d'en appeler à l'entregent de sa sœur auprès de tel ou tel ministre. Mais comme, au final, il n'obtient pas grand-chose du redoublement de peines qu'elle se donne pour lui être agréable, Xavier, accaparé par ses nouvelles responsabilités de Régent du pays de Saxe, s'écarte avec tous les ménagements possibles de l'orbite de cette « mère » de substitution d'une nature beaucoup trop intrusive.

Ne lui a-t-elle pas récemment fait reproche, lui, un prince catholique, de manifester une bienveillance coupable envers les luthériens – ces luthériens qui composent, au demeurant, l'essentiel de la population saxonne? Vient-il à poser, en grande solennité, la première pierre d'un nouveau temple où ses sujets de la religion réformée pourront exercer leur culte, c'est un autre sujet de récriminations : elle dénonce une faute politique, morale et religieuse qui pourrait « faire soupçonner notre attachement à la sainte foi et donner du scandale ». Encore ignore-t-elle que son frère entretient à présent une relation très suivie, très intime et très passionnée avec une demoiselle d'honneur de l'électrice douairière, la comtesse Claire-Marie de Spinucci, une Italienne d'une noblesse douteuse qu'il épousera morganatiquement le 9 mars 1765. « On m'a enlevé mon frère, je le cherche partout, je ne puis le trouver! » se récrie Marie-Josèphe en personnage d'amoureuse de théâtre qu'on a abandonnée.

Depuis longtemps, le dauphin a pris l'habitude de déclarer, comme dans un mauvais songe : « Si j'ai le malheur de devenir roi… » Que l'esprit de Louis-Ferdinand s'apaise : ce « malheur », les tracas du pouvoir, les périls et l'ennui de conduire les hommes, il n'en supportera jamais les importunités. Il craignait : il ne craindra plus. La délivrance d'un avenir qui l'oppresse trouve son commencement de résolution le 11 août 1765. Ce jour-là, le prince assiste à la tête du régiment Dragons-Dauphin dont il est le colonel à des manœuvres militaires organisées aux environs de l'abbaye de Royallieu. Le temps est humide, l'atmosphère étouffante. À son retour, un gros rhume se déclare qui se complique bientôt d'une forte fièvre, à quoi s'ajoute une crise de dysenterie.

Depuis des mois, la santé du dauphin est devenue mauvaise. Le sommeil et l'appétit l'ont quitté, son visage a pris une teinte olivâtre. Il peine à rester longtemps debout. Si l'on avait pris l'habitude de moquer l'embonpoint du jeune homme, on s'étonne qu'il soit devenu en peu de semaines « presque d'une maigreur extraordinaire ». Ses médecins ayant vanté les bienfaits du lait d'ânesse, des bouillons de tortue et des soupes de gruau, il en consomme en grande quantité. Cependant, le corps ne cesse de s'affaiblir. Si la fièvre contractée à Royallieu a disparu, une toux sèche et brûlante lui déchire la gorge. Le délabrement physique se mue bientôt en abandon du corps, et l'abandon du corps en renoncement de l'âme : la tuberculose a commencé son lent travail de destruction. Néanmoins, Louis-Ferdinand trouve suffisamment de force et rassemble assez de volonté pour suivre la cour à Fontainebleau : Marie-Josèphe espère que la pureté de l'air bellifontain sera bénéfique à la santé de son époux.

Mais il est trop tard. Fin octobre, la dauphine fait part à Xavier de ses inquiétudes grandissantes : « Le bien qui a paru commencer du voyage ne fait pas autant de progrès que je le souhaiterais… Votre pauvre sœur se meurt d'inquiétude. » Le prince commence à cracher du sang, la respiration devient essoufflée et rapide. Le mal ne cessant de grandir, un autel est dressé dans sa chambre. À Paris, la châsse de sainte Geneviève est à nouveau découverte : Mgr de Beaumont, archevêque de la capitale, ordonne des prières publiques. Des foules emplissent les églises pour demander au ciel la guérison de ce prince qu'elles confondaient hier encore, sans le connaître et le plus souvent sans l'avoir jamais vu, dans leur aversion pour le roi et pour toute sa famille : « Hélas, il y a six mois, les gens me détestaient. Je ne l'avais pas plus mérité que l'amour qu'on me témoigne à présent. »

Le 13 novembre, le cardinal de Luynes, archevêque de Sens, administre à Louis-Ferdinand les derniers sacrements. À partir de la mi-décembre, les souffrances et les suffocations deviennent intolérables. De longues quintes de toux semblent arracher le fond de sa poitrine. À ses fils, Berry, Provence et Artois, il déclare en montrant ses bras décharnés : « Vous voyez, mes enfants, ce que c'est qu'un grand prince. Dieu seul est immortel, et ceux qu'on appelle les maîtres du monde sont, comme les autres, sujets à la maladie et à la mort. » À ses sœurs, il murmure en une respiration saccadée : « Je ne puis vous exprimer combien je suis aise de partir le premier ; je suis fâché de vous quitter, mais je suis heureux de ne pas rester après vous. » À destination du roi son père plongé dans une « douleur noire », il prononce ces quelques mots de repentance : « Votre attendrissement est la seule chose qui me fasse de la peine en ce moment : je vous ai toujours été inutile. » Inutile ? De cette forme d'inertie humaine et politique constitutive de l'existence de tout dauphin de Viennois ou de France dont les jours s'achèvent du vivant du souverain régnant.

Le 19 décembre, Marie-Josèphe quitte définitivement la chambre du malade, tandis que les religieux entament les prières des agonisants. Quelques halètements de Louis-Ferdinand se font encore entendre puis il sombre dans le coma. Le 20 décembre 1765 vers 8 heures du matin, il meurt à l'âge de trente-six ans.

Marie-Josèphe se trouve chez Madame Adélaïde lorsque le cardinal de Luynes prononce ces quelques mots : « Madame, bénissez le Seigneur, nous avons un saint de plus dans le ciel. » L'abbé Proyart imagine la scène *a posteriori* : « Quand on lui porta la nouvelle, elle [Marie-Josèphe de Saxe] en fut aussi consternée que si elle n'eût pas eu lieu de s'y attendre... Les princes et princesse ses enfants étaient rassemblés autour d'elle... Pénétrée de leur malheur comme du sien propre, elle succombe et s'évanouit. »

Ce 20 décembre, le jeune duc de Berry s'entend appeler pour la première fois « Monsieur le Dauphin ». Le roi étouffe un sanglot en serrant cet enfant dans ses bras : « Pauvre France ! Un roi âgé de cinquante-six ans et un dauphin âgé de onze. Pauvre France ! Pauvre France ! » Quant à Marie-Josèphe, c'est à Xavier, nécessairement, qu'elle s'adresse : « Mon Dieu, je vous bénis... Que votre volonté soit faite et non la mienne. J'ai perdu non seulement l'objet de ma tendresse, mais mon guide, mon conseil, mon ami, celui qui avait toute ma confiance et qui conduisait jusqu'à mes pensées. » Elle vient d'ordonner à ses femmes de couper ses cheveux. À ceux qui s'en étonnent, elle répond simplement : « Je ne conservais ma chevelure que parce que mon époux la voyait avec plaisir : je n'ai plus besoin de cette complaisance. » Elle renoncera bientôt à se farder : « Puisse mon âme être aussi nette du péché que mon visage le sera désormais du rouge ! »

Marie-Josèphe quitte le château de Fontainebleau le jour même du décès afin de regagner Versailles. En dépit de la tradition voulant, depuis Henri IV, que tous les membres de la famille royale soient inhumés dans le caveau des Bourbons de la basilique de Saint-Denis, le dauphin a demandé que son corps soit enseveli dans l'église mère du diocèse où il rendrait le dernier soupir : ce sera donc la cathédrale de Sens. Conformément à ses dernières volontés, ses funérailles devront se dérouler dans le plus simple appareil.

Un caveau confectionné en pierres de taille fournies par les religieux de l'abbaye de Saint-Pierre-le-Vif a été creusé dans le chœur de la cathédrale. Tandis que le prince de Condé porte le cœur embaumé du défunt, non pas au Val-de-Grâce, mais à Saint-Denis afin d'y être déposé, à la demande du prince, auprès du cercueil de la première dauphine, son amour de jeunesse, la translation de la dépouille de Louis-Ferdinand est présidée par le duc d'Orléans, premier prince du sang et chef du convoi. Deux gardes du corps ouvrent la marche, suivis de soixante pauvres portant des torches : ils sont toujours là, générations après générations, siècles après siècles, obsèques après obsèques, les soixante pauvres, en une lente procession qui traverserait les âges... À la porte de la cathédrale de Sens, le cardinal de Luynes reçoit la bière qui lui est présentée par le grand aumônier. Le cercueil du dauphin restera exposé une seule nuit dans le chœur du sanctuaire alors que, par tradition, une bière d'une telle conséquence le demeure, à la vue de tous, durant plusieurs semaines. Mais tel a été le vœu du défunt. Le lendemain, après un service solennel, le corps est descendu dans le fond du caveau.

Une simple dalle funéraire est posée à même le sol. Plus tard, le roi passera commande à Guillaume Coustou le Jeune d'un imposant mausolée : l'œuvre, que l'on peut voir encore aujourd'hui à Sens, est enrichie de statues symbolisant la justice divine, la religion, les arts, le temps et l'amour conjugal empruntant les traits d'un jeune homme qui représenterait le futur Louis XVI. Ce mausolée, mis en place au milieu du chœur de la cathédrale en 1777, sera démonté lors des événements révolutionnaires : cependant, comme la plupart des tombeaux de Saint-Denis, il sera conservé en tant que « monument des arts ». Quant aux restes du dauphin et de la dauphine, ils seront jetés dans la fosse commune du cimetière voisin de l'Hôtel-Dieu. Dans *Le Moniteur* du 5 juin 1793, on lira ces quelques phrases retentissantes : « Une députation de la commune de Sens annonce que les corps des père et mère de Capet ont été exhumés du temple où ils avaient été déposés, et rappelés, après leur mort, à une égalité qu'ils n'avaient pu connaître pendant leur vie ; elle présente les plaques qui étaient sur les cercueils, qui, converties en balles, serviront à détruire nos ennemis. »

Exhumées en 1814, les dépouilles du dauphin et de la dauphine réintégreront le caveau primitif. Quant au mausolée, reconstitué, il retrouvera sa place dans le chœur de la plus ancienne cathédrale gothique de France où il demeurera jusqu'en 1852. Le monument, gênant la vue du maître-autel, sera transporté dans une chapelle latérale de plan octogonal placée sous le vocable de Sainte-Colombe où on peut le voir de nos jours, quasiment intact.

Marie-Josèphe n'a plus guère de temps à vivre, elle non plus. Il faut aller jusqu'au bout de cette longue tristesse qui fut comme le principe actif de cette existence languissante et brumeuse. Tandis qu'elle veillait le dauphin durant sa maladie, la tuberculose a gagné ses poumons. Certes, les commencements de son mal s'interprètent encore malaisément : c'est une certaine faiblesse dans les membres, un certain embarras dans la poitrine, une certaine toux rebelle à toute médication, une certaine pâleur augmentée du visage…

Il n'est rien qui ne la ramène en permanence à celui qui n'est plus, et si, d'aventure, son esprit abîmé en ce vide se porte involontairement sur un objet qui l'en distrait, elle s'en repent comme d'une faute dont elle aura à se corriger par un surcroît de chagrin. Elle puise dans le désert affectif de son veuvage tourné en désespoir mystique la force de poursuivre sa route, continûment hantée par la pensée idéalisée de l'absent : « J'espère que ceux qui prient pour ma conservation se souviennent qu'en la demandant ils me désirent un long martyre. »

Désormais, Marie-Josèphe ne résidera plus dans ses appartements du rez-de-chaussée du château de Versailles où elle a vécu en compagnie de Louis-Ferdinand. Louis XV, sentant combien sa belle-fille souffrirait de demeurer en ces lieux où tout lui parle du défunt, a offert de l'installer dans l'ancien logement de Mme de Pompadour où le roi, depuis la disparition de la marquise, s'était pourtant « résolu de ne plus jamais entrer ». On le verra, chaque matin, s'entretenir avec sa bru en prenant le café : « Je crois que sans les bontés que le roi m'a marquées dans mon malheur, écrit la dauphine, je n'y aurais pas résisté. Elles font mon unique soutien. » Aux murs de son nouvel appartement, elle a fait disposer de nombreux portraits du dauphin. Il en est un qu'elle affectionne tout particulièrement, celui qui le représente en colonel général des Dragons-Dauphin[52] : « Je sais, convient-elle, que l'on ne peut évoquer que les saints que l'Église a canonisés, mais je ne crois pas mal faire quand, en passant devant son portrait, je le prie de se souvenir de moi devant Dieu, je lui parle, à ce portrait, comme je lui parlais de son vivant… Je ne me reproche pas ma douleur, je ne me reproche que l'espèce de plaisir que je sens à m'y livrer. »

C'est sans doute ce même « plaisir » morbide qui l'a décidé à installer parmi toutes les reliques de saints dont elle a fait provision durant son existence le plan du chœur de la cathédrale de Sens avec la désignation exacte de l'endroit où repose le corps de son mari et où elle-même, un jour, ira s'étendre. Quand elle apprend que son premier aumônier, le cardinal de Luynes, quitte la cour pour se retirer en son archevêché de Sens, elle écrit : « Comme je vous envie, mon cardinal ! Vous êtes à présent dans le lieu qui possède tout ce que j'aime. Hélas ! que ne puis-je y aller aussi. Mon unique consolation serait de pleurer sur sa tombe jusqu'à ce que j'y sois enfermée […]. Il a été mon guide de son vivant, il sera mon protecteur dans le ciel. » Elle entretient Xavier de son âme qui « se transporte sans cesse dans le lieu qui renferme sa dépouille et l'objet de son amour », ajoutant dans l'un de ces enfièvrements cathartiques dont elle est coutumière que « ce caveau paraît plus beau que tous les palais de l'univers ».

La santé de Marie-Josèphe, si affaiblie depuis la disparition de son époux, s'est considérablement altérée au cours des derniers mois. La toux, une toux persistante, sèche, âpre et suffocante l'épuise, la respiration devient sifflante et, comme Louis-Ferdinand, elle commence à cracher le sang.

En dépit du nombre incalculable de saignées qu'elle endure avec patience et résignation et malgré la rudesse du régime alimentaire qu'on lui impose au point qu'elle ne prendra bientôt plus que du lait, elle paraît, un moment, reprendre quelque force. Mais le cœur, lui, ne veut point guérir et sa douleur, cette douleur qui se nourrit d'elle-même, n'entend pas relâcher son étreinte : « La seule douceur que je goûte c'est de pleurer ce que j'ai perdu et d'en parler avec ceux qui l'aimaient véritablement. »

Désormais, elle est « pâle à faire saigner le cœur ». Louis XV a appelé à Versailles un célèbre médecin genevois du nom de Théodore Tronchin, qui s'attire immanquablement la jalousie de ses confrères français car il sera bientôt l'unique praticien autorisé à se rendre au chevet de la dauphine. Tronchin ordonne de décoller les fenêtres de sa chambre à coucher, hermétiquement calfeutrées au moyen de bandes de papier de la Noël à Pâques, il met un terme à son régime lacté, il lui fait consommer de la rhubarbe torréfiée, des lapins au gratin ou des pigeons au gril. Il prescrit également des sorties au grand air. Et un mieux, en effet, se déclare. Mais ce mieux n'est que passager et Marie-Josèphe, que ses dernières forces abandonnent, renonce à quitter son logis. Tout au plus pratique-t-elle encore un peu de musique, ne fût-ce que pour être agréable à sa belle-sœur Adélaïde qui l'encourage à s'asseoir au clavecin (ce clavecin resté muet depuis la mort du dauphin), tandis qu'elle-même l'accompagne au violon.

Mais, au bout de quelques semaines, le clavecin, définitivement, se tait. Il faut mourir maintenant. Venu de Sens, Mgr de Luynes apporte le viatique le 8 mars 1767. Le 13, au terme d'une messe célébrée dans sa chambre, le cardinal, voyant la dauphine au moment de s'éteindre, murmure à son oreille : « Réjouissez-vous, Madame, vous allez, en échange d'une vie passée dans la tristesse et les larmes, commencer un règne éternellement heureux. » Il est donc temps ? Un frisson de crainte la secoue malgré elle. Cependant, elle se ressaisit et entame la prière des agonisants. Il est 7 heures 45 du soir quand la poitrine de Marie-Josèphe de Saxe finit de se soulever. Le jour même, Berry note dans l'un de ses fameux petits carnets : « Mort de ma mère à huit heures du soir. » La dauphine était âgée de trente-cinq ans. Elle aura survécu une quinzaine de mois à Louis-Ferdinand.

Dès la tombée de la nuit, la famille royale se retire à Marly. Le jour suivant, le corps de la défunte est exposé sur un lit de parade dans la chambre mortuaire qui fut celle de Mme de Pompadour et qui, bientôt, deviendra la chambre à coucher de Mme du Barry, retournant ainsi, pourrait-on dire, à sa vocation première.

Le 21 mars suivant, la bière est transportée dans la chapelle du château de Fontainebleau. Quelques jours plus tôt, le cœur de la dauphine, porté par la comtesse de la Marche, est mené à Saint-Denis, rejoignant celui de son mari et les restes de la première dauphine. Le 22 mars, le char funèbre s'ébranle en direction de la cathédrale de Sens. De nouveau, les soixante pauvres ouvrent la marche. Louis XV a ordonné pour les funérailles de sa bru le même cérémonial que pour son fils : c'est-à-dire la même sobriété dans les honneurs qui lui seront rendus. Le service solennel est célébré par le cardinal de Luynes, assisté de l'évêque de Verdun. Le bâton est remis par le marquis du Muy, premier maître d'hôtel, le manteau royal est déposé par le marquis de Nesle, premier écuyer, et la couronne apportée par le marquis de Bérenger, chevalier d'honneur.

C'est alors au roi d'armes de proclamer par deux fois : « Très haute et très puissante et excellente princesse Madame, Marie-Josèphe de Saxe, veuve de haut et très puissant et excellent prince Monseigneur Louis, dauphin de France, est morte ! »

6

Madame Royale
Duchesse d'Angoulême
(1778-1851)

L'éternelle orpheline du Temple

Paris. Boulevard Haussmann. Au débouché de la petite rue d'Anjou, se trouve un carré de verdure : une grille de couleur verte, des bancs d'un autre âge également verts, un peuple de lampadaires contrefaisant les anciens becs de gaz aussi verts que l'ensemble de l'ameublement urbain. Les promeneurs qui font halte en cette « oasis de paix » au cœur de Paris savent-ils qu'ils se reposent en un très vieux cimetière où sont mêlés aux racines des arbres une multitude d'ossements : ceux et celles des Parisiens du quartier que l'on inhuma, siècle après siècle, couches après couches, en ce coin de terre qui portait, jadis, le nom de cimetière de la Madeleine et qui est à présent le petit square Louis-XVI où pépient les moineaux de Paris ?

Ce square-cimetière fut, autrefois, un cimetière de race. Un champ du repos de haut lignage, car c'est ici que furent jetés en terre les corps décapités de Louis XVI et de Marie-Antoinette, ainsi que ceux de Charlotte Corday, de Mme du Barry et des députés girondins, parmi quelques autres centaines de victimes de la Révolution française guillotinées sur la place voisine, aujourd'hui dénommée place de la Concorde. De ce mausolée de contrition nationale et de repentance collective qu'est la « chapelle expiatoire » édifiée en ces lieux par ordre de Louis XVIII, la première pierre a été posée le 21 janvier 1815, jour anniversaire de l'exécution de Louis XVI. Ce n'est que treize années plus tard, sous le règne de Charles X, que le bâtiment fut achevé, déployant sa longue et austère paroi percée d'une porte monumentale coiffée de la réplique d'un sarcophage antique. Naguère, un petit jardin d'aspect romantique entourait la chapelle. On y accédait par une allée bordée de cyprès menant jusqu'au perron. Les cyprès ont disparu : une simple allée cendrée a pris la place.

À l'époque où croissait en vigueur cette double paroi végétale, on voyait approcher, de son grand pas accéléré, une certaine personne d'une cinquantaine d'années, au physique, aux manières et à la démarche assez peu engageants. Cette créature au visage depuis longtemps fané est une habituée des lieux : voilà venir à nous, répandant autour d'elle comme un souffle glacé, la fille de Louis XVI et de Marie-Antoinette, Marie-Thérèse, duchesse d'Angoulême, à cette heure dauphine de France.

Dernière dauphine de France. La seule qui soit née française. À son habitude, elle passe sans regarder personne. Elle gravit, rapide, les sept marches du perron, elle traverse le sombre vestibule voûté d'arêtes, elle monte de la même démarche saccadée d'autres marches encore, puis débouche en pleine lumière dans le jardin intérieur de la chapelle. Devant elle se présente une allée rectiligne encadrée de deux galeries de pierres tombales élevées à la mémoire des Gardes suisses tombés lors de l'attaque des Tuileries le 10 août 1792. Si ce camposanto affecte la forme d'un jardin surélevé de deux mètres environ, c'est qu'il est en partie constitué des déblais de l'ancien cimetière de la Madeleine. Au fond, apparaît la masse cubique de la chapelle expiatoire montée sur une douzaine de marches : jusqu'à présent, tout était mise en scène funèbre, agencement mémoriel. Un vigoureux péristyle à quatre colonnes doriques surmonté d'un fronton sommé d'une croix s'impose au regard. Au-delà du fronton, se dessine l'arrondi d'une coupole centrale flanquée de deux demi-coupoles contrebalançant la pesanteur du monument de pierre.

La visiteuse familière franchit le péristyle, puis la grand-porte; elle se ploie en une première génuflexion et demeure un moment, priante et pensive, sous la coupole centrale à caissons carrée. Bientôt, elle fait résonner ses pas en direction d'un petit escalier menant à la crypte souterraine. Au fond de cette crypte, un modeste autel de marbre noir en forme de tombeau antique marque l'emplacement – emplacement exact, emplacement supposé ?... – où le corps du roi son père, un jour de 1815, a été exhumé.

Sans doute est-ce en ces lieux écartés, oubliés, silencieux, qu'aujourd'hui la duchesse d'Angoulême, restée plus communément dans l'histoire sous le nom de Madame Royale comme si le temps s'était figé en elle et autour d'elle dès sa petite enfance et que les longues années vécues par la suite n'avaient été que de la survivance, c'est là, précisément, que son souvenir demeure le plus présent : en France du moins, elle qui passa la plus grande partie de son existence en exil, traînant ses « errantes misères » en « parfait modèle de douleur »[1].

De son appartement de l'aile des Princes du château de Versailles où s'écoulèrent ses années de jeunesse, rien ne demeure. Rien non plus du donjon du Temple au sommet duquel s'étira interminablement son millier de jours de réclusion, là où toute son existence semble s'être contractée et réduite. Rien du château des Tuileries où elle interpréta, quinze années durant, le premier rôle féminin de la Restauration. Au bout du compte, rien de réel, rien de tangible ne subsiste de cette morne vie que cette chapelle vigoureuse et sévère, rien que cette crypte où s'entendent, de loin en loin, les murmures de voix des amateurs de drames anciens. Rien que ce marbre noir, cette pierre nue et glacée.

De la manière de poursuivre, sans halte ni repos, une éternelle errance...

Décembre 1795 : la tour du Temple et le quartier qui l'environne. Il y a un peu moins de trente ans que la dauphine de Saxe est morte : nous nous trouvions à Versailles parmi les bois de rose, les placages d'amarante et de palissandre, les ors, les marbres et les bronzes. Cette fois, nous sommes transportés à Paris, au troisième étage d'un donjon hérissé de tourelles et de pics : là, une jeune fille attend le moment de sa libération. Son élargissement intervient au terme de trois années, quatre mois et cinq jours d'enfermement. Ce long temps de réclusion lui a attiré le surnom – un surnom qui ne la quittera plus de toute son existence qui pourtant sera longue – d'« orpheline du Temple ».

Marie-Thérèse Charlotte de France, dite autrefois Madame Royale, aujourd'hui dénommée la fille Capet a rassemblé ses maigres affaires. Plusieurs hommes coiffés de vastes chapeaux à longues plumes frémissantes se présentent au nom du Directoire afin de signifier, dans les termes requis par la loi, la mise en liberté de la prisonnière et sa sortie du territoire. À ce troisième étage, elle est montée enfant : c'est une jeune fille de dix-sept ans qui, à présent, descend.

En cette nuit du 17 au 18 décembre 1795, Pierre Benezech, ministre de l'Intérieur, tend à Marie-Thérèse la copie de l'arrêté du 6 frimaire ordonnant son transfert à l'étranger. Elle descend les marches du donjon, elle traverse les différentes cours, elle arrive à la grande porte du Temple. Appuyée au bras de Benezech, elle est menée jusqu'à la rue Meslay où une voiture attend. Par les boulevards, on atteint l'Opéra; on change d'équipage pour une voiture de poste qui prend la direction de Charenton. Paris, déjà, n'est plus. Nous sommes maintenant le 19 décembre, jour anniversaire de Marie-Thérèse. Elle n'a que dix-sept ans, pourtant c'est déjà une personne sans âge, ou une personne d'un autre âge, une créature ôtée du temps qui s'éloigne au lourd galop des chevaux.

Le 26 décembre, elle quitte le territoire de la République. Elle ne reverra la France que dix-neuf ans plus tard.

Le 30 juin précédent, Jean-Baptiste Treilhard – président de la Convention nationale lors du procès de Louis XVI – avait proposé au nom du Comité de salut public de remettre la prisonnière du Temple à la cour d'Autriche en échange de la libération de divers députés et ambassadeurs français retenus en otage à Vienne. L'empereur François II accueillera la « fille du dernier roi des Français » contre l'élargissement des otages livrés par Dumouriez lors de son passage à l'ennemi en mars 1793. Ils ont pour noms, ces captifs, Lamarque, Camus, Quinette, Marot, Huguet de Sémonville et Drouet : le Drouet de la fuite à Varennes.

Depuis l'ouverture des pourparlers, l'histoire se précipite : la Convention n'est plus, le Directoire a pris la suite. Barras est l'homme fort du moment. C'est à lui que revient le souci de se défaire d'une certaine jeune détenue qui est devenue fort encombrante par son obstination à vivre : reproche entêtant d'un passé trop présent dans les mémoires à vif, rappel obsédant des abominations sans nombre d'une histoire récente. En 1808, Napoléon achèvera l'entreprise de salubrité politique et morale entamée par Barras en faisant raser le donjon du Temple, devenu entre-temps un lieu de pèlerinage pour nostalgiques de l'Ancien Régime.

La voiture de poste attelée à six chevaux emportant la jeune fille s'éloigne dans la grande nuit d'hiver : Marie-Thérèse est accompagnée du capitaine de gendarmerie Méchain. Son passeport mentionne qu'il fait route en compagnie de son épouse qui est en réalité la marquise Marie-Angélique de Fitte de Soucy, ancienne sous-gouvernante des Enfants de France. Le couple est accompagné de sa fille supposée qui est, bien sûr, Madame Royale. Dans une seconde berline sortie de Paris une petite heure après l'attelage de Marie-Thérèse ont pris place François Hüe, l'ancien huissier de la Chambre de Louis XVI qui suivit la famille royale au Temple. Il est accompagné d'une femme de chambre, du fils de Mme de Soucy ainsi que des citoyens Baron, valet de chambre, Meunier, cuisinier, et du tapissier Gomin[2]. On n'oubliera pas, dans le fond de la voiture, la présence animée et curieuse d'un petit chien nommé Coco, un faux épagneul roux qui tenait compagnie à la fille Capet en sa prison du Temple.

La berline a pris la direction de Bâle : Bâle où la princesse sera remise à l'Empire autrichien. De son exil italien – il a trouvé refuge à Vérone dans les États de la République de Venise –, Louis XVIII a fait parvenir secrètement un billet à sa nièce. En se fondant de tout son poids – et son poids devient physiquement, à défaut de l'être politiquement, de plus en plus considérable – sur la fiction juridique d'un Ancien Régime ininterrompu, l'ancien comte de Provence s'est déclaré roi de France dès la mort de son neveu Louis XVII dont il s'était proclamé le régent. C'est donc ce roi fictif, ce souverain théorique, ce prétendant au trône qui, pas un jour, pas une heure, pas un instant de ses vingt-trois années d'exil, ne doutera de la validité de ses droits, qui adjure Marie-Thérèse de le regarder, lui, Louis XVIII, « comme son père », un père qui la chérira toute sa vie « aussi tendrement que si [elle était] [s]a propre fille ». Ce monarque sans royaume, sans sujets, sans armée, sans titre, sans gloire, sans soutien, sans descendance, devra très longtemps patienter avant de retrouver sa nièce, « objet du respect et de l'admiration de l'Europe entière[3] » dont les malheurs sont devenus « autant de titres de gloire[4] ». L'image sacrificielle de la dernière martyre du Temple deviendra, à l'avenir, on ne peut plus utile à l'affirmation de la propre légitimité dynastique de ce souverain errant dont, alors, personne au monde ne se soucie vraiment.

Sur la route, le bouche-à-oreille a fait courir l'annonce du prochain passage de Marie-Thérèse. L'« orpheline du Temple », ce « monument unique de grandeur et de vertu[5] », émeut les cœurs patriotiques et mouille les paupières républicaines. La foule, en tout temps, en tout lieu, aime se rendre aux lieux et aux spectacles où des drames se nouent et se dénouent. À Nogent-sur-Seine, mille regards curieux fouillent l'ombre épaisse à l'aide de « grosses lanternes élevées en l'air » afin d'apercevoir les traits de la jeune rescapée. Même accueil à Chaumont : « Je fus reconnue publiquement par la ville qui courut en foule pour me voir. M. Méchin fit venir la municipalité et lui montra son passeport pour sa femme et pour sa fille. On ne le crut pas. Je remontai en voiture et pendant ce court trajet à pied je fus accueillie de mille bénédictions qui partaient du fond des cœurs, et dont je fus bien touchée[6]. »

Déjà, voici que l'on arrive à Bâle où a lieu la cérémonie d'échange – prisonnière contre prisonniers. Le prince de Gavre et le baron de Degelmann, chargés par l'Empereur de réceptionner la jeune fille, remettent aux représentants de la République française le document ainsi rédigé : « Je soussigné, en vertu des ordres de Sa Majesté l'Empereur, déclare avoir reçu de M. Bacher, ambassadeur français délégué à cet effet, Mme la princesse Marie-Thérèse Charlotte, fille de Sa Majesté le roi Louis XVI. »

« Je ne suis point captive. Cela n'est pas vrai »

Marie-Thérèse prend aussitôt le chemin de la Hofburg à Vienne. François Joseph Rasse, prince de Gavre, grand maître de sa Maison, n'ignore pas les difficultés de sa tâche : c'est à lui qu'échoit la mission plus que délicate de dissiper, autant que possible, les préventions de la princesse contre l'empereur François II qui, selon elle, n'aurait pas fait le possible, comme l'impossible, afin d'arracher ses parents aux mains des enragés et sauver la monarchie française. Le prince de Gavre devra également user de toute sa persuasion afin que l'exilée admette la pertinence d'un certain nombre de recommandations que lui a communiquées son maître : *primo*, conserver ses distances avec le monde futile des émigrés réfugiés dans l'Empire ; *secundo*, se garder de tout contact, direct ou indirect, avec ses oncles paternels exilés, Louis XVIII en Italie, le comte d'Artois en Angleterre. Il conviendra en outre de renvoyer en France ses compagnons de voyage, à l'exception du fidèle Hüe qui aura la permission de demeurer à Vienne, à la condition de se faire le plus discret possible. Les temps étant ce qu'ils sont, et la France, épouvantail des cours européennes, étant devenue ce qu'elle est sans savoir ce qu'elle sera demain, on s'est arrêté à la nécessité politique d'« autrichianiser » la jeune déracinée aussi vite que possible.

On oubliera donc, ou l'on s'efforcera de perdre de vue sa qualité première de princesse française en lui reconnaissant, par défaut, le rang d'archiduchesse autrichienne, ce qu'elle n'est pas mais qu'elle peut bien passer pour être devenue, avec tous les égards afférents à cette qualité. Par sa mère, n'est-elle pas membre à part entière de la famille impériale ? N'est-elle pas l'arrière-petite-fille de Marie-Thérèse la Grande ? On trouvera un compromis en dénommant la nouvelle venue « Madame de France », titre inédit à Vienne.

Dans la soirée du 9 janvier, Marie-Thérèse fait la connaissance de sa famille autrichienne au palais de la Hofburg. Ses vieilles rancunes tenaces ne résistent guère à l'accueil chaleureux de François II. S'il en va différemment de son épouse l'impératrice, la très aigre et très pointue Marie-Thérèse de Bourbon-Naples qui s'obstine à la nommer avec une visible défiance « la petite Française », elle se trouve, d'emblée, fort à son aise avec sa tante Marie-Christine, ancienne gouvernante des Pays-Bas et nièce de Marie-Josèphe de Saxe. Elle entretiendra les meilleures relations avec les cinq « jeunes archiducs », frères de François II, ainsi qu'avec leurs sœurs Marie-Clémentine et Marie-Amélie. Elle ressent aussi beaucoup de complicité avec la fille aînée de l'empereur, une jeune archiduchesse du nom de Marie-Louise, sa petite-cousine qui deviendra un jour la seconde épouse de Napoléon : ce mariage fera ainsi du « monstre corse » le petit-neveu par alliance de Louis XVI et donc un lointain parent de la Marie-Thérèse...

Dans le *Journal* de Fersen, on découvre cette rapide description de « Madame de France » : « Elle est grande, bien faite, mais elle rappelle plus Madame Élisabeth que la reine. Son visage est plus formé mais pas changé. Elle est blonde, a de jolis pieds, mais marche mal et en-dedans, elle a de la grâce et de la noblesse. »

Le compliment est sans doute un peu court, on s'étonnera peut-être de l'attention toute particulière que le Suédois porte aux pieds de la princesse à l'exclusion de toute autre partie de sa personne, mais, somme toute, si on ne lui reconnaît pas, selon les critères de l'époque, une beauté bien remarquable, Marie-Thérèse est regardée à Vienne comme une personne dont l'aspect physique est loin d'être désagréable.

On lui reprochera, certes, son allure un peu trop sèche, on ne manquera pas de s'étonner de son expression froide et tendue ni de se formaliser de ses manières un peu trop gauches, contraintes et empruntées dans tout ce qu'elle fait, mais pour ce qui est du maintien, des élégances de cour et des délicatesses aristocratiques, n'a-t-elle pas quelques solides excuses à faire valoir après les événements qu'elle vient de traverser ? Sa voix de petite fille est devenue, avec le temps, étrangement rauque (on songera peut-être, ici, à la voix si singulière de son ancêtre Louis XV ?) : dès qu'elle ouvre la bouche, sa gorge, qui a pris des intonations brèves, laisse échapper un parler sec, rude et cassant, et sa conversation, d'une grâce sévère, est composée d'un chapelet de sons ordinairement jugés fort disgracieux. Le plus confondant reste toutefois sa façon de marcher : c'est un spectacle en effet surprenant que l'allongement précipité de ses enjambées, une habitude contractée au Temple durant les longues heures d'exercices physiques imposées par sa tante Élisabeth afin de tonifier ses muscles et fortifier ses membres. Après l'avoir observée avec la plus grande attention, une jeune pensionnaire du couvent de la Visitation de Vienne, où Marie-Thérèse, en être craintif et méfiant, est passée en coup de vent, fait part de sa stupéfaction : « Les élèves étaient fort émues à la pensée de saluer la fille du Roi martyr. Elles virent une personne, vêtue de noir, au parler bref et brusque, marchant à grands pas. Madame traversa le cloître d'un trait, s'assit un instant dans une classe, reprit aussitôt sa course dans le couvent, jetant de tous côtés des regards sévères et inquiets, s'élança dans le parc de l'allure d'une femme poursuivie, en fit le tour avec une précipitation stupéfiante, semblant éviter les regards qui se fixaient sur elle. Puis, toute courante, elle franchit la porte et disparut. »

À Vienne, quand elle paraît en public, on lui trouve un air de dignité pédante, on lui reproche trop de distance dans les manières, on est gêné par son tempérament généralement incivil et râpeux. Ceux des rares Autrichiens, et ceux des émigrés français qui ont gardé en mémoire le souvenir lointain de la petite princesse des salons de Versailles et des tableaux sucrés de Mme Vigée-Lebrun, peinent à reconnaître l'enfant de jadis dans cette jeune fille sèche dont les traits ont durci et le clair regard a noirci.

On n'a pas manqué de beaucoup s'interroger sur cette métamorphose et de trouver pour le moins singulier l'abîme, tant moral que physique, séparant l'image passée de la petite « Mousseline[7] » de la cour de France finissante et la déracinée de la Hofburg aux gestes maladroits, à la parole distraite, au maintien pesant et rogue qui paraît attrister, par la brusquerie de ses manières, jusqu'à l'air qu'elle déplace.

Dès son arrivée à Vienne, la princesse a pris le grand deuil de ses parents qui la contraint à demeurer dans la solitude la plus farouche. L'être apeuré, nerveux et soupçonneux que Marie-Thérèse est devenue déploie toute une stratégie de retrait de la vie publique : signe de son impossibilité de se projeter dans les éléments positifs de l'existence, après tous les traumatismes de sa jeunesse. « La paix est ce que je désire, par plus d'une raison », répète-t-elle en personne dont l'esprit se reporte incessamment sur une unique pensée. La convalescence morale d'un être volontairement isolé dans son besoin d'éloignement s'accorde mal cependant avec l'enfièvrement de curiosité dont les émigrés français ne cessent de l'accabler. Curiosité souvent intempestive, brouillonne et maladroite de personnages abîmés en des intérêts particuliers tenus pour des intérêts généraux, qui aspirent à faire de l'« orpheline du Temple » leur signe de ralliement, leur cocarde et leur porte-étendard. Ils la désirent telle qu'ils l'ont imaginée ? Ils la veulent ressemblante à leurs rêves ? Ils se sont composé de la jeune captive un tableau idéalisé, sentimental, applicable à eux-mêmes, utile à leurs projets ? Cette représentation, ils la comparent à l'originale, et voient combien le portrait qu'ils se sont fait de la fille du roi martyr diffère de cette personne lointaine, éteinte et comme emmurée en elle-même. Dans les fumées de leur imaginaire, tout se passe comme si ces spectateurs déçus avaient omis de prendre en compte le facteur simplement humain, et c'est toute l'humanité délabrée de la jeune femme qui leur échappe et contrarie leurs plans.

Nombre de contemporains, et passablement d'historiens par la suite n'ont pas redouté de parler de séquestration en la « prison dorée » de la Hofburg ou en celle de Schönbrunn durant les trois années que passa Marie-Thérèse à Vienne. Ce jugement s'appuie en grande partie sur l'attitude indubitablement réservée – distante au mieux, hostile au pire – de Madame Royale à l'égard de ses compatriotes. Sans doute, quand la chose lui paraît possible, intervient-elle en leur faveur auprès de François II, mais les moyens d'agir d'une exilée, fût-elle parente de l'empereur, sont nécessairement limités. Au surplus, les requêtes et les supplications de tous ordres dont on la désespère sont si souvent déplacées, voire incongrues, qu'elles finissent au bout du compte par lasser sa patience. Passe encore d'être une carte maîtresse dans le jeu politique de son oncle Louis XVIII à qui l'auréole du martyre de l'« orpheline du Temple » demeurera toujours, dans la propagande de ce roi nu, un atout essentiel, mais c'est bien autre chose que de jouer les utilités au service d'une foule de personnages souvent aventureux qu'elle connaît à peine, voire dont elle n'a jamais ouï parler, et dont la sincérité des sentiments ne lui apparaît pas toujours très clairement. À Vienne – mais pas seulement à Vienne –, la plus grande méfiance entoure la diaspora des émigrés français : leurs façons, leurs bavardages, leurs complots, leurs manigances, les grands mouvements qu'ils se donnent, incommodent trop souvent ceux-là mêmes qui leur ont donné asile. Ils se persuadent que la cour d'Autriche n'est occupée que du souci d'accaparer à leurs dépens le symbole et bientôt le mythe de Marie-Thérèse qu'ils regardent comme un bien fait à leur usage : ils se montrent incapables de songer qu'autour de François II on soit attentif – fût-ce par simple décence – à protéger la princesse de leurs sollicitations importunes. Et voilà que la cour impériale, passant d'un excès à l'autre, la met abusivement en garde contre les agissements de ses compatriotes qui, après s'être empressés de quitter la France dès les premières convulsions révolutionnaires, aspirent à se faire rembourser les services que la plupart d'entre eux n'ont pas rendus et à faire reconnaître les combats auxquels ils se sont abstenus, le plus souvent, de participer.

À la Hofburg, Marie-Thérèse est logée dans les appartements qu'occupa autrefois l'empereur Léopold II, frère de Marie-Antoinette. Les rumeurs de plus en plus insistantes d'un projet de mariage que l'on a fait pour elle avec l'archiduc Charles, frère de François II, l'ennuient et l'indisposent. Raidie contre cet arrangement matrimonial, elle a réussi à faire parvenir un billet à Louis XVIII dans lequel elle réitère le principe absolu qu'elle s'est donné de ne jamais rien entreprendre sur ce point, comme d'ailleurs sur tout autre, sans avoir sollicité et reçu l'autorisation de son oncle qu'elle regarde en effet, depuis la mort de son jeune frère au Temple, comme le roi de France légitime : « Je déclare positivement à mon oncle que je lui resterai toujours fidèlement attachée, ainsi qu'aux volontés de mon père et de ma mère pour mon mariage, et que je rejetterai toujours des propositions de l'Empereur pour son frère. Je n'en veux pas. Le vœu de mes parents y est contraire et je prétends suivre en tout les ordres de mon oncle[8]. »

Sur ce point, la manière dont l'ancien comte de Provence prétend user du bénéfice politique de sa jeune nièce est arrêtée depuis longtemps : un seul parti paraît convenable et profitable au « roi », et ce parti consiste à marier Marie-Thérèse à son cousin germain Louis-Antoine de France, duc d'Angoulême, fils de son frère cadet le comte d'Artois. Par son réseau d'espions, Louis XVIII a fait connaître sa volonté à la jeune fille qui s'y est résolue de la même manière qu'elle se serait faite à tout autre mariage dynastique à la conclusion duquel elle sait que toute princesse royale, dès sa venue au monde, est destinée.

Va, donc, pour Angoulême ! Cet Angoulême qu'elle ne connaît pas, ou, après tant d'années de séparation, qu'elle ne connaît plus. Dans une lettre écrite au moyen de jus de citron afin de tromper la surveillance des censeurs de l'Empereur, elle fournit toutes les assurances nécessaires à son oncle : « J'accepte avec une grande joie mon cousin Angoulême : vous ne pouviez faire un choix qui me plût davantage : je désire beaucoup que ce mariage se fasse bientôt. »

Louis XVIII : était-il ou n'était-il pas affligé d'impuissance ? On l'a souvent prétendu. On le prétend encore. Sans qu'on puisse apporter, sur ce point, d'assurance absolue. Disons que la chose est possible, sinon probable. Le fait est qu'il n'a pas eu d'enfant. La faute à qui ? À lui ? À son épouse ? À l'un comme à l'autre ? Situation des plus fâcheuses, de toute manière, pour l'héritier du trône de France par qui transite la permanence d'une race. Si Louis XVIII vient hypothétiquement à régner un jour, le roi suivant – que ce soit fictivement en exil ou réellement en France dans le cas où le vent de l'histoire tournerait en faveur des Bourbons –, ce roi futur sera, par défaut, son frère Artois. Artois devenu monarque ou prétendant à l'être, son fils aîné, le duc d'Angoulême, sera par conséquent le nouveau dauphin.

Selon les visées de l'hydropique exilé, son neveu Angoulême, le « fils de son choix » soustrait à l'influence de son frère Artois qu'une animosité intime a toujours séparé, ne saurait prendre épouse qui soit plus intéressante au mûrissement de ses espérances que la fille de Louis XVI, pénétrée de malheurs exemplaires, totalement dévouée à la lignée de ses ancêtres en général et acquise à sa cause en particulier : Marie-Thérèse de France, sépulcre vivant au fond duquel s'agrège tout un peuple de fantômes qu'il sera toujours utile de convoquer à son avantage. Marie-Thérèse de France dont la présence à ses côtés fera nécessairement rayonner sur sa propre personne la phosphorescence de la royauté légitime sanctifiée par le sang des martyrs.

À l'en croire, Louis XVI et Marie-Antoinette auraient manifesté clairement leur intention de marier leur fille à son cousin Angoulême. Rien n'est moins sûr : outre que le jeune duc aurait été fiancé vers 1789 à la fille du duc d'Orléans, future Madame Adélaïde, le roi et la reine ne pouvaient ignorer l'usage, sinon la règle, ne permettant pas qu'une princesse Bourbon légitime épouse un simple prince du sang. Mais cette fiction dont Provence semble avoir fini par se persuader lui-même, cet arrangement de l'histoire au bénéfice d'une autre histoire, la sienne, dont il ne veut pas douter qu'elle soit le meilleur des récits possibles au service de sa généalogie en déshérence, sont trop secourables à la combinaison de ses projets pour qu'aucun obstacle en contrarie le cours. Quel intérêt pour lui-même qui n'est rien présentement mais qui aspire à devenir l'essentiel que l'union du « fils de son choix » et de la fille du roi guillotiné ! « J'ai la certitude, catéchise-t-il son entourage et, ce faisant, c'est à lui-même qu'il prêche, que le roi et la reine, quand ils n'avaient pas d'autre enfant qu'elle, désiraient ce mariage. À la vérité, lorsqu'ils eurent des garçons, mon neveu cessa d'être un parti pour elle et ils changèrent d'avis. Mais je suis bien sûr que, s'ils vivaient et qu'ils eussent perdu leurs garçons, ils reviendraient à leurs premières intentions. »

Marie-Thérèse ajoute-t-elle foi au vœu supposé de ses parents ? Que lui importe, au fond, que ce projet de mariage tienne ou non du roman, puisqu'il « faut », puisqu'il est nécessaire de prendre pour époux son cousin Angoulême ? À la princesse du Temple, il n'est qu'un prince de la Maison de France auquel il soit envisageable de s'unir de manière à conforter la légitimité du seul vrai roi qu'elle reconnaît. Sa résolution est prise, sa décision ferme et définitive : elle s'en ouvre à l'Empereur qui se gardera de s'opposer à l'opiniâtreté de ce symbole vivant.

Cependant, l'existence errante de Louis XVIII, l'obscurité de sa condition, la désolation de son état qu'abaisse davantage chaque élévation de Bonaparte, recommandent l'Empereur à la plus grande prudence : en des temps si incertains, ce serait folie que laisser la princesse quitter la sécurité de l'Empire autrichien pour aller se jeter dans les périls sans nombre d'un exil qui pourrait ne pas connaître de fin. Marie-Thérèse en convient, avouant même compter sur la « bonté de l'Empereur » pour espérer qu'« il voudra bien me garder encore ». En cet entre-deux où elle vit désormais, elle aspire essentiellement à « rester tranquille sans voir personne [...]. On se plaint que je suis captive parce que je ne vois personne, mais c'est moi qui ai demandé d'être seule, il ne convenait pas étant en grand deuil de voir du monde... Je ne suis point captive... Cela n'est pas vrai... ». Cependant, son attitude de plus en plus repliée sur elle-même, sa conversation laborieuse, la hauteur de ses manières en public, cette figure éteinte et glacée, cette dureté lasse au fond de son regard alimentent à présent les rumeurs les plus extravagantes : la princesse réfugiée, la jeune femme « incarcérée » à Vienne, serait, en réalité, une fausse Madame Royale...

Voici l'un de ces petits romans populaires dont l'histoire abonde. L'affaire dont il s'agit est à la fois très simple et très compliquée : à sa sortie du Temple, « on » aurait substitué Marie-Thérèse à l'une de ses suivantes. Quelle suivante ? Ernestine Lambriquet, son ancienne compagne de jeu à Versailles, qui interpréterait, avec quelques fausses notes semble-t-il, le rôle de la princesse en Autriche. Qu'en serait-il, en ce cas, de la « vraie » Madame Royale ? Elle serait devenue la « comtesse des Ténèbres ». Le nom, immédiatement, pique la curiosité. Il captive d'autant mieux les imaginations que cette ténébreuse comtesse a réellement existé : il s'agit d'une certaine dame dont l'identité nous est restée fort incertaine, vivant isolément à Hildburghausen puis au château d'Eishausen, dans les États du duc de Saxe-Altenbourg-Hildburghausen, où elle aurait achevé son obscure existence en 1837. Publiés en juillet 2014, des tests ADN ont apporté la preuve irréfutable que la mystérieuse comtesse ne pouvait, en aucun cas, être Marie-Thérèse de France.

Sur ces entrefaites, Louis XVIII est invité dans les formes diplomatiques en usage entre gens de la meilleure compagnie à quitter les États du duc de Brunswick où le proscrit avait trouvé refuge.

Partir ? Mais où aller ? Qui intéresser à son sort ? Le tsar Paul Ier de Russie consent finalement à l'accueillir en ses États : ce sera au château de Mitau, résidence impériale située en la très lointaine Courlande, aux confins de la Baltique. Le prétendant et sa petite cour prennent possession des lieux en mars 1798. Peu de temps après, Louis XVIII demande à Vienne qu'on lui restitue au plus tôt sa « sainte » nièce. De laborieuses négociations sont entamées entre la cour d'Autriche et l'ambassadeur de Russie, le comte Razamowski. Une année entière s'écoule de la sorte. Enfin, au printemps 1799, rien ne s'oppose plus au départ de « Madame de France ». Adieu la Hofburg, adieu Schönbrunn : direction plein nord. Trois années d'existence relativement paisible à Vienne s'achèvent (trois années, c'est-à-dire davantage que le temps passé dans sa prison du Temple). À présent, son véritable exil commence.

Louis le Jockey

Depuis 1795, la Courlande est une province de l'Empire tsariste. Le château de Mitau élevé sur une petite île verdoyante de la Lielupe, fleuve paisible rejoignant la Baltique, ne manque pas d'allure de nos jours avec sa longue façade de style baroque qui a retrouvé ses couleurs d'origine, blanc et vermillon : à l'arrivée des exilés français, le tableau était quelque peu différent. Deux incendies récents ont laissé une seule aile du château dans un état plus ou moins habitable. Faute d'occupation, l'ameublement a été en grande partie dispersé. Les moyens fort limités du prétendant ne permettent d'embellir que très modestement le cadre de vie de sa courette. Quoi qu'il en soit, c'est la première fois depuis l'époque lointaine où le comte de Provence fuyait la France révolutionnaire (le même jour que la fuite à Varennes) que Louis XVIII trouve à sa disposition une demeure dont les vastes proportions s'accordent à l'idée de grandeur qu'il se fait de sa personne, de son prestige et de son rang. Il peut organiser sinon une cour digne de ce nom, du moins une communauté aristocratique forte tout de même d'une centaine de personnes qu'animent les manières surannées et les pompes émoussées d'un ersatz de Versailles septentrional. Si ce roi sans couronne a emporté dans ses bagages son neveu Angoulême, rien au monde ne lui est indispensable comme la présence à ses côtés des « longs malheurs » de sa nièce. Il l'écrit d'ailleurs sans détour à l'ambassadeur d'Espagne : « Son courage, ses vertus ont rassemblé sur elle un intérêt qui lui a valu un amour de la part des Français et il est essentiel d'en tirer parti et de me l'approprier en la mariant à mon héritier. » Voilà qui a au moins le mérite d'être clair.

Marie-Thérèse a quitté Vienne le 4 mai 1799. Le 17, elle passe la frontière russe et, le 3 juin, elle arrive à Mitau où l'attendent son oncle et son futur mari qu'elle n'a pas vus, l'un et l'autre, depuis une éternité de sept années qui en paraissent bien davantage. Et c'est la réédition des scènes de l'ancienne France que nous avons vu se répliquer, de lignage en lignage : une princesse se jetant d'un seul élan aux pieds d'un roi. Roi, celui-ci ne l'est pas. Dauphine, celle-là ne l'est pas encore, mais ils ont tous deux vocation à le devenir un jour. L'espace d'un court moment, le temps présent, le temps étroit et malaisé s'anéantit : « Le roi se mit en voiture pour aller aux devants de Madame [...]. Aussitôt que les voitures furent un peu rapprochées, Madame commanda d'arrêter. Elle descendit rapidement; on voulut essayer de la retenir, mais, s'échappant avec une incroyable légèreté, elle courut à travers les tourbillons de poussière vers le roi qui, les bras étendus, accourait [on voit mal le gros, gras et lourd Louis XVIII "accourir" vers sa nièce...] pour la serrer contre son cœur. Les forces du roi ne purent suffire pour l'empêcher de se jeter à ses pieds. Il se précipita pour la relever et l'entendit s'écrier : "Je vous revois enfin... Je suis heureuse... Voilà votre enfant... Veillez sur moi, soyez mon père[9] !" »

Cela pour la prose nécessaire à ce genre d'événement. Le cousin Angoulême semble, lui aussi, avoir été vivement impressionné à l'apparition de celle qui, avant d'être sa future femme, demeure à ses yeux, comme elle l'est pour tout autre que lui-même, et cela, semble-t-il, de toute éternité, l'« orpheline du Temple », précédée, suivie, accompagnée, environnée, enveloppée de son cortège ectoplasmique.

Arrêté par l'émotion, ce prince raidi en sa timidité paralysante, fort injustement maltraité par la postérité, ne trouve, il est vrai, rien que de très convenu à dire à sa fiancée dans les premiers moments. En somme, il ne se comporte ni mieux ni plus mal que son lointain ancêtre le Grand Dauphin, ni même que tous les autres princes français qui se sont succédé au moment de découvrir leur épouse. Auprès du « roi », n'oublions pas de mentionner la présence de la « reine », Marie-Joséphine de Savoie, une personne affectée d'une laideur et d'une vulgarité de tournure qui ne devraient pas être permises à une personne d'un si haut rang, avec cela étonnamment velue, tant de corps que de visage, au surplus fort portée sur l'alcool et très probablement lesbienne. Elle aussi vient d'arriver en ce bout du monde : elle n'avait pas revu son époux depuis quatre ans. Cette longue séparation ne lui a guère coûté – à lui non plus du reste – car elle a partagé son exil à travers l'Europe avec sa très aimée Marguerite de Gourbillon, sa favorite et, dit-on, sa maîtresse. Mais Louis XVIII, fort peu désireux, jusque-là, de s'embarrasser de la compagnie d'une épouse dont l'esprit paraît, en outre, quelque peu fêlé, s'est finalement rangé à l'idée qu'une véritable cour, de la manière qu'il la conçoit, à Mitau ou ailleurs, fastueuse ou – comme la sienne – tirant le diable par la queue, ne pouvait se passer de la présence d'une reine en titre. Aussi lui a-t-il commandé d'abandonner séance tenante sa Gourbillon et de le rejoindre en son château des glaces afin d'honorer de sa souveraine présence les noces de sa nièce et de son neveu. Nous sommes le 3 juin : le mariage sera célébré le 10.

Ce jour-là, Marie-Thérèse est mariée à Louis-Antoine de France, duc d'Angoulême « dans une salle immense du palais des ducs de Courlande, métamorphosée en chapelle ». La cérémonie est présidée par le grand aumônier de la cour, le cardinal de Montmorency, assisté des abbés Edgeworth et Marie, aumôniers ordinaires. Artois, le père du marié, est resté en Grande-Bretagne. Son frère cadet, le duc de Berry, l'est aussi. Le tsar, qui a signé le contrat de mariage et a serré l'original dans les archives de l'Empire, offre à la jeune épousée une luxueuse parure de diamants dont nous aurons à reparler bientôt.

Ce que fut la nuit de noces? Le plus grand mystère demeure. Nombre d'historiens ont prétendu que le duc d'Angoulême était, comme il est souvent dit de son oncle, sinon impuissant, du moins d'un tempérament que l'on pourrait qualifier d'excessivement « paresseux ». Si le couple demeura sans enfant et si, à la différence de son jeune frère Berry qui mena une vie de bâton de chaise, on ne connaît au futur dauphin aucune liaison féminine, ni avant ni après son mariage (à l'exception, peut-être, d'une sorte de béguin pour une dame anglaise dans ses toutes jeunes années), rien ne permet de se prononcer d'une manière définitive en faveur de quelque empêchement, physique ou psychique, dont Angoulême aurait été victime. On cite à plusieurs reprises certains propos de Marie-Thérèse relatifs à des espoirs de grossesse. Une fausse couche serait même intervenue en 1813. On ne s'étendra pas davantage sur l'indétermination de leur vie privée, si ce n'est pour observer que l'infertilité du couple princier, à quelque cause qu'elle ait tenu, fut une autre grande source de chagrin et de frustration pour Marie-Thérèse dont la maternité inassouvie devait avoir, par la suite, de si grandes conséquences sur l'éducation et sur la formation du futur comte de Chambord.

À l'époque, le duc d'Angoulême est un prince totalement inconnu en France. Et pour cause : il a quitté le royaume dès l'âge de treize ans. Il a partagé l'exil de son père au château écossais d'Holyrood, ancienne demeure de Marie Stuart. Né le 6 août 1775, il a reçu pour parrain et marraine Louis XVI et Marie-Antoinette. Soustrait, sinon enlevé à l'autorité de son père afin d'être mis à la jouissance de son oncle, Angoulême a rejoint Louis XVIII en sa vingt-et-unième année, alors que le prétendant résidait au château de Blankenberg, au cœur du duché de Brunswick. Chassé de Prusse l'année suivante, le roi proscrit avait obtenu du tsar la bienveillante autorisation d'accueillir à Mitau le jeune duc d'Angoulême « auquel il ne pouvait donner de meilleures leçons du rôle important qu'il devait jouer un jour qu'en lui faisant voir un si grand exemple ».

C'est plutôt à son avantage que le prince s'est distingué parmi les rangs des émigrés. Cependant, après l'avoir attentivement observé dans les premiers temps de leur vie commune, Louis XVIII a été fâché de découvrir en son « fils adoptif » des manières un peu trop « british » à son goût qui pourraient lui attirer à l'avenir le surnom de « Louis le Jockey », sobriquet absolument inaccordable avec la dignité d'un prince français.

« Né avec une grande facilité pour le travail, mon neveu a forcément mené pendant longtemps une vie qui lui a fait perdre l'habitude et même le goût de l'application. Je me suis efforcé de détruire ce défaut, le seul véritable que je connaisse en lui ; j'y ai réussi en partie[10]. » Afin de décaper l'extérieur du jeune homme de son lustrage anglo-saxon et de sa « paresse d'esprit qui est un défaut dans toutes les situations, et qui devient un crime dans la vôtre[11] », Louis a rédigé à son intention un volumineux recueil de lettres et de maximes de bonne conduite où l'oncle rappelle à son neveu les lois fondamentales du royaume de leurs pairs : « La France avait [une Constitution] ou plutôt, elle en a toujours une, sans cela je ne serais pas roi… [La Constitution dont il est question est bien entendu celle d'avant 1789…] Respectez-la toujours, mon cher enfant, mais pour mieux la respecter, pour la chérir, connaissez-la, qu'elle soit votre étude de tous les jours puisqu'elle doit être, après l'Écriture sainte, la règle de votre conduite. » Ainsi, celui qui, dans les éloignements de son exil courlandais, se situe encore à des années-lumière de tout accommodement avec les idées libérales issues de la Révolution, inscrit au nombre de ses priorités le maintien de son héritier dans la plus rigoureuse observance des traditions de la vieille monarchie de droit divin.

Dès le mois de juin 1799, tout indique que ce jeune homme de vingt-quatre ans s'est très affectueusement attaché à sa femme. Inclination sage, placide, sécurisante. Tendresse reconnaissante, reposante et tranquille. Sans être affligé du physique disgracieux de son cadet Berry qui n'en accumule pas moins les bonnes fortunes avec une dévoration qui lui est tout à fait étrangère, on ne saurait comparer Angoulême ni en l'élégance native ni en contenance aristocratique à son père Artois, tel qu'il fut en sa jeunesse et tel qu'il demeure à présent dans son âge avancé. « Petit, mince de corps et d'esprit, sans noblesse dans les traits, totalement dépourvu d'expression dans la physionomie comme de grâce dans ses manières, dont l'embarras et la gaucherie se faisaient encore plus remarquer par l'agitation continuelle de ses mouvements ; en tout, il ne payait pas de mine[12]. »

À l'évidence, sans être laid, Angoulême n'est pas beau : le prince est atteint d'une forte myopie et souffre d'une forme d'épilepsie contractant de tics nerveux les traits de son visage d'un ovale un peu long. Gauche et emprunté en public, il s'exprime mal, sa parole hésitante s'empêtre jusqu'au bégaiement. Jamais il ne paraît s'être senti véritablement à son aise, ni même, peut-être, tout à fait à sa place dans la société où le hasard l'a voulu mettre. Souvent, il donne le sentiment d'éprouver au milieu du monde auquel il appartient un impérissable ennui, un désintéressement sans limites, au point que certains jours de mélancolie il semble anéanti par le chagrin d'avoir à vivre parmi des gens qu'il ne comprend pas et qui, eux-mêmes, ne le comprennent point. Pour nombre de ses contemporains, cet être demeure un enchevêtrement de vagues suppositions, une approximation de possibles, une créature opaque et insaisissable. Selon la mesure dont on se sert « ce n'est pas un prince, c'est encore moins un homme, ce n'est rien ; c'est une enveloppe humaine et voilà tout[13] ». Ou *a contrario* : « Il faut avoir une grande habitude de l'observer pour démêler le sens juste et vrai qu'il cache sous des façons que l'on pourrait appeler malencontreuses[14]. » Quoi qu'il en soit, on ne saurait nier qu'Angoulême ait « naturellement bon cœur[15] » ni qu'il soit « d'un caractère extrêmement doux[16] ». Rien en lui qui rappelle « les manières de Versailles ; nulle élégance, nulle façon de prince, nul besoin de manières aristocratiques[17] ». D'une grande égalité de caractère, il possède un réel fond de probité et ignore la rancune. En somme, il n'est pas impossible qu'à une époque moins défavorable il eût passé pour un prince, sinon d'une qualité supérieure, du moins aussi honorable que beaucoup de ses semblables.

Dans la fraîcheur déjà un peu fanée de ses vingt et un ans, la duchesse d'Angoulême connaît auprès de cet époux paisible, mesuré, affectueux, facile et sans surprise un grand repos de l'âme. Elle n'en demande pas davantage, en personne qui s'est accoutumée à n'attendre de l'existence que des satisfactions modestes et des joies frugales. Angoulême a pris l'habitude – car tout n'est déjà plus que tiède et dormante habitude en ce couple – de l'appeler « *Mia Gioia* » [« Ma Joie »]. Quand les époux se trouvent momentanément séparés, Angoulême se déclare volontiers, usant d'une formule qui, certes, à l'époque, demeure on ne peut plus conventionnelle, mais qui, semble-t-il, est en ce cas teintée d'une certaine sincérité, « le plus malheureux de tous les hommes ». Lorsqu'ils sont réunis sous le même toit, ils font lit commun, ce qui n'est pas la manière ordinaire de procéder entre gens d'une si haute condition. Cette intimité colorée d'un certain embourgeoisement, ajoutée à une foule de signes discrets de bonne entente conjugale, en dit beaucoup sur l'articulation de ces deux êtres dont les caractères se mêlent comme ces solutions chimiques présentant, en se confondant, la plus grande stabilité possible.

La solennité de la cour des vieux âges

À Mitau, la vie de la courette déroule, éteinte, immobile, ennuyée, sa longue succession de jours, de semaines et de mois toujours les mêmes, où tout, incessamment, se répète, identique à soi-même. Ainsi qu'il l'eût fait à Versailles, à Fontainebleau ou aux Tuileries, le roi, vêtu d'un habit bleu à collet rouge, se rend chaque matin à la messe, suivi de sa femme, puis de son neveu et de sa nièce, tandis que les gardes du corps font la haie sur l'auguste et silencieux passage de la famille royale.

À son retour de la chapelle, Louis XVIII donne audience avec la gravité mêlée de bonhomie qu'il aime à mettre en toute chose, sans jamais rien abandonner cependant de la solennité de la cour des vieux âges. L'ancien comte de Provence fait de la mise en scène du pouvoir la démonstration quotidienne de la plénitude de ses droits dynastiques dont il ne doutera jamais de faire la reconquête. À Mitau, on s'efforce de vivre précairement dans la pérennité des siècles sous le poids desquels le temps se cristallise.

Sans doute, en cette communauté désœuvrée, la première place revient-elle officiellement à l'épouse du prétendant, Marie-Joséphine de Savoie. Cependant, les bosselures de son esprit rendant la « souveraine » incapable de tenir une cour, fût-ce une cour miniature et fictive, c'est à la duchesse d'Angoulême que revient l'improbable mission d'animer ce cercle de proscrits et ce peuple d'errants. Outre que le caractère de Marie-Thérèse, devenu raide et cassant tel un fagot de bois mort, n'a ni le goût, ni le talent, ni les lumières qu'il faut pour instiller sur ses compagnons d'infortune un semblant de l'existence aérienne et mousseuse des temps anciens, il convient, à Mitau, ne serait-ce que pour opposer aux entêtements de l'adversité un masque de fermeté que rien ne saurait entamer, de se montrer empli de gravité et gonflé d'importance afin de ne jamais se départir des droits ni de la dignité inhérents aux Bourbons. Tel est le programme que la duchesse d'Angoulême se doit de mettre en œuvre et, dans l'atonie de ce registre, sans doute est-elle la personne, par tout ce qu'elle a vécu, par tout ce qu'elle porte et qu'on devine en elle, la mieux disposée à l'interprétation de cette partition. Le duc d'Angoulême, lui, assassine le temps en d'interminables parties de billard ou en éternelles chasses à courre qui épuisent son tempérament amolli dans l'inaction. Marie-Thérèse passe de longues heures agenouillée, de jour comme de nuit, dans la solitude de son oratoire, priant pour le repos de ses parents, le regard accroché aux reliques de ses morts qu'elle a pu emporter de sa prison du Temple.

À la fin, le duc d'Angoulême n'en peut plus de cette suffocation. Il lâche sa queue de billard, il abandonne sa meute et ses piqueurs, et part rejoindre l'armée de Condé « afin de montrer à l'univers qu['il n'a] pas dégénéré de [s]es ancêtres[18] ». Sous la responsabilité d'un chef militaire aguerri, le comte d'Escars, Louis-Antoine assurera « le commandement du régiment noble à cheval » qui prend le nom de régiment d'Angoulême. Mais après la paix de Lunéville signée en 1801, l'armée de Condé est licenciée et le régiment d'Angoulême a cessé d'exister. Louis XVIII, en dépit de sa situation rien de moins que désespérée, se berce un temps de l'illusion de rallier à sa cause « le vainqueur de Lodi, de Castiglione et d'Arcole, le conquérant de l'Italie et de l'Égypte ». S'il consentait à lui céder le pouvoir, Bonaparte ne deviendrait-il pas son Monck, ne serait-il pas le héros qui, par son génie, restaurerait la légitimité en France et, après tant de convulsions et de désastres, rendrait à une nation épuisée la paix, la liberté et la prospérité ? On connaît la réponse du futur empereur : « J'ai reçu, Monsieur, votre lettre. Je vous remercie des choses honnêtes que vous m'y dites. Vous ne devez plus souhaiter votre retour en France. Il vous faudrait marcher sur cent mille cadavres. Sacrifiez votre intérêt au repos et au bonheur de la France. L'histoire vous en tiendra compte. Je ne suis pas insensible aux malheurs de votre famille. Je contribuerai avec plaisir à la douceur et à la tranquillité de votre retraite… »

Par surcroît, ne voilà-t-il pas que dans l'imprévisibilité de son caractère le tsar se sent tout à coup envahi d'une admiration sans limites pour la fulgurance des exploits de Bonaparte ? Aussi Paul Ier a-t-il résolu de faire sortir de ses États le prétendant et sa famille. Au moment où l'oncle vient annoncer à Marie-Thérèse la nouvelle de leur départ forcé, il la trouve en prière auprès de l'abbé Edgeworth : nous sommes le 20 juin 1801, veille du huitième anniversaire de l'exécution de Louis XVI. Il faut donc fuir ? Encore ? Elle demande simplement qu'on la laisse à son recueillement pendant quelques heures. On quittera donc Mitau le surlendemain. Le 21 juin n'est pas possible : ce sera le 22.

À présent, où aller ? Ce sera la Prusse ! Sans attendre la permission du roi, on attelle les voitures, on accroche les chariots et le cortège s'ébranle en un sauve-qui-peut général. La duchesse d'Angoulême soulève de terre son petit chien Coco, franchit le marchepied, et fouette cocher direction Memel, première ville prussienne vers laquelle on s'avance. Conformément à l'usage des rois en exil qui est de ne pas porter leurs titres français en dehors de leur royaume, Louis XVIII a fait noter sur son passeport le nom et la qualité de comte de l'Isle, du nom du duché de l'Isle-Jourdain qu'il a donné à son favori le duc d'Avaray. Les papiers de la duchesse d'Angoulême portent le nom de la marquise de Meilleraye.

Bien qu'on soit au mois de juin, le temps est d'une grande fraîcheur. Cependant, les chaleurs accablantes de l'été arrivent bientôt, puis voici déjà les premières rigueurs de l'automne. La neige tombant d'abord en flocons légers s'abat à présent en rafales, et le convoi s'égare dans la tourmente. On couche chez des particuliers fort étonnés de l'aventure qui leur arrive, on se réfugie en de méchantes auberges où l'on se restaure à des tables graisseuses, on se case en de « misérables réduits ». Les roues crissent sur la neige gelée, de place en place les voitures s'enfoncent en de profondes congères ou s'embourbent jusqu'aux essieux en de vastes ornières. Il faut descendre. Pousser. Aller à pied. Un étrange couple s'avance : la sèche et longue silhouette de Marie-Thérèse donne le bras à une forme geignarde et massive, son oncle Louis XVIII, dont les expansions de graisse, les tortures rhumatismales et les élancements de la goutte ralentissent l'avancée du convoi dans des chemins au bout desquels la ligne de l'horizon ne cesse de reculer. Enfin, voici Memel. Nous sommes le 28 janvier 1802. Il y a déjà six mois que les proscrits ont quitté Mitau ! Une dame Keller, tirée de la douce chaleur de son lit au milieu de la nuit, consent à donner asile au roi et à sa nièce. Où est la reine Marie-Joséphine ? Où se trouve le duc d'Angoulême ? L'un et l'autre étaient absents au moment du départ de Courlande et jusqu'à ce jour ils n'ont pu se réunir à leur famille. Le roi de Prusse, craignant de s'aliéner Bonaparte, tarde à se déclarer le protecteur de Louis XVIII. L'argent vient à manquer. Marie-Thérèse se défait de quelques bijoux puis se résout à mettre en gage la rivière de diamants dont le tsar lui avait fait présent le jour de son mariage afin d'aider, dit-elle, « dans notre commune détresse, le roi mon oncle, ses fidèles serviteurs et moi-même ».

Le roi de Prusse, dont l'humeur reste toujours aussi prudente, n'a pas fait connaître ses intentions. Est-ce de sa propre initiative, ou cédant à la pression de son oncle que Marie-Thérèse choisit de s'adresser à l'épouse de Frédéric-Guillaume III, Louise de Mecklembourg-Strelitz, que son trop-plein d'infortunes ne manquera sans doute pas d'émouvoir ? Et en effet celle-ci saura trouver les mots pour attendrir le cœur de son mari, et lui arracher, de guerre lasse, le droit pour les exilés de résider en ses États. Au demeurant, la démarche de la souveraine est favorisée par l'intervention personnelle du Premier consul : il vient de faire savoir qu'il « ne s'opposerait pas que des princes persécutés trouvassent une retraite dans les États prussiens, à condition que le chef des Bourbons renoncerait à un vain titre ». En ce cas, la courette reçoit la permission de résider en terre prussienne, étant bien entendu qu'il ne s'agira que d'un asile restreint : la famille royale logera à ses frais à Varsovie, Louis XVIII restera le comte de l'Isle et la duchesse d'Angoulême la marquise de Meilleraye.

Nouveau départ pour Varsovie. Nouvelles gelées mortelles. Nouvelles tempêtes de neige. La Vistule est sortie de son lit : c'est la débâcle. Cependant, on arrive en Pologne ! La maison Wasilewski, un vaste hôtel du quartier aristocratique de la capitale, est mise à la disposition des exilés. Les lieux sont certes confortables, mais l'argent fait cruellement défaut. En sa qualité de maîtresse de maison, Marie-Thérèse établit un plan d'économies si sévère que son oncle en gémit : « Je ne vous dirai qu'un mot de la situation, elle est au comble de la détresse ! » Bientôt, Marie-Thérèse a la satisfaction de voir arriver son mari Angoulême, combattant désormais sans emploi et mari à plein temps. Il est à Varsovie le 21 mars 1802.

La détresse financière dont enrage Louis XVIII est cependant toute relative : si le tsar lui a effectivement coupé les vivres, le prétendant reçoit tout de même 200 000 francs de la cour d'Espagne, auxquels s'ajoutent les 20 000 francs versés par l'Autriche à Marie-Thérèse en tant qu'héritière de Marie-Antoinette[19]. La somme demeure toutefois insuffisante pour assurer le train de vie de la soixantaine de personnes composant la courette varsovienne. Pressé par les créanciers, on emprunte, on s'endette, on s'essaie, sans grand succès, à la spéculation. Ces détails vulgaires n'empêchent pas le prétendant d'organiser autour de sa royale personne une vie de cour à l'esprit encore très ancienne France, dont le reliquat varsovien flatte et fascine la noblesse polonaise. La famille Poniatowski, agréablement caressée par l'idée de se montrer utile au descendant de Louis XIV, met à la disposition du frère du roi-martyr l'une de ses plus belles résidences, le palais Kazanowski, au bord de la Vistule. Le roi de Prusse, rasséréné par la bienveillance des propos de Bonaparte, a maintenant plaisir à manifester sa générosité : il offre à son hôte la jouissance du palais Lazienski, résidence d'été des souverains polonais surnommée « La Jonquille ». Au surplus, les ressources des exilés s'augmentent des bonnes faveurs du nouveau tsar, Alexandre Ier, qui rétablit à leur profit la pension qu'avait si impertinemment abolie son père Paul Ier, assassiné en 1801.

Les réceptions de la cour de France gagnent ainsi en relief et en notoriété : on vante l'excellence de sa table dont la réputation fait accourir les nobles alentour. Marie-Thérèse continue à faire les honneurs de la maison royale. Malgré ses airs de gravité de plus en plus pesants, le personnage de la duchesse d'Angoulême s'attire l'estime et l'admiration des Polonais qui se montrent particulièrement sensibles à ses manifestations de piété dont la nature ostentatoire fait écho à leurs traditions. Les très catholiques Varsoviens aiment à observer que la marquise de Meilleraye se rend avec une grande régularité au couvent des carmélites déchaussées. Si elle veut goûter un peu de distraction, elle se rend volontiers l'après-midi en voiture en compagnie de son oncle au jardin de Saxe, rendez-vous très prisé de la haute société locale.

Mai 1804 : Bonaparte vient de se faire proclamer empereur. À Varsovie, l'espoir d'un rétablissement, même lointain, de la monarchie légitime, se fait de plus en plus hypothétique et cruel à ces âmes égarées dans le temps et dans l'espace.

De surcroît, il convient de se trouver à présent un nouvel asile, Frédéric-Guillaume ayant finalement déclaré beaucoup trop encombrante la présence sur ses terres de Louis XVIII. Ce sera de nouveau la Russie, Alexandre Ier ayant accepté de rendre aux exilés la jouissance du palais de Mitau : retour, donc, sur les bords de la Lielupe. Si le couvert est assuré, les subsides, en revanche, ne le sont guère : « Mitau I, se désole Louis XVIII, était Saint-Germain. Mitau II n'est plus qu'un lit à l'Hôtel-Dieu. » La comparaison est à nouveau pour le moins excessive, même s'il est vrai que les caisses royales ne cessent de se vider. La mission – ingrate – revient encore à Marie-Thérèse d'employer une grande partie de son temps à faire la chasse aux dépenses qui ne lui paraissent pas indispensables. L'habitude des privations qui est devenue chez elle comme une seconde nature la rend farouche et intraitable, tant pour elle-même que pour les autres. Elle fait « marcher la boutique » d'une poigne de fer, nul détail n'échappant à la sagacité de son caractère.

Décembre 1805. Austerlitz.

Dans tous les châteaux en Espagne qu'on ne laisse pas de bâtir en Courlande, de quelles illusions alimenter son imagination, désormais que l'Empire est à son apogée ? En France, tout est gloire, envolée lyrique, épopée militaire, grandeur paroxystique. En Courlande, tout n'est que chagrin, étroitesse, léthargie, racornissement. Marie-Thérèse s'adonne en automate à ses travaux d'aiguille « avec un mouvement rapide, machinal et convulsif[20] » et s'oblige à prendre part au whist du roi qui n'en finit pas d'entretenir son auditoire de son accession au trône qui n'a jamais paru si éloigné de lui revenir un jour.

Après Austerlitz, vient Eylau. Quarante mille victimes sont restées sur le champ de bataille. L'aile inoccupée de Mitau devient hôpital de campagne. Accompagnée de l'abbé Edgeworth, devenu si faible qu'il n'en peut plus, Marie-Thérèse dispense ses soins aux malheureux. La duchesse, voyant Edgeworth tourner à la mort, veillera en personne celui qui avait accompagné, quatorze années plus tôt, Louis XVI jusqu'à la guillotine. L'abbé s'éteint le 22 mai 1807.

Quelques semaines plus tard, ce sera Friedland. Après Friedland, Tilsit. À bord d'un radeau posé sur le Niémen, Napoléon et Alexandre signent le 8 juillet la paix aux dépens de l'Angleterre.

Alexandre allié de Napoléon ? Louis XVIII ne saurait demeurer davantage en Russie. Il choisit la Grande-Bretagne pour nouvel exil. Il laisse son épouse et sa nièce à Mitau et, flanqué du duc d'Angoulême, il embarque pour les îles Britanniques : le prince de Galles exerçant les fonctions de régent[21] met à leur disposition le château de Gosfield, dans l'Essex, une demeure d'une fort vilaine allure de l'avis du prétendant et qu'il juge, de toutes les manières, indigne non pas tant de sa personne, qui s'est accommodée d'asiles autrement modestes, mais du roi de France qu'il incarne.

Il conviendra toutefois de se satisfaire du lieu sans faire trop de manières. Une fois l'installation terminée, le duc d'Angoulême repart en Russie afin d'y chercher sa femme, la reine Marie-Joséphine, ainsi que la courette de Mitau. À la fin de juillet 1808, tout le monde est réuni en Angleterre.

On demeure quatre ans à Gosfield Hall que l'on quitte pour le château d'Hartwell, une sorte de villa à la romaine bâtie dans le Buckinghamshire. Cette fois, le manoir, de vastes proportions, est agréable au roi. Les cent cinquante à deux cents personnes composant désormais la cour de France ont la satisfaction de pouvoir y loger à peu près à leur aise.

C'est à Hartwell House que Marie-Thérèse revoit pour la première fois depuis 1789 son beau-père le comte d'Artois (elle avait onze ans à l'époque de leur séparation : désormais, elle en a trente). Monsieur saura lui plaire, tant par son maintien resté avantageux malgré les années écoulées que par ses manières délicates qui sentent les temps anciens. De surcroît, la sympathie de leurs idées sur la vieille monarchie d'un passé qui n'est plus et les valeurs éternelles de la sainte Église catholique, apostolique et romaine si chères au cœur désolé de la princesse, crée entre ces deux êtres une affinité spontanée.

À Hartwell, Louis XVIII est traité en souverain : souverain de droit, sinon de fait. Et comme n'importe quel souverain, il tient sa cour. Le comte de Blacas, son favori du moment, occupe le rôle de Premier ministre. Louis apprend et retiendra beaucoup de la manière dont ces Anglais pensent et agissent en politique : il observe, il étudie, il assimile, il s'enrichit de la lucidité de leur analyse et se pénètre de leur pragmatisme. À bien des égards, les années de « villégiature » britannique qui s'écouleront de 1808 à 1814 seront déterminantes dans l'évolution politique de Louis XVIII. C'est en Angleterre qu'il se rangera à la nécessité de tenir le timon de son futur royaume afin, non pas de restaurer l'ancienne France qui ne reviendra plus, mais de réconcilier, autant que faire se pourra, la nouvelle France avec elle-même.

À présent, le prince-régent reconnaît officiellement à Louis XVIII le titre de roi de France. Aussi, lorsque Marie-Joséphine de Savoie trépassera le 13 novembre 1810 à l'âge de cinquante-sept ans, le futur George IV accordera-t-il à la défunte des funérailles royales :

la pseudo-reine de France reposera quelque temps à l'abbaye de Westminster, avant que ses restes soient transportés en Sardaigne, conformément à ses dernières volontés.

« Bonaparte est perdu ! » Louis XVIII vient de pousser cette clameur de victoire, secouant la prostration de la cour d'Hartwell : Napoléon est entré en Russie. Le 14 septembre 1812, l'Empereur est à Moscou. Le 19 octobre, c'est le commencement de la retraite et le début de la fin.

L'Europe entière s'est maintenant unie contre l'Aigle. En janvier 1814, Louis XVIII charge Angoulême de se rendre en son nom dans le sud de la France afin de représenter sa royale personne au sein de l'armée anglaise conduite par Wellington. Le jeune prince, qui n'est ni attendu ni désiré, part à l'aventure à ses risques et périls sous le nom de comte de Presdel.

Combien sont-ils en France qui ont jamais ouï parler de lui ? Wellington se garde de renvoyer le duc en Angleterre, quoiqu'il pense en son for intérieur du bien ou du mal fondé de l'initiative bourbonienne, mais il oblige le prince à demeurer, incognito, à l'arrière de ses troupes « sans aucune distinction, sans même lui accorder le droit d'y garder ses décorations ». Quoi qu'il en soit, l'organisation royaliste des Chevaliers de la Foi, solidement implantée dans le Sud-Ouest qui, elle, connaît bien le nom d'Angoulême à défaut d'en savoir grand-chose, entend tirer tout le parti possible de sa présence sur le sol national : on le presse de se rendre à Bordeaux dont le maire, Jean-Baptiste Lynch, vient de jurer foi et hommage aux coalisés contre Napoléon. Angoulême saura déterminer Wellington à faire marcher sur la ville un corps d'armée comptant plusieurs milliers d'hommes.

Le 12 mars 1814, Angoulême fait une entrée triomphale dans Bordeaux libérée. Il se présente nécessairement comme « l'époux de la fille de Louis XVI [...]. L'époux d'une princesse dont les infortunes sont sans égales mais dont tous les vœux sont pour le bonheur de la France ».

Ce samedi 12 mars sera « la » journée, la grande journée du duc. Jusqu'à sa mort, Angoulême demeurera d'ailleurs, dans l'esprit des légitimistes, l'« homme du 12 mars 1814 », le « héros de Bordeaux », première ville française à se déclarer royaliste depuis 1789.

À présent, l'histoire s'affole. Le 29 mars, Marie-Louise quitte les Tuileries. Le 30, Paris capitule. Le 3 avril, le Sénat impérial ayant proclamé la déchéance de Napoléon déclare que « le peuple français appelle librement au trône Stanislas-Xavier de France, frère du dernier roi ».

À Hartwell House, la duchesse d'Angoulême s'est exclamée : « C'est peut-être la première fois de ma vie que je ris d'aussi bon cœur ! » Elle voit la fin de vingt années d'exil. Elle a trente-six ans désormais. Elle en paraît bien davantage. Le « spectre », surgissant des noires profondeurs de l'histoire, s'apprête à reparaître au jour et à rentrer en France.

« Le seul homme de la famille »

En ce 24 avril 1815, Louis XVIII, « vieux goutteux à guêtres d'Anglais[22] », masse énorme, réunion calamiteuse de bouffissures sanglées en une redingote bleue aux épaulettes dorées dont les coutures paraissent à tout instant près de se rompre, s'efforce, en dépit de ses infirmités, de mettre un pied devant l'autre, appuyé au bras de la duchesse d'Angoulême, frêle créature au teint bilieux et à la dignité corsetée dont il est permis de se demander de quelle force physique elle dispose pour aider la monumentalité de son oncle à franchir la passerelle du bateau amarré à Calais. Les acclamations d'usage fusent autour de ce couple baroque, saluant autant l'arrivée de « Louis-Stanislas Xavier » que la fantasmagorique apparition de l'« orpheline du Temple » dont l'image sublimée par la propagande royaliste a nourri l'imaginaire des Français durant ses longues années d'errance.

Encore ne sait-on pas grand-chose de cette hallucination humaine surgissant à la réalité vivante. Pour ses contemporains, cette revenante de nulle part est d'abord une idée, un principe. Et voilà que cette idée se loge à l'intérieur d'un corps marchant sur ses deux jambes, voilà que ce principe s'exprime avec sa bouche, qu'il voit avec ses yeux, qu'il est contenu dans une image. Et de quelle image s'agit-il ! Celle d'une femme au visage flétri et fatigué, vieille déjà, dont la « voix rauque de corbeau », dès qu'elle se fait entendre, résonne désagréablement à l'oreille.

De surcroît, son impossible fourreau de drap blanc, son importable petit chapeau à la mode anglaise lui composent un accoutrement qu'il est impossible de décrire, car véritablement cela ne ressemble à rien. Chateaubriand sent la nécessité d'apporter une correction à la première impression assez peu favorable occasionnée par l'arrivée de ce « parfait modèle de douleur » sans âge et sans allure : « Une expression de douceur et de tristesse annonce dans ses regards ce qu'elle a souffert; on remarque jusque dans ses vêtements un peu étranges des traces de son long exil. » Lui adresse-t-on, en premier, la parole, c'est à peine si elle répond, et quand elle s'y résout elle le fait d'un air si contraint, si distant et si froid qu'on en demeure sans voix. Chateaubriand, de nouveau, s'interpose : « Le silence de l'orpheline du Temple ne peut jamais être ingrat : le ciel a droit aux adorations de la terre et ne doit rien à personne. »

Cédant aux remontrances de son entourage, Marie-Thérèse a quitté ses vêtements d'exilée afin de s'habiller à la française pour son entrée à Paris le 3 mai 1814. Angoulême est absent ce jour-là : il enchaîne les entrées « triomphales » dans les villes du Sud-Ouest. Coiffée d'un vaste chapeau à plumes d'autruche, la princesse a pris place à bord d'une calèche aux armes de France attelée à huit chevaux. À ses côtés, le roi de cinquante-huit ans a calé son débordement de chairs « d'un air malade et fatigué ». Il présente ainsi un singulier contraste avec l'Empereur paradant, hier encore, à cheval, comme s'il voulait signifier, par toute la pesanteur de son être, que les temps anciens sont maintenant révolus et qu'à une France qui n'en peut plus de gloire éternelle composée d'épopées éphémères il apporte le repos, la pondération, la paix et la sécurité. La duchesse dissimule aux regards du public la moitié de son visage sous une ombrelle, au grand désappointement de la foule qui entendait jouir, à son tour, du spectacle rare et intéressant de l'orpheline du Temple.

Après la Conciergerie où sa mère a vécu ses derniers jours, après Notre-Dame où son oncle désigne à la foule son « ange du malheur », voici le château des Tuileries. De son pas toujours accéléré, en personne qui a gardé très précisément à l'esprit les lieux et le décor de son enfance, elle se hâte vers les anciens appartements de Marie-Antoinette. Bientôt, elle s'arrête à une fenêtre, elle voit le jardin des Tuileries, elle aperçoit, au loin, l'ancienne place de la Révolution où, autrefois, la guillotine… À ce moment, la tête lui tourne et les membres se dérobent. Mais ce n'est qu'un moment de faiblesse. À peine a-t-elle recouvré ses esprits qu'elle se sent comme soulevée par son oncle qui la mène d'autorité à une autre fenêtre afin de la montrer au peuple et mettre « une couronne de fleurs sur cette tête qui n'avait jamais connu que celle du martyr[23] ». Deux jours plus tard, dès l'aube, c'est dans la plus grande intimité qu'elle se fait conduire au petit cimetière de la Madeleine. Deux saules pleureurs marquent l'emplacement où reposent les dépouilles de Louis XVI et de Marie-Antoinette. Elle se penche, baise le sol, reste un moment prostrée, puis repart à grandes enjambées sans avoir adressé la parole à personne.

Désormais, Marie-Thérèse est la première dame du royaume de France. Hier, rien. Aujourd'hui, celle vers qui montent les hommages d'une foule de personnages cherchant des places, des charges, des avantages et des prérogatives.

Une des premières démonstrations de la rugosité de son caractère se rapporte à la composition de sa Maison. On n'y trouvera aucun ancien serviteur de l'Empire. Sa dame d'honneur est la duchesse de Sérent. Son premier écuyer est le vicomte d'Agoult, époux de la comtesse de Choisy, sa dame d'atour. Son écuyer commandant est le comte de Lastour. Pour chevalier d'honneur, elle prend le vicomte de Montmorency. Les comtesses de Béarn et de Gontaud-Biron, la marquise de Sainte-Maure, nées Damas, la vicomtesse de Vaudreuil, la comtesse de Goyon et la marquise de Rougé sont ses dames pour accompagner.

Un tel rassemblement de personnages de l'ancienne France est humainement compréhensible mais, politiquement, le choix n'est guère heureux. Plus généralement, tout homme ou toute femme ayant exercé quelque fonction au cours de la Révolution et de l'Empire est le plus souvent écarté par Marie-Thérèse, à tout le moins accueilli avec plus que de la réserve et de l'éloignement. Quand elle revoit la maréchale Ney, elle l'appelle – non pas en privé, ce qui n'aurait pas tiré à conséquence, mais en public et, symboliquement, c'est bien autre chose – par son simple prénom, Aglaé. À sa décharge, observons que la duchesse d'Angoulême a bien connu la maréchale avant les années de la Révolution : Aglaé est en effet la fille d'une ancienne femme de chambre de Marie-Antoinette. On peut donc penser qu'en usant de son prénom au lieu de lui donner du « Madame la Maréchale » ainsi qu'il eût convenu selon les lois du protocole, l'intention de Marie-Thérèse n'était pas délibérément offensante. Il n'est d'ailleurs pas impossible qu'elle cherchât, par l'emploi de ce prénom, à se montrer, par extraordinaire, bienveillante avec une ancienne connaissance passée à l'usurpateur, mais le ton rude, aigre et tranchant devenu, comme nous le savons, habituel à la duchesse, sera tenu par la princesse de la Moscova pour une manifestation de dédain adressée à l'importance de sa personne.

Afin de s'assurer du soutien de l'opinion publique, le duc d'Angoulême, qui approche maintenant de sa quarantième année, continue de visiter les villes françaises à la rencontre des autorités locales et de la population : « Emporté comme un fétu dans ce tourbillon, j'eus un enfantin désir d'être duc d'Angoulême, de me mêler ainsi à ces princes qui paradaient devant un public ébahi », fait dire à Félix de Vandenesse l'auteur de *La Comédie humaine*[24]. Pendant ce temps, aux Tuileries, Marie-Thérèse fait le « ménage » à sa manière : avec l'approbation active du comte d'Artois, elle a donné, avec une rage glacée, l'ordre d'effacer, de marteler et de détruire les insignes impérieux qui encombrent le décor du château. Sur les tentures, sur les tapis, sur les fauteuils, sur les pliants, sur les méridiennes, partout, elle fait coudre, broder, dessiner, accrocher, peindre, appliquer des brassées de fleurs de lys afin de dissimuler aux regards les abeilles, les couronnes de laurier, les aigles napoléoniennes, les « N » couronnés qui se répliquent à l'infini.

Seule princesse des Tuileries, Marie-Thérèse apparaît aux côtés de Louis XVIII lors de toutes les cérémonies officielles. Le moyen de se passer de la sainte image de la martyre officielle de la famille royale ! Si la charte constitutionnelle de type libéral et préparlementaire intégrant les principaux acquis de la Révolution française que le roi a octroyée au pays dans la modération de son vieil âge a été rapidement reconnue et acceptée par une majorité de Français lassés de l'aventure impériale, c'est au sein même du cercle familial que Louis XVIII connaît le fort désagrément de se heurter, jour après jour, à l'opposition la plus déterminée à sa recherche de paix civile.

Ceux que l'on désignera bientôt du nom d'ultras emplis d'opinions furibondes, exaspérés de ne pouvoir se couler moelleusement dans l'ordre ancien, commencent à donner de la voix. Dans cette dissonance, celle de Monsieur tonne particulièrement. Marie-Thérèse, en sa qualité de grande prêtresse de l'alliance du trône et de l'autel, met toute son énergie au service d'un retour massif de la religion sous la forme d'un christianisme de repentance.

En ce 21 janvier 1815, vingt-troisième anniversaire de la mort de Louis XVI, les restes du roi et de son épouse sont transférés en grande cérémonie à la basilique de Saint-Denis. Trois jours auparavant, les corps ont été exhumés du petit cimetière de la Madeleine. En un grand effet littéraire, Chateaubriand affirme avoir reconnu « au milieu des ossements la tête de la reine par le sourire que cette tête lui avait adressé à Versailles » près de trente ans plus tôt. Quoi qu'il en soit, deux corps sont déposés dans la crypte des Bourbons. Marie-Thérèse a supporté l'épreuve sans laisser couler une larme. Non seulement – cela, elle le sait quasi génétiquement – une princesse de son rang se doit, en toute occasion, de garder, impénétrable, sa contenance en public, mais la princesse a su se composer, dès le Temple et au long de ses années d'exil, un visage de marbre qu'elle oppose à l'attention du monde, un visage où il semble que pas un muscle, pas une veinule, pas un nerf ne soit animé d'un frémissement de vie. Désormais, rien ne déridera plus ces traits arrêtés, cette face inerte.

« La politique du roi fut sage ; s'il avait été seul avec Monsieur le duc d'Angoulême, la Restauration aurait marché sans encombre. Le reste de la famille fit du mal, et par-dessus tout, Monsieur [...] à la tête d'un parti composé surtout de ceux qui étaient jeunes en 89. Frivoles et futiles alors, ils avaient laissé faire la Révolution, ils avaient vieilli dans l'inaction, ils voulaient maintenant se mêler de tout sans rien faire avec la même fatuité, les mêmes prétentions et la même nullité qu'autrefois[25]... »

« Le reste de la famille fit du mal » : le duc d'Angoulême épousant en prince réputé libéral la cause du roi à laquelle il manifeste une pleine obéissance, est exclu de ce jugement, son rôle modérateur y est même reconnu, mais l'on sent que la duchesse d'Angoulême, si elle n'est pas explicitement nommée dans ce jugement *a posteriori*, fait partie, elle, en revanche, et des premières, du « reste » dont il est fait mention…

En mars 1815, le duc et son épouse, poursuivant leurs visites à travers la France, arrivent à Bordeaux afin de présider les cérémonies officielles célébrant le premier anniversaire du grand jour de l'« homme du 12 mars 1814 ». Dans une circulaire aux maires de son ressort, le sous-préfet de l'arrondissement d'Angoulême se félicite : « Nous allons donc jouir pendant quelques instants de la présence de cette Auguste Princesse plus connue par ses malheurs que par ses prospérités, fille de nos Rois aussi grande par ses vertus que par sa naissance dont le souvenir attirait jadis des larmes de douleur auxquelles son retour a fait succéder des larmes de joie. »

Toujours, inlassablement, irrévocablement l'« orpheline du Temple » ! Jusqu'à la fin de ses jours, il lui faudra demeurer enfermée en sa prison mentale !… Cependant, le 9 mars, à l'occasion d'un bal donné à la Bourse du commerce, le couple princier apprend par un courrier du roi le débarquement de Napoléon à Golfe-Juan. Le duc, muni des pleins pouvoirs sur les cinq divisions militaires du Midi, établit son quartier général à Nîmes. Si la duchesse demeure à Bordeaux, elle ne se tiendra pas à l'écart des événements : à elle aussi Louis XVIII a confié les pleins pouvoirs sur la ville et sa région.

Pendant ce temps, Ney se rend à Besançon après avoir promis, comme chacun sait, de ramener l'ogre dans « une cage de fer »… Le 19 mars, Louis XVIII se réfugie à Gand en compagnie de Monsieur et du duc de Berry. Le 20, Napoléon est aux Tuileries. Prêt à se jeter, comme on se lance dans le vide, dans une bataille perdue d'avance face à l'Europe coalisée, l'Empereur se dispose à finir à l'antique. Ce sera grand. Ce sera beau. Ce sera gigantesque. L'engloutissement dernier sera à la mesure de ce génie hors de toute proportion humaine traînant après lui plus de trois millions de victimes.

Marie-Thérèse doit-elle abandonner Bordeaux ? Soulevée par une énergie farouche que nul ne lui connaissait jusqu'alors, elle s'arrache aux vertus passives de l'« ange du malheur » et se glisse soudainement dans la peau d'un général d'armée. Bordeaux est la ville de son époux : ce sera désormais la sienne. Elle organise son gouvernement, elle lève des volontaires, elle réunit des fonds, elle sollicite le soutien militaire du roi d'Espagne, elle attend l'intervention de la flotte anglaise jusque dans l'estuaire de la Gironde. Partout et à toute heure, on la voit payer de sa personne. En vain. Dans l'armée, les défections se multiplient. Sentant l'opinion vaciller, elle appelle à la résistance les troupes qui lui demeurent fidèles.

Plus pour longtemps. Le 25 mars, tandis qu'elle harangue l'armée d'un pathétique : « Criez avec moi : Vive le roi ! » le silence, un épais silence embarrassé, répond à son exhortation. Le lendemain, le général Clauzel, envoyé de Napoléon, achève de réunir ses forces sous les murs de Bordeaux. Il fait savoir à la princesse rebelle : « Dites bien à Madame que je serais déjà à Bordeaux si je ne voulais tout d'abord lui laisser le loisir de se retirer où elle voudra. » Le drapeau tricolore flotte sur la rive droite de la Dordogne. Marie-Thérèse ordonne de faire sauter le pont et met les canons en batterie. Les généraux royalistes, voyant que toute résistance est maintenant inutile et agitant devant ses yeux le spectre de la guerre civile, se concertent pour faire entendre raison à la princesse. Mais celle-ci ne paraît plus en état d'écouter : « Je ne force personne à me suivre, j'entends que l'on exécute mes ordres ! »

À cette heure, elle ne peut plus compter que sur la Garde nationale bordelaise : ce sont d'honnêtes bourgeois, des commerçants ordinairement tranquilles et pacifiques, assez encombrés de leurs fusils et de leurs cartouchières, armés principalement de leur bonne volonté et qui, de loin en loin, échangent évasivement des tirs avec les troupes du général Clauzel. Madame, ayant considéré ces boutiquiers et ces notaires, leur enjoint finalement de retourner chez eux et de « ne plus songer à combattre ».

Maintenant, il faut partir. Se résoudre à un nouvel exil. Dans la soirée du 1er avril, elle quitte Bordeaux et embarque à Pauillac à bord d'un bateau anglais, *The Wanderer*. Depuis le retour de Napoléon, Marie-Thérèse a commandé la résistance bordelaise pendant une douzaine de jours. « C'est le seul homme de la famille ! » déclarera l'Empereur – mi-admiration, mi-ironie ? – quand il prendra connaissance des détails de l'épopée de sa « cousine[26] ».

Le 8 avril 1815, la duchesse d'Angoulême débarque en Espagne, près de Saint-Sébastien. Le 19 avril, elle est à Plymouth et s'installe au château de Battersea… Fin mai, on la retrouve à Gand auprès de Louis XVIII. À l'hôtel d'Hane de Steenhuyse où le monarque s'est installé, entouré de sa cour et de sa Maison militaire, elle se mêle aux plus fidèles soutiens de la monarchie parmi lesquels se font en particulier remarquer de curieux personnages en perruques poudrées et bas de soie : on les surnomme les « voltigeurs de Louis XIV », et ils forment un singulier contraste avec toute une jeunesse libérale et démocrate ennemie du despotisme napoléonien. On y rencontre Lamartine accomplissant son « pèlerinage de la jeune France pour la défense des libertés ». Vigny aussi. Géricault également. Et, bien sûr, Chateaubriand qui, lisant un jour sur la grand-route au pied d'un peuplier à l'angle d'un champ de houblon les *Commentaires* de César, entendra bientôt tonner au loin le canon d'une « grande bataille encore sans nom » et qui est la bataille de Waterloo.

En attendant que survienne le « choc de milliers de soldats prêts à s'égorger[27] », Marie-Thérèse prend en charge cette courette d'émigrés rejetés en ce coin retiré de l'Europe, assemblage fantomatique de destinées, d'idées, d'intérêts étrangers et parfois contraires. Pendant ce temps, le duc d'Angoulême est fait prisonnier par Grouchy à Pont-Saint-Esprit : l'Empereur a donné l'ordre « de prendre et de respecter sa personne car [il] veu[t] que l'Europe juge de la différence entre [lui] et les brigands couronnés qui mettent [s]a tête à prix ».

Que faire, à vrai dire, de ce duc ? À quoi bon s'embarrasser de sa personne ? Qu'on lui rende la liberté et qu'il aille, s'il le veut, trouver refuge en Espagne ! Le 18 juin suivant, Angoulême débarque à Barcelone.

Lorsque Louis XVIII charge sa nièce de retourner à Londres afin de réunir des hommes et trouver de l'argent pour soutenir l'insurrection d'une partie de l'ouest et du midi de la France, l'« héroïne de Bordeaux » rejoue son rôle de princesse guerrière. Elle parlemente, échafaude des combinaisons politiques, se jette d'une chaise de poste dans une berline de louage, passe des nuits sur les chemins, se montre, discourt, écrit, proclame, traverse à nouveau la Manche et c'est à Londres qu'elle apprend l'écroulement de l'Empire.

Pour la seconde fois, elle va pouvoir rentrer en France.

« Sage, pieux, courageux et bigot imbécile »

Après le bilan catastrophique des Cent-Jours, l'heure est aux représailles. Dans le midi de la France, mais aussi en Bretagne et en Vendée, place à la Terreur blanche : enivrés de vengeance, les royalistes ultras rivalisent de férocités. Saisi de désolation par le fanatisme des royalistes les plus forcenés connus sous le nom de Verdets[28], empli d'indécision face à ce déferlement de haine qu'il ne sait endiguer et qu'il a même, sinon encouragé, du moins couvert dans les premiers temps de son uniforme princier, le duc d'Angoulême, à son retour d'Espagne, a pris le commandement des départements du Midi. Les événements les plus sanglants de cette « Terreur à l'envers » ont pour cadre Marseille, Aigues-Mortes, Uzès, Béziers, Pézenas, Toulouse, Nîmes ou Avignon…

Seule la proclamation de Louis XVIII sur les excès du Midi condamnant l'« odieuse entreprise » qualifiée d'« attentat contre nous et contre la France » mettra un terme à ces abominations. Angoulême, se ressaisissant, rétablit l'ordre à Toulouse et finit par condamner les atrocités accomplies au nom de Sa Majesté. Admonesté par son oncle qui l'accuse d'être revenu d'Espagne « plus exagéré que personne[29] », il démettra de leurs fonctions les agents royalistes les plus compromis dans les événements, ces « commissaires spéciaux » qu'il avait personnellement mis en place et, sans doute, trop longtemps accompagnés de son soutien…

« La chasse aux maréchaux est ouverte. Il faut en tuer au moins huit ! » s'est exclamé le duc de Berry à son retour aux Tuileries.

Commençons par la trahison de Ney. Aglaé, son épouse, garde l'espoir d'obtenir de la duchesse d'Angoulême la grâce de son mari : une personne qui a tant souffert pourrait-elle demeurer insensible à la douleur de la princesse de la Moskova ? Mais, cuirassée en son désir de châtiment, tout sentiment humain cadenassé dans la rigidité de cette statue de pierre, Marie-Thérèse se raidit davantage au spectacle de cette suppliante sur laquelle elle laisse tomber un lourd regard sans vie.

Après son refus de s'entremettre en faveur de Ney, elle manifeste la même indifférence de cœur à l'égard d'un autre condamné à mort, le colonel de La Bédoyère. Cependant, le tsar n'est-il pas intervenu, en personne, auprès de la duchesse afin de lui arracher – vainement – la grâce du malheureux? De même faudra-t-il passer par les armes le directeur général des Postes, le comte de Lavalette : Louis XVIII a fait savoir qu'il épargnerait la vie du condamné si sa nièce lui en faisait la demande. Elle s'en est bien gardé. Mme de Lavalette s'étant agenouillée aux pieds de Marie-Thérèse, elle s'est éloignée sans lui adresser un mot de compassion. On ne sait quelles pensées traversèrent l'esprit de Marie-Thérèse quand elle prit connaissance de l'évasion du condamné grâce à l'héroïsme de son épouse Émilie de Beauharnais, une nièce par alliance de l'ex-impératrice…

À la fin du mois d'août 1815, les élections ont porté à la Chambre des députés une écrasante majorité de royalistes ultras. C'est la fameuse « Chambre introuvable », produit des Cent-Jours et de la Terreur blanche. Ici s'amorce un brusque virage à l'extrême droite hypothéquant la définition d'un régime selon la charte.

Fouché le régicide qui avait su se rendre, pour quelque temps encore, indispensable à tout gouvernement et dont il avait bien fallu, au commencement de la première Restauration, se faire un ministre de la Police, est démis de ses fonctions. Au moment du retour de sa nièce au pays, Louis XVIII n'avait-il pas plaisanté aux dépens du mitrailleur de Lyon : « Voilà la duchesse d'Angoulême qui nous arrive d'Angleterre. Le renvoi de Fouché sera un beau cadeau à lui offrir »? Voilà qui est fait.

C'est à présent au tour de Talleyrand de sortir du jeu politique : le duc de Richelieu lui succède le 26 septembre 1815 à la tête du gouvernement. Dans cette nouvelle querelle des Anciens et des Modernes – cette France de l'Ancien Monde et la France d'aujourd'hui –, la duchesse d'Angoulême laisse parler la « douce violence de la fille de Louis XVI[30] », faisant de plus en plus ouvertement cause commune avec le comte d'Artois, son beau-père fossilisé en ses vieux rêves d'un âge d'or qu'il prétend, comme se lèverait une momie, exhumer du tombeau.

Elle n'en demeure pas moins, comme elle le fut si profitablement par le passé, l'« ange » secourable de son oncle et devient désormais son bâton de vieillesse. Il est bien difficile de déterminer si le roi ressentit jamais, en sa vie, pour l'instrument à sa convenance que fut son « orpheline », une affection véritablement désintéressée : quoi qu'il en soit de la nature particulière de leurs sentiments passés et de leurs relations présentes, il n'est pas douteux que le vieux souverain ait beaucoup souffert de l'inclination de plus en plus marquée de la duchesse à mettre sa renommée au service des intérêts du « parti des Princes » fondé sur le culte de Louis XVI et des martyrs de la Révolution.

S'agissant des menées et des ambitions de ce parti, le duc d'Angoulême manifeste à présent la sagesse, ou la prudence, ou l'intuition de garder ses distances. Son épouse vient-elle à critiquer en sa présence la politique de modération menée par leur oncle commun, il l'interrompt en ces termes : « Ma chère princesse, ne parlons pas de cela : nous ne pouvons nous entendre ni nous persuader réciproquement. » Selon la comtesse de Boigne : « Monsieur le duc d'Angoulême rendait une espèce de culte à sa femme qui avait pour lui la plus grande affection, mais ils ne s'entendaient pas en politique. Sous ce rapport, Madame était bien plus en sympathie avec Monsieur, et ni l'un ni l'autre n'exerçait d'influence sur Monsieur le duc d'Angoulême. » Ainsi voit-on passer au sein même du couple princier la ligne de fracture de ces deux France qui cherchent à se réconcilier tout en se repoussant mutuellement. Au demeurant, c'est dans toute la famille royale que les tensions s'exacerbent. Angoulême les ressent et les vit, ces frictions, ces désaccords à n'en plus finir, avec tristesse, avec ennui et un douloureux agacement. Cet homme-là rêve de paix, de tranquillité, de repos – il semble que toute son existence tienne en ce simple mot : le repos ! – tant sur le plan domestique que dans le domaine politique, et c'est précisément ce que Marie-Thérèse n'est pas en état de lui offrir.

Il suffit à présent de cette « Chambre introuvable ». Le 5 septembre 1816, l'assemblée est dissoute. Tandis que Marie-Thérèse et son beau-père ne décolèrent pas, Angoulême manifeste son soulagement et sa satisfaction : « Je ne suis pas un exagéré. Je ne suis pas du Faubourg-Saint-Germain[31]. » Écrasés sous le poids de leur impopularité, les ultras, devenus le principal parti d'opposition, se sont désigné l'homme à abattre. Et cet homme a pour nom Élie Decazes, ministre de la Police et favori du roi. Il y a longtemps que Marie-Thérèse poursuit de son ressentiment ce parvenu de belle mine, fils d'un simple notaire de Libourne. Le roi appelle Decazes « mon cher fils », et c'est bien, en effet, une singulière amitié amoureuse qui unit le vieillard avachi en sa chaise roulante et cet homme de trente-cinq ans, trop vif, trop brillant, trop fin, trop aimable, trop agile, trop intelligent, trop habile, « trop tout » aux yeux de la duchesse. Il n'est d'ailleurs pas impossible que se mêle à son animosité politique contre le jeune ministre une prévention toute personnelle qui pourrait s'apparenter à quelque macération de jalousie, désormais qu'elle n'occupe plus, ou croit ne plus occuper la première place dans le cœur délabré du vieux roi. L'alliance au pouvoir du grand aristocrate Richelieu, héritier d'une prestigieuse galerie d'ancêtres, et du « cher fils » issu de la bourgeoisie ascendante et bientôt triomphante, manifeste l'image même du compromis qui est à l'œuvre, abomination des abominations aux yeux de Marie-Thérèse. Et tandis que la puissance d'Élie Decazes ne cesse de croître, les préventions de la duchesse augmentent en proportion. Cependant, Angoulême se sent, lui, en sympathie avec la politique d'apaisement menée par ce duo de ministres : « C'est de cette époque que date la séparation de M. le duc d'Angoulême et de sa famille, et son étroite union avec le roi son oncle et le parti constitutionnel[32]. »

L'assassinat du duc de Berry, le 13 août 1820, fournira une amère et douloureuse revanche à Marie-Thérèse ainsi qu'à tous les siens pensant comme elle, c'est-à-dire à reculons. Le prince meurt en laissant sa jeune épouse enceinte. Les ultras mettent à profit le coup de couteau de Louvel présenté comme « une idée libérale[33] » pour exiger la tête du ministre Decazes dont ils dénoncent la responsabilité, fût-elle indirecte, dans la mort du cadet d'Angoulême en raison du laxisme de sa politique dite « de gauche ». C'est vainement que Louis XVIII essaiera de soutenir son trop-aimé ministre. Un matin, aux Tuileries, Artois et la duchesse d'Angoulême assiègent le cabinet du roi : « S'il ne part pas, il y aura peut-être une victime de plus ! » Madame aurait dramatisé en ces termes : « Sire, Dieu a envoyé bien des malheurs à notre famille : que l'union, du moins, nous console ! Ne nous refusez pas cette grâce. Nous marchons à une nouvelle révolution. Conjurez l'orage pendant qu'il en est encore temps. »

Ainsi, il faut céder ! Le 20, Decazes, écarté du gouvernement, est nommé ambassadeur à Londres. Un nouveau ministère dirigé par le duc de Richelieu assurera l'intérim jusqu'à l'avènement du ministère Villèle, gentilhomme toulousain fidèle soutien du comte d'Artois et ardent partisan du retour aux valeurs du passé : « Le règne du roi est fini, celui de son successeur commence[34]. »

« Tout ceci n'a été qu'une donquichotterie ! »

Le 29 septembre 1820, la duchesse de Berry met au monde un garçon : le nouveau-né, Henri-Dieudonné, surnommé l'« enfant de l'Europe » ou l'« enfant du miracle », est titré duc de Bordeaux, en hommage aux sentiments royalistes de la cité, mais aussi en écho à l'« héroïsme » de son oncle et de sa tante. La lignée des Bourbons est maintenant assurée, quand bien même la duchesse d'Angoulême, hors d'état de prétendre à la maternité, n'a-t-elle pu concourir en personne à la perpétuation de la race par-dessus laquelle, stérilement, elle sera passée. Le roi s'accroche à l'existence qui se retire de lui, il tarde à son frère de monter sur le trône, Angoulême suit, et le duc de Bordeaux vient renforcer les rangs. De nouveau, les plaques tectoniques se chevauchent. Quant à Marie-Thérèse, elle demeure la première à la cour et tout paraît indiquer qu'elle le sera longtemps…

Désormais qu'il ne s'agit plus que d'attendre la prochaine disparition de Louis XVIII, il n'y a plus lieu d'insupporter le roi par des mésintelligences sans nombre, aussi les tensions familiales s'apaisent-elles au « château », ainsi qu'on désignait le palais des Tuileries aujourd'hui disparu.

L'antique dîner au grand couvert a été rétabli : il se déroule dans la galerie de Diane. La nef contenant le couvert du roi trône, pareillement qu'à Versailles, à côté de la table où le fauteuil roulant de Louis XVIII est poussé, suivi de son frère Artois, du duc et de la duchesse d'Angoulême et de la duchesse de Berry. Mais si, au temps du grand roi, la présence debout, immobile et silencieuse au grand couvert enveloppait l'assistance d'un excès d'honneur, le spectacle, qui tient à présent de l'antiquaille, a perdu le caractère sacré qui rendait la cérémonie, autrefois, si enviable : « Rien n'était plus ennuyeux pour les personnes obligées d'y assister une heure, debout, par une immense chaleur et au bruit assourdissant d'un orchestre immense[35]. »

Le dimanche, il y a la foule aux Tuileries pour voir le roi et sa famille se rendre à la chapelle par la longue salle des Maréchaux. Après que l'on a fait sa cour dans la salle du Trône ou dans le cabinet du roi, il convient de rebrousser chemin dans la galerie de Diane afin de se porter chez la duchesse d'Angoulême qui réside en compagnie de son époux dans le pavillon de Flore, côté Seine. Si le roi n'adresse que rarement la parole, Marie-Thérèse, en revanche, semble prendre plaisir à s'entretenir avec ses visiteurs : en conséquence, grande affluence à l'entrée de son appartement. Ensuite, passage obligé chez le duc d'Angoulême qui, lui, est habitué à compter ses mots, et quand il consent à s'exprimer, il le fait avec une telle difficulté de parole que cela, réellement, fait pitié : « Le caractère de M. le duc d'Angoulême est singulièrement difficile à peindre, témoigne la duchesse de Boigne. C'est une réunion si bizarre et si disparate, que l'on peut à diverses époques de sa vie le représenter comme un prince sage, pieux et courageux, conciliant, éclairé, ou bien comme un bigot imbécile et presque stupide, en disant également la vérité. » À la fin, il faut prendre la direction du pavillon de Marsan, à l'autre extrémité du château des Tuileries, afin de faire sa cour au comte d'Artois et à la duchesse de Berry.

En toute occasion, retour aux vieux usages, respect rigoureux des lois de l'étiquette, même s'il est vrai que celle-ci, aux Tuileries, s'est quelque peu allégée des encombrements versaillais. Cependant, au château, il importe que toute chose demeure le plus longtemps possible en l'état, quand bien même ânonne-t-on interminablement la même leçon sans plus guère en pénétrer le sens. De cet immobilisme d'engrenage arrêté, Marie-Thérèse présente le témoignage le plus accompli. Elle vit dans ses appartements environnée de ses souvenirs du Temple : elle a disposé, ici une tapisserie exécutée par sa tante Madame Élisabeth, là un escabeau qui meublait la chambre de Louis XVI et surtout, dans un tiroir, sont exposées les saintes reliques de son père : le gilet de soie noire, la cravate blanche, la chemise ensanglantée par le couperet de la guillotine. Autres trésors : le bonnet de dentelle confectionné par Marie-Antoinette dans son cachot de la Conciergerie, un soulier que la reine perdit en montant à l'échafaud, le fichu que Madame Élisabeth porta jusqu'à la guillotine. Le 21 janvier et le 16 octobre de chaque année, dates anniversaires de la mort de ses parents, elle passe la journée et une partie de la nuit recluse dans sa chambre, en prière. À partir de 1824, c'est très régulièrement qu'elle se rendra à la chapelle expiatoire de la rue d'Anjou pour laquelle elle a commandé à Bosio un groupe sculpté représentant *Louis XVI auquel un ange montre le ciel* et à Cortot *Marie-Antoinette soutenue par la Religion*.

Maintenant, la guerre d'Espagne.

En cette année 1823, Angoulême part en direction de la péninsule afin de rétablir Ferdinand VII dans sa souveraineté de monarque absolu menacée par une opposition libérale. « Cent mille Français, commandés par un prince de ma famille, par celui que mon cœur se plaît à nommer mon fils, proclame Louis XVIII, sont prêts à marcher en invoquant le règne de Saint Louis pour conserver le trône d'Espagne à un petit-fils d'Henri IV[36]. »

On marche donc et l'armée, oublieuse de la vieille épopée impériale, franchit les Pyrénées sous la conduite d'Angoulême, commandant en chef, cependant que le général d'Empire Guilleminot, son chef d'état-major, est chargé de la véritable direction des opérations militaires. Le 24 mai, les Français pénètrent dans Madrid : le duc d'Angoulême, qui s'est attiré l'estime de l'armée après avoir montré « une bravoure froide et sans aucune forfanterie sur le champ de bataille », et partagé « les fatigues du soldat [...] mieux que sa frêle nature ne semblait l'annoncer »[37], installe une régence placée sous son protectorat, tandis que les libéraux espagnols, emportant Ferdinand en otage, se réfugient d'abord à Séville, puis à Cadix. Dès la mi-juillet, Angoulême et Guilleminot entament le siège et, le 31 août, c'est la prise du fort du Trocadéro.

Le Trocadéro : le Philippsbourg de son ancêtre le Grand Dauphin. Bientôt, Ferdinand VII recouvre la liberté. La duchesse d'Angoulême, « éperdue du triomphe de son mari[38] », vient de s'écrier : « Il est donc prouvé qu'on peut sauver un roi malheureux ! » Ce roi, affolé de vengeance, Angoulême a tôt fait de le percer à jour : c'est la « terreur blanche » en Espagne, non moins atroce qu'elle ne l'avait été en France. « Là où nous ne sommes pas, on se massacre, on brûle, on pille, on vole, s'indigne le duc d'Angoulême... Les corps espagnols se disant royalistes ne cherchent qu'à voler et à piller et redoutent tout ordre régulier. Les gardes espagnoles qui ont été réorganisées tant bien que mal depuis deux mois ne valent pas mieux que les autres[39]. »

Le duc, croyant revivre les abominations de 1815, tente vainement d'arracher de Ferdinand VII la promesse d'une amnistie. La « Terreur blanche » devient la « Terreur apostolique ». C'est le début de la « décennie abominable » (la « *Decada Ominosa* »), poussant à l'émigration une foule de libéraux qui trouvent refuge à Londres, à Malte, à Paris, aux États-Unis, en Amérique latine. Angoulême a refusé le titre de prince du Trocadéro dont Ferdinand a voulu l'honorer et quitte la péninsule en prince qui ne veut plus se commettre avec les agissements des Bourbons d'Espagne.

Marie-Thérèse l'attend à Bordeaux, jouissant des « succès de son mari d'une joie si étrangère à sa physionomie qu'elle en était altérée. Cette pauvre princesse a eu si peu l'occasion d'en ressentir qu'elle ne sait comment la porter[40] ». Chateaubriand, dont la fin du ministère et son retrait de la vie politique approchent, s'exalte en ces termes : « Enjamber d'un pas les Espagnes, réussir là où Bonaparte avait eu des revers, triompher sur le même sol où naguère les armées de l'homme fantastique avaient eu des revers, faire en six mois ce qu'il n'avait pu faire en sept ans, qui aurait pu prétendre à ce prodige ! »

Angoulême, qui a vu les choses, n'a garde de se répandre en grandiloquences. Il n'empêche : le 2 décembre, il fait son entrée par les Champs-Élysées sous les acclamations de la foule. Pendant deux heures, 30 000 hommes défilent sous le regard du prince, ovationné à un balcon des Tuileries. Le duc répond avec civilité à ce triomphe à la romaine mais, à en croire le maréchal de Castellane, présent à ses côtés, il aurait murmuré avec une rageuse désolation : « Voilà la plus grande fanfaronnade depuis Don Quichotte ! » de la même manière qu'il avait déclaré peu avant à son père : « Tout ceci n'a été qu'une donquichotterie ! » Afin de rendre hommage au vainqueur de la campagne d'Espagne, on songera, un temps, à donner le nom de Trocadéro à l'Arc de triomphe de l'Étoile dont la construction, entamée en 1806, ne sera achevée qu'une dizaine d'années plus tard. À défaut, le nom de Trocadéro désignera, outre un jardin à l'anglaise du domaine national de Saint-Cloud, cette partie de la colline de Chaillot que nous lui connaissons aujourd'hui.

En cette fin d'été 1823, Louis XVIII touche au terme de son existence. C'est la gangrène. Les orteils du pied gauche se détachent par morceaux. L'odeur de décomposition devient insupportable. Le 16 septembre, à 4 heures du matin, la respiration du roi achève de soulever le drap. Le duc d'Angoulême, qui priait à genoux, s'approche lentement de Monsieur, à qui il murmure une première fois, puis une seconde fois à l'oreille : « Mon père, tout est fini. » Alors, la porte de la chambre est ouverte à deux battants afin de laisser retentir l'antique déclamation qui ne s'est point fait entendre depuis 1774 : « Le roi est mort ! Vive le roi ! » Un homme de soixante-sept ans, l'ancien comte d'Artois désormais Charles X, sort le premier de la chambre mortuaire. Marie-Thérèse, à son habitude, le suit mais, au moment de franchir la porte, elle paraît se ressaisir et s'immobilise, traversée d'une pensée soudaine : jusqu'à ce jour, en sa qualité de fille et de sœur de roi, elle a toujours eu le pas sur son mari. À présent, c'est l'inverse qui s'impose. Aussi, s'effaçant avec un respect solennel, prononce-t-elle ces quelques mots en invitant le duc d'Angoulême à la précéder : « Passez donc, Monsieur le Dauphin. »

Et elle suit son époux : la duchesse d'Angoulême, ancienne Madame Royale et ancienne fille Capet, porte désormais le titre de dauphine de France. Première dauphine de France depuis les quatre années de delphinat de Marie-Antoinette. Et – mais cela, elle ne le sait pas encore – dernière dauphine de l'histoire nationale.

« Eh bien, foutre, qu'ils se débrouillent ! »

Aux Tuileries, le nouveau souverain peut désormais reprendre à sa convenance la royale partition, comme si, depuis trente-cinq ans, nul événement majeur qui ne puisse s'oublier n'avait commotionné la France.

Charles X entre dans son règne en roi de droit divin dont tous les atomes s'organisent pour tirer en arrière cette nébulosité d'altesse suspendue entre deux mondes qui se fait sacrer à Reims le 29 mai 1825 : « Là commençaient les abeilles à bourdonner, les oiseaux à rossignoler et les agneaux à sauter [...]. Le sacre actuel sera la représentation d'un sacre, non un sacre [...] une scène devenue vulgaire[41]. »

S'agissant de la nouvelle dauphine, il est encore malaisé, en ces vieux temps jaunis qui prétendent reverdir, de juger ce qu'elle est. Selon les uns, qui n'en peuvent plus de célébrer les morts de la Révolution, elle est la « Jésuitesse » enfermée en des idées gothiques dont il serait vain d'attendre quoi que ce soit. Selon les autres, plus indulgents, ou qui attendent de voir ce qui pourra advenir de toutes ces vétustés, il peut ne pas être impossible qu'elle apporte une certaine modération aux pensées closes du nouveau maître de la France. Cette relative bienveillance, elle la doit sans doute à la popularité – toute relative, il est vrai, mais popularité tout de même – que s'est attirée le dauphin auprès des modérés ayant favorablement jugé son attitude en Espagne, outre qu'ils lui reconnaissent un caractère « très facile sur le chapitre des opinions et surtout n'aimant pas les ultras[42] ».

Lorsqu'elle ne se retire pas à Villeneuve-l'Étang, un domaine dont elle vient de faire l'acquisition, la mission d'animer les Tuileries échoit, comme par le passé, à Marie-Thérèse, puisque, de reine, il n'y a toujours point. Le roi est un vieil homme dont les plaisirs du monde ont cessé de dérider la face, et le dauphin, que les obligations de cour ont toujours empli de désagrément, atteint la cinquantaine.

Quand la dauphine reçoit dans ses salons de velours blanc semé de marguerites lilas où apparaissent, dans des vitrines, les reliques de ses morts, le ton est nécessairement grave, mesuré en tout, correct et compassé. « Dans les adversités d'un destin toujours contraire, sous la perpétuelle menace d'un avenir toujours sombre, dans la prison, dans la proscription, Madame Royale s'était cuirassée d'airain. Sa volonté, toujours debout, refoulait incessamment, comme une faiblesse indigne de la fille des rois, la sensibilité naturelle à son âme profonde[43]. » Sans doute la duchesse de Berry pourrait-elle arracher à leur somnolence ces lieux qui suent l'ennui, mais la dauphine, qui voit dans sa belle-sœur une tête à vent dont il sera toujours prudent de se défier, s'efforce de la tenir en bride. Au vrai, ces deux femmes que tout oppose ne se comprennent ni ne se supportent. La dauphine s'exaspère « de ses corsages trop épinglés, de ses bas de fil trop à jour, de ses yeux trop distraits pendant les vêpres, de son cierge trop agité dans sa main, à la procession, et d'où la cire découlait sur sa jupe, beaucoup trop courte[44] », tandis que la duchesse de Berry s'irrite des manières « acerbes et dominatrices[45] » de Marie-Thérèse. N'en pouvant plus de cet étouffoir, la jeune princesse se réfugie un peu trop fréquemment en son château de Rosny, à quoi la dauphine trouve, comme toujours, à redire, jugeant que « là où une chèvre est attachée, il faut qu'elle broute ! ».

Avec l'assentiment du roi, Marie-Thérèse s'est attribué une part prépondérante dans l'éducation de son neveu et de sa nièce – le petit duc de Bordeaux et sa sœur aînée Louise. Cette manière d'accaparement de l'héritier du trône n'a fait qu'accroître l'hostilité opposant les deux femmes – celle qui n'a jamais eu d'enfant rongée par la tristesse inconsolée de sa stérilité, et celle qui se sent dépossédée chaque jour davantage de sa progéniture. Mais Marie-Thérèse, gardienne autoproclamée de siècles de traditions monarchiques, tabernacle d'un temps immobile, s'estime plus capable que tout autre de former de la manière qu'il faut, c'est-à-dire dans le culte adorateur de la lignée de ses ancêtres, le cœur et l'esprit d'un enfant destiné à monter, un jour, sur le trône de France.

Elle sait, du reste, dans le rôle d'éducatrice rancie qu'elle s'est attribué, manifester une patience, une tendresse et une capacité d'écoute toutes maternelles à cette miniature de prince capable d'adoucir, par sa spontanéité de petit garçon, la rudesse des manières de sa tante en compagnie duquel elle ne se sent pas tenue de demeurer le monument commémoratif qu'elle est aux yeux du monde.

Marie-Thérèse dauphine a ses premiers gentilshommes de la chambre, son premier maître d'hôtel, ses gardes de la Porte, ses Cent-Suisses, une Maison rouge… Sa dame d'honneur, la duchesse de Sérent, a cédé sa place à sa fille Anne-Félicité-Simone de Sérent, duchesse de Damas-Crux. La vicomtesse d'Agoult est sa dame d'atour. Comme aux temps anciens, le dauphin a désormais ses menins, les ducs de Damas et de Guiche ainsi que le général de Bordesoulle. La relation d'un dîner aux Tuileries par Mme de Maillé semble directement issue, à quelques détails près, des Mémoires d'un témoin du Grand Siècle : « Un grand couvert était annoncé. La table était placée au milieu de la salle de Diane, faisant face aux fenêtres. C'est une table en fer à cheval dont le roi occupe un côté à lui tout seul. À sa droite, M. le Dauphin ayant à côté de lui la duchesse de Berry. De l'autre côté, à gauche du roi, Mme la Dauphine toute seule. Les princes de la famille royale sont les seuls qui peuvent dîner avec le roi au grand couvert. Les princes du sang en sont exclus. [...] Lorsque le roi veut boire, il le dit au premier page qui le répète à un officier de la Bouche qui dit tout haut : "À boire pour le roi !" Alors quatre gardes du corps se détachent avec un brigadier, ils accompagnent l'officier de la Bouche qui va chercher à boire et le ramènent de la même manière jusqu'au premier page qui le présente au roi sur un plateau d'argent. »

La duchesse de Berry enrage de ces grandiloquences fanées. Le dauphin, indifférent, semble désormais tout à fait absent. « Le duc d'Angoulême a des manies : c'est toujours fâcheux, et pour un prince bien plus encore. Entre autres manies, il a celle de frotter ses genoux avec ses mains, et dans cet exercice bien innocent sans doute il passe souvent des heures entières[46]... » Quant à la dauphine, dont chaque geste ébauché, chaque parole murmurée, chaque inclinaison de tête d'une manière plus ou moins prononcée, chaque silence lourd de sous-entendus sont comme une réplication fossilisée des temps anciens, elle obéit mécaniquement à tout un assemblage de rouages intérieurs actionnant ses articulations, animant ses membres et faisant battre le cœur d'une personne qui, depuis longtemps, a oublié de battre pour lui-même.

Tandis que le dauphin – « petit homme [...] chétif, grêle et laid, embarrassé, contracté, agité d'un tic nerveux, qui clignotait, grimaçait des lèvres et des doigts[47] » – se fait représenter à son avantage par sir Thomas Lawrence (l'attitude martiale, l'uniforme militaire, l'or du pommeau de l'épée, le rougeoiement d'un paysage héroïque appartiennent tout entiers à la panoplie du vainqueur du Trocadéro[48]), la situation politique du pays se délabre, à mesure que le régime se raidit en ses certitudes granitiques. À Paris, on entend : « À bas Villèle ! À bas le ministre ! » Lors de la revue de la Garde nationale, Charles X qui vient, à son passage, d'essuyer ce cri : « À bas les jésuites ! » réplique avec une hauteur indignée : « Je suis venu ici pour recevoir des hommages, non des leçons. » Même la duchesse d'Angoulême n'est pas épargnée : « Madame, pleine de vertus, de bonté, princesse française dans le cœur, a trouvé le secret de se faire noire, méchante, cruelle et hostile à son pays. Les Français se sont crus détestés par elle et ont fini par la détester à leur tour[49]. » Pour elle aussi, tout à présent se décompose et tout se désagrège : « Prolonger ses jours au-delà d'une éclatante illustration ne vaut rien ; le monde se lasse de vous et de votre bruit ; il vous en veut d'être toujours là[50]. »

Voici que s'annonce un autre début de la fin. En dépit des appels à la prudence du dauphin qui se défie de toute mesure extrême, le président du Conseil licencie la Garde nationale, rétablit la censure, dissout la Chambre des députés, cependant qu'aux élections législatives de novembre 1827 les libéraux obtiennent une écrasante majorité : voici le roi « pris entre deux chambres comme un homme entre sa femme légitime et sa maîtresse[51] ». Dans les rues de Paris, dans le faubourg Saint-Denis et dans le faubourg Saint-Antoine, le peuple invente la barricade qui deviendra l'attribut récurrent de toutes les révolutions du XIXe siècle.

À présent, adieu Villèle ! Après l'essai d'un gouvernement de conciliation conduit par le vicomte de Martignac, voici venir le prince Jules de Polignac, ultra parmi les ultras, fils de l'ancienne favorite de Marie-Antoinette dont le nom « fatal et impopulaire[52] » ne présage rien de bon.

Autour de ce catholique exalté jusqu'au fanatisme, quelques-uns des hommes politiques les plus déconsidérés du pays sont à la manœuvre : François Régis La Bourdonnaye, incarnation de la réaction royaliste dans toute sa vastitude, a reçu l'Intérieur, le comte de Bourmont, connu pour avoir trahi Napoléon à la veille de Waterloo, est à la Guerre. Avec Polignac entouré de tels ministres, ironise *Le Figaro*, tout est possible, de « la reconstruction de la Bastille à la suppression du système métrique ». La dauphine, l'esprit soudainement élargi par un pressentiment, donne au roi cet avertissement solennel : « J'estime beaucoup M. de Polignac comme homme privé, parce que je sais qu'il nous est entièrement dévoué ; mais, en politique, c'est l'être le plus présomptueux que je connaisse. » Elle adjure le roi de manifester la plus extrême prudence au moment de constituer le nouveau ministère : « Ceci est une entreprise et je ne les aime point. Elles ne nous ont jamais porté bonheur. »

Le 25 juillet 1830, s'appuyant sur l'article 14 de la charte, le roi promulgue les quatre ordonnances suspendant la liberté de la presse, dissolvant la Chambre des députés nouvellement élue et non encore constituée, restreignant le corps électoral et convoquant les collèges électoraux pour le mois de septembre : « Ils sont fous ! s'effare le duc d'Orléans en lisant *Le Moniteur*. Ils vont se faire exiler encore ! Oh ! Pour moi, je l'ai déjà été deux fois ! Je ne veux plus, je reste en France[53] ! » Et Chateaubriand de mépriser : « Encore un gouvernement qui, de propos délibéré, se jette du haut des tours de Notre-Dame ! »

Marie-Thérèse, appréhendant quelque autre nouvelle résolution aventureuse de son beau-père, s'éloigne cependant de Paris pour sa traditionnelle cure à Vichy. Elle part non sans avoir arraché de Charles X la promesse que durant son absence rien d'essentiel ne sera entrepris sans qu'elle ait auparavant fait connaître sa façon de penser. Le roi ayant consenti, la dauphine s'en est allée et Charles X en a usé, comme d'habitude, à sa convenance. Le 27 juillet est la première journée des Trois Glorieuses. Le 29, Paris est aux mains des insurgés. Le 30 juillet, Charles X a virtuellement perdu sa couronne.

Marie-Thérèse, qui a pris connaissance, à Mâcon, de la promulgation des fameuses ordonnances ayant mis le feu au Paris populaire, décide de rentrer sur-le-champ. À Tonnerre, où les rues sont pavoisées de drapeaux tricolores, il convient de changer d'équipage ; la dauphine poursuit sa route par la poste, vêtue en simple femme de service.

Le 1er août, elle parvient au Grand Trianon où la cour s'est repliée : elle y rejoint le duc d'Angoulême que son père a nommé commandant en chef de ses forces militaires, Marmont, duc de Raguse, servant sous ses ordres en tant que major général de la garde royale de service.

Suit la grande scène des retrouvailles qui nous est contée dans le style pathétique et larmoyant des dialogues du *Boulevard du crime*. La dauphine : « Ah, mon père, qu'avez-vous fait ? » – Le roi, la serrant contre sa poitrine : « Me le pardonnerez-vous ? » – Le dauphin, gagné par l'émotion, les étreignant tous deux : « Mon père, je partagerai tous vos malheurs. Du moins, nous voilà, je l'espère, réunis pour toujours. »

Le duc d'Orléans a reçu de Charles X les fonctions de lieutenant général du royaume, à charge de veiller sur la couronne de France qui reviendrait, en des jours meilleurs, à la branche aînée. Le cousin Orléans, chef de la branche cadette, semble se rallier à ce projet dynastique et donne les ordres nécessaires pour que la famille royale soit menée en toute sécurité en Angleterre. Charles X, dans une tentative désespérée de sauver la dynastie, vient de prendre la résolution d'abdiquer, ce qu'aucun roi de France, en mille ans d'histoire, n'avait fait avant lui.

Abdiquer, mais en faveur de qui ? De son fils le dauphin ? La couronne étant juridiquement indisponible[54], le roi régnant, ou qui, en l'occurrence, a cessé de régner, ne peut constitutionnellement porter atteinte à l'ordre de succession au trône. Par le droit du sang (*ius sanguinis*), le successeur d'un roi de France est dans tous les cas, quel que soit son degré de parenté, l'« héritier nécessaire ». Or, cet « héritier nécessaire » est, de toutes les façons, Louis-Antoine, duc d'Angoulême, dauphin de France. En vertu du principe de la continuité monarchique, Charles X choisit donc d'abdiquer en faveur de son fils, à la condition que celui-ci se désistera aussitôt de la couronne en faveur de son neveu le duc de Bordeaux, dix ans, un garçon destiné à devenir, un jour, le roi Henri V.

Cependant, cela ne va pas tout seul : Charles X, au moment d'abdiquer à Rambouillet n'en finit pas de chercher et de trouver des raisons de retarder le plus longtemps possible son exfiltration de l'histoire de France, tandis que le dauphin, si l'on en croit la duchesse de Maillé – qui est la seule à rapporter les faits, sans avoir, au surplus, assisté à l'événement –, soulève maintenant des difficultés inattendues, s'indignant d'un ressemelage politique à l'élaboration duquel il n'a pas été mêlé. Pourtant, à l'instar de son ancêtre le dauphin Louis-Ferdinand, fils de Louis XV, Angoulême n'a-t-il pas fait mystère jusqu'alors de son appréhension – si ce n'est de son aversion – à endurer un jour la charge du pouvoir[55] ? Ce droit immémorial dont on le prive en ces journées de crise, voilà que, très humainement, tout à coup, il le revendique. C'est encore la duchesse de Maillé qui l'affirme : « Il y eut une vive altercation entre le père et le fils. On pouvait ouïr leurs voix de la chambre à côté. » Le dauphin aurait même imploré Charles X en ces termes : « Mon père, laissez-moi régner seulement deux heures ! » À quoi celui-ci aurait vertement répliqué : « Vous ? Pas du tout ! »

Quel crédit faut-il accorder à ces échanges verbaux ? Ces mots ont-ils été véritablement prononcés ? Ont-ils été inventés après coup par une imagination romanesque ? Quoi qu'il en soit, la question essentielle demeure : pour quelle raison le vieux roi a-t-il fait le choix d'abdiquer en faveur de son petit-fils, et non pas du dauphin ?

Charles X tenait-il en si médiocre estime Angoulême, comme on l'a si souvent affirmé ? Jugea-t-il la situation si désespérée qu'il n'a pas cru devoir remettre à son fils une couronne qui aurait fatalement roulé à ses pieds et fût-il d'avis de reporter le fardeau dans le temps et dans l'espace sur le devenir lointain d'un enfant qui n'était compromis en rien, un être sans passé, un personnage « à l'abri de toute imputation, de toute partialité[56] » ? Songea-t-il que le dauphin n'avait pas d'enfant pour se continuer lui-même ? Percevait-il chez son héritier la molle indifférence d'un être aux contours incertains incapable de tenir en ses mains un pouvoir monarchique opposé aux désirs de repos de cette âme énigmatique ? Ou encore Charles X, en choisissant d'abdiquer en faveur d'un enfant de dix ans plutôt que d'un prince de cinquante-trois années, voyait-il l'avantage de conserver, dans les faits, pour lui-même et pour de longues années encore, une autorité, un prestige, une légitimité même qui pourraient être récupérables sous la forme d'une régence en des circonstances qui viendraient, quelque jour, à retourner en sa faveur ?

Quoi qu'il en soit, on ne saurait contester qu'en ces journées d'août 1830 le dauphin, nonobstant son éphémère sursaut ou son frémissement d'indignation, ne manifesta à aucun moment une bien grande détermination à garder pour lui-même la couronne de ses pairs : « Ils ne veulent pas de moi ? se serait-il écrié à la fin. Eh bien, foutre, qu'ils se débrouillent ! » Et il finit par contresigner l'abdication du roi ainsi que son propre renoncement au trône au bénéfice de son neveu : « J'ai signé contre mon sentiment, pour obéir à mon père », rapportera-t-il plus tard. Et il est vrai que depuis l'accession au trône de Charles X, Louis-Antoine n'a été qu'obéissance passive devant le roi. Nombre d'historiens n'ont pas manqué d'observer qu'en l'espace de quelques minutes, voire une heure, voire deux heures peut-être – ces minutes ou ces heures qui se sont écoulées entre la signature de l'acte d'abdication de Charles X et sa propre renonciation au trône –, le duc d'Angoulême a été, conformément aux lois fondamentales du royaume consacrées par l'usage, roi de France sous le nom de Louis XIX. Le dernier roi de France qui l'ait été sur le territoire national. Ce qui ferait, dans ce cas, de son règne, le plus court de l'histoire. Par voie de conséquence, Marie-Thérèse aurait ainsi été la dernière reine de France... pendant quelques moments.

Le 9 août 1830, le duc d'Orléans devient roi des Français sous le nom de Louis-Philippe Ier. Il s'est naturellement gardé de reconnaître la validité des droits du jeune duc de Bordeaux, et la race d'Orléans, s'appropriant la couronne de France, remplace celle des Bourbons.

Treize jours plus tard, le lent cortège du roi fuyant la France arrive à Cherbourg. Deux grands vaisseaux battant pavillon américain, le *Great Britain* et le *Charles Caroll*, sont à quai. *L'escadre* est commandée par Dumont d'Urville. « Le roi était profondément ému ; Mme la Dauphine fondait en larmes ; M. le Dauphin paraissait résigné ; Mme la duchesse de Berry calme comme si elle lisait dans l'avenir ; M. le duc de Bordeaux et Mademoiselle affectueux pour ceux qu'ils reconnaissaient[57]. »

Le 16 août, on accoste en Angleterre. Pour Marie-Thérèse, le troisième exil commence. Celui-là sera définitif.

Sir Joseph Weld a mis à la disposition des proscrits son petit château de Lullworth, un cube de pierre flanqué de quatre tours crénelées portant sur le fronton la devise latine *Nil sine numine* (Rien ne se produit sans le secours de la Providence). Les plafonds prennent l'eau, et la pluie est fréquente dans le comté du Dorset, mouillant les « trois rois », cette trinité monarchique en errance, et la quarantaine de personnes de leur suite. Les « trois rois » car l'avènement d'Henri V, condition nécessaire de la double abdication, n'ayant pas eu lieu, Charles X et Louis XIX sont juridiquement fondés à revenir sur leur double renonciation.

L'hiver approche : il est urgent de trouver une demeure qui soit plus habitable. Charles X émet le souhait de retourner au château royal d'Holyrood, son exil écossais d'autrefois, Va pour Holyrood! En terre britannique, le roi et sa famille sont accueillis en simples particuliers : Charles X porte le titre de comte de Ponthieu, le dauphin et la dauphine sont le comte et la comtesse de Marnes en souvenir de leur propriété de Marnes (aujourd'hui Marnes-la-Coquette), la duchesse de Berry est la marquise de Rosny, sa fille aînée Mlle de Rosny. Le duc de Bordeaux prend le titre de comte de Chambord du nom du domaine qui lui a été offert deux ans plus tôt par souscription nationale et dont il restera le propriétaire jusqu'à sa mort en 1883. Le roi d'Angleterre Guillaume IV, qui vient de reconnaître la légitimité de Louis-Philippe, a donné les ordres nécessaires pour remettre en état le château d'Holyrood qui en a grand besoin. Les travaux font tant de bruit, ils occasionnent un si grand nombre de désagréments que le dauphin et la dauphine, ainsi que la duchesse de Berry résideront près d'une année entière à une dizaine de minutes du château, dans le quartier populaire de Canongate, au 11 Regent Terrace.

« Un cercle de lieux communs »

À présent, la grande affaire est de tuer le temps. Charles X chasse tant qu'il peut, il se promène fréquemment à cheval en compagnie de la dauphine, on le voit aller à pied avec le dauphin dans les rues du village. Poussés par la curiosité, les gens des environs se divertissent du spectacle gratuit de ces ruines vivantes. On sortira par conséquent de moins en moins souvent. « Nous menons ici une vie bien triste, ne vivant que de souvenirs qui ne sont pas gais, écrit Marie-Thérèse. Rien ne peut contribuer à notre consolation, au contraire tout contribue à augmenter ma profonde douleur. » La duchesse de Berry, qui a revendiqué son droit à la régence en sa qualité de mère du jeune roi Henri V, se prend à rêver d'épopée et s'enflamme à l'idée de reconquérir le royaume de son fils. C'est le début de son roman de cape et d'épée : Marie-Caroline intrigue, conspire, rejoint la France, veut massacrer Louis-Philippe et sa famille, fuit Paris, débarque en Provence dans l'espoir de soulever le midi de la France, échoue encore, gagne la Vendée, arrive à Nantes où la police s'empare de sa personne qui tâchait de se faire toute menue derrière une plaque de cheminée. La voici incarcérée à la forteresse de Blaye, au bord de l'estuaire de la Gironde. Du haut de leur importance glacée, Charles X et Marie-Thérèse condamnent l'excentricité de leur parente, mais il est juste de reconnaître qu'en dépit de leur mésestime réciproque la dauphine entreprendra un certain nombre de démarches dans l'espoir d'obtenir – vainement – la libération de la jeune femme.

La qualité des liens qui se sont noués entre Louis-Philippe et Guillaume IV rend de plus en plus problématique le séjour de Charles X en Grande-Bretagne. La dauphine obtient de l'empereur d'Autriche qu'il mette à la disposition de sa famille et de son entourage une partie de l'immense palais royal du Hradschin – ou Hradesny – couronnant l'une des collines de Prague. Marie-Thérèse, à son arrivée, laisse échapper ces simples mots, en personne qui s'est accoutumée depuis longtemps à toutes les vicissitudes d'un destin contraire : « Allons, tout cela est bien convenable. » Ce qui l'est moins, en revanche, est la nouvelle qui arrête sur place les exilés en ce mois de février 1833 : la duchesse de Berry, veuve depuis l'année 1820, est enceinte !

Et de qui donc ? C'est ce qu'on ne saurait dire, à supposer que l'intéressée soit en capacité de le savoir elle-même. Chateaubriand a reçu de la captive de Blaye l'impossible mission de plaider sa cause, à charge pour l'« ambassadeur d'une princesse dans les fers[58] » de révéler à la dauphine et à son royal beau-père le mariage secret de la duchesse avec un certain comte italien, de son nom Hector Lucchesi-Palli, gentilhomme de la chambre du roi des Deux-Siciles, qui est, qui serait, qui pourrait être le père de son enfant. À moins qu'il ne s'agisse de l'avocat Me Guibourg ? Ou encore d'un autre ?…

Chateaubriand arrive à Prague le 24 mai 1833. Au cours de sa première visite[59], le vicomte observe la manière dont ces personnes d'un autre âge et d'un autre monde coexistent dans leur désert de Hradschin : « L'étiquette […] barre le passage comme MM. les gentilshommes de la chambre défendaient à Saint-Cloud la porte du cabinet de Charles X tandis que la révolution entrait par les fenêtres […]. La conversation roulait dans un cercle de lieux communs sur le climat de la Bohême, sur la santé de Madame [...]. Le dauphin, le nez plongé dans son assiette, sortait quelquefois de son silence pour se quereller avec le cardinal de Latil au sujet de l'Évangile du jour. »

Lors du second séjour pragois de l'écrivain, Marie-Thérèse accordera un peu de son vaste temps inemployé au visiteur. Chateaubriand obtiendra de la dauphine la simple assurance qu'elle veillera, comme elle l'a toujours fait, avec le plus grand soin et l'affection la plus durable sur les enfants de son intempérante belle-sœur. Mlle Louise et son frère « Henri V » sont désormais à elle, tout à elle, rien qu'à elle. Quelle sorte d'impression a produit le dauphin sur l'esprit de Chateaubriand ? « On apporta les journaux ; le Dauphin s'empara des gazettes anglaises : tout d'un coup, au milieu d'un profond silence, il traduisit à haute voix ce passage du *Times* : "Il y a ici le baron de ***, haut de quatre pieds, âgé de soixante-quinze ans, et tout aussi vert qu'il était il y a cinquante ans." Et puis Monseigneur se tut[60]. » Le silence de sépulcre retombe alors sur l'assemblée entière.

Un autre jour que Chateaubriand s'entretient avec le duc d'Angoulême, ces paroles leur viennent banalement aux lèvres : « Comment Monseigneur se trouve-t-il à Butschirad ? » interroge l'écrivain. « Vieillottant », répond son interlocuteur. Puis l'on parle pour ne rien dire car, en effet, on n'a rien à se dire : « C'est comme tout le monde, Monseigneur », poursuit Chateaubriand. « Et votre femme ? — Monseigneur, elle a mal aux dents. — Fluxion ? — Non, Monseigneur : temps. — Vous dînez chez le Roi ? Nous nous reverrons. » « Et nous nous quittâmes… » C'est peu. Cela est tout. C'est bien assez du reste.

Il accuse le poids des ans, Angoulême. Au point de passer « presque aussi vieux que son père[61] ». Outre qu'il a considérablement maigri, son tempérament, naturellement chagrin, tourne à la neurasthénie. À l'image de toute la famille qui n'aspire plus désormais qu'à vivre et à finir en paix, il s'impatiente de l'arrivée de tel ou tel de ses compatriotes enfiévrés de légitimité, accomplissant religieusement leur pèlerinage de Prague auprès de leurs « trois rois ».

Trois rois en effet. Trois souverains. Une triade dynastique dont nul ne sait précisément, dans cette addition de monarques sans royaume, lequel est le bon, la double abdication de Rambouillet, suivie de l'escamotage du petit Henri V par Louis-Philippe, fondant Charles X aussi bien que le duc d'Angoulême à regarder pour nulles de plein droit leurs renonciations faites « sous des conditions qui n'ont pas été remplies[62] ».

S'agissant d'Angoulême, cet enchevêtrement de droits dynastiques, cette « déplorable contestation de sceptres[63] », le navrent et l'indisposent : « Tout cela m'est indifférent aujourd'hui, s'agace-t-il, ma carrière politique est terminée ; je ne voudrais pas régner sur la France, lors même qu'elle me rappellerait au trône. Je ne demande qu'à vivre tranquille et retiré. Et il me faut bien peu de chose pour cela. » Aussi, qu'a-t-il à faire de ce défilé de légitimistes idolâtres processionnant à Prague et le glorifiant du vain titre de « Louis XIX » ? « Pourquoi êtes-vous venus jusqu'ici ? Je n'ai besoin de personne [...]. Il n'y a pas de trou de souris assez petit pour me cacher [...]. Qu'on ne me parle pas de moi ! Qu'on ne s'occupe pas de moi ! Je ne dois songer qu'à mon salut et à faire une bonne fin[64] ! »

Au printemps 1836, la maison impériale d'Autriche fait connaître sa volonté de recouvrer la jouissance pleine et entière du palais de Hradschin à l'occasion du couronnement du nouvel empereur Ferdinand V. En contrepartie, Charles X et les siens pourront s'installer à Goritz, aujourd'hui Gorizia[65], ville italienne située à la frontière avec la Slovénie.

Ici, point de palais. Le vieux roi de soixante-dix-neuf ans loue le petit château Caronini-Cronberg, une sorte de villa palladienne dominant la cité[66], tandis que le duc et la duchesse d'Angoulême s'installent au palais Strassoldo situé au centre de la vieille ville[67].

Charles X, malade, garde le lit. Il est bientôt à toute extrémité car le choléra s'est emparé de sa personne. En trois jours, l'ancien camarade de jeunesse de Marie-Antoinette a cessé d'exister. En ce petit matin froid et sombre du 6 novembre 1836, le duc de Blacas se penche avec solennité vers le duc d'Angoulême et déclare à voix basse : « J'attends les ordres de Votre Majesté. »

Les événements ayant pris la tournure qu'il redoutait, le duc d'Angoulême, chef de la Maison de Bourbon, s'est résigné à prendre le titre de Louis XIX, tout en gardant celui de comte de Marnes. Cependant, il prévient : « Je déclare persister dans l'intention où j'étais, à l'époque des événements de 1830, de transmettre la couronne à mon bien-aimé neveu le duc de Bordeaux [...]. Je prends le titre de roi, bien résolu à ne faire usage du pouvoir qu'il me donne que pendant la durée des malheurs de la France, et à remettre à mon neveu, le duc de Bordeaux, la couronne le jour où, par la grâce de Dieu, la monarchie légitime sera rétablie. » C'est prendre le risque d'un intérim qui pourrait ne pas connaître de fin. Qu'il se hâte de grandir en force et en sagesse, le comte de Chambord, que la roue de l'histoire consente à tourner aussi vite qu'elle pourra, et lui, le roi contraint, le monarque forcé, le souverain obligé, pourra se retirer au fond de ce « trou de souris » où son être accablé aspire à se faire oublier !

La dépouille de Charles X est inhumée en l'étroit caveau de pierre blanche du couvent des Franciscains de Castagnevizza, dans la partie slovène de la ville qui porte aujourd'hui le nom de Nova Gorica.

Et la vie de cour reprend, aussi opaque, aussi arrêtée, aussi stagnante et aussi vide de sens qu'auparavant. Un reliquat d'étiquette a été conservé que rien ne saurait déranger, comme ces vieux ameublements de maisons mortes où personne n'entre plus.

Fidèle à l'habitude de toute une vie, ce « meilleur ménage que l'on pût voir » de l'avis de la duchesse de Maillé continue à faire bourgeoisement lit commun à l'hôtel Strassoldo. À 5 heures, le mari et la femme se lèvent pour entendre la messe. Ils effectuent ensuite une courte promenade, en voiture ou à pied, échangeant volontiers quelques mots indifférents avec les villageois, puis se rendent au palais Lantieri, proche de leur demeure, où Marie-Thérèse aime à se recueillir dans la chapelle. La vraie « vie de cour » se réduit essentiellement au dîner que l'on prend généralement vers 19 heures. On ne s'attarde guère à table et l'on passe au salon, chacun à sa place habituelle. Les jours de réception, Marie-Thérèse tient une sorte de cercle, mais il est vrai que les invités se font de plus en plus rares. Quand les conversations retombent, la « reine » tourne à son habitude son fauteuil en direction du mur : elle lit, répond à quelques lettres, observe la nuit par les fenêtres, reprend ses éternels travaux d'aiguille à l'usage des ventes de charité. Pendant ce temps, son époux joue le plus souvent aux échecs. Quelques musiciens donnent parfois un concert. Passent les semaines, défilent les mois, disparaissent les années...

3 juin 1844 : le fils de Charles X, roi pour les uns, rien pour les autres, achève sa languissante, paisible, honnête et étroite existence, victime d'une tumeur cancéreuse logée dans l'abdomen.

Le matin de ce 3 juin, on avait cru à un léger mieux : le malade avait même demandé à prendre connaissance des journaux. Marie-Thérèse, n'en pouvant plus de fatigue au terme d'une nouvelle nuit de veille, s'est retirée dans la pièce voisine. À peine a-t-elle rejoint le comte de Chambord et sa sœur qu'un valet de chambre apparaît le « visage pâle et effrayé[68] ». Marie-Thérèse comprend : « Un prêtre, vite ! Il va passer ! Les prières ! » Elle retourne dans la chambre, elle entoure son époux de ses bras et Angoulême expire sur sa poitrine.

Ils auront vécu ensemble quarante-cinq ans. Dès cet instant, Marie-Thérèse devient pour les légitimistes la « reine des douleurs », variation de l'« orpheline du Temple » ou de l'« ange de douleur » de Louis XVIIII. Du moins, en sa vie de femme, aura-t-elle connu ce qui pourrait bien ressembler à une forme de bonheur, cette plus que malheureuse héroïne d'une déplorable histoire. Deux jours après le décès de « Louis XIX », sa silhouette maigrie et affaissée suit le corps du défunt que l'on dépose auprès de la dépouille de son père dans la crypte du couvent de Castagnevizza.

À la mort de son oncle, Henri V décline à son tour le titre de roi qu'il ne saurait porter en terre étrangère et choisit de demeurer le comte de Chambord.

Il a vingt-trois ans. Bien qu'il soit à présent l'aîné de la Maison de Bourbon, il tient à laisser à sa tante la place de chef de famille et les honneurs qui l'accompagnent. Marie-Thérèse, qui a maintenant le rang de reine douairière de France, s'émeut d'entendre Chambord se déclarer son « fils » et note avec reconnaissance : « Mon neveu ne prend pas ostensiblement le titre de roi qui lui appartient. Il me laisse la maîtresse de la maison. »

Le 20 juin, la petite cour abandonne Goritz pour le château de Frohsdorf, situé à une cinquantaine de kilomètres de Vienne. Ce sera désormais la résidence permanente de la famille royale[69].

L'hiver, la vieille dame prend l'habitude de le passer à Venise : elle réside au palais Cavalli, l'un des plus beaux du quartier Saint-Marc, un palazzo lombard du début du XVIe siècle dont le comte de Chambord a fait l'acquisition en 1848. Cependant, plusieurs fois chaque année, elle accomplit le pèlerinage de Goritz afin de se recueillir sur les tombes de Charles X et de son époux.

Elle prend alors le train : l'ancienne Mousseline qui roulait carrosse à Versailles aime les commodités du chemin de fer. Autour d'elle, le monde a changé si vite ! Le télégraphe électrique abolit le temps et l'espace, la machine à écrire a été inventée, ainsi que la fibre de verre, le plastique et le caoutchouc. Le béton armé et la photographie font déjà partie de la vie quotidienne ou y entreront prochainement… Stendhal a publié *Le Rouge et le Noir*, Balzac a commencé à réunir ses œuvres dans *La Comédie humaine*, Hugo a écrit *Notre-Dame de Paris*. *Les Trois Mousquetaires* et *Le Comte de Monte-Cristo* comptent parmi les plus grands succès de librairie, les *Mémoires d'outre-tombe* ont paru après la disparition de Chateaubriand, Musset a fait représenter *Lorenzaccio*. *Le Vaisseau fantôme* et *Tannhäuser* de Wagner ont été créés ainsi que le *Nabucco* de Verdi. Proudhon a rédigé *Qu'est-ce que la propriété ? ou Recherche sur le principe du droit et du gouvernement* qui résonne de la formule la plus célèbre de son socialisme scientifique « La propriété, c'est le vol », Engels a livré à son éditeur *La Condition ouvrière en Angleterre* et c'est aussi l'époque où un jeune philosophe encore inconnu publie *Le Manifeste du Parti communiste*…

Marie-Thérèse vivra la plus grande partie des huit dernières années de son existence à Frohsdorf. Chaque matin, elle se recueille dans la chapelle du château. Elle passe ensuite une grande partie de son temps dans le salon gris du premier étage dont les fenêtres prennent jour sur le jardin à la française. Dans une armoire reliquaire, sont disposés ses vieux souvenirs du Temple. Au prince de Faucigny-Lucinge, de passage à Frohsdorf, celle que le visiteur continue de nommer l'« auguste fille du roi martyr » apparaît, à soixante-dix ans, « nullement courbée par l'âge, ni déformée ou alourdie par l'embonpoint ». Il remarque qu'elle a gardé une taille « plutôt élevée », se tient « bien droite » et se meut facilement avec « un fort air de dignité et de majesté ».

Il s'attarde à l'« expression de tristesse » de son regard et observe qu'« elle ne souriait que rarement » en personne dont les douleurs ont conservé dans sa mémoire toute leur jeunesse. Si sa physionomie lui semble « grave et sérieuse », le prince de Faucigny-Lucinge lui reconnaît « un véritable modèle de patience, de douceur et de bonté », en dépit de sa voix « rauque et dure », qui a tant surpris et si souvent indisposé ses contemporains.

À Frohsdorf survit un reste d'étiquette royale : dès que le comte de Chambord paraît, Marie-Thérèse se lève ; cependant, c'est elle qui passe la première à table en sa qualité de chef de maison. Entre-t-elle dans une pièce, une voix annonce : « La reine ! »

Durant le temps qui lui demeure à vivre, elle s'est donné pour ultime mission de marier avantageusement son neveu : ce sera Marie-Thérèse Béatrix Gaétane d'Este-Modène, une personne confite en dévotion, aigrie bientôt de ne pouvoir avoir d'enfant, affligée, de surcroît, d'une surdité précoce, sans compter un étrange visage déformé lors de sa naissance par l'emploi des fers.

En 1848, survient une nouvelle depuis si longtemps espérée qu'on paraissait ne plus devoir y croire : Louis-Philippe, à son tour, est renversé, et mêmement exilé en Angleterre. L'espoir d'un retour des Bourbons met, un temps, en émoi le cœur de la vieille apatride. Mais on sait de quelle manière le comte de Chambord ne saura se faire reconnaître de ses compatriotes, et comment Louis-Napoléon Bonaparte deviendra le premier président de la République française avant la proclamation du Second Empire. Cette fois, pour Marie-Thérèse, il ne s'agit plus que de mourir et de clore, oubliée de tous, sa misérable histoire.

Le 13 octobre 1851 (soit deux mois seulement avant le coup d'État du 2 décembre), son corps est parcouru de brusques frissons alors qu'elle assiste à la messe célébrée dans la chapelle du château de Frohsdorf. En dépit de l'avis de son médecin, elle déclare le 15 octobre qu'elle ira prier pour le repos de Marie-Antoinette, suppliciée un 16 octobre, cinquante-huit ans plus tôt : « Rien, dit-elle, ne m'empêchera d'aller demain à la chapelle rendre à la mémoire de ma mère des devoirs auxquels je n'ai jamais manqué. » Le même jour, les médecins prononcent son arrêt de mort en diagnostiquant une pleuropneumonie.

Le comte de Chambord, en fils qu'elle n'a jamais eu, veillera en personne sa mère de substitution jusqu'à son dernier instant. Ses ultimes paroles sont pour lui : « Adieu, je suis anéantie… Protégez Henri, sauvez la France. »

Il est 11 heures du matin, le 19 octobre, quand elle s'éteint à l'âge de soixante-treize ans. Soixante-treize ans, dont plus de quarante années passées en exil.

Le 25 octobre, un service funèbre est célébré dans la chapelle de Frohsdorf[70]. Le lendemain, le cercueil est déposé à bord du train en partance pour Goritz. Le 28, le convoi s'immobilise le long du quai de la petite gare de Castagnevizza. La bière est descendue dans la crypte du couvent où reposent Charles X et le duc d'Angoulême, le premier depuis quinze ans, le second depuis un peu plus de sept ans.

Ainsi, celle qui fut successivement Madame Royale, dite Mousseline, devint la fille Capet, puis Madame de France, porta le titre de duchesse d'Angoulême, prit le nom de comtesse de La Meilleraye, accéda au rang de dernière dauphine de France, fut encore la comtesse de Marnes, puis la « reine » Marie-Thérèse, enfin la reine douairière, veuve de Louis XIX, repose-t-elle, à jamais, en exil.

Exil : ce lieu sans fondations, ce séjour sans adresse, cette escale sans amarres qui fut, en somme, la seule véritable demeure, mouvante, incertaine, aventureuse où s'écoula le plus grand nombre d'années de cette existence singulière et tragique. Et c'est ainsi qu'au-delà de sa mort, en toutes ses dignités, titulatures et qualités éteintes, celle qui fut condamnée, dès l'enfance, à demeurer fossilisée en l'image carcérale de l'« orpheline du Temple » semble poursuivre dans la crypte oubliée de Castagnevizza son interminable errance par l'un des multiples chemins improbables que l'histoire emprunte quelquefois, et qui ne mènent à rien…

Épilogue

Le lecteur sera peut-être surpris de ne pas trouver dans cette galerie de portraits celui de Marie-Antoinette. Dauphine de France, elle le fut cependant du jour de son mariage par procuration le 19 avril 1770 au 10 mai 1774 lorsque Louis XV est emporté par la petite vérole.

Cependant les quatre années de delphinat de Marie-Antoinette, avec toutes les anecdotes qu'il renferme et dont ses nombreux biographes, anciens, présents et à venir, ont conté et conteront encore les mille et un détails, ne sont-elles pas pour ainsi dire « étouffées » par les dix-huit années qu'elle demeura reine de France à Versailles, puis reine des Français au sommet de la tour du Temple ?

De la même manière qu'il a pu nous arriver de découvrir sur notre copie d'écolier un définitif « hors sujet » tracé par l'encre rouge d'un professeur, il nous a paru que Marie-Antoinette dauphine ne pouvait trouver place dans ce cortège de dauphines de France dont nous venons de parcourir les destinées. Elle seule, parmi toutes ces biographies avortées, est allée au bout de son chemin, fût-il semé d'épines, en montant sur le trône. Par tous les événements et les drames de sa vie future, le roman vrai de Marie-Antoinette échappe à ceux des dauphines qui la précédèrent ainsi qu'à la sombre fortune de sa fille Marie-Thérèse qui lui succéda dans cette dignité.

Le tragique des autres dauphines de France est d'une nature bien différente. Il tient, comme nous venons de le voir, à son caractère avorté, manqué, irréalisé. Si Marie-Antoinette quitte le delphinat pour la vie de souveraine jusqu'à la fin que nous savons, Marie-Anne Victoire de Bavière, la duchesse de Bourgogne, Marie-Thérèse Raphaëlle d'Espagne, Marie-Josèphe de Saxe et enfin la duchesse d'Angoulême demeurent, elles, enfermées et recluses jusqu'à leur dernier jour en leur statut princier mal défini, incommode, sans accéder à une charge et à une position qui leur étaient promises. Celles-là ont été laissées au bord du chemin, ainsi que des voitures versées dans une ornière, êtres à jamais inaccomplis, personnages irréalisés, protagonistes non advenus à la narration nationale, dont la mémoire des hommes n'a pas gardé le souvenir.

À ces dauphines de France la pénombre de l'histoire, l'éloignement dans l'inconnu insondable, après avoir brillé de leur vivant d'une lueur éphémère. Ces presque reines, glissées dans le néant qui s'est refermé tel un couvercle, nous avons tenté de leur rendre un semblant d'existence, une apparence de densité, une impression de mouvement. Nous avons cru, en entamant ces récits, découvrir des princesses adulées et flattées de leur vivant à qui rien n'avait manqué de leur félicité terrestre sur les sommets où elles étaient placées, et nous avons rencontré, à l'inverse, beaucoup de peine, beaucoup de désarroi et de désillusions sous leurs masques fardés.

Sacrifiées aux intérêts politiques de leur temps, réduites à l'engendrement d'une race élue bientôt vouée aux gémonies, condamnées à la non-humanité dans un monde peuplé de mannequins de cour, leur manière inhabile d'être au monde ne fut-elle pas la douloureuse extériorisation de leur nature désœuvrée qu'un univers éloigné de toute pitié leur avait défendu d'exprimer par devoir et par nécessité auliques ?

Versailles, le grand Versailles, le Versailles que la France d'aujourd'hui a justement placé au rang de son patrimoine le plus éclatant et le plus admirable, imité en son temps par toutes les cours européennes, Versailles ne fut-il pas, chez ceux qui, jadis, l'animèrent, une immense et une implacable machine à broyer les cœurs les plus fragiles et les natures les plus sensibles ? Ses ors, ses marbres, ses fines boiseries sculptées, ses tableaux et ses meubles précieux, ses milliers d'objets d'art qui font, de nos jours, la fierté des plus grands musées du monde et des plus riches collections privées, quel apparat, quel décor incomparable pour ces existences en perdition que furent celles de la Grande Dauphine, de la dauphine d'Espagne ou de la dauphine de Saxe ! La première ne s'accoutuma jamais à Versailles, les deux autres le prirent en horreur. Même la duchesse de Bourgogne, en apparence la plus enjouée de toutes, ne dissimula-t-elle pas, sous ses airs d'éternelle enfance, une profonde tristesse et une secrète mélancolie, tels ces acteurs forçant leur jeu, et qui, un beau jour, n'en peuvent plus ? Enfin, la duchesse d'Angoulême, loin du Versailles de son enfance, fabrique de rêves et de fierté nationale pour les visiteurs que nous sommes, nous venons de narrer son destin d'éternelle errante, comme si toutes les infortunes de ses devancières étaient venues se ramasser en elle.

Orpheline de ses rois et de ses reines, oublieuse de ses dauphins et de ses dauphines qui, si le sort l'avait permis, auraient écrit l'histoire d'une manière inconnaissable, la France d'aujourd'hui, au souvenir ressurgi de ces non-rois et de ces non-reines et du monde enchanté qui les accabla de toute son inclémence, n'a-t-elle pas avantage à se remémorer ces mots attribués à Napoléon : « L'histoire est une suite de mensonges sur lesquels on est d'accord » ?

Notes

Prologue
Poussière sur poussière

1. Jusqu'à la fin du XVIIIe siècle, la basilique royale de Saint-Denis fut surnommée Lucerna (la lanterne Saint-Denis) pour signifier son ouverture au maximum de lumière.

2. Deux rois et une reine n'ont pas été inhumés à Saint-Denis : Philippe Ier, roi des Francs, enterré à l'abbaye de Saint-Benoît-sur-Loire, Louis XI à Notre-Dame-de-Cléry, Ingeburge de Danemark, seconde épouse de Philippe Auguste, au prieuré de Saint-Jean-en-l'Isle.

3. Louis VII avait été inhumé en 1180 à l'abbaye de Barbeau : ses restes, transportés en lieu sûr à l'époque révolutionnaire, furent transférés à la basilique Saint-Denis sous le règne de Louis XVIII. Il en fut de même de la dépouille de Louise de Lorraine, épouse d'Henri III, dont le cercueil en plomb fut retrouvé en 1806 lors du percement de la rue de la Paix et mis en terre au Père-Lachaise sur ordre de Napoléon.

4. La Boétie, *Discours de la servitude volontaire*, Paris, P. Daubrée et Cailleux, 1835.

5. Nous ne nous arrêterons pas au sort trop particulier de Marie-Antoinette – seule dauphine de France à devenir reine – que le drame de sa vie future met ici hors sujet.

1
Dauphin-dauphine : les origines

1. Humbert II est tout de même connu pour avoir créé, à l'âge de vingt-sept ans, l'université de Grenoble, sur le modèle de l'université de Naples.

2. Selon une autre version, l'enfant serait mort plus simplement de maladie.

3. L'expression « À Pâques ou à la Trinité » date du XIIIe siècle : elle signifiait la date limite pour régler ses dettes aux créanciers. Si ceux-ci n'étaient pas remboursés avant la Sainte Trinité, les dettes étaient regardées comme perdues.

4. Le titre de dauphin de France n'est plus aujourd'hui qu'un titre de courtoisie, dépourvu de toute existence régulière ou légale. Pour la Maison de Bourbon, l'actuel dauphin de France est le prince espagnol Louis de Bourbon, duc de Bourgogne, né à New York en 2010, fils de Louis Alphonse de Bourbon, duc d'Anjou, né à Madrid en 1974, héritier de la couronne de France sous le nom de Louis XX. En revanche, pour la Maison d'Orléans, le dauphin de France est Gaston d'Orléans, né à Paris en 2009, fils de Jean d'Orléans, comte de Paris, né à Boulogne-Billancourt en 1965, prétendant au trône de France depuis le décès de son frère aîné, François d'Orléans, disparu le 31 décembre 2017, à l'âge de cinquante-sept ans.

5. Parallèlement aux dauphins du comté de Viennois et d'Albon, exista, dans une partie du comté d'Auvergne, la race des dauphins du même nom qui se fondit dans la branche des Bourbon-Montpensier au début du XVe siècle. Il est bon de noter également que les comtes de Lyon et de Forez introduisirent, au XIIIe siècle, le dauphin dans leurs armes.

6. Brève apparition mais lourde de conséquences, son règne éphémère ayant préludé aux guerres de Religion.

7. « Marie Stuart, reine d'Écosse, qui venait d'épouser M. le Dauphin et qu'on appelait la reine-dauphine, était une personne parfaite pour l'esprit et pour le corps : elle avait été élevée à la cour de France; elle en avait pris toute la politesse », Mme de La Fayette, *La Princesse de Clèves*.

8. Un accord de mariage entre le comte Humbert II, âgé de trente-quatre ans, et la petite Jeanne de Bourbon, dix ans, avait été signé le 24 juin 1348 à Lyon.

9. Charles de Valois épousa successivement Marie d'Anjou, mère du futur Philippe VI, Catherine de Courtenay, puis Mahaut de Châtillon, mère d'Isabelle de Valois.

10. Christine de Pisan, *Livre des faits et bonnes mœurs du sage roi Charles V*, Paris, Stock, 1997.

11. *Ibid.*

12. *Ibid.*

13. *Ibid.*

14. Jean Froissart, *Chroniques*, Paris, Société du Panthéon littéraire, 1853, 5 vol.

15. Christine de Pisan, *Livre des faits*..., *op. cit.*

16. Le corps de Charles V reposera à Saint-Denis, les entrailles seront déposées aux côtés de sa mère Bonne de Luxembourg à l'abbaye de Maubuisson, tandis que son cœur rejoindra la cathédrale de Rouen où il se trouve toujours, dans une petite niche de la crypte.

17. Fiancée dès l'âge de trois ans au petit dauphin Charles de France, quatre ans, elle reçoit pour époux son frère puîné, Louis de Guyenne, nouveau dauphin de Viennois, qui décède à l'âge de dix-huit ans sans avoir pu régner. Huit ans plus tard, Marguerite de Bourgogne se remarie avec le connétable de Richemont, futur Arthur III de Bretagne et connétable de France.

18. Son premier époux, le dauphin Jean de France, duc de Touraine, disparaît en 1417 à l'âge de dix-neuf ans. Remariage avec son cousin germain Jean IV de Brabant. Union bientôt cassée, officiellement pour raison de consanguinité.

Jacqueline de Bavière contracte bientôt un troisième mariage, avec Humphrey de Gloucester, fils du roi Henri IV d'Angleterre. Et même un quatrième, avec un seigneur hollandais, Frank van Borselen.

2
Marie-Anne Christine Victoire de Bavière

1. C'est-à-dire la cour de France.
2. Orléans (Charlotte Élisabeth d', princesse palatine), 25 mars 1679, *Correspondance*, Paris, A. Quantin, Ernest Jaeglé éd., 1880, 2 vol.
3. Molière, *Second placet présenté au roi sur la comédie du Tartuffe dans son camp devant la ville de Lille en Flandre*, Paris, Jean Riboud, 1669.
4. À défaut de pouvoir épouser le dauphin, Sophie Charlotte de Hanovre deviendra un jour reine de Prusse, la première d'ailleurs.
5. Si l'œuvre n'est pas clairement identifiée (l'original a été perdu), il se peut qu'il s'agisse du portrait aujourd'hui connu par une copie conservée à Versailles : la toile montre la princesse en grand habit de cour, assise sur fond de tapisserie ; à ses côtés s'ébroue un petit chien, tandis qu'un amour potelé présente à la jeune fille la couronne delphinale.
6. Sévigné (Marie de Rabutin-Chantal, marquise de), *Correspondance*, 27 décembre 1679, Paris, Gallimard, « Bibliothèque de la Pléiade », 1972-1978, 3 vol.
7. Colbert de Croissy, 18 décembre 1679.
8. La Palatine, *Correspondance*, *op. cit.*, 15 décembre 1679.
9. Mme de Sévigné, *Correspondance*, *op. cit.*, 24 janvier 1680.
10. *Ibid.*
11. Marquis de Coulanges, *Relation de mon voyage en Allemagne et en Italie en 1657 et 1658.*
12. Lettre de Maximilien à Louis XIV, 5 février 1680.
13. Mme de Sévigné, *Correspondance*, *op. cit.*, 28 février 1680. L'épistolière ajoute dans le même courrier : « Elle n'a point regretté son pays, elle est toute Française. »
14. L'*Ammeister* est le représentant des corps de métiers : il s'agit en l'occurrence de l'imprimeur Josias Staedel.
15. Le compliment est un peu exagéré : outre sa langue maternelle, la princesse parle avec aisance le français et l'italien, et bien sûr le latin.
16. Père de La Broue, *Oraison de Marie-Anne Christine de Bavière.*
17. « Je suis tellement libertine quand j'écris que le premier tour que je prends règne tout du long de ma lettre. Il serait à souhaiter que ma pauvre plume galopant comme elle fait, galopât au moins sur le bon pied », Mme de Sévigné, *Correspondance*, *op. cit.*, 20 juillet 1679.
18. Saint-Simon (Louis de Rouvroy, duc de), *Mémoires*, Paris, Hachette, 1879-1930, 43 vol.
19. *Ibid.*
20. La serviette afin de procéder à la « toilette sèche ». À l'époque, on se méfie de l'eau, que l'on croyait néfaste à la santé, aussi utilisait-on ordinairement un simple linge humide dont on se tapotait le visage.

21. Marthe-Marguerite Le Valois de Villette de Murçay, comtesse de Caylus, *Souvenirs et correspondance de Madame de Caylus*, Paris, Charpentier, 1881.

22. Mme de Sévigné, *Correspondance, op. cit.*, 6 avril 1680.

23. *Ibid.*, 2 février 1680.

24. Saint-Simon, *Mémoires, op. cit.*

25. Dans sa lettre du 2 février, Mme de Sévigné parle de « la bonne Montchevreuil à leur trousse ».

26. Angliviel de La Beaumelle, *Mémoires pour servir à l'histoire de Madame de Maintenon et à celle du siècle passé*, Amsterdam, 1755-1756, 6 vol.

27. « Madame de Maintenon, entrant en charge en ce temps-là, n'eut plus rien à démêler avec Madame de Montespan », comtesse de Caylus, *Souvenirs et correspondance, op. cit.*

28. Mme de Sévigné, *Correspondance, op. cit.*, 13 décembre 1679.

29. Roger de Bussy-Rabutin, *Correspondance de Roger de Rabutin, comte de Bussy, avec sa famille et ses amis*, Paris, Charpentier, 1858-1859, 6 vol.

30. Anne Marie Louise d'Orléans, duchesse de Montpensier, *Mémoires*, Paris, Charpentier, 1858.

31. Cérémonial diplomatique des cours de l'Europe.

32. Mme de Sévigné, *Correspondance, op. cit.*, 5 mars 1680.

33. *Ibid.*, 13 mars 1680.

34. *Ibid.*, 29 mars 1680.

35. Philippe de Courcillon, marquis de Dangeau, *Journal de la Cour de Louis XIV*, Paris, Didot Frères, 1854-1860, 19 vol.

36. *Ibid.*

37. Duchesse de Montpensier, *Mémoires, op. cit.*

38. *Ibid.*

39. *Ibid.*

40. *Ibid.*

41. Mme de Sévigné, *Correspondance, op. cit.*, 18 juin 1676.

42. Jean-Baptiste Primi Visconti, *Mémoires sur la cour de Louis XIV, 1673-1681*, Paris, Perrin, 1988.

43. Mme de Sévigné, *Correspondance, op. cit.*, 6 avril 1680.

44. La Maison de Wittelsbach s'est divisée jadis en deux branches irréconciliables, l'une ducale et catholique à laquelle appartient Marie-Anne, l'autre palatine électorale et protestante dont est issue la duchesse d'Orléans.

45. S'agissant de la dauphine de Bavière, Voltaire écrira au siècle suivant : « Ses maux empiraient par le chagrin d'être laide dans une cour où la beauté était nécessaire », *Le Siècle de Louis XIV*, Paris, 1751.

46. Louis XIV, *Mémoires de Louis XIV pour servir à l'instruction du dauphin*, Paris, Didier, 1860, 2 vol.

47. Mme de Sévigné, *Correspondance, op. cit.*, 5 avril 1680.

48. Saint-Simon, *Mémoires, op. cit.*

49. Mme de Sévigné, *Correspondance, op. cit.*, 29 mars 1680.

50. *Ibid.*

51. *Ibid.*, 12 avril 1680.

52. Mme de Sévigné, *Correspondance, op. cit.*, 6 mai 1680.

53. Lettre de Catherine de Médicis à son fils : « Lette écrite par la royne mère au feu roy Charles peu après sa maiorité. »

54. Mme de Sévigné, *Correspondance*, *op. cit.*, 5 avril 1680.
55. *Ibid.*, 24 mars 1671.
56. *Ibid.*, 27 septembre 1684.
57. *Ibid.*, 12 avril 1680.
58. *Ibid.*, 7 juillet 1680.
59. Jean-Baptiste Primi Visconti, *Mémoires sur la cour de Louis XIV, 1673-1681*, *op. cit.*
60. Mme de Sévigné, *Correspondance*, *op. cit.*, 1er mai 1680.
61. Livret de Quinault, musique de Lully, parties dansées d'Isaac de Benserade, machines conçues par Jean Bérain.
62. *Le Mercure galant.*
63. *Ibid.*
64. La Palatine, *Correspondance*, *op. cit.*, 15 juillet 1696.
65. *Ibid.*
66. *La Médecine selon le régime sanitaire de l'école de Salerne*, Paris, 1779.
67. Louis François de Boucher, marquis de Sourches, *Mémoires sur le règne de Louis XIV*, Paris, Garnier, 1892-1893, 13 vol.
68. *Ibid.*
69. Alexandre Bontemps, intendant du château de Versailles.
70. Marquis de Sourches, *Mémoires sur le règne de Louis XIV*, *op. cit.*
71. Abbé de Choisy, *Mémoires pour servir à l'histoire de Louis XIV*, Paris, Mercure de France, 1966.
72. Mme de Sévigné, *Correspondance*, *op. cit.*, 7 août 1682.
73. Françoise d'Aubigné, marquise de Maintenon, *Correspondance générale de Madame de Maintenon*, Paris, Charpentier, 1865, 4 vol., 15 octobre 1682.
74. Mme de Sévigné, *Correspondance*, *op. cit.*, 15 janvier 1890.
75. C'est-à-dire qu'elle n'entre dans aucune des intrigues de la cour. Bussy-Rabutin, 16 octobre 1680.
76. Ézéchiel Spanheim, *Relation de la cour de France en 1690*, Paris, Shefer, 1882.
77. Comtesse de Caylus, *Souvenirs et correspondance*, *op. cit.*
78. Mme de Sévigné, *Correspondance*, *op. cit.*, 5 janvier 1869.
79. Louis XIV, *Mémoires de Louis XIV pour servir à l'éducation du dauphin*, *op. cit.*
80. Alexandre Dumas, *Le Comte de Monte-Cristo*.
81. Philippe Beaussant, avec la collaboration de Patricia Bouchenot-Déchin, *Les Plaisirs de Versailles. Théâtre et musique*, Paris, Fayard, 1996.
82. Marquis de Dangeau, *Journal de la Cour de Louis XIV*, *op. cit.*
83. Spanheim, *Relation de la Cour de France en 1690*, *op. cit.*
84. Jean-Baptiste Colbert de Torcy, *Mémoires*, La Haye, 1757.
85. Spanheim, *Relation de la Cour de France en 1690*, *op. cit.*
86. *Ibid.*
87. Marquis de Sourches, *Mémoires sur le règne de Louis XIV*, *op. cit.*
88. Comtesse de Caylus, *Souvenirs et correspondance*, *op. cit.*
89. Spanheim, *Relation de la Cour de France en 1690*, *op. cit.*
90. *Ibid.*
91. La Palatine, *Correspondance*, *op. cit.*, 14 avril 1688.
92. Spanheim, *Relation de la Cour de France en 1690*, *op. cit.*

93. *La Famille du Grand Dauphin* est conservée à Versailles.
94. Voltaire, *Le Siècle de Louis XIV, op. cit.*
95. Marquis de Sourches, *Mémoires sur le règne de Louis XIV, op. cit.*
96. *Ibid.*
97. Saint-Simon, *Mémoires, op. cit.*
98. Comtesse de Caylus, *Souvenirs et correspondance, op. cit.*
99. La Palatine, *Correspondance, op. cit.*, 8 février 1690.
100. Soit plus d'un litre. La pinte de Paris valait 48 pouces du Roi cubes, soit environ 952 ml.
101. « Un Mourant qui comptait plus de cent ans de vie, / Se plaignait à la Mort que précipitamment / Elle le contraignait à partir tout à l'heure, / Sans qu'il eût fait son testament, / Sans l'avertir au moins. » « Est-il juste qu'on meure / Au pied levé ? dit-il : attendez quelque peu... », La Fontaine, *La Mort et le Mourant.*
102. Mme de Sévigné, *Correspondance, op. cit.*, 17 novembre 1688.
103. La Palatine, *Correspondance, op. cit.*, 21 avril 1690.
104. Mme de Sévigné, *Correspondance, op. cit.*, 20 avril 1690.
105. Marquis de Dangeau, *Journal de la Cour de Louis XIV, op. cit.*
106. La Palatine, *Correspondance, op. cit.*, 21 avril 1690.
107. Roger de Bussy-Rabutin, *Correspondance...*, lettre à Mme de Sévigné.
108. Marquis de Dangeau, *Journal de la Cour de Louis XIV, op. cit.*
109. Dr Sucquet, *De l'embaumement chez les anciens et les modernes, et de conservation d'anatomie normale et pathologique*, Aurillac, 1872.
110. Marquis de Dangeau, *Journal de la Cour de Louis XIV, op. cit.*
111. Mme de Sévigné, *Correspondance, op. cit.*, 20 avril 1690.
112. Denis Papillon de La Ferté était intendant et contrôleur de l'Argenterie, Menus-Plaisirs et Affaires de la Chambre du Roi. Il a laissé un *Journal*, Paris, Paul Ollendorff, 1887.
113. Encyclopédie ou dictionnaire raisonné des sciences, des arts et des métiers, par une société des gens de lettres, mis en ordre et publié par M. Diderot, 1773.
114. *Ibid.*
115. Michel Ancel Desgrandes, maîtres des cérémonies.
116. Saint-Simon (Louis de Rouvroy, duc de), *Relation des funérailles de la dauphine de Bavière*, Paris, BnF.
117. Esprit Fléchier fut reçu à l'Académie française le même jour que Racine, le 12 janvier 1673.
118. Marquis de Dangeau, *Journal de la Cour de Louis XIV, op. cit.*
119. François-René, vicomte de Chateaubriand, *Vie de Rancé*, Paris, 1844.

3
Marie-Adélaïde de Savoie

1. « Le vieux cœur et le jeune cœur en présence », Victor Hugo, *Les Misérables*, t. 4, livre huitième.
2. Avec un taux de mortalité de plus de 50 % pour les enfants de moins de quinze ans.
3. Molière, *Premier placet présenté au roi sur la comédie du Tartuffe*, Paris, Jean Ribon, 1669.
4. Propos prêtés à Mme de Caylus.

5. « Avant-hier au soir, il y a eu à Marly une dispute horrible qui m'a fait rire de bon cœur. La grande princesse de Conti avait fait des reproches à Mme de Chartres et à Mme la duchesse de ce qu'elles s'enivrent; elle les a appelées des sacs à vin. Là-dessus les autres l'ont appelée, elle, sac à ordures. Voilà des disputes princières. » La Palatine, *Correspondance, op. cit.*, 4 décembre 1695.

6. Mme de Sévigné, *Correspondance, op. cit.*, 27 août 1694.

7. Saint-Simon, *Mémoires, op. cit.*

8. La Palatine, *Correspondance, op. cit.*, 17 juillet 1695.

9. *Ibid.*

10. Viendra encore, toutefois, la chapelle royale que nous connaissons aujourd'hui.

11. Saint-Simon, *Mémoires, op. cit.*

12. La Palatine, *Correspondance, op. cit.*, 11 mai 1694.

13. *Ibid.*, 6 septembre 1696.

14. Molière, *L'Avare*, acte II, scène V.

15. Mme de Sévigné, *Correspondance, op. cit.*, 2 février 1680.

16. Auparavant, Chambéry avait été la capitale de l'ancien comté de Savoie.

17. Rappelons que la grand-mère de la dauphine de Bavière était la sœur cadette de Louis XIII, Christine de France, dite « Madama Reale » ou « Madame Royale ».

18. Maréchal de Tessé, *Mémoires et lettres*, Paris, 1806.

19. Maximilien Misson, *Voyage d'Italie, 1691*, Dijon, 2019.

20. Marquis de Sourches, *Mémoires sur le règne de Louis XIV, op. cit.*

21. Louis XIV au marquis d'Arcy, *in* Comte d'Haussonville, *La Duchesse de Bourgogne et l'Alliance savoyarde sous Louis XIV. La réconciliation avec la Savoie et le mariage de la duchesse de Bourgogne*, Hachette/BnF, 2014.

22. La Palatine, *Correspondance, op. cit.*, 25 novembre 1696.

23. Michel Desgranges, maître des cérémonies. *Lettre à Achille de Harlay* in *Correspondance administrative sous le règne de Louis XIV, recueillie et mise en ordre par G. B. Depping*, Paris, Imprimerie nationale, 1851.

24. Saint-Simon, *Mémoires, op. cit.*

25. Marquis de Dangeau, *Journal de la Cour de Louis XIV, op. cit.*

26. *Le Mercure galant*, octobre 1696.

27. Marquis de Dangeau, *Journal de la Cour de Louis XIV, op. cit.*

28. *Ibid.*

29. Marquis de Sourches, *Mémoires sur le règne de Louis XIV, op. cit.*

30. Louis XIV à Mme de Maintenon, 4 novembre 1696.

31. Marquis de Sourches, *Mémoires sur le règne de Louis XIV, op. cit.*

32. Saint-Simon, *Mémoires, op. cit.*

33. La Palatine, *Correspondance, op. cit.*, 31 mars 1716.

34. Marquis de Sourches, *Mémoires sur le règne de Louis XIV, op. cit.*

35. La Palatine, *Correspondance, op. cit.*, 8 novembre 1696.

36. « Tout le monde maintenant redevient enfant. La princesse d'Harcourt et Mme de Pontchartrain ont joué avant-hier au colin-maillard avec la Princesse et M. le Dauphin ; Monsieur, la princesse de Conti, le prince de Conti, Mme de Ventadour, mes deux autres dames et moi, nous y avons joué hier ! » La Palatine, *Correspondance, op. cit.*, 8 novembre 1696.

37. Ézéchiel Spanheim, *Relation de la Cour de France en 1690, op. cit.*

38. Saint-Simon, *Mémoires, op. cit.*

39. *Ibid.*
40. *Ibid.*
41. Mme de Maintenon à la duchesse de Savoie, *Correspondance générale, op. cit.*, 1er juillet 1697.
42. Saint-Simon, *Mémoires, op. cit.*
43. Marquis de Dangeau, *Journal de la Cour de Louis XIV, op. cit.*
44. Annales de la Cour et de Paris pour les années 1697 et 1698.
45. Saint-Simon, *Mémoires, op. cit.*
46. Marquis de Sourches, *Mémoires sur le règne de Louis XIV, op. cit.*
47. *Ibid.*
48. Saint-Simon, *Mémoires, op. cit.*
49. *Ibid.*
50. *Le Mercure galant.*
51. Marquis de Sourches, *Mémoires sur le règne de Louis XIV, op. cit.*
52. Saint-Simon, *Mémoires, op. cit.*
53. Baron de Breteuil, maître des cérémonies. Il a laissé des *Mémoires*, édition établie par Évelyne Lever, in *Dix-huitième Siècle*, n° 25, 1993, *L'Europe des Lumières*.
54. *Ibid.*
55. Marquis de Dangeau, *Journal de la Cour de Louis XIV, op. cit.*
56. Saint-Simon, *Mémoires, op. cit.*
57. Marquis de Dangeau, *Journal de la Cour de Louis XIV, op. cit.*
58. *Ibid.*
59. Chateaubriand, *Mémoires d'outre-tombe*, Paris, Eugène et Victor Penaud Frères, 1849-1850.
60. Montaigne, *Les Essais*, livre 3, chapitre 9, « De la vanité », Paris, Presses universitaires de France, 1965.
61. « Je ne comprends pas le changement de goût pour l'amitié solide, sage et bien fondée ; mais pour l'amour, ah ! oui, c'est une fièvre trop violente pour durer », Mme de Sévigné, *Correspondance, op. cit.*, 14 juillet 1680.
62. *Ibid.*
63. Saint-Simon, *Mémoires, op. cit.*
64. La Palatine, *Correspondance, op. cit.*, 26 avril 1719.
65. Saint-Simon, *Mémoires, op. cit.*
66. *Ibid.*
67. Réunions intimes qui se tenaient au château. « C'est une grande grâce qu'elle [la Choin] leur fait [à la duchesse de Bourgogne accompagnée de ses favoris et à la duchesse de Conti] quand elle leur permet de manger avec elle : c'est ce qu'on appelle ici le parvulo. C'est ce qu'il y a de plus secret et de plus privé. » La Palatine, *Correspondance, op. cit.*, 23 décembre 1710.
68. Saint-Simon, *Mémoires, op. cit.*
69. Tandis que l'Angleterre ne comptait alors que 6 millions d'habitants, l'Espagne 6 également, les États germaniques une douzaine, la péninsule italienne 13, les Provinces-Unies moins de 2 millions de personnes.
70. Mémoires secrets du marquis de Louvil.
71. *Ibid.*
72. Saint-Simon, *Mémoires, op. cit.*
73. *Ibid.*

74. Marquis de Dangeau, *Journal de la Cour de Louis XIV*, *op. cit.*
75. *Ibid.*
76. Mercure de France, août 1706.
77. La Palatine, *Correspondance*, *op. cit.*, 26 septembre 1701.
78. Mme de Maintenon, *Correspondance générale*, *op. cit.*, 10 avril 1707.
79. *Ibid.*, 19 juin 1707.
80. C'est de Maulévrier que Saint-Simon parle en ces termes : « Jamais je ne vis dans cette épaisse bouteille que de l'humeur, de la grossièreté et des sottises. » Ce portrait crayonné que rappelle Swann apparaît dans les premières pages de *À la recherche du temps perdu*.
81. Saint-Simon, *Mémoires*, *op. cit.*
82. *Ibid.*
83. *Ibid.*
84. L'œuvre est conservée au musée de Versailles.
85. Par son père, Vendôme est petit-fils d'Henri IV et de sa maîtresse Gabrielle d'Estrées ; il est donc cousin par la main gauche de Louis XIV.
86. Né en 1663, Eugène de Savoie est le fils d'Olympe Mancini, nièce de Mazarin, et du prince de Savoie-Carignan. Élevé à la cour de France, il combat pour l'Empire après avoir vainement proposé ses services à Louis XIV.
87. Saint-Simon, *Mémoires*, *op. cit.*
88. *Ibid.*
89. Montaigne, *Les Essais*, livre 2, « De l'affection des pères aux enfants », *op. cit.*
90. Mlle d'Aumale, *Revue des Deux Mondes*, 1901, t. 4.
91. Saint-Simon, *Mémoires*, *op. cit.*
92. *Ibid.*
93. Marquis de Dangeau, *Journal de la Cour de Louis XIV*, *op. cit.*
94. Saint-Simon, *Mémoires*, *op. cit.*
95. Marquis de Sourches, *Mémoires sur le règne de Louis XIV*, *op. cit.*
96. *Ibid.*
97. Saint-Simon, *Mémoires*, *op. cit.*
98. *Ibid.*
99. *Ibid.*
100. Torcy, secrétaire d'État des Affaires étrangères. Journal inédit de Jean-Baptiste Colbert, marquis de Torcy, ministre et secrétaire d'État des Affaires étrangères pendant les années 1709, 1710 et 1711, Paris, Plon, Nourrit et Cie, 1844.
101. *Ibid.*
102. Saint-Simon, *Mémoires*, *op. cit.*
103. Torcy.
104. *Ibid.*
105. *Ibid.*
106. Peu après la mort de Monseigneur, une partie de ses fabuleuses collections fut vendue aux enchères afin de liquider ses dettes. Dangeau, dans son *Journal*, s'en scandalise : « On a vendu beaucoup de bijoux de Monseigneur, et bien des gens en ont acheté pour le prix qu'on les a estimés, qui est fort bas, et cet argent est employé à payer de ses dettes [...]. Rien peut-être ne fut jamais si indécent que cette vente des bijoux de Monseigneur, qui se fit en plein Marly, où chacun achetait à l'enchère comme à un encan et à un inventaire à Paris, et

très ordinairement en présence de Madame la Dauphine, de M. le Dauphin et tous les princes et princesses du sang, qui s'en amusaient et en achetaient riant et causant avec les gens de la cour, hommes et femmes qui en achetaient et s'en divertissaient aussi. »

107. Marie-Émilie de Joly de Choin ne mourra qu'en 1732, oubliée de tous, dans une maison de la rue Saint-Antoine à Paris.

108. Marquis de Sourches, *Mémoires sur le règne de Louis XIV*, *op. cit.*

109. Marquis de Dangeau, *Journal de la Cour de Louis XIV*, *op. cit.*

110. « Le roi dit [...] qu'il voulait savoir nos avis sur le nom qu'il donnerait à M. le duc de Bourgogne, s'il lui ferait prendre celui de dauphin ou s'il lui laisserait celui qu'il avait porté jusqu'alors, le titre de dauphin n'étant dû qu'au fils aîné. » Colbert de Torcy.

111. Saint-Simon, *Mémoires*, *op. cit.*

112. Marquis de Sourches, *Mémoires sur le règne de Louis XIV*, *op. cit.*

113. *Ibid.*

114. Datée du XVIe siècle, la poudre cordiale était utilisée dans le « mal du feu » (hépatite chronique).

115. Olivier Chaline, dans son *Année des quatre dauphins*, émet l'hypothèse que le décès de la duchesse de Bourgogne serait dû à une septicémie causée par un foyer infectieux bactérien d'origine dentaire.

116. Louis XIV à la reine d'Espagne, la Louison d'Adélaïde.

117. Marquis de Sourches, *Mémoires sur le règne de Louis XIV*, *op. cit.*

118. *Ibid.*

119. «Menins », de l'espagnol « meninos » : jeunes hommes élevés avec les princes. C'est ce que Mme de Sévigné appelait pour le Grand Dauphin ses « dames du palais » (21 février 1680).

120. Journal du baron de Breteuil.

121. *Ibid.*

122. Guy de Maupassant, *Humble drame.*

123. La Palatine, *Correspondance*, *op. cit.*, 10 mars 1712.

124. *Ibid.*, 13 mars 1712.

125. « Ce temps de désolation, écrira Voltaire dans *Le Siècle de Louis XIV*, laissa dans les cœurs une impression si profonde que, pendant la minorité de Louis XV, j'ai vu plusieurs personnes qui ne parlaient de ces pertes qu'en versant des larmes. »

126. Saint-Simon, *Mémoires*, *op. cit.*

127. Marquis de Sourches, *Mémoires sur le règne de Louis XIV*, *op. cit.*

4
Marie-Thérèse Raphaëlle d'Espagne

1. Jean-Jacques Amelot de Chaillou.

2. Selon Dufort de Cheverny, Louis XV était « l'homme du royaume le plus difficile à amuser », ayant « une grande aptitude à s'ennuyer partout ».

3. Comte Dufort de Cheverny, *Mémoires*, Paris, Plon, 1909.

4. « Je n'aime pas défaire ce que mes pères ont fait. » Louis XV à Mme de Brionne.

5. Lettre du comte de Tessin à son épouse.

6. Abbé Proyart, *Vie de Marie Leczinska, princesse de Pologne, reine de France*, Paris, Mame, 1838.

7. Kaunitz, ambassadeur d'Autriche à Versailles. *Correspondance secrète entre le comte A. W. Kaunitz-Rietberg, ambassadeur impérial à Paris, et le baron Ignaz de Koch, secrétaire de l'impératrice Marie-Thérèse, 1750-1752*, Paris, Hanns Schlitter, 1899.

8. Cardinal de Bernis, *Mémoires et lettres du cardinal de Bernis*, Paris, Plon, 1878.

9. Louis XV et Marie Leczinska avaient donné la vie à un second garçon, Philippe de France, qui mourut à l'âge de deux ans en 1733.

10. Marie-Louise de Savoie disparaît le 14 février 1714 (soit deux années presque jour pour jour après sa sœur aînée la duchesse de Bourgogne). Deux de ses fils régnèrent sur l'Espagne : Louis Ier et Ferdinand VI.

11. Arnaud de Silhouette.

12. Saint-Simon, *Mémoires, op. cit.*

13. Témoignage de l'envoyé d'Angleterre à Madrid.

14. C'est-à-dire, rappelons-le, l'âge minimum requis par l'Église pour passer de l'état de jeune fille à celui d'épouse.

15. Le duc de Bourbon avait fait dresser la liste des princesses à marier. Sur les quatre-vingt-dix-neuf candidates dont le nom avait été retenu, le Conseil d'État (ancien Conseil d'en haut) porta son choix sur la jeune Polonaise, ses « concurrentes » ayant été éliminées en raison de l'âge, de la religion, des antécédents familiaux…

16. Depuis sept ans, Van Loo, issu d'une dynastie d'artistes français d'origine néerlandaise, est le peintre officiel de la cour d'Espagne. Le peintre le plus éminent de cette lignée d'artistes sera Charles André Van Loo, dit Carle Van Loo, né en 1705, qui dominera de sa brillante personnalité une bonne partie de la peinture française et européenne du XVIIIe siècle.

17. Le tableau, conservé de nos jours à Versailles, constitue l'un des plus beaux ornements de l'ancienne chambre du dauphin. Il fut autrefois attribué à Louis de Sylvestre, artiste français travaillant à la cour de Pologne.

18. Lettre du roi au maréchal de Noailles, 24 juillet 1743.

19. Abbé Proyart, *Vie de Marie Leczinska, princesse de Pologne, reine de France, op. cit.*

20. Marquis d'Argenson, *Journal et Mémoires du marquis d'Argenson*, Paris, Renouard, 1859.

21. Charles Philippe d'Albert, duc de Luynes, *Mémoires sur la cour de Louis XV, 1735-1758*, éd. Léon Dussieux et Eudore Soulié, Paris, 1860-1865, 17 vol.

22. Duc de Luynes, *Mémoires sur la cour de Louis XV, op. cit.*

23. Cette étude servit peut-être à la réalisation du portrait du dauphin, une œuvre datée de 1745 aujourd'hui perdue. Des quatre portraits du dauphin réalisés par Quentin de La Tour, seul celui de 1748 est connu : il est conservé au musée du Louvre.

24. Durfort de Cheverny.

25. Duc de Luynes, *Mémoires sur la cour de Louis XV, op. cit.*

26. « La reine dit qu'elle aime la musique et, en effet, il y a des opéras qui lui plaisent et de petits airs pour la vielle ; mais elle aime encore mieux le cavagnole, quoiqu'elle n'en convienne pas », in *ibid.*

27. Sébastien-Antoine (1695-1754), dessinateur des Menus-Plaisirs, et Paul-Ambroise (1702-1758), architecte et décorateur des Menus-Plaisirs.

28. Les premiers gentilshommes de la Chambre sont au nombre de quatre, plus deux en survivance. Le Premier gentilhomme est de service une année sur quatre. Il assume seul la direction du service de la cour et la direction des spectacles et des pompes funèbres.

29. Duc de Luynes, *Mémoires sur la cour de Louis XV*, *op. cit.*

30. Voltaire évoquera *La Princesse de Navarre* dans une lettre datée du 18 juin 1744 : « Il m'est devenu important que cette drogue soit jouée, bonne ou mauvaise. Elle n'est pas faite pour l'impression, elle produira un spectacle très brillant et très varié, et c'est tout ce qu'il faut pour le courtisan. »

31. Duc de Luynes, *Mémoires sur la cour de Louis XV*, *op. cit.*

32. Depuis sept ans, Rameau n'avait plus reçu de commandes de la cour. Si *La Princesse de Navarre* a connu un certain succès, la musique de *Platée* « a été trouvée singulière ». Luynes, dans ses *Mémoires sur la cour de Louis XV*, reconnaît cependant : « Il y a des morceaux agréables, mais en tout ce divertissement a paru trop long et trop uniforme. » Louis XV, en tout cas, n'a guère apprécié le spectacle : « M. de Richelieu avait proposé au Roi de le faire exécuter le lendemain encore ; il lui en parla trois fois sans que le Roi lui répondit rien » (*ibid.*).

33. *Ibid.*

34. Conservée jusqu'à la Révolution à Versailles, la tenture, tissée de 1738 à 1744, a été en partie dispersée lors d'une vente du Garde-Meuble en 1803. Quatre tapisseries se trouvent aujourd'hui au château de Compiègne, quatre autres au Mobilier national. On peut découvrir une tenture complète au château de Windsor ainsi qu'au palais Pitti. La salle des fêtes de l'Élysée, le Vatican, la Villa Médicis, le palais de Buckingham, le Palazzo Vecchio de Florence, le château de La Roche-Guyon, le Louvre, le grand salon du consulat général de France à New York notamment, possèdent des tapisseries isolées ou des tentures incomplètes ou dépareillées.

35. Ce bureau se trouve à présent dans le cabinet d'angle du Petit Appartement de Louis XV à Versailles.

36. Duc de Luynes, *Mémoires sur la cour de Louis XV*, *op. cit.*

37. *Ibid.*

38. *Ibid.*

39. *Ibid.*

40. *Ibid.*

41. *Ibid.*

42. *Ibid.*

43. Benoît Dratwicki, *Les Concerts de la reine*, Éditions du centre de musique baroque de Versailles, 2012.

44. Duc de Luynes, *Mémoires sur la cour de Louis XV*, *op. cit.*

45. Philippe Beaussant, avec la collaboration de Patricia Bouchenot-Déchin, *Les Plaisirs de Versailles. Théâtre et musique*, *op. cit.*

46. Mercure de France, mars 1745.

47. Duc d'Huescar, ambassadeur d'Espagne.

48. Duc de Luynes, *Mémoires sur la cour de Louis XV*, *op. cit.*

49. *Ibid.*

50. *Ibid.*

51. *Ibid.*
52. *Ibid.*
53. *Ibid.*
54. *Ibid.*

5
Marie-Josèphe de Saxe

1. Rappelons que le nouveau roi d'Espagne était le fils de la première épouse de Philippe V, Marie-Louise de Savoie, sœur cadette de la duchesse de Bourgogne, mère de Louis XV.

2. Prince électeur de Saxe, Frédéric-Auguste Ier devient roi de Pologne en 1697 à la mort de Jean III Sobieski. C'est alors que Frédéric-Auguste, protestant converti au catholicisme, prend le nom d'Auguste II. Ses états ont deux capitales : Dresde et Varsovie.

3. La *Staatskapelle* de Dresde a été fondée en 1548. Au cours de son histoire, l'orchestre a été dirigé par des chefs d'exception, tels Carl Maria von Weber et Richard Wagner au XIXe siècle, Richard Strauss, Karl Böhm, Rudolf Kempe au XXe siècle. Nommé *Kapellmeister* à la cour de Saxe en 1843, Wagner créera à Dresde *Le Vaisseau fantôme* en 1843, *Tannhäuser* en 1845, puis *Lohengrin* et une esquisse des *Maîtres-chanteurs de Nuremberg.*

4. Jean-Jacques Rousseau, *Dictionnaire de Musique*, Paris, 1768.

5. C'est sur cette même île que sera remise la dauphine Marie-Antoinette à la France un jour de mai 1770. De nos jours, l'île aux Épis est traversée par la RN4 franchissant le Rhin *via* le pont de l'Europe, et par la voie de chemin de fer reliant la France et l'Allemagne.

6. Duc de Luynes, *Mémoires sur la cour de Louis XV, op. cit.*

7. Duc de Croÿ, *Journal inédit du duc de Croÿ, 1718-1784*, Paris, Flammarion, 1906.

8. Duc de Luynes, *Mémoires sur la cour de Louis XV, op. cit.*

9. *Ibid.*

10. Duc de Croÿ, *Journal inédit du duc de Croÿ, 1718-1784, op. cit.*

11. Duc de Luynes, *Mémoires sur la cour de Louis XV, op. cit.*

12. *Ibid.*

13. *Ibid.*

14. *Ibid.*

15. *Ibid.*

16. Une réplique de ce pastel est conservée à Dresde.

17. Ces salles occupent l'ancien appartement du Grand Dauphin.

18. Duc de Luynes, *Mémoires sur la cour de Louis XV, op. cit.*

19. Par la suite, ce tapis ornera le salon des jeux de Marie-Antoinette, actuel salon de la Paix. Sous la Première République, les lettres RF seront substituées aux fleurs de lys d'origine. Les couronnes de France laisseront place à des fragments de tabourets de la Savonnerie rentrayés. Seuls les doubles L subsistent de nos jours.

20. À sa mort, en 1767, la dauphine léguera ce tableau à son premier aumônier, Aymar-Chrétien-François-Michel de Nicolaï.

21. Comptes des Bâtiments, cité par Pierre de Nolhac, *Histoire du château de Versailles, Versailles au XVIIIe siècle*, Paris, Émile-Paul, 1918.

22. « La Reine voulut qu'il [le concert] fût exécuté chez Mme la Dauphine et qu'elle y descendît. » La sollicitude de la reine va jusqu'à faire donner ses concerts dans la chambre de la princesse, lorsque celle-ci se sent indisposée : « Les Concerts de la reine ont toujours été exécutés chez Madame la Dauphine depuis qu'elle garde sa chambre », Duc de Luynes, *Mémoires sur la cour de Louis XV*, *op. cit.*

23. Duc de Luynes, *ibid.*

24. Ces mots sont de Mme de Pompadour. Quant à Luynes, il écrit : « Madame la Dauphine avait envoyé un page à Chambord pour avoir des nouvelles du maréchal de Saxe. Il est revenu ce soir avec la triste nouvelle que le maréchal est mort ce matin à sept heures [...] d'une fièvre continue avec un engorgement de la bile dans le foie en fort peu de jours. Il était luthérien et n'a malheureusement pas changé de sentiment. »

25. Comte Dufort de Cheverny, *Mémoires*, *op. cit.*

26. Marquis d'Argenson, *Journal et Mémoires du marquis d'Argenson*, *op. cit.*

27. Comte Dufort de Cheverny, *Mémoires*, *op. cit.*

28. Sur dénonciation d'un certain Dorival, figure dans un rapport du Comité de salut public daté du 3 Messidor an II cette déclaration d'Auguste Dadonville : « Monsieur le Dauphin vit ma mère qui était belle chez le peintre Frédon [en réalité Frédou de la Bretonnière] fameux peintre de ce temps-là, et qui était celui du dauphin. C'est chez Frédon que le dauphin prit ses ébats amoureux avec Madame Dadonville et il en résulta le prévenu. »

29. Duc de Luynes, *Mémoires sur la cour de Louis XV*, *op. cit.*

30. L'expression est de Maurice de Saxe.

31. De l'avis de certains auteurs, Marie-Zéphirine aurait succombé à une péritonite aiguë.

32. La « *Virgo paritura* », statue médiévale brûlée lors de la Révolution, était vénérée dans l'église souterraine de la cathédrale de Chartres.

33. La comparaison est de Churchill.

34. Lettre de Marie-Josèphe d'Autriche à sa fille Marie-Josèphe de Saxe.

35. On pourra juger de la corpulence d'Auguste III à ses différents portraits réalisés par Louis de Silvestre, œuvres conservées à la Galerie de Dresde ou au palais royal de Varsovie.

36. Lettre à Frédéric II de Prusse.

37. Marie-Josèphe de Saxe au cardinal de Luynes.

38. Marie-Josèphe au comte Wackerbach Salmour.

39. Gaspard-François Belon, marquis de Fontenay, lieutenant des armées de Sa Majesté, ambassadeur de Saxe.

40. Lettre de Marie-Josèphe de Saxe au comte de Bruhl.

41. *Correspondance inédite du général-major de Martange*, aide de camp du prince Xavier de Saxe, lieutenant général des armées, Paris, Picard et fils, 1898.

42. Le pastel sera exposé au salon de 1761. L'œuvre est aujourd'hui perdue ; le musée de Saint-Quentin en garde une belle étude préparatoire.

43. Lettre au général de Fontenay.

44. Madame Clotilde épousera en 1775 Charles IV Emmanuel de Savoie, futur roi de Sardaigne et prince de Piémont.

45. Ce pastel compte aujourd'hui parmi les œuvres maîtresses du musée de Saint-Quentin.

46. Journal de Barbier, *Chronique de la Régence et du règne de Louis XV*, Paris, Charpentier, 1857.

47. Leopold Joseph Graf Daun, comte von Daun, prince de Thiano, futur feld-maréchal d'Autriche. Après sa mort en 1766, l'impératrice Marie-Thérèse fera ériger un monument à sa mémoire, le désignant comme « sauveur de ses États ».

48. Cet élément des *Regalia* de la couronne polono-lituanienne tire son nom du premier souverain polonais couronné en 1025.

49. Lettre à Mgr de Nicolaï.

50. Lettre à l'évêque de Verdun, Aymar-François-Chrétien-Michel de Nicolaï.

51. Lettre à son confesseur, l'abbé Soldini.

52. Ce célèbre portrait a été réalisé en juillet 1765, l'année même de la mort du dauphin, par le peintre suédois Alexandre Roslin.

6
Madame Royale

1. Chateaubriand, *Mémoires d'outre-tombe*, *op. cit.*

2. « Si vous choisissez un de mes gardiens pour me suivre, je demande que ce soit M. Gomin. Il y a plus longtemps qu'il est au Temple ; c'est le premier être qui ait adouci ma captivité. » Marie-Thérèse à Benezech, *in* abbé de Tressan, *Mémoires écrits par Marie-Thérèse-Charlotte de France sur la captivité des princes et princesses ses parents, depuis le 10 août 1792 jusqu'à la mort de son frère arrivée le 9 juin 1795*, Paris, Plon, 1892.

3. Louis XVIII au duc d'Angoulême, *Revue des Deux Mondes*, vol. 25, n° 2, 1905.

4. *Ibid.*

5. Chateaubriand, *Mémoires d'outre-tombe*, *op. cit.*

6. Abbé de Tressan, *Mémoires écrits par Marie-Thérèse-Charlotte de France sur la captivité…*, *op. cit.*

7. À Versailles, sa mère la surnommait « Mousseline ». « Mousseline la sérieuse » rectifiait le comte d'Artois dont la jeunesse dorée trouvait au caractère de sa nièce un peu trop de sagesse et de sévérité.

8. Extrait d'une lettre que Marie-Thérèse a confiée à Cléry peu après sa libération de la tour du Temple.

9. Abbé de Tressan, *Mémoires écrits par Marie-Thérèse-Charlotte de France sur la captivité…*, *op. cit.*

10. Lettre de Louis XVIII à Marie-Thérèse.

11. Louis XVIII dans *Les Devoirs d'un roi*, texte écrit à Blankenburg en 1797 à l'intention du duc d'Angoulême.

12. Louis de Bouillé, *Souvenirs et fragments pour servir aux Mémoires de ma vie et de mon temps*, Paris, Alphonse Picard et Fils, 1906.

13. Duchesse d'Abrantès, *Mémoires*, Paris, Ladvocat, 1831-1835.

14. Duchesse de Maillé, *Mémoires*, Perrin, 1998.

15. Lettre de Louis XVIII au duc d'Artois.

16. Général Louis Michel Auguste Thévenet, dit Danican, *Cassandre, ou Quelques réflexions sur la Révolution française et la situation actuelle de l'Europe*, Au Caire, 1798.

17. Barante, préfet de la Loire-Inférieure, auteur des *Souvenirs du baron de Barante, de l'Académie française, 1782-1866*, Paris, Calmann-Lévy, 1890-1897.

18. Lettre du duc d'Angoulême au tsar Paul Ier, 12 juin 1799.

19. Il s'agit des intérêts produits par les diamants que Marie-Antoinette avait fait passer en Autriche avant la fuite à Varennes.

20. Chateaubriand, *Mémoires d'outre-tombe*, *op. cit.*

21. Depuis plusieurs années, le roi d'Angleterre George III était atteint de porphyrie, maladie aiguë se manifestant par de grandes douleurs accompagnées de troubles nerveux et psychiques. À sa mort en 1820, son fils le prince de Galles montera sur le trône sous le nom de George IV.

22. Victor Hugo, *Les Misérables*, t. 1 : *Fantine*.

23. Baron de Frénilly, *Souvenirs*, Paris, Plon, 1909.

24. La littérature de l'époque qui s'est abondamment nourrie de la Restauration rend compte de ces pérégrinations provinciales. Balzac n'est âgé que d'une quinzaine d'années quand il assiste au grand bal donné en l'honneur du duc d'Angoulême à la préfecture de Tours le 6 août 1814. L'événement le marquera si profondément que vingt-deux années plus tard il situera dans les premières pages du *Lys dans la vallée* la première rencontre de ses héros à l'occasion de ce bal préfectoral.

25. Duchesse de Maillé, *Mémoires*, *op. cit.*

26. En 1818, l'auteur des *Pestiférés de Jaffa*, Antoine-Jean Gros, immortalisera les adieux de Marie-Thérèse dans un tableau monumental de plus de cinq mètres de hauteur sur trois mètres de largeur : *L'Embarquement de la duchesse d'Angoulême à Pauillac*. L'artiste représente la princesse distribuant, telles des reliques, des plumes d'autruche et des rubans de sa tenue à son escorte bordelaise (musée des Beaux-Arts de Bordeaux).

27. Chateaubriand, *Mémoires d'outre-tombe*, *op. cit.*

28. Du nom de leur cocarde verte, couleur du comte d'Artois.

29. Louis XVIII à Élie Decazes.

30. Balzac, *César Birotteau*, *La Comédie humaine*, Paris, Furne, t. X, 1844.

31. Le duc d'Angoulême dans un discours prononcé à Bordeaux.

32. Mathieu Molé, *Mémoires*, Paris, Renouard, 1855.

33. Charles Nodier, dans *Le Journal des débats*.

34. Duc de Broglie, *Mémoires*, Paris, Calmann-Lévy, 1886.

35. Duchesse de Gontaut, gouvernante des Enfants de France, *Mémoires*, Paris, Plon, 1892.

36. Louis XVIII le 28 janvier 1823. Les Espagnols appelleront l'armée française *los Cien Mil Hijos de San Luis* (les « cent mille fils de Saint Louis »).

37. *Mémoires de la comtesse de Boigne*.

38. *Ibid.*

39. Le duc d'Angoulême à Villèle, 28 juin 1823.

40. Comtesse de Boigne.

41. Chateaubriand, *Mémoires d'outre-tombe*, *op. cit.*

42. Duchesse de Maillé, *Mémoires*, *op. cit.*

43. Duchesse de Dino, *Souvenirs*, publiés par sa petite-fille, la comtesse Jean de Castellane, Paris, Robert Laffont, « Bouquins », 2016.

44. Marie de Flavigny, comtesse d'Agoult, *Mémoires, souvenirs et journaux*, Paris, Mercure de France, 1990.

45. *Ibid.*

46. Duchesse d'Abrantès, *Mémoires*, *op. cit.*

47. Marie de Flavigny, comtesse d'Agoult, *Mémoires, souvenirs et journaux*, *op. cit.*

48. Ce portrait, comme celui de Charles X, a été réalisé à Paris par Thomas Lawrence en 1825 à la demande du roi d'Angleterre George IV. En 1840, ces deux toiles – le portrait du fils et le portrait du père – furent installées au château de Windsor dans la « Waterloo Chamber ».

49. Duchesse de Maillé, *Mémoires, op. cit.*

50. Chateaubriand, *Mémoires d'outre-tombe, op. cit.*

51. Balzac, *Ursule Mirouët*, Paris, Hyppolite Souverain (éd), 1842.

52. *Ibid.*

53. Duc de Joinville, *Vieux souvenirs, 1818-1848*, Paris, Calmann-Lévy, 1894.

54. Le statut coutumier du royaume fait du souverain l'usufruitier de la couronne de Saint Louis, non son propriétaire.

55. « Avant la révolution de 1830 il avait déjà l'intention d'abdiquer la Royauté, parce qu'il ne se sentait pas appeler à régner. » Comte de Quesnay.

56. Propos du duc d'Angoulême rapportés par le comte de Montbel dans ses *Souvenirs*, Paris, Plon-Nourrit et Cie, 1913.

57. Jacques Joseph, vicomte de Naylies, *Relation du voyage du roi Charles X depuis son départ de Saint-Cloud jusqu'à son embarquement, par un garde du corps*, Paris, Dentu, 1830.

58. Chateaubriand, *Mémoires d'outre-tombe, op. cit.*

59. Chateaubriand se rendra à Prague à deux reprises : premier voyage éclair du 14 mai au 5 juin 1833, second voyage du 3 septembre au 6 octobre de la même année.

60. Chateaubriand, *Mémoires d'outre-tombe, op. cit.*

61. M. Delaroière, *Voyage en Orient*, Paris, Debécourt, 1836.

62. Étienne Romain de Sèze, *Souvenir de Lulworth, d'Holy-Rood et de Bath*, Paris, Dentu, 1831.

63. Chateaubriand, *Mémoires d'outre-tombe, op. cit.*

64. *Ibid.*

65. Gorizia est devenue définitivement italienne en 1919, par le traité de Saint-Germain-en-Laye. Occupée durant une brève période par les Allemands après la chute de Mussolini, elle reviendra à l'Italie en 1947.

66. La demeure a été transformée en musée : la Fondazion Palazzo Caronini-Cronberg.

67. C'est aujourd'hui le Grand Hôtel Entourage.

68. Comte de Montbel, *Souvenirs, op. cit.*

69. Acquis en 1839 par le duc de Blacas, le domaine de Frohsdorf a été laissé par testament à « Madame la comtesse de Marnes, Marie-Thérèse de France, comme une partie de ce que j'ai eu du roi Louis XVIII ».

70. À Paris, Louis-Napoléon Bonaparte fera dire une messe dans la chapelle de l'Élysée. Un service à la Madeleine se déroulera le 6 novembre en présence du corps diplomatique.

Orientations bibliographiques

Prologue
Poussière sur poussière

BOSSUET, Jacques-Bénigne, *Sermon sur la mort et la brièveté de la vie*, Gallimard, 2017.

CHATEAUBRIAND, François-René, vicomte de, *Vie de Rancé*, H. L. Delloye & Garnier, 1844.

HUGO, Victor, *La Pitié suprême*, *Ruy Blas*, *Les Misérables*.

LA BOÉTIE, Étienne de, *Discours de la servitude volontaire*, Payot, 2016.

LEFÈVRE-PONTALIS, Eugène, « Le caveau central de la crypte des Bourbons », *Bulletin monumental*, n° 71, 1907.

MARC AURÈLE, *Pensées pour moi-même*, Librairie Garnier Frères, 1951.

MAUPASSANT, Guy de, *Les Contes de la Bécasse*.

MONTHERLANT, Henri de, *La Reine morte*, Gallimard, 1942.

PASCAL, Blaise, *Les Pensées*, Alphonse Lemerre, 1777.

PIRANDELLO, Luigi, *Henri V*, Gallimard, 1969.

SÉNÈQUE, *De la brièveté de la vie*, Presses universitaires de France, 1959.

1
Dauphin-dauphine : les origines

AUTRAND, Françoise, *Charles V*, Fayard, 1994.

BERBEY, Jean, BLUCHE, Frédéric et RIAL, Stéphane, *Lois fondamentales et succession de France*, Cahiers DUC, n° 3, 1984.

BORDONOVE, Georges, *Charles V*, Pygmalion 1985.

CALMETTE, Joseph, *Charles V*, Tallandier, 1979.

CHATEAUBRIAND, François-René, vicomte de, *Analyse raisonnée de l'histoire de France depuis la bataille de Poitiers, sous le roi Jean, en 1356, jusqu'à la révolution de 1789*, Gabriel Roux, 1857.

CHEVALIER, Ulysse, *La Croisade du dauphin Humbert II*, Auguste Picard, 1920.

Chroniques de Saint-Denis, Lahure, 1864.
DELACHENAL, Roland, *Histoire de Charles V*, Picard et Fils, 1909, 2 vol.
DEVIOSSE, Jean, *Jean le Bon*, Fayard, 1985.
DUPUYS, Michel, *Bertrand du Guesclin*, Perrin, 1977.
FAVIER, Jean, *La Guerre de Cent Ans*, Fayard, 1980.
FAYETTE, Mme de La, *La Princesse de Clèves*, chez Claude Bardin, 1678.
FOURNIER, Paul, *Le Dauphin Humbert II*, Comptes rendus des séances de l'Académie des inscriptions et belles-lettres, 56e année, n° 8, 1912.
FROISSART, Jean, *Chroniques*, Verdière, 1824.
GIRARD, Révérend Père dominicain, *Humbert II et le transport du Dauphiné à la France*, Grenoble, Imprimerie Allier, 1950.
GUENIFFEY, Pierre, *Les Derniers Jours des rois*, Perrin, 2014.
GUIFFREY, Jules, *Histoire de la réunion du Dauphiné à la France*, Académie des bibliophiles, 1868.
LEMONDE, Anne, *Le Temps des libertés en Dauphiné. L'intégration d'une principauté à la couronne de France (1349-1408)*, Grenoble, Presses universitaires de Grenoble, 2002.
LEVESQUE, Pierre, *La France sous les cinq premiers Valois*, Nabu Presse, 2012.
MONTAIGNE, Michel de, *Les Essais*, Gallimard, « Bibliothèque de la Pléiade », 2007.
MONTHERLANT, Henri de, *Le Maître de Santiago*, Gallimard, 1947.
PIETRI, François, *Chronique de Charles le Mauvais*, Berger-Levrault, 1963.
PISAN, Christine de, *Le Livre des faits et bonnes mœurs du sage roy Charles V*, S. Solente, 1936.
QUILLET, Jeannine, *Charles V, le roi lettré*, Perrin, 2002.
RIALS, Stéphane (dir.), *Le Miracle capétien*, Perrin, 1987.
RIOLLET, Dominique, *Le Dauphin Humbert II*, Grenoble, Imprimerie Allier, 1951.
SÉNÈQUE, *De la brièveté de la vie*, Presses universitaires de France, 1959.

2
Marie-Anne Christine Victoire de Bavière

ANGLIVIEL DE LA BEAUMELLE, Laurent, *Mémoires pour servir à l'histoire de Mme de Maintenon et à celle du siècle passé*, Dufour et Roux, 1789.
BEAUSSANT, Philippe, *Lully ou les musiciens du Soleil*, Gallimard, 1992.
—, *Les Plaisirs de Versailles. Théâtre et musique*, Fayard, 1996.
BERTIÈRE, Simone, *Les Femmes du Roi-Soleil*, Éditions de Fallois, 1998.
BLUCHE, François (dir.), *Dictionnaire du Grand Siècle*, Fayard, 1990.
—, *Louis XIV*, Hachette, 2004.
BONTEMPS, Alexandre, intendant du château de Versailles, *Alexandre Bontemps, premier valet de chambre de Louis XIV*, Perrin, 2011.
BOSSUET, Jacques-Bénigne, *Élévations sur les Mystères, Méditations et autres textes*, Robert Laffont, « Bouquins », 2017.
BUSSY-RABUTIN, Roger de, *Correspondance de Bussy de Rabutin, comte de Bussy, avec sa famille et des amis*, Charpentier, 1858-1859, 6 vol.
CARLIER, Yves, « Les cabinets du Grand Dauphin au château de Versailles, 1684-1711 », *Bulletin de la Société de l'histoire de l'art français*, 1987.

CASTELLUCCIO, Stéphane, « La collection de vases en pierres dures du Grand Dauphin », *Versalia. Revue de la Société des Amis de Versailles*, n° 4, 2001.
CASTIGLIONE, Baltassar, *Le Livre du courtisan*, Alain Pons, 1987.
CAYLUS, Marthe-Marguerite Le Valois de Villette de Murçay, comtesse de, *Souvenirs et correspondance de Madame de Caylus*, Charpentier, 1881.
CHALINE, Olivier, *Le Règne de Louis XIV*, Flammarion, 2005.
—, *L'Année des quatre dauphins*, Flammarion, 2009.
CHAMILLART, Michel, *Correspondance et papiers inédits*, G. Esnaut, 1885, 2 vol.
CHARLIER, Philippe, *Médecin des morts, récits de paléopathologie*, Fayard, 2006.
CHOISY, François-Timoléon de, *Mémoires pour servir à l'histoire de Louis XIV*, Mercure de France, 1966.
CHRISTOUT, Marie-Françoise, *Le Ballet de cour de Louis XIV*, A. et J. Picard, 1967.
COLLAS, Émile, *La Belle-fille de Louis XIV*, Émile-Paul, 1920.
CORTEQUISSE, Bruno, *Madame Louis XIV*, Perrin, 1992.
DANGEAU, Philippe de Courcillon, marquis de, *Journal de la Cour de Louis XIV*, Didot Frères, 1854-1860, 19 vol.
DELALEX, Hélène, *Louis XIV intime*, Gallimard, 2015.
DIONIS, Pierre, *Dissertation sur la mort subite*, L. d'Houry, 1709.
DU BOIS, Marie, *Mémoires de Marie Du Bois, sieur de Lestourmière et du Poirier, gentilhomme servant du roi, valet de chambre de Louis XIII et Louis XIV*, Vendôme, Louis de Grandmaison, 1936.
FÉNELON, François de Salignac de La Mothe-, *Correspondance de Fénelon*, édition Jean Orcical, Droz, 1992, 18 vol.
FLÉCHIER, Valentin Esprit, *Oraisons funèbres de Fléchier*, Jules Didot l'Aîné, 1824.
FLOQUET, Amable, *Bossuet, précepteur du dauphin, fils de Louis XIV et évêque à la cour*, Didot Frères, 1864.
GAUTHIER, Jean-Jacques, « Les occupants du premier étage de l'aile du Midi à Versailles sous Louis XIV », *Versalia. Revue de la Société des Amis de Versailles*, 2011.
JØRUM, Ellen, *Mémoire sur la médecine du 17e siècle, la santé et les médecins de Louis XIV ainsi que ses initiatives pour le développement de la médecine*, ILOS, HF, UIO, 2008.
LA BRUYÈRE, Jean de, *Les Caractères*, Gallimard, 1951.
LA FAYETTE, Mme de, *Mémoires de la cour de France pendant les années 1688 et 1689*, Éd. Galic, 1962.
LA FONTAINE, *Œuvres complètes*, Garnier Frères, 1875.
LAFONT D'AUSSONNE, Gaspard Louis, *Histoire de Mme de Maintenon et de la Cour de Louis XIV*, Corby, 1820.
LAHAYE, Mathieu, *Le Fils de Louis XIV*, Champ Vallon, 2013.
Le Cérémonial diplomatique des cours de l'Europe recueilli en partie par Mr. Du Mont, mis en ordre et considérablement augmenté par Mr. Rousset, 1739.
LE GUILLOU, Jean-Claude, « L'appartement de Monseigneur, puis de ses fils au château de Versailles : évolution chronologique, 1684-1715 », *Eighteenth Century Life*, n° 17/2, 1993.
LOUIS XIV, *Mémoires de Louis XIV pour l'instruction du dauphin*, Didier, 1860, 2 vol.
LUNEL, Alexandre, *L'Organisation des professions médicales sous l'Ancien Régime : entre corporatisme et autorité royale : XVIe siècle-XVIIIe siècle*, thèse, Université Panthéon-Assas, 2004.

MAGET, Jean-Pierre, *Monseigneur, Louis de France, dit Le Grand Dauphin, fils de Louis XIV*, Université de Strasbourg, thèse de doctorat en histoire et civilisation de l'Europe, 2010.
MAINTENON, Françoise d'Aubigné, marquise de, *Correspondance générale de Mme de Maintenon*, Charpentier, 1865, 4 vol.
MARAL, Alexandre, *La Chapelle royale de Versailles sous Louis XIV, cérémonial, liturgie et musique*, Mardaga, 2002.
MELCHIOR-BONNET, Sabine, *Fénelon*, Perrin, 2008.
MILLEPIERRES, François, *La Vie quotidienne des médecins au temps de Molière*, Hachette, 1964.
MONTPENSIER, Anne Marie Louise d'Orléans, duchesse de, *Mémoires*, Charpentier, 1858.
NOLHAC, Pierre de, *Histoire du château de Versailles. Versailles sous Louis XIV*, A. Marty, 1911, 2 vol.
ORLÉANS, Charlotte-Élisabeth d', princesse palatine, *Correspondance*, édition d'Ernest Jaeglé, A. Quantin, 1880, 2 vol.
PETITFILS, Jean-Christian, *Louis XIV*, Perrin, 2021.
PINSSON DE LA MARTINIÈRE, Jean, *L'État de la France où l'on voit tous les Princes, Ducs et Pairs, Maréchaux de France, et autres Officiers de la Couronne*, chez Guillaume-Denis Davis, 1736.
PRIMI VISCONTI, Jean-Baptiste, *Mémoires sur la cour de Louis XIV (1673-1681)*, Perrin, 1988.
PROYART, Liévin-Bonaventure, *Œuvres complètes*, Méquignon, 1819.
PRUCHNICKI, Vincent, « Un théâtre au château de Versailles : la comédie de la cour des Princes, 1682-1810 », *Bulletin du centre de recherche du château de Versailles*, 2009.
SAINT BRIS, Gonzague, *Les Dynasties brisées*, JC Lattès, 1992.
SAINT-SIMON, Louis de Rouvroy, duc de, *Mémoires*, Hachette, 1879-1930, 43 vol.
SÉVIGNÉ, Marie de Rabutin-Chantal, marquise de, *Correspondance*, Gallimard, « Bibliothèque de la Pléiade », 1972-1978, 3 vol.
SOLNON, Jean-François, *La Cour de France*, Fayard, 1987.
SPANHEIM, Ézechiel, *Relation de la Cour de France en 1690*, Schefer, 1882.
TALLEMANT DES RÉAUX, Gédéon, *Mémoires*, chez Levavasseur, 1835.
VAN DER CRUYSSE, Dirk, *Madame palatine : princesse européenne*, Fayard, 1988.
VERLET, Pierre, *Le Château de Versailles*, Fayard, 1998.
VOLTAIRE, *Le Siècle de Louis XIV*, M. de Francheville, 1751.

3
Marie-Adélaïde de Savoie

BAUDRILLART, Alfred, *Philippe V et la cour de France*, 1890-1891, Firmin-Didot, 5 vol.
BEAUSSANT, Philippe, *Les Plaisirs de Versailles. Théâtre et musique*, Fayard, 1996.
BERTIÈRE, Simone, *Les Femmes du Roi-Soleil*, Éditions de Fallois, 1998.
BIVER, Paul, *Histoire du château de Meudon*, Éd. de la Tour Gile, 1996.
BLUCHE, François (dir.), *Dictionnaire du Grand Siècle*, Fayard, 1990.
—, *Louis XIV*, Hachette, 2004.

BOURGOGNE, Louis, duc de, *Lettres du duc de Bourgogne au roi d'Espagne Philippe V et à la reine*, Alfred Baudrillart et Léon Lecestre, Renouard, Société de l'histoire de France, 1916, 2 vol.

BRUNEL, Yvonne, *Marie-Adélaïde de Savoie, duchesse de Bourgogne*, Éd. Beauchesne, 1974.

BUSSY-RABUTIN, Roger de, *Correspondance de Bussy de Rabutin, comte de Bussy, avec sa famille et des amis*, Charpentier, 1858-1859, 6 vol.

CAGNAC, Mgr Moïse, *Le Duc de Bourgogne*, J. de Gigord, 1921.

CARRÉ, Henri, *La Duchesse de Bourgogne*, Hachette, 1934.

CAYLUS, Marthe-Marguerite Le Valois de Villette de Murçay, comtesse de, *Souvenirs et correspondance de Madame de Caylus*, Charpentier, 1881.

CHALINE, Olivier, *Le Règne de Louis XIV*, Flammarion, 2005.

—, *L'Année des quatre dauphins*, Flammarion, 2009.

CHOISY, François-Timoléon de, *Mémoires pour servir à l'histoire de Louis XIV*, Mercure de France, 1966.

CHRISTOUT, Marie-Françoise, « Marie-Adélaïde de Savoie, duchesse de Bourgogne et les spectacles de cours, ballets-mascarades et bals », *Revue d'histoire du théâtre*, n° 199, 1998.

DANGEAU, Philippe de Courcillon, marquis de, *Journal de la Cour de Louis XIV*, Didot Frères, 1854-1860, 19 vol.

DANIELOU, Madeleine, *Fénelon et le duc de Bourgogne. Étude d'une éducation*, Bloud et Gay, 1955.

DELALEX, Hélène, *Louis XIV intime*, Gallimard, 2015.

FÉNELON, François de Salignac de La Mothe-, *Correspondance de Fénelon*, éd. Jean Orcical, Droz, 1992, 18 vol.

GUIBOUD-RIBAUD, Serge, *Chroniques d'une frontière sous l'Ancien Régime, les 2 ponts de Beauvoisin (1500-1788)*, BoD, 2013.

HAUSSONVILLE, comte d', *La Duchesse de Bourgogne et l'Alliance savoyarde sous Louis XIV*, Calmann-Lévy, 1904.

LAFONT D'AUSSONNE, Gaspard Louis, *Histoire de Mme de Maintenon et de la Cour de Louis XIV*, Corby, 1820.

MAGET, Jean-Pierre, *Monseigneur, Louis de France, dit Le Grand Dauphin, fils de Louis XIV*, Université de Strasbourg, thèse de doctorat en histoire et civilisation de l'Europe, 2010.

MAINTENON, Françoise d'Aubigné, marquise de, *Correspondance générale de Mme de Maintenon*, Charpentier, 1865, 4 vol.

MARAL, Alexandre, *La Chapelle royale de Versailles sous Louis XIV. Cérémonial, liturgie et musique*, Centre de musique baroque de Versailles, Mardaga, 2010.

MELCHIOR-BONNET, Sabine, *Louis et Marie-Adélaïde de Bourgogne, la vertu et la grâce*, Robert Laffont, 2002.

—, *Fénelon*, Perrin, 2008.

MOINE, Marie-Christine, *Les Fêtes à la cour du Roi-Soleil*, Fernand Lanore, 1984.

MONGRÉDIEN, Georges, *La Maintenon du Grand Dauphin, Mademoiselle Choin*, Mercure de France, 15 juin 1992.

NOLHAC, Pierre de, *Histoire du château de Versailles. Versailles sous Louis XIV*, A. Marty, 1911, 2 vol.

ORLÉANS, Charlotte-Élisabeth d', princesse palatine, *Correspondance*, édition d'Ernest Jaeglé, A. Quantin, 1880, 2 vol.

Petitfils, Jean-Christian, *Louis XIV*, Perrin, 2021.
Pons, Bruno, « Le décor de l'appartement du Grand Dauphin au château neuf de Meudon », *Gazette des Beaux-Arts*, février 1991.
Proyart, Liévin-Bonaventure, *Vie du dauphin, père de Louis XV*, Berton et Merigot, 1782.
—, *Vie de Marie Leckzinska, princesse de Pologne, reine de France*, Lille, Lefort, 1825.
Saint-Simon, Louis de Rouvroy, duc de, *Mémoires*, Hachette, 1879-1930, 43 vol.
Schnapper, Antoine, « Le Grand Dauphin et les tableaux de Meudon », *Revue de l'art*, n°s 1 et 2, 1962.
Sévigné, Marie de Rabutin-Chantal, marquise de, *Correspondance*, Gallimard, « Bibliothèque de la Pléiade », 1972-1978, 3 vol.
Solnon, Jean-François, *La Cour de France*, Fayard, 1987.
Sourches, Louis François de Boucher, marquis de, *Mémoires sur le règne de Louis XIV*, Garnier, 1892-1893, 13 vol.
Van der Cruysse, Dirk, *Madame palatine : princesse européenne*, Fayard, 1988.
Verlet, Pierre, « Les gemmes du dauphin », *Art de France*, III, 1963.
—, *Le Château de Versailles*, Fayard, 1998.
Vogüé, Melchior, marquis de, *Le Duc de Bourgogne et le Duc de Beauvilliers*, De Soye et Cie, 1895.
Voltaire, *Le Siècle de Louis XIV*, M. de Francheville, 1751.

4
Marie-Thérèse Raphaëlle d'Espagne

Antoine, Michel, *Louis XV*, Fayard, 1989.
Argenson, René-Louis de Voyer de Paulmy, marquis d', *Journal et Mémoires*, J. B. Rathery, 9 vol, 1859-1867.
Barbier, Edmond-Jean-François, *Chronique de la Régence et du règne de Louis XV*, Charpentier, 1857.
Beaussant, Philippe, *Rameau de A à Z*, Fayard, 1983.
Chaline, Olivier, *La France au* XVIIIe *siècle*, Belin, 2004.
Cheverny, Jean Nicolas Dufort, comte de, *Mémoires du comte Dufort de Cheverny : introducteur des ambassadeurs, lieutenant général du Blaisois*, Plon, 1909, 2 vol.
Chiappe, Jean-François, *Louis XV*, Perrin, 1996.
Combeau, père Yves, *Louis XV, l'inconnu bien aimé*, Belin, 2012.
Cortequisse, Bruno, *Mesdames de France, les filles de Louis XV*, Perrin, 1990.
Croÿ-Solre, Emmanuel, duc de, *Journal inédit du duc de Croÿ*, Flammarion, 1906-1907, 4 vol.
Dechêne, Abel, *Le Dauphin, fils de Louis XV*, Boivent, 1932.
Dratwicki, Benoît, *Les Concerts de la Reine*, Cahiers Philidor 39, Éditions du Centre de musique baroque de Versailles, 2012.
Gaxotte, Pierre, *Le Siècle de Louis XV*, Fayard, 1958.
Hours, Bernard, *Louis XV et sa cour, le roi, l'étiquette et le courtisan*, Presses universitaires de France, 2002.
—, *La Vertu et le Secret. Le dauphin, fils de Louis XV*, Honoré Champion, 2006.
La Fare, marquis de, *Mémoires*, Jean Longnon, 1933.
Labourdette, Jean-François, *Philippe V, réformateur de l'Espagne*, Sicre, 2001.

LEVRON, Jacques, *Madame Louis XV*, Perrin, 1987.
LUYNES, Charles Philippe d'Albert, duc de, *Mémoires sur la cour de Louis XV, 1735-1758*, éd. Léon Dussieux et Eudore Soulié, 1860-1865, 17 vol.
POIGNAN, Simone, *Les Filles de Louis XV, l'aile des Princes*, Arthaud, 1970.
PROYART, Liévin-Bonaventure, *Vie du dauphin, père de Louis XVI. Écrite sur les mémoires de la Cour*, Pierre Bruyset et Ponthus, 1788.
RÉMY, Pierre-Jean, *Dictionnaire amoureux de l'Opéra*, Plon, 2004.
SOLNON, Jean-François, *La Cour de France*, Fayard, 1987.
SOUCHAL, François, *Les Slodtz, sculpteurs et décorateurs du roi*, Éd. de Boccard, 1967.
STRYIENSKI, Casimir, *Mesdames de France*, Émile-Paul, 1911.
PETITFILS, Jean-Christian, *Louis XV*, Perrin, 2014.
SOURCHES, Louis François de Boucher, marquis de, *Mémoires sur le règne de Louis XIV*, Garnier, 1892-1893, 13 vol.
VARGA, Suzanne, *Philippe V, roi d'Espagne, petit-fils de Louis XIV*, Pygmalion, 2011.
VERLET, Pierre, *Le Château de Versailles*, Fayard, 1998.

5
Marie-Josèphe de Saxe

ANTOINE, Michel, *Louis XV*, Fayard, 1989.
ARGENSON, René-Louis de Voyer de Paulmy, marquis d', *Journal et Mémoires*, J. B. Rathery, 9 vol, 1859-1867.
BARBIER, Edmond-Jean-François, *Chronique de la Régence et du règne de Louis XV*, Charpentier, 1857.
BEAUSSANT, Philippe, *Rameau de A à Z*, Fayard, 1983.
BOISLISLE, A. de, *Choix de lettres adressées à Mgr de Nicolaÿ, évêque de Verdun, par le dauphin, la dauphine et divers princes, princesses ou personnages de la cour*, Hachette-livre et BnF, 2016.
BRUNEL, Yvonne, *La Mère de Louis XVI, Marie-Josèphe de Saxe, dauphine de France*, Beauchesne, 1960.
CHALINE, Olivier, *La France au XVIIIe siècle*, Belin, 2004.
CHEVERNY, Jean Nicolas Dufort, comte de, *Mémoires du comte Dufort de Cheverny : introducteur des ambassadeurs, lieutenant général du Blaisois*, Plon, 1909, 2 vol.
COMBEAU, père Yves, *Louis XV, l'inconnu bien aimé*, Belin, 2012.
CORTEQUISSE, Bruno, *Mesdames de France, les filles de Louis XV*, Perrin, 1990.
CROŸ-SOLRE, Emmanuel, duc de, *Journal inédit du duc de Croÿ*, Flammarion, 1906-1907, 4 vol.
DECHÊNE, Abel, *Le Dauphin, fils de Louis XV*, Boivent, 1932.
DRATWICKI, Benoît, *Les Concerts de la Reine*, Cahiers Philidor 39, Éditions du Centre de musique baroque de Versailles, 2012.
GAXOTTE, Pierre, *Le Siècle de Louis XV*, Fayard, 1958.
HOURS, Bernard, *Louis XV et sa cour, le roi, l'étiquette et le courtisan*, Presses universitaires de France, 2002.
—, *La Vertu et le Secret. Le dauphin, fils de Louis XV*, Honoré Champion, 2006.
HUERTAS, Monique de, *La Mère de Louis XVI, Marie-Josèphe de Saxe*, Pygmalion, 1995.
JULLIEN, Adolphe, *Histoire du théâtre de Mme de Pompadour*, Minkoff, 1978.

LA FARE, marquis de, *Mémoires*, Jean Longnon, 1933.
LEVRON, Jacques, *Madame Louis XV*, Perrin, 1987.
LUYNES, Charles Philippe d'Albert, duc de, *Mémoires sur la cour de Louis XV, 1735-1758*, éd. Léon Dussieux et Eudore Soulié, 1860.
MARAL, Alexandre, *Femmes de Versailles*, Perrin, 2016.
PETITFILS, Jean-Christian, *Louis XVI*, Perrin, 2005.
—, *Louis XV*, Perrin, 2014.
PROYART, Liévin-Bonaventure, *Vie du dauphin, père de Louis XVI. Écrite sur les mémoires de la Cour*, Pierre Bruyset et Ponthus, 1788.
REGNAULT, Émile, *La Dauphine Marie-Josèphe de Saxe, mère de Louis XVI*, J. Lecoffre, 1875.
RÉMY, Pierre-Jean, *Dictionnaire amoureux de l'Opéra*, Plon, 2004.
SAINT BRIS, Gonzague, *Les Dynasties brisées*, JC Lattès, 1992.
SOLNON, Jean-François, *La Cour de France*, Fayard, 1987.
SOUCHAL, François, *Les Slodtz, sculpteurs et décorateurs du roi*, Éd. de Boccard, 1967.
STRYIENSKI, Casimir, *La Mère des trois derniers Bourbons, Marie-Josèphe de Saxe et la cour de Louis XV*, Plon, 1902.
—, *Mesdames de France*, Émile-Paul, 1911.
VERLET, Pierre, *Le Château de Versailles*, Fayard, 1998.

6
Madame Royale

ABRANTÈS, Laure Junot, duchesse d', *Mémoires de Madame la duchesse d'Abrantès. Souvenirs historiques sur Napoléon, la Révolution, le Consulat, l'Empire et la Restauration*, Garnier Frères, 1900, 10 vol.
ANGOULÊME, Marie-Thérèse Charlotte de France, dite Madame Royale, duchesse d', *Mémoires écrits par Marie-Thérèse-Charlotte de France sur la captivité des princes et princesses ses parents, depuis le 10 août 1792 jusqu'à la mort de son frère arrivée le 9 juin 1795*, Plon, 1892.
APPONYI, Rodolphe, *Journal du comte Rodolphe Apponyi*, Plon, 1926.
BADER, Luigi, *Les Bourbons de France en exil à Gorizia*, Perrin, 1977.
BALZAC, *Ursule Mirouët, Illusions perdues, César Birotteau*.
BECQUET, Hélène, *Marie-Thérèse de France, l'orpheline du Temple*, Perrin, 2012.
BERTAUT, Jules, *La Vie aventureuse de Louis XVIII*, Lardanchet, 1949.
BERTIER DE SAUVIGNY, Guillaume de, *La Restauration*, Flammarion, 1963.
BERTIÈRE, Simone, *Marie-Antoinette l'insoumise. Les Reines de France au temps des Bourbons*, Éditions de Fallois, 2002.
BLOGLIE, duc de, *Mémoires du duc de Broglie*, Calmann-Lévy, 1886.
BOIGNE, Adélaïde Charlotte Louise Éléonore d'Osmond, comtesse de, *Récit d'une tante, Mémoires de la comtesse de Boigne*, Émile-Paul, 1921.
BUZON, Christine de, *Henri V, comte de Chambord ou le « fier suicide » de la Royauté*, Albin Michel, 1987.
CABANIS, José, *Charles X, roi ultra*, Gallimard, 1972.
CARTRON, Michel Bernard, *Louis XIX, roi sans couronne*, Sicre, 2001.
—, *Marie-Thérèse, duchesse d'Angoulême*, Sicre, 2003.
CASTELOT, André, *Madame Royale*, Perrin, 1962.

CASTRIES, René de La Croix de, duc de, *Louis XVIII, portrait d'un roi*, Hachette, 1969.
CHASTENAY, Mme de, *Mémoires*, Plon, 1896.
CHATEAUBRIAND, François-René, vicomte de, *De la nouvelle proposition relative au bannissement de Charles X et de sa famille*, Le Normand Fils, 1831.
—, *Mémoires d'outre-tombe*, Eugène et Victor Penaud Frères, 1849-1850.
CHIAPPE, Jean-François, *Le Comte de Chambord*, Perrin, 1990.
CLÉRY, Jean-Baptiste Hanet, dit, *Journal de ce qui s'est passé à la tour du Temple pendant la captivité de Louis XVI, roi de France, et autres Mémoires sur le Temple*, Mercure de France, 1968.
CORTEQUISSE, Bruno, *Mesdames de France, les filles de Louis XV*, Perrin, 1990.
COUSTIN, François de, *Louis XIX, duc d'Angoulême*, Perrin, 2017.
DAUDET, Ernest, *Histoire de l'émigration pendant la Révolution française*, Hachette, 1905.
—, *La Terreur blanche*, Hachette, 1906.
—, *Madame Royale*, Hachette, 1912.
DELORME, Philippe, *Les Princes du malheur*, Perrin, 2008.
DÉMIER, Francis, *La France de la Restauration (1814-1830), l'impossible retour du passé*, Gallimard, « Folio », 2012.
FAUCIGNY-LUCINGE, René, prince de, *Dans l'ombre de l'histoire, souvenirs inédits du petit-fils du duc de Berry*, André Bonne, 1951.
FLAVIGNY, Marie de, comtesse d'Agoult, *Mémoires, souvenirs et journaux*, Mercure de France, 1990.
FRÉNILLY, François-Auguste, baron Fauveau de, *Souvenirs du baron de Frénilly*, Plon, 1909.
GARNIER, Jean-Paul, *Charles X, le roi, le proscrit*, Fayard, 1967.
GEOFFROY DE GRANDMAISON, *L'Expédition française d'Espagne en 1823*, Plon, 1928.
GORET, Charles, *Mon témoignage sur la détention de Louis XVI et de sa famille dans la tour du Temple*, F. M. Maurice, 1825.
GUICHEN, Eugène, vicomte de, *Le Duc d'Angoulême*, Émile-Paul, 1909.
HILLERIN, Laure, *La Duchesse de Berry*, Flammarion, 2010.
HUERTAS, Monique de, *Madame Royale, l'énigmatique destinée de la fille de Louis XVI*, Pygmalion, 1999.
IMBERT DE SAINT-AMAND, baron Arthur-Léon, *La Jeunesse de la duchesse d'Angoulême*, Dentu, 1886.
—, *La Duchesse d'Angoulême et les Deux Restaurations*, Dentu, 1887.
JOSSINET, Alain, *Henri V, duc de Bordeaux, comte de Chambord*, Ulysse Éditions, 1983.
LA GORCE, Pierre de, *La Restauration. Louis XVIII*, Plon, 1926.
LAMARTINE, Alphonse de, *Histoire de la Restauration*, Furne, 1851-1852, 8 vol.
LANGERON, Roger, *Madame Royale*, Hachette, 1958.
LARROCHE, Emmanuel, *L'Expédition d'Espagne 1823 : de la guerre selon la Charte*, Presses universitaires de Rennes, 2013.
LAVISSE, Ernest, *Histoire de France : la Restauration*, Hachette, 1901.
LE NABOUR, Éric, *Charles X, le dernier roi*, JC Lattès, 1980.
LENÔTRE, Georges, *La Fille de Louis XVI*, Perrin, 1955.
LEVER, Évelyne, *Louis XVI*, Fayard, 1985.
—, *Louis XVIII*, Fayard, 1988.
LOUIS XVIII, *Les Devoirs d'un roi*, Feuilles d'histoire, 1er septembre 1909, 1re année, t. 2.

LUCAS-DEBRETON, J., *Louis XVIII, le prince errant*, Albin Michel, 1952.
MAILLÉ, Blanche-Joséphine Le Bascle d'Argenteuil, duchesse de, *Mémoires de la duchesse de Maillé, un regard sur le monde 1832-1851*, Lacurne, 2012.
MANSELL, Philip, *Louis XVIII*, Pygmalion, 1982.
MOLÉ, Mathieu, comte, *Mémoires*, Renouard, 1857.
MONTAUT-NAVAILLES, Marie-Joséphine-Louise de, duchesse de Gontaut, *Mémoires de la duchesse de Gontaut, gouvernante des enfants de France*, Plon, 1892.
MONTBEL, Guillaume Isidore Baron, comte de, *Le Duc d'Angoulême, dauphin, comtes de Marnes*, Dentu, 1845.
—, *Souvenirs 1787-1831*, Plon, 1913.
MURATORI-PHILIP, Anne, *Madame Royale*, Fayard, 2016.
NAYLIES, Jacques Joseph vicomte de, *Relation du voyage du roi Charles X depuis son départ de Saint-Cloud jusqu'à son embarquement, par un garde du corps*, Dentu, 1830.
PETITFILS, Jean-Christian, *Louis XVI*, Perrin, 2005.
PIMODAN, Claude Emmanuel, comte de, *Les Fiançailles de Madame Royale*, Plon, 1912.
POISSON, Georges, *Les Orléans, une famille en quête d'un trône*, Perrin, 1999.
ROMAIN DE SÈZE, Étienne, *Souvenir de Lulworth, d'Holy-Rood et de Bath*, Dentu, 1831.
SAINT BRIS, Gonzague, *Les Dynasties brisées*, JC Lattès, 1992.
SAINTE-CLAIRE DEVILLE, Paul, *L'Orpheline de la prison du Temple*, Perrin, 1929.
STENDHAL, *Le Rouge et le Noir*.
THIRY, J., *La Première Restauration*, Berger-Levrault, 1941.
TOURZEL, Louise Élisabeth Félicité Françoise de Croÿ d'Havré, marquise puis duchesse de Tourzel, *Mémoires de Mme la duchesse de Tourzel, gouvernante des enfants de France pendant les années 1789 à 1795*, Mercure de France, 1969.
VIAL, Charles-Éloi, *La Famille royale au Temple*, Perrin, 2018.
VIDALENC, Jean, *La Restauration, 1814-1830*, Presses universitaires de France, 1966.
VILLÈLE, comte de, *Mémoires et Correspondance, 1887-1890*, Perrin et Cie, 1890, 5 vol.
VILLENEUVE, Pons Louis François, marquis de, *Charles X et Louis XIX en exil 1889*, Hachette, BnF, 2012.
WALTER, Gérard, *Le Comte de Provence*, Albin Michel, 1950.
WARESQUIEL, Emmanuel de, *Les Cent-Jours : la tentation de l'impossible, mars-juillet 1815*, Fayard, 2008.
—, *C'est la Révolution qui continue ! La Restauration, 1814-1830*, Tallandier, 2015.
WARESQUIEL, Emmanuel de et YVERT, Benoît, *Histoire de la Restauration, 1814-1830, naissance de la France moderne*, Perrin, 1999.
YVERT, Benoît, *La Restauration. Les idées et les hommes*, CNRS, 2013.
YVERT, Sylvie, *Mousseline la sérieuse*, Héloïse d'Ormesson, 2016.

Index

Table

Pour en savoir plus
sur les Éditions Perrin
vous pouvez consulter notre site Internet

www.editions-perrin.fr

lisez!

et nous suivre sur les réseaux sociaux

Editions Perrin

@EditionsPerrin

@editionsperrin

#lisez! engagé
www.lisez.com

Pour plus d'information :

Imprimé sur du papier issu de forêts gérées durablement.

CET OUVRAGE A ÉTÉ ACHEVÉ D'IMPRIMER SUR ROTO-PAGE
PAR L'IMPRIMERIE FLOCH À MAYENNE EN JANVIER 2023
N° d'impression : 101776
Imprimé en France